朱元璋

洪武大帝

陳梧桐　著

目錄

第一章

從放牛娃到紅巾軍戰士

第一節　貧苦農民的兒子

　　元文宗天曆元年（1328 年）農曆九月十八（陽曆 10 月 21 日）未時（相當於現今下午 1 至 3 時），在河南行省安豐路濠州鍾離縣東鄉（今安徽省鳳陽縣小溪河鎮燃燈社區金橋村）一座低矮破舊的茅草屋裏，傳出了清脆稚嫩的啼哭聲，一個瘦弱的嬰兒降生了。

　　嬰兒的母親，是個貧苦的中年漢族農婦。因為正值秋播小麥的大忙季節，她雖已臨近產期，這天上午仍像往常一樣，下地幫丈夫播種小麥，快晌午才回家做午飯。待丈夫和幾個孩子吃過飯後，她收拾好碗筷，餵過雞鴨，又急匆匆往地裏趕。不想走到半道，腹部一陣一陣疼痛起來，她意識到自己的第六個嬰兒即將出世，趕忙回頭往家走。她剛剛邁進家門，靠着牆壁喘口粗氣，身子就不由自主地順着牆壁往下滑，仰臥在地上。不一會兒，只聽「哇」的一聲，腹中的嬰兒呱呱墜地了。

　　陳氏的丈夫朱五四是個中年漢族農民（參看拙作《朱元璋民族成分考辨》，《史林》2005 年第 3 期；《履痕集》，大象出版社 2007 年版，第 93–102 頁），聞訊忙從地裏趕回，找了村裏年老的婦女為他的妻子接生。過一陣子，這個老婆婆接生完畢，笑着恭喜朱五四，說他妻子生了個男孩。按照當時的習俗，平民百姓一般不取名字，只用出生日期或以父母年齡相加合算一個數目字作為稱呼，也有以行輩來命名的。剛出生的這個嬰兒屬於「重」字輩，他有四個堂兄，分別叫重一、重二、重三、重五，有三個胞兄分別叫重四、重六、重七，朱五四便把這個孩子叫作重八。重八長大成人後，為自己正式取名為興宗，後又改名為元璋，字國瑞。查繼佐的《罪惟錄》說他在富貴之後，還曾改名元龍，因龍字易犯忌諱，又把繁體字偏旁的「帝」改為「倛」，成為「倢」字。據說，他家鄉的故老鄉

親都曾叫他元龍。他就是明朝開國皇帝明太祖。由於他登基後使用洪武年號，後人又稱他為洪武皇帝。現今，他家鄉鳳陽的老百姓，還稱他為朱洪武。

傳說當年朱元璋的祖父朱初一在泗州（治所在今江蘇泗洪縣東南，盱眙縣對岸，清康熙年間沒入洪澤湖）北部的孫家崗居住時，有一天走到附近的楊家墩，見墩下有個低窪的窩子，便走下去躺下歇息。此時，剛好有兩個道士路過，對他說：「若葬此，出天子。」回到家裏，朱初一把道士的話告訴了兒子朱五四。後來他死後，朱五四把他葬在那裏，那裏竟自行鼓起一個高大的墳堆。過了半年，朱五四的妻子陳氏懷孕了，又過十個月，便生下朱元璋這位未來的真龍天子，於是人們「皆言此墩有天子氣」（王文祿：《龍興慈記》）。

還傳說，朱元璋出生的前一天，母親陳氏夢見一個頭戴黃冠的道士自西北走來，到她家茅屋南邊的麥場，從一堆麥糠裏揀出一顆白色的藥丸，放在她手掌上，她定睛一看，藥丸漸漸變大，道士說：「好物，食之。」她應聲將藥丸吞下，卻突然醒了。陳氏將剛才的夢講給丈夫朱五四聽，嘴裏還透出一股清幽的香氣。第二天清晨（實為午後），她生下朱元璋時，紅光閃耀，滿室生輝。此後，夜間茅屋裏常有紅光閃現，家裏人以為失火，「急起視之，惟堂前供神之燈，無他火」（《皇明本紀》）。周圍的鄰居見他家紅光閃閃，也以為失火，都趕來營救，「至則無有」（《明太祖實錄》卷一），大家都感到迷惑不解。

這些傳說，顯然是在朱元璋登基當皇帝後人們附會編造出來的，目的是把他神化成受命於天的「真龍天子」。其實，朱元璋的出生，並不像傳說中所描繪的那麼富於詩情畫意。抹去那一個個虛幻的光環，展現在人們面前的，是朱元璋童年時代深重的苦難。

朱元璋出生於元朝末年社會矛盾普遍激化、廣大勞動人民深受苦難的年代。

元朝是以蒙古貴族為首建立的統一王朝。崛起於漠北草原的蒙古族在進入中原以前，還處在奴隸制的發展階段。1206 年，成吉思汗統一蒙古各部，建立奴隸主貴族專政的大蒙古國。1234 年，蒙古滅金。至元八年

（1271 年），忽必烈改國號為大元，他就是元世祖。至元十六年（1279 年）滅亡南宋，統一全國。忽必烈建立的元朝，是地主階級專政的王朝。在進入中原地區後，忽必烈一面「變易舊章」「遵行漢法」，以適應中原地區高度發達的封建經濟，取得漢族地主階級的支持和合作；另一面又「稽列聖之洪規，講前代之定制」（宋濂等：《元史》卷四，《世祖紀》），將儒學與儒士邊緣化，並繼續採用色目人的「回回法」和蒙古法，保留一些落後的蒙古舊制，以確保蒙古貴族在政權中的主導地位和種種特權，從而形成一套蒙漢雜糅、「外漢內蒙」的政治文化模式。因此，在元代，雖然階級矛盾是社會的主要矛盾，但民族矛盾始終十分尖銳，廣大勞動人民處於階級壓迫和民族壓迫的雙重壓迫之下，生活十分痛苦。

元朝統治者極力推行民族壓迫和民族歧視的政策。他們在征服中原和江南地區的過程中，把全國各族人民按照被征服的先後次序，劃分為四個等級，規定不同的政治地位和權利。第一等是蒙古人，地位最高。第二等是色目人，指西域各族人如回回人、西夏人或畏兀兒人等和來自西方的歐洲人（稱發郎或拂郎人）。因其被征服時間較早，被用來監視和統治被征服較晚的漢人和南人。第三等是漢人，大抵指淮河以北原金朝統治下的各族人民和較早被征服的四川、雲南各族人民，除了漢人，還包括契丹人、女真人等。第四等是南人，指原南宋統治下的各族人民。漢人和南人實際上並沒有什麼區別，他們的地位最為低下，也最受歧視，被蔑稱為「漢兒」「漢子」「蠻子」。元朝的中央機構，以總理行政的中書省、執掌軍事的樞密院和職司監察的御史台最為重要。忽必烈在攻打南宋的過程中，還曾任命少數漢人擔任中書省的左右丞相，但自至元八年建立元朝後，中書省及台、憲的長官便不許漢人染指。各級官署，第一把手也都由蒙古人擔任，漢人和南人只能充當第二、三把手。元朝還在各地區各部門和軍隊中普遍設立一種特殊的官職，叫「達魯花赤」，全由蒙古人擔任，其地位在漢人官員之上，執掌決策之權，並監督漢人官員。元朝入仕的一條主要途徑是充當怯薛（宮賬衞隊）。由怯薛出身的人，不僅做官的機會多，而且升遷也快。但只有蒙古人和色目人才能充當怯薛，漢人和南人沒有資格。四個等級的法律地位也不平等。蒙古人和色目人觸犯法律，由專管蒙古人

的大宗正處理；漢人和南人觸犯法律，則由刑部處理，凡是要處以重刑的要案，必決於蒙古大臣。蒙古人、色目人與漢人、南人觸犯同一條法律，對蒙古人、色目人的處刑，要比對漢人、南人的處刑輕得多。蒙古人因鬥毆或醉酒打死漢人，只判罰出征並賠償死者喪葬費，而漢人只要打傷蒙古人，便殺以懲眾。為了防範和鎮壓漢人、南人的反抗，元廷除在各地派駐大量軍隊外，還多次下令收繳民間的武器和馬匹，並禁止漢人、南人習武、打獵、迎神賽會、夜間點燈，就連賽龍舟、立市買賣也不許可。

除了野蠻的民族壓迫和歧視，元朝統治者更對各族人民實行殘暴的階級剝削和壓迫。他們通過各種手段，瘋狂地掠奪土地。剛進入中原地區時，蒙古貴族一度企圖推行遊牧經濟，曾大量圈佔民田改作牧場，不耕不稼，專放孳畜。忽必烈採用漢法後，禁止將民田改為牧場，但仍有部分北方民田被蒙古軍隊和王公貴族佔為牧場。元廷還侵奪大批耕地作為官田，一部分由官府直接招佃耕種，一部分用作軍隊屯田，一部分用作官吏職田，還有一部分賞賜給王公貴族和寺院道觀。王公貴族、上層官僚和寺觀頭目除從皇帝手裏得到大量賜田，還大肆兼併土地，擴充田產。漢族地主階級在改朝換代之後，也繼續兼併土地。早期投靠蒙古貴族的北方大地主，如大興（今北京市大興區）史天澤、易州（今河北易縣）張柔、真定（今河北正定）董俊諸家，都擁有大量田地。

一批投降元朝的南宋官僚，也成了稱霸一方的大地主。如范文虎在湖州南潯一帶即擁有大量肥沃的田地。至於一般的漢族地主，也無不勾結官府，肆行兼併。江南地區受戰爭破壞較少，土地兼併尤為嚴重。「豪右之家連阡亘陌，所收動計萬石」（至順《鎮江志》卷二，《地理．鄉都》）。有的地主役使二三千的佃戶，一年要收二三十萬石的地租，甚至「收穀歲至數百萬斛（當時一斛為五斗，兩斛為一石）」。

元朝統治者還向各族人民徵派沉重的賦役。元朝的賦稅制度極為混亂、複雜，北方和南方很不一致。北方的賦稅是將成吉思汗、窩闊台汗以來的各種臨時規定加以統一而確定的，有稅糧與科差之分。稅糧包括丁稅和地稅兩種形態，絕大多數地區的民戶、官吏、商賈繳納丁稅，每丁納粟二石，驅丁、新戶減半；其他戶籍繳納地稅，每畝納粟三升。北方的科

差包括絲料、包銀和俸鈔。絲料，蒙古各宗支食邑的民戶實行「二五戶絲制」。窩闊台汗時規定，每兩戶繳納一斤，上交官府；每五戶繳納一斤，上交封君。蒙哥汗時，上交封君的絲料增加一倍，改為每五戶交二斤，並由官府徵收後再交給封君。包銀，每戶繳納四兩，最初徵收白銀，後改納絲絹，再改交中統鈔。至元四年，又令民戶在四兩包銀之外增繳一兩中統鈔，以給官吏俸祿，稱為「俸鈔」。江南的賦稅，除個別地區徵收丁稅外，一般沿用南宋舊制，徵收夏、秋二稅，皆為土地稅。二稅之中以秋稅為主，按土地的肥瘠分為二三十等，高的畝徵七八升甚至上鬥，蠻荒之地畝徵一般在三升左右。夏稅則徵收木棉（棉花）、布、絲、絹等物。元朝的財政收入主要來自江南，江浙行省的稅糧就佔到全國賦稅的十分之七。江南的科差，主要是戶鈔（相當於北方的五戶絲），每戶納中統鈔五百文，元成宗時增至二貫。元英宗初年，還曾在江南向從事商業和運輸的人戶徵收包銀，因引起這些人戶的強烈不滿，最後只是向散居各地的回回、也里可溫、答失蠻戶徵收。除了上述的各種正稅，元朝官府還向百姓徵收各種名目的雜稅。

元朝實行全民服役當差制度，將全國的戶口按照職業、宗教、種族和隸屬關係編制戶籍，世代相承，為官府服勞役（徭役）。種地的民戶、充當軍役的軍戶、在驛站服役的站戶、煮鹽的灶戶（鹽戶）和服工匠之役的匠戶，這五大類佔到人口的大多數。此外，還有儒戶（儒士）、僧戶（和尚）、先生（道士）、也里可溫（景教徒）、答失蠻（穆斯林）、畏兀兒戶、回回戶、投下戶（宗王、駙馬、功臣等貴族封君的私屬）等。我國古代自秦漢以後，百姓為官府提供的強制性勞役，呈現由繁重到減輕的趨勢，自唐代均田制瓦解以後，官府往往採取以實物貨幣代役的形式，勞役逐漸淡化，到宋代勞役已基本消失。元代實行全國勞役化的職業戶籍制度，意味着百姓對官府的人身依附關係的再度惡化。

在元代的戶籍中，軍戶、站戶、灶戶、礦冶戶（開採鐵、銀等礦產）、獵戶（從事打獵、捕魚）、水手戶（充當河運與海運的水手）、窯戶（燒造陶瓷器）等專業戶，專職從事專業性的勞役，不再擔任一般民戶的徭役。一般民戶則按戶等分攤專業戶承擔之外的各種徭役，稱為「雜泛

差役」。

蒙古貴族和軍事將領，沿襲金代女真貴族入主中原時的做法，在戰爭中大肆俘掠人口，充當奴隸，稱為「驅口」「驅丁」（意為被俘獲驅使之人），蓄奴之風因而大盛。元代的「驅口」「驅丁」，在北方一般稱「驅」，在南方稱「奴」或「奴婢」。驅口的來源，早期主要是戰爭中抓來的俘虜和擄掠的人口，後來主要是因無力償還債務或饑荒而賣身的貧民。驅口在戶籍上入附主家，子孫世襲為奴，被視為主人的私有財產，主人雖然不能隨意將其屠殺，但可把他們充作陪嫁物品或隨意轉賣。這種驅口制度，比之宋代奴婢已趨向於傭僱取給的狀況，是一種倒退。

蒙古在建國後，曾俘掠各族的大量工匠，抑為工奴，稱作「系官人匠」，為官營手工業勞作。滅金之後，又簽發大批民間匠人，擴充官匠的數額。隨着戶籍制度的建立與完善，元政府將這些官匠單獨編為匠戶。匠人被編入匠籍，便失去人身自由，且子孫世襲，非經赦免不得脫籍。他們住在官府經營的手工業局、院之中，承擔指定的工役，從早到晚整天干活，報酬卻極其低微，一般每人每月只能領到三斗米、半斤鹽，他們的家屬也只能領到四口人的口糧（大口每月二斗五升，小口一斗五升），多出四口者不再增加，少於四口者按實有人口供給。就是這點少得可憐的口糧，還常遭到匠官的克扣。宋代的官營手工業，是輪流差僱登記在籍的工匠，而付給食錢，有時也僱用民間手工業工人，付給更優厚的報酬。元代的匠戶制度，比之宋代無疑是一種倒退。

在蒙古族、漢族等各族地主階級的壓迫剝削之下，廣大勞動人民的生活極端痛苦。大批農民喪失土地，被迫給官府和地主充當佃戶，或者賣身為奴。佃戶承租土地，除了以收穫物的一半充當地租，還要承擔其他的義務。地主可以私設刑堂，對佃戶任意拷打，甚至將其折磨致死。元代法律規定，地主打死佃戶，只處以「杖一百七，徵燒埋銀（喪葬費）五十兩」（《元史》卷一○五，《刑法志》），便可了事。地主所謂「誤傷」佃婦致死，則只「杖以七十七下，依例追燒埋銀五十兩給苦主」（《元典章》卷四二，《主誤傷佃婦致死》），便可了結。江南某些地區，佃戶生了男孩，要供給地主役使；生了女孩，要給地主充當奴婢或妻妾。峽州路（治今湖

北武昌）的佃戶，還被地主「計其口數立契，或典或賣，不立年份，與買賣驅口無異」（《元典章》卷五七，《禁主戶典賣佃戶老小》）。有的地方，地主殺人犯法，甚至強迫佃戶替他抵命。民間的手工業者，也遭受沉重的剝削。官府除了向他們徵收各種賦稅，還經常以「和僱」「和買」名義，低價甚至無償地強行「購買」他們的產品，或者徵派他們服役，使之陷入破產的困境。驅口與匠戶的生活，自然比佃農和民間手工業者悲慘得多。

元朝的等級制度，賦予蒙古、色目人種種特權和優厚的待遇，但是這種特權和待遇基本上為其上層貴族所壟斷，蒙古和色目的勞動人民根本享受不到。他們實際上和廣大漢族勞動人民一樣，都處於被統治被奴役的地位。蒙古勞動人民，必須自備馬匹武器去服兵役，還要負擔其他的沉重勞役，許多人因此傾家盡產，淪為奴隸。色目勞動人民也因繁重的徭役而破產，被迫將親屬子女典賣給富豪之家驅使。

同當時的漢族廣大勞動人民一樣，朱元璋的父親朱五四一家生活異常困苦。他家的祖籍原在沛國相縣（今安徽濉溪西北）。沛為秦泗水郡的一個屬縣，是我國歷史上第一個平民出身的皇帝漢高祖劉邦的故鄉。後來，朱五四的先祖舉家南渡長江，遷徙到句容縣（今屬江蘇）通德鄉的朱家巷。元朝初年，朱家是一個淘金戶。按照元朝的制度，淘金戶每年都得向官府繳納金子，當地無金可淘，朱家便改種莊稼，收穫糧食出賣，再買進金子交給官府。幾年下來，僅有的一點家產都賠光了。至元二十五年（1288 年）朱五四八歲時，父親朱初一帶着他和哥哥朱五一北渡長江，越過淮河，向淮北逃亡。那時候，元朝滅宋的戰爭剛剛結束不久，泗州有不少荒廢的土地。朱初一帶着家人，在泗州北邊的孫家崗定居下來，「開墾兵後荒田」（郎瑛：《七修類稿》卷七，危素：《皇陵碑》）。一家老小起早摸黑，拚命勞作，家境漸有改善，置下一點田產，日子過得稍微寬裕一些。但好景不長，朱初一在元貞二年（1296 年）前後不幸去世，「家道日替」（《七修類稿》卷七，《朱氏世德碑》），朱家的生活又陷入了困境。據《統宗繩蟄錄》記載，朱初一生有三個兒子，次子五二早殤，只有長子五一、三子五四長大成人（最近有人考證，朱初一隻育有五一、五四二子，五二並不存在）。朱五一、朱五四便先後遷移到淮河南岸的盱眙縣津

裏鎮（又稱津律鎮）。在那裏，朱五一娶了劉氏的女兒為妻，並生下朱重一、朱重二、朱重三三個兒子，後來又遷到濠州鍾離縣，生下重五。朱五四在盱眙津裏鎮娶了陳氏的二女兒為妻。陳氏原籍揚州，宋末當兵，「名隸尺籍伍符中」，曾參加抗元鬥爭，兵敗後回到揚州，舉家遷至盱眙縣津裏鎮，「擇地而居，以巫術行」（宋濂著、黃靈庚編輯校點：《宋濂全集》卷五一，《大明追崇楊王神道碑銘》），靠做巫師，給人看風水、合年庚八字過日子。陳氏沒有兒子，只生了兩個女兒，大女兒嫁給季家，小女兒嫁給朱五四。朱五四結婚後，生下長女和長子朱重四。由於生活艱難，他將長女送給距津裏鎮約八公里的太平鄉段家莊王姓的人家，這個女兒後與王家的小夥子王七一成親。接着，朱五四頻繁遷徙，先是遷至靈璧，生下次子朱重六；又遷至虹縣，生下三子朱重七；在延祐二年（1315 年）前再遷至鍾離縣東鄉燃燈村北邊的金橋坎（參看拙作《朱元璋出生地考辨》，《社會科學輯刊》2010 年第 1 期；《散葉集》，河北大學出版社 2010 年版，第 3-25 頁），與先前遷到此地的長兄朱五一家住在一起，以便互相照應。

自朱初一去世、家道敗落之後，朱家已經沒有一寸土地。大約在遷離盱眙之後，朱五四就開始當佃戶，靠租種地主的土地為生，有時也外出打長短工。他為人忠厚老實，勤儉節約。全家佃種地主的土地，風裏來，雨裏去，一年到頭，辛辛苦苦，但打下的糧食有一多半得給地主交租，剩下的往往不夠一家人糊口。遇到災荒年月，糧食歉收，地主又不減租，生活越發困苦。有時糧食產量稍有提高，地主就要加租，如不同意，即被奪佃。所以，朱家在一個地方總是住不長久，過一段時間就得搬一次家。

可以想像，朱元璋的出生給朱五四一家帶來的憂愁多於歡樂。

當時，朱五四膝下已有三男一女（大女兒已送人，但朱五四遷到東鄉後又生下二女兒佛女），在朱元璋出生之前兩個月，又為長子朱重四娶了王家閨女為妻，加上朱五四夫妻兩口，全家共有七口人。人口多，收入少，日子過得極為艱難。不料，朱元璋出生不幾天，就得了肚脹病，好些天不吃奶，差點夭折。朱五四到處求醫，總不見效，心裏急得火燒火燎的，夜裏昏昏然地做了個夢。他夢見孩子不行了，抱去廟裏求神佛救治，卻找不到和尚，只好又抱回來。走到東房屋檐下，見一和尚正坐在小板凳

上面壁，把事情對他一講，和尚說：不礙事，到了子時（相當於現今夜裏 11 時至次日凌晨 1 時），孩子就會吃奶。他連聲道謝，轉身準備給和尚沏茶，和尚卻不見了。夢醒後，到半夜子時，孩子果然在母親懷裏吃起奶來，幾天後肚脹病就消失了。後來，可能是由於先天營養不良，朱元璋還是三天兩頭鬧病，朱五四想起這個夢，要把孩子捨給寺廟，讓神佛保佑，妻子陳氏怎麼也不同意。朱五四左說右勸，陳氏見小兒子體弱多病，只好勉強答應。夫妻倆便到廟裏燒香許願，應許待朱元璋長大，讓他出家當和尚，求神佛保佑他平安無事。

朱元璋體弱多病，喜歡獨處沉思，又是家裏最小的孩子，父母格外疼愛，到六七歲時，便送他到私塾去讀書。因為家裏太窮，只讀了幾個月，認得幾十個字，又讓他退學，去給地主放牧牛羊。從此，他每天和鄰家的幾個小夥伴趕着牛羊，到金橋坎南邊的小山坡上放牧，邊放牧邊給家裏撿點柴火。他聰明過人，又讀過幾個月書，點子多，自然成了村裏的孩子頭，常常出主意領着小夥伴們嬉戲玩耍。朱元璋的膽子也大。

據說有一天，他和小夥伴在村子南邊小山坡上放牧，突然雷鳴電閃，狂風怒吼，下起傾盆大雨，大夥兒趕快到一處山崖下躲避。這些窮孩子晌午在家喝的都是稀米湯，此時早已消耗殆盡，飢腸轆轆，便七嘴八舌地議論起來，這個說有碗白米飯吃就好了，那個說能像財主那樣天天有肉吃才好哩。大家越說越餓，越餓越饞。朱元璋忽然喊了一聲：有了！隨即牽來一頭小牛犢，說：這不是現成的肉嗎？大家明白他的用意，立即擁上前去，用牛繩捆住小牛犢的前腿和後腿，搬起一塊大石頭把它砸昏過去，再用砍柴刀剝皮割肉，然後撿來一堆枯樹枝，生了一堆火。一邊烤，一邊美滋滋地吃，一會兒工夫就把小牛犢吃淨了。

風停雨住，天空放晴，山下村子裏升起裊裊炊煙，該趕着牛羊回家了，這時不知是誰嘀咕了一句：少了一頭小牛，回去該怎麼向田主交代呢？只見朱元璋鎮靜地說：不怕，就說剛才颳起大風，下起暴雨，雷鳴閃電，山崩地裂，山裏裂開一條大縫，小牛犢掉進裂縫裏拉不出來了。大夥兒覺得這個主意不錯，動手把牛皮牛骨集中掩埋，把地上的血跡揩淨，再把牛尾巴插在石頭縫裏，然後趕着牛羣下山回村。田主根本不相信小牛犢

掉進地縫的說法，親自前往查看。不料他使勁一拽牛尾，地縫裂開一個大口子，自己也掉了下去。他費了好大的勁才爬出地縫，真的以為小牛犢是陷在地縫裏了。

金橋坎地勢低窪，遇旱乾涸，遇雨水潦。傳說有一年，村民決定在村東南山窪裏修建一道水壩，攔洪蓄水。因工程大，全村人勞累了一個冬春，大壩還沒修到一半，眼看雨季將要來臨，村人十分着急。一天晌午，不滿十歲的朱元璋外出要飯來到這裏，在工地轉了一圈，對村民說：你們都回家吃午飯，我替你們修建大壩。不過我還餓着肚子，你們回來每人得帶塊鍋巴，讓我吃個飽才行。村民離開工地後，朱元璋用衣襟兜起一堆土，沿着壩埂從西頭撒到東頭，再把剩餘的一點土倒在壩埂的另一側，大喝一聲：長！轉眼之間，堤壩竟然迅速抬升，逐漸合龍，最後倒出的剩土則變成了一座小山。村民們吃罷午飯回到工地，看到大壩已經竣工，並蓄滿了水，都驚得目瞪口呆，但他們都把朱元璋的囑咐當成小孩的一句玩笑話，誰也沒有帶鍋巴來。朱元璋大失所望，生氣地抓起一把泥巴，搓成大小、長短不一的許多小泥條，扔到水庫裏說：長的變黃鱔，短的變泥鰍，使勁往壩裏鑽！結果，這道大壩就長年漏水。不過，大壩的修建，畢竟幫助村民解除了旱潦災害，人們對朱元璋還是十分感激的。

這座大水庫至今猶存，叫作金橋水庫。後來，朱元璋當了皇帝，成為至高無上的君主，村民便將這道大壩稱為「君挑壩」。朱元璋當年住的金橋坎位於大壩的下方，也就被稱為「君挑壩底」。

第二節　入寺為僧，漂泊淮西

朱五四在東鄉住了二十多年，（後）至元四年（1338 年）又和大哥五一一起，帶着家人遷徙到鍾離西鄉（今安徽鳳陽縣臨淮鎮湯府社區）居住。

遷到西鄉後，朱五四一家上無片瓦，下無立錐之地，只得繼續租種地主的土地，日子仍然過得十分艱難。朱五四無力再為次子、三子娶妻，朱

重六、朱重七只得入贅到唐家、劉家，做了上門女婿。從朱元璋稱帝後封二哥朱重六為「盱眙王」、三哥朱重七為「臨淮王」來看，朱重六大約入贅到盱眙，朱重七大約入贅到鍾離東鄉。朱元璋則繼續為地主放牧牛羊。那些年，淮河兩岸常常少雨乾旱。為了餵飽地主的牛羊，他經常和村裏的湯和等幾個小夥伴，頂着烈日，把牛羊趕到村外野草長得比較茂盛的地方放牧。在放牧地，他們通常會高高興興地玩遊戲。有時他們搬來一大堆石頭，在曠野裏擺下陣圖，然後大家排成一行，練習行軍的儀式。

傳說他們最常玩的是裝扮皇帝的儀式。大夥兒採摘蘆葦結作宮室，朱元璋則找塊水車板頂在頭上做天平冠，手裏拿塊碎木板作笏，扮作皇帝，南面而坐，叫小夥伴排成一排，向他三跪九叩頭，山呼萬歲。喊過萬歲後，大家哈哈大笑，鬧成一團。玩一陣後，他們在家喝的幾碗野菜湯消耗殆盡，肚子便開始咕咕叫喚。到了夕陽西斜，他們拖着疲憊的身子，把牛羊趕回村裏，地主還常嫌牲口餵得不飽，把他們狠狠地訓斥一頓。

朱五四在西鄉住了一年時間，大哥朱五一不幸染病身亡。朱五一生性「淳厚，務本積德，與人無疾言忤色，鄉里稱為世長」（《七修類稿》卷七，《朱氏世德碑》）。兄長的去世，使朱五四非常傷感。此時，大哥的兒女們都已成家，各立門戶，朱五四便於（後）至元五年（1339 年）帶着自己的兒女，遷移到偏僻而又人煙稀少的太平鄉孤莊村（有的史書又寫為孤村莊、荒莊村，今安徽省鳳陽縣府城鎮二十郢社區二十郢村）。

朱五四一家遷到孤莊村時，除朱五四夫婦，身邊有兩個兒子朱重四、朱重八和一個女兒佛女，還有朱重四的媳婦和他們的兩個兒子聖保、驢兒（後改名文正）及一個女兒，全家共九口人。他們租種本村地主劉德的幾十畝薄地，因為常鬧旱災，收成不好，日子同樣過得緊巴巴的，常常是幾小把米熬一大鍋野菜充飢。

此時，朱元璋已是 12 歲的少年，身體長得相當壯實，「姿貌雄傑」（《明太祖實錄》卷一），而且認得幾十個字，聰明過人。朱五四和妻子陳氏看在眼裏，感到無限喜慰。這些年來，他們雖然經常搬家，但因忠厚老實，勤勞吃苦，鄰居有什麼事，都熱心幫忙，從不惜力，村人都說他們家將來肯定能出個「好人」，會有出頭之日。但大兒子朱重四，由於從小過

於溺愛，慣出一身壞毛病，「無狀甚焉，其非奉父母之道，有不可勝言」（朱元璋：《御製紀非錄》），對父母不怎麼孝順，還帶壞了重六、重七，令父母非常失望，覺得他們將來都不會有大出息。朱五四夫婦只能把希望寄託在小兒子身上。陳氏常對朱五四說：「人言吾家當生好人，今吾諸子皆落落，不治產業。」然後指着朱元璋說：「豈在此乎？」（《明太祖實錄》卷一）

就在孤莊村，朱元璋認了趙母做乾娘。1924 年在安徽鳳陽大廟鎮北陶村西南出土的《趙母朱氏太夫人墓志》記載說：「夫人姓朱氏，古鍾離郡西鄉人，年十八適同里趙氏積善。積善昆仲五人，積善居三。□□歸趙氏，事姑舅孝謹，□娣姒和睦，鄉族咸稱得婦□焉。先天子（指朱元璋）龍潛之時，夫人躬為浣濯，由是遇以殊禮。」趙積善有兄弟五人，他排行第三，膝下有三男一女，在孤莊村人多勢眾。朱元璋既認趙母為乾娘，同她的長子趙璧自然往來密切。有時朱元璋隨趙璧玩耍後一起來到他家，趙氏看到朱元璋衣服髒了，就讓他脫下來給洗乾淨，晾乾後見到有個破洞順手找塊布頭給補上，這大概就是墓志上所說的「躬為浣濯」的事。

除了趙乾娘的長子趙璧，朱元璋在孤莊村還有兩個比較要好的小夥伴，一個是劉秀，另一個是曹秀。劉秀與曹秀小名失載，秀是宋元以來的一種民間稱呼，王應奎《柳南隨筆》說，「江陰湯廷尉《公餘日錄》云：明初閭里稱呼有二等，一曰秀，一曰郎。秀則故家右族，穎出之人；郎則微裔末流，羣小之輩」。劉秀父親叫劉繼祖，祖父叫劉學老。劉學老在元朝曾任總管之職，後辭職還鄉，利用在官場多年的積蓄廣置田產，成為孤莊村的第一富戶。他樂善好施，濟貧齋僧，被鄉人敬為「長者」。他有兩個兒子，長子劉繼祖，次子劉德。兩人性格迥異，劉德吝財，劉繼祖卻有其父的遺風，樂善好施，被村民推為社長（社是元代農村的基層組織，一般以五十家編為一社）。劉繼祖與朱五四比鄰而居，關係比較密切，其子劉秀與朱元璋年齡相仿，常在一起玩耍。曹秀的父親叫曹均，在朱五四遷入孤莊村之前已經去世。其妻汪氏帶着三個兒子，靠着祖傳的田產度日，生活雖然並不十分寬裕，但比朱五四一家強多了。曹秀是她家的老二，年齡和朱元璋差不多，兩家又是鄰居，所以兩人也常一起玩耍，成為非常要

好的小夥伴。汪氏見朱元璋聰明伶俐，也認了他做乾兒子。

搬到孤莊村時，父親朱五四年已 58 歲，母親陳氏也已 53 歲。家裏只剩大哥朱重四一個壯勞力，他又不愛幹活。朱元璋雖然年紀不大，但除了給地主劉德放牧牛羊，還儘可能幫家裏幹點輕活。氣人的是，他儘管賣力，把牛羊趕到遠處野草長得較為茂盛的地方放牧，劉德還經常嫌牛羊沒吃飽，狠狠地訓斥他。朱元璋不時和一起放牧的小夥伴議論：為啥我們窮人家起早貪黑，辛辛苦苦，無法填飽肚子；財主待在家裏，不用幹活，卻能吃上大魚大肉？到啥時候我們才能過上好日子呢？

更氣人的是官府衙門根本不顧百姓死活，拚命搜刮百姓的錢財。元朝建立以前的蒙古國時期，官員沒有俸祿，部民的貢獻（蒙古語撒花）成為官員收入的來源，上司向下級勒索，下級給上司送禮，合理合法。忽必烈建立元朝後，百官皆有俸祿，但「撒花」的習俗仍然保留，貪汙受賄成為司空見慣的事，貪風熾盛。蒙古、色目官吏個個貪財好色，除了喝酒玩女人，就是拚命搜刮百姓，聚斂錢財。下屬拜見要「拜見錢」，逢年過節要「追節錢」，過生日要「生日錢」，管個事要「常例錢」，往來迎送要「人情錢」，發個傳票、拘票要「賫發錢」，打官司要「公事錢」，無事也要錢，那就是「撒花錢」。掌管地方監察的肅政廉訪司官員下到州縣巡視，公然帶着管錢的庫子一起出行，為之檢鈔、稱銀。遇到災荒，皇帝為了穩定人心，派官吏巡視災情，發放賑濟，減免賦稅。但那些下來巡視的奉使，照樣幹他們的貪汙勾當，賑濟的糧款大半裝進了自己的腰包，剩下的大都落到給他們送禮行賄的地方官員和地主老財手裏，佃戶一點都攤不上，免賦也只是免了地主和少數自耕農的，佃戶照樣得給地主交租。老百姓編了順口溜說：「奉使來時，驚天動地；奉使去時，烏天黑地。官吏都歡天喜地，百姓卻啼天哭地。」又說：「官吏黑漆皮燈籠，奉使來時添一重。」（陶宗儀：《南村輟耕錄》卷一九，《鑾駕上書》）「九重丹詔頒恩至，萬兩黃金奉使回。」「奉使宣撫，問民疾苦，來若雷霆，去若敗鼓。」（《明太祖實錄》卷六〇）因此，朱元璋見到衙門的官吏，常恨得咬牙切齒。後來，他曾回憶說：「昔在民間時，見州縣官吏多不恤民，往往貪財好色，飲酒廢事，凡民疾苦，視之漠然，心實怒之。」（《明太祖實錄》卷三九）

　　朱元璋的母親陳氏常在夜晚的豆油燈下，邊紡紗邊給孩子繪聲繪色地講外祖父陳公抗元的故事。五六十年前，朱元璋的外公曾在宋朝大將張世傑手下當過親兵。元朝的大軍南下，攻佔南宋都城臨安（今浙江杭州），俘虜了宋恭帝。張世傑和陸秀夫等將領在福州擁立益王趙昰做皇帝，繼續抗元。文天祥出任丞相，招兵買馬，轉戰於江西、廣東一帶。不久，趙昰病死，趙昰的弟弟、廣王趙昺做皇帝，繼續堅持抗元鬥爭。文天祥不幸兵敗被俘，張世傑、陸秀夫護送九歲的小皇帝退往崖山（今廣東新會崖門附近）。元朝水軍窮追不捨，被張世傑頑強擊退。後來，元軍攻佔崖山海口，切斷宋軍砍柴取水之路，於祥興二年（1279 年）二月發動大規模攻勢，突破宋軍的防線。陸秀夫見大勢已去，拔劍令妻子兒女跳海自盡，自己揹起小皇帝投海殉國。張世傑趁天黑率領十幾條船沖出重圍，圖謀再舉。誰知四天後卻在平章山海面遭遇颶風，船隻傾覆，張世傑落水殉難。外公也掉在海裏，僥倖被人救起，輾轉返回了老家。母親講的故事，深深打動了朱元璋。他從心底裏佩服外公，盼着有一天能像外公那樣拿起長矛大刀，把蒙古、色目貴族斬殺淨盡，從此不再受他們的欺凌壓榨。

　　接二連三的災荒，使朱元璋的家庭遭受沉重的打擊。短短幾年時間，三嫂劉氏病故了，二哥的獨生子旺兒夭折了，大姐和大姐夫王七一全家也滿門死絕。父親唉聲歎氣，母親哭得死去活來，朱元璋也常在一旁陪着掉淚。然而，眼淚還未揩乾，更大的災難又降臨了。

　　至正四年（1344 年）春天，一場百年不遇的大旱襲擊江淮大地。幾個月不見一滴雨水，禾苗枯黃了，田地裂出一條條縫。全村的莊稼戶，老小出動，手提肩挑，戽水車水，把池塘河溝裏的水都掏乾了，仍不濟事。青年人吹起嗩吶，敲起鑼鼓，和尚道士畫符唸咒，老年人跪在炎炎烈日下祈禱，乞求龍王爺顯靈降下一陣雨水。但幾天過去，天空仍然不見一絲雲影。正當人們焦急地繼續祈雨的時候，天邊忽然黑壓壓地飛來一大羣蝗蟲，落到田野裏，很快就把枯黃的莊稼啃個精光。接着，村裏又鬧起了瘟疫，今天這家死幾口人，明天那家又死幾口人，田頭地腳很快就壘起了一座座新墳。人們驚慌失措，紛紛扶老攜幼，到遠處投奔親友，或外出逃亡。原本人煙稀少的孤莊村，越發顯得空曠寂寥了。

　　這場空前的旱蝗瘟疫，對朱家的打擊尤為沉重。先是 64 歲的老爹朱五四染上瘟疫，臥倒在牀，因為請不起郎中抓不起藥，在四月初六去世。接着大哥朱重四又染上病，在初九死去，他的大兒子聖保也夭折了。到二十二日，59 歲的老母陳氏也染病而亡。陳氏臨終前，望着空盪盪的破茅屋和日夜在牀前伺候的小兒子朱元璋，擔心他日後的生活沒有着落，眼淚不禁奪眶而出。她示意朱元璋把入贅到唐家的二哥朱重六找來，斷斷續續地叮囑說：「我今病，度不起，汝兄弟善相扶持，以立家業。」（《明太祖寶訓》卷一，《孝思》）說完，便嚥了氣。

　　此時，朱家家徒四壁，不僅無錢給父母和大哥買棺材，就連埋葬的墳地都沒有。沒有棺材可用破草蓆裹屍埋葬，沒有墳地可就沒法下葬了。朱元璋和二哥朱重六只得硬着頭皮去央求地主劉德，請他發善心給一塊巴掌大的墳地，但劉德還是「呼叱昂昂」（朱元璋：《明太祖集》卷一四，《皇陵碑》），把他們臭罵了一頓。和朱元璋要好的鄰居劉秀知道了這事，告訴他父親劉繼祖。劉繼祖立刻叫上妻子婁氏，一起來到朱家，對朱元璋哥倆說：你們怎麼不早說呢，我家有的是地，你們看哪塊地適合做墳地，自己隨便挑吧！墳地有了着落，大嫂和二嫂找出幾件破舊衣衫，給已逝的兩位老人換上，朱元璋和二哥找來兩條破草蓆將屍體裹上，放到卸下來的門板上面，抬到村南劉繼祖的地頭埋葬了。後來，朱元璋坐上龍椅，為父母修建起規模宏大的皇陵，在陵前西邊建亭立碑，鐫刻了他親自撰寫的《皇陵碑》，在碑文裏還不無傷感地回憶道：「殯無棺椁，被體惡裳，浮掩三尺，奠何肴漿！」（《明太祖集》卷一四，《皇陵碑》）但因為朱元璋做了皇帝，民間傳說便把這事附會成一個「神葬」的故事，說朱元璋和二哥把父母的屍體抬到劉繼祖的地裏，突然風雨大作，雷鳴電閃，兄弟倆放下屍體，躲到附近一棵大樹下避雨。一會兒雨過天晴，他們回到地裏，停放屍體的地方，竟高高地聳起一個大墳堆！朱元璋登基稱帝後，為感謝劉繼祖，特追贈已故的劉繼祖夫婦為義惠侯及義惠侯夫人，在追贈誥文中深情地寫道：「朕昔寒微，生者為衣食之苦，其死者急無陰宅之難」，「爾劉繼祖發仁惠之心，以己之沃壤慨然惠朕。朕得斯地，樂葬皇考、妣於是，至今難忘，朝夕懷之切切」。（《明太祖集》卷

三，《追贈義惠侯劉繼祖誥》

接着，朱元璋和二哥又把大哥和姪子聖保的屍體也抬到地裏，緊挨着父親和母親的墳，分別埋葬了。埋葬親人的遺體後，旱災、蝗災和瘟疫仍未停止，朱元璋一家的生活陷入絕境。大嫂帶着小兒子朱文正和小女兒回了娘家，朱元璋和二哥、二嫂卻走投無路。同在鍾離縣的伯父朱五一全家14口，除小兒媳田氏尚在人世外，其他人都已死去。在盱眙嫁給李貞的二姐佛女，自陳家搬離盱眙之後再無來往，也不知景況如何。盱眙的外祖父陳公沒有兒子，後來過繼了大女婿季家的長子做孫子，但自外公過世後，這些年也沒有交往。幾個本家親戚都投奔不得，朱元璋和二哥只得出門找些零活幹，但災荒年月，零活也不好找。從四月捱到九月，二哥提出：與其全家待在家裏餓死，不如分頭外出逃荒，或許還有存活的希望。朱元璋想想也沒有什麼辦法，只得點頭表示同意，然後兩人抱在一起痛哭了一場。鄰居汪大娘聽到哭聲，趕來安慰他們一番，聽說兄弟兩人準備分頭逃荒，覺得朱元璋年紀太小，獨自外出怕不安全，便提起當年朱元璋父母曾在廟裏燒香許願、允諾將來把他捨入寺廟為僧的事，讓他不如去當和尚，可以掙口飯吃。朱元璋和二哥都點頭表示同意。

汪大娘買了香燭和禮品，於九月十九（陽曆 10 月 25 日），讓二兒子曹秀陪着朱元璋前往村子二里外的於（wū）皇寺，央求高彬法師收他為徒。於皇寺坐落在孤莊村西南角的山坡上，規模不小，有一二十個和尚，有一大堆雜活要幹。高彬法師見朱元璋年輕力壯，和住持德祝商量後，同意收下他當小行童，在廟裏幹粗雜活。於是，朱元璋被領進廟裏，按照佛家的規矩和儀式，剃光頭髮，披上袈裟，成為一名佛門弟子。這時他虛歲 17，實際年齡剛滿 16 周歲。

所謂行童，就是佛寺裏的童僕，每天要幹許多粗雜活，包括打掃寺廟，上香點燭，挑水劈柴，還要值班報點〔每天清晨寅時（相當於現今凌晨 3 至 5 時）擊打木板四下，通知眾僧起牀，到大殿做早課。此後，進早餐、坐禪、行香、用午餐、上晚課，都得報點〕。這些累活重活，朱元璋都得幹。元廷對宗教採取優容政策，寺院道觀享有政治、經濟上的各種特權。皇帝經常賞賜寺觀大量田產，貴族也常捐贈給寺觀土地。上層僧侶、

道徒往往成為富甲一方的大地主，他們兼併土地，經商放貸，甚至飲酒吃葷，娶妻生子。高彬法師就娶有妻室，他的一大堆家務活，也要朱元璋承擔。佛門還有一項規矩，叫作「先入門者為大」，處處講究先來後到，論資排輩，大小僧眾常支使朱元璋幹這幹那。朱元璋每天從早到晚累得上氣不接下氣，可廟裏並不付給工錢，只管飯食，而給他的飯食又多是眾僧吃剩的殘羹剩飯，往往填不飽肚子。要不是為了混口飯吃，他早就甩手不幹了。但為了活命，他還是強打精神，賠着笑臉，心裏卻很不是滋味，憋着滿肚子的火氣。傳說有一天，他打掃伽藍殿，被石座上伽藍的大腿絆了一跤，氣不打一處來，掄起掃帚就把伽藍神狠揍一頓。又有一天，佛堂案桌上的蠟燭被耗子啃壞了，朱元璋不由怒火中燒，心想你這伽藍神整天守着大殿，耗子來了也不管，害我挨長老的罵，就提筆在伽藍神的背上寫下「發配三千里」幾個字，罰菩薩到三千里外充軍，以發泄他的一肚子怒氣。看來，佛門之內也沒有窮人的好日子過。

但是，就是這樣的日子，朱元璋也過不長。他入寺剛滿五十天，便被打發出廟門。於皇寺主要靠出租土地收取地租和接受善男信女的佈施來維持，因災情嚴重，佃戶交不上租子，施主的佈施也大大減少，一二十個僧人坐吃山空。住持只得關閉寺院，遣散眾僧。眾僧有家的回家，無家的只得出去遊方化緣。入寺不久的朱元璋儘管不懂得唸經做佛事，也只好揹起破包袱，帶着木魚和瓦鉢，硬着頭皮去化緣，雲遊四方了。

「化緣」是佛教用語，意為僧尼向人乞求佈施。佛教稱佈施者與佛有緣，故名。這種化緣也叫募化，實際上就是叫化、要飯。朱元璋聽說南邊和西邊一帶災情較輕，年景較好，就向那一帶走去。先是向南走到濾州（今安徽合肥），再往西到豫東的固始、信陽，又向北走到汝州，然後向東折向陳州（今河南淮陽），經豫皖邊界的鹿邑、亳州，再往南到達潁州（今安徽阜陽）。他一路跋山涉水，走村莊，越市鎮，白天在大戶的家門口敲一陣木魚，唸幾句佛號，討幾文錢，或要幾勺米、一鉢飯，晚上藉古寺或農家的茅草屋邊歇腳，或者乾脆在崖畔曠野裏露宿。遇到渺無人煙的僻野之處，餓了從包袱裏抓出幾把討來的米，摻些摘來的野菜，用瓦鉢燒熟了吃，存米罄盡，就摘些野果充飢。傳說深秋的某一天，朱元璋路過一個

叫剩柴村的地方，已經兩天粒米未進，肚子餓得咕咕叫，周圍又找不到人家討飯，放眼四望，不遠處有個廢棄的園子，便踱步而入，只見滿園是被戰火破壞的殘垣斷壁和雕零的樹木，連連搖頭歎氣。在園子裏慢慢轉了一圈，突然發現東北角有株柿子樹上還掛着十幾個霜打過的紅柿子，朱元璋急忙爬上去，邊摘邊吃，總算飽餐一頓。後來，朱元璋參加起義軍，南渡長江攻打採石（在今安徽馬鞍山長江東岸）、太平（今安徽當塗），路過此地，發現這株柿子樹還在，即下馬脫下身上的紅色戰袍，披在樹幹上，說：「封爾為凌霜侯！」（張定：《在田錄》）

幾年的游方生活，使朱元璋受盡白眼、冷漠和嘲笑，飽嘗了風霜之苦。後來，他曾以無限辛酸的心情，回憶起這段漂泊流浪的生活：

> 突朝煙而急進，暮投古寺以趨蹌。
>
> 仰蒼崖崔嵬而倚碧，聽猿啼夜月而淒涼。
>
> 魂悠悠而覓父母無有，志落魄而泱伴。
>
> 西風鶴唳，俄淅瀝以飛霜。
>
> 身如蓬逐風而不止，心滾滾乎沸湯。
>
> （《明太祖集》卷一四，《皇陵碑》）

朱元璋在淮西雲遊之時，北方白蓮教首領韓山童和南方白蓮教首領彭瑩玉，正在那裏從事反元的祕密活動。韓山童的祖父是趙州灤城（今河北灤縣）人，人稱韓學究，估計是個教書先生。他暗中宣傳白蓮教，遭到官府逮捕，謫遷廣平永年縣（今河北邯鄲東北舊永年）。韓山童繼承祖父遺業，繼續利用白蓮教宣傳和組織羣眾，倡言「天下當大亂，彌勒佛下生，明王（《大阿彌陀經》稱阿彌陀佛為「諸佛光明之王」即明王）出世」，在河南江淮之間廣收門徒。彭瑩玉生於袁州（今江西宜春）南泉山慈化寺東邊一個村莊的一戶農家，10 歲入慈化寺為僧，改從寺中彭老和尚之姓。後來，暗中傳播白蓮教，廣收門徒，從事反元活動。（後）至元四年（1338年）六月，他和徒弟周子旺率領 5000 名門徒在袁州發動起義，遭到官兵的鎮壓。周子旺和妻子被殺，彭瑩玉逃到淮西，繼續傳播白蓮教，等待再次

起義的時機。

　　白蓮教源於佛教淨土宗的彌陀淨土法門，為南宋初年崑山（今屬江蘇）僧人茅子元所創立。它要求教徒做到三皈（皈佛、皈法、皈僧），五戒（不殺生、不偷盜、不邪淫、不妄語、不飲酒），主張素食，所以又被稱為「白蓮菜」。於是，「宗風大振」（果滿編：《廬山復教集》卷上，《上白蓮宗書》），到 13 世紀二三十年代，南宋境內處處有習之者，還傳播到金朝和蒙古統治的北方地區。元朝統一全國後，白蓮教曾受到元廷的保護。後來因其勢力大增，教徒魚龍混雜，一些上層人物勾結官府，結交勢豪，稱霸一方，有些下層僧眾則藉舉行宗教儀式之機，夜聚曉散，從事反元活動，曾遭到元武宗和元英宗的禁止。此後，雖然有些白蓮教教主效忠元廷，但廣大教徒仍以各種形式從事反元活動。

　　白蓮教奉行淨土宗的教義，崇奉阿彌陀佛（無量壽佛），認為只要唸一聲阿彌陀佛，即可免除幾十億劫（佛經以天地的形成至毀滅為一劫）的生死重罪。白蓮教徒誦讀的《大阿彌陀經》稱阿彌陀佛為「諸佛光明之王」，「彌勒出世」也就叫作「明王出世」而流傳開來。白蓮教還糅合了彌勒淨土法門的成分。彌勒淨土法門是佛教的一支，供奉彌勒佛（未來佛）。按佛教的傳說，彌勒曾是一個對百姓慈育的好國王。釋迦牟尼在世時，他侍旁聽法，先佛入滅後，上生於兜率天內院。釋迦牟尼滅度後，世界立即變壞，人們的生活陷入苦境。他在滅度前留下遺言，說待他滅度後經 4000 歲（佛界的 4000 歲，相當於人間的 167000 萬歲）彌勒當降生人間，那時世界就會重新變好，土地平整如鏡，時氣合適，四時順節，到處長滿不帶皮的粳米，果樹長滿甘美的果子，地上撒滿珍珠瑪瑙；人人變得非常聰明，人心變好，沒有貪慾，大家相見歡悅，善言相向；糧食非常豐富，價格低廉，人口繁盛，村落相連，人人沒有憂愁煩惱，個個過得自在快活（竺法：《佛說彌勒下生經》）。這種彌勒下生的說法，後來就被白蓮教教徒所普遍接受。此外，白蓮教還吸收了道教的某些成分，有的教徒發動反元起義，就自稱「李老君太子」。

　　白蓮教的教義，要求人們把希望寄託於來世，而對現實採用忍耐的態度，顯然是一種麻醉人民的鴉片。但它關於「彌勒降生」「明王出世」的

預言，符合苦難深重的勞動人民要求改變現狀的願望，對他們頗具吸引力。同時，白蓮教舉行宗教儀式，燒香聚眾，夜聚曉散，又極便於宣傳組織羣眾，從事祕密活動。於是，一些農民領袖便打入白蓮教內部，將「天下大亂」與「彌勒降生」「明王出世」聯繫起來，號召貧苦人民起來衝擊現實的黑暗世界，從事反元的祕密活動，為發動大規模武裝起義進行準備。

朱元璋在淮西如蓬逐風地漂泊了三年多的時間，足跡遍及淮西和豫東的八九個郡縣，熟識了那裏的山川形勢、民風民俗，大大開闊了眼界，增長了見識。在居無定所、食不果腹的漂泊過程中，他必須勇往直前而又處處小心，從而鑄就了堅韌果敢而又猜忌多疑的性格；他被命運拋到生活的底層，廣泛接觸一貧如洗的窮苦農民，直接或間接地受到白蓮教教義的宣傳和影響，對社會的黑暗、百姓的疾苦有了更深切的了解，對人心的趨向有了更深刻的體會；同時為了生存的需要，他廣交江湖朋友，從而沾染上了江湖習氣。所有這一切，都對朱元璋後來參加農民起義及其事業的發展，產生了深遠的影響。

幾年的游方生活，勾起了朱元璋的思鄉之情。至正六年（1346 年），他曾從潁州向東，返回鍾離縣（今安徽鳳陽臨淮鎮東）故鄉，祭掃父母和大哥的墳墓，看望汪氏、趙氏兩個乾娘及曹秀、趙璧和劉秀幾個往日的小夥伴。在自家空盪盪的破茅草屋裏待了幾天後，看到家鄉的災情未見緩和，只得又外出游方。後來，在外面流浪的時間長了，又深深地懷念起故鄉。至正八年，這個久別的游子又回到家鄉的於皇寺。此時的於皇寺，因周邊連年遭受旱蝗瘟疫之災，人口銳減，百姓窮困，佈施頓減，香火寥寥，僧眾大多離散自謀生計，高彬法師也已去世。滯留寺廟的幾個和尚日子過得極為艱苦。朱元璋同他們敘了寒暖，重新在寺裏安頓下來。

因為香客稀少，廟裏沒有多少活幹。他過去念過幾個月私塾，識得一些字，便跟幾個識字的老和尚學習佛經，有時也把廟裏有限的幾本雜書拿出來翻翻。史籍說他從此「始知立志勤學」（《皇明本紀》），看來有些根據。這樣，日積月累，他認識的字越來越多，知識也不斷增加，文化水平逐漸得到了提高。

第三節　投奔濠州紅巾軍

　　元朝建立後，各族人民就沒有停止過武裝反抗。元世祖時，在其統治力量比較薄弱的江南地區，人民的反抗「所在蜂起」，大者數千，少者數百，在在為羣。到至元二十六年（1289 年），江南人民的暴動事件就多達四百餘起。此後，這種零散的起義不斷發生，此伏彼起。元順帝妥歡帖睦爾即位後，權臣擅權，吏治益趨腐敗，土地兼併更加嚴重，加上賦役不均，災荒頻仍，把廣大勞動人民逼入痛苦的深淵。正當社會矛盾急劇激化之時，元廷又決定實行「變鈔」與「開河」，更是火上澆油，終於激起了廣大人民的大規模反抗。

　　元順帝即位之後，統治集團更加奢侈腐化，朝廷的賞賜和佛事活動更加頻繁，從而導致國庫空虛。為了彌補國庫的虧空，至正十年（1350 年）中書右丞相脫脫決定更改鈔法。十月，吏部尚書偰哲篤建議，以中統交鈔 1 貫文省權銅錢 1000 文，準至元寶鈔 2 貫，而以楮幣為母、銅錢為子。元初的中統交鈔以絲為本（儲備金），中統元寶鈔以銀為本，間亦用金，後來的至元寶鈔、至大銀鈔也都以銀為本。偰哲篤的建議完全顛倒了本末關係，使楮幣變成沒有鈔本、不能兌換金銀的紙幣，可以放手大量印製，以解救財政危機。第二年，元順帝、脫脫採納其建議，鑄造至正通寶錢，與歷代銅錢並用，並大量印造價值比至元寶鈔大一倍的至正交鈔，代替通行已久的中統交鈔和至元寶鈔，叫老百姓拿舊鈔去換新鈔，老百姓稱之為「鈔買鈔」。新鈔沒有鈔本，鈔值因而大跌，在京師鈔 10 錠（等於銅錢 5 萬文）竟買不到 1 斗米。老百姓不用鈔而用錢，最後連錢也不用，「皆以物貨相貿易」（《元史》卷九七，《食貨志》）。

　　黃河在至正四年（1344 年）五月氾濫成災，北決白茅堤（在今河南蘭考東北），六月又北決金堤（西起今河南衛輝，經濮陽及山東范縣、壽張，東至張秋鎮東），淹沒河南、河北、山東沿河兩岸的大片農田，並往北侵入會通河和大運河，不僅影響到南糧北調的漕運，而且威脅到山東沿海的鹽場，危及朝廷的鹽課收入。此後，黃河連年決口氾濫。至正十一

年，河南歸德知府觀音奴奏請修治黃河，把河水勒回故道。右丞相脫脫變更鈔法失敗，正想以治河來挽回聲譽，於當年四月奏請元順帝批准，任命水利專家賈魯為工部尚書、總治河防使，調集汴梁、大名等 13 路民夫 15 萬人及瀘州等地戍卒 2 萬人，動工治理黃河。十幾萬河工按照賈魯設計的方案，先疏浚南流的 280 多里河道，重點是挖深拓寬從黃陵岡（今山東曹縣）的白茅到歸德府（治睢陽，今河南商丘市睢陽區）哈只口的 180 里河道，將河水勒回故道。然後再修復白茅堤，堵塞北流的決口。黃河氾濫幾年來，兩岸的貧苦農民不斷遭受水旱災害和瘟疫的襲擊，「飢餓欲半死」（薩都剌：《早發黃河即事》），如今又被驅趕來當河工，每天在官吏的皮鞭下承擔繁重的勞役，「手足血流肌肉裂」（乃賢：《新堤謠》），因而怨聲載道。

　　「變鈔」與「開河」事件，就成為元末農民大起義的導火線。當時社會上流行的一首《醉太平小令》即唱道：

　　　　堂堂大元，奸佞專權，開河變鈔禍根源，惹紅巾萬千。官法
　　　濫，刑法重，黎民怨。人吃人，鈔買鈔，何曾見？賊做官，官做
　　　賊，混愚賢，哀哉可憐！

　　　　　　　　　　　　　（《南村輟耕錄》卷二三，《醉太平》小令）

　　韓山童和他的門徒潁州人劉福通以及杜遵道、羅文素、盛文郁、王顯忠、韓咬兒等，決定抓住這個有利時機，發動武裝起義。他們在黃陵岡埋下一個一隻眼的石頭人，編造一句民謠四處傳唱：「石人一隻眼，挑動黃河天下反。」並派幾百名教徒去工地做工，宣傳天下當大亂，明王即將出世，彌勒佛就要降生。不久，河工挖出一隻眼的石頭人，整個工地都沸騰起來，河工們暗自摩拳擦掌，他們知道，推翻元朝統治的時刻已經到來了。

　　韓山童和劉福通、杜遵道等人，聚集在潁上縣境內等候消息。至正十一年五月，河工挖出獨眼石人的消息傳來，他們即在白鹿莊聚集三千門徒，頭裹紅巾，斬白馬烏牛，祭告天地，發佈檄文，準備起義。他們利用當時尖銳的民族矛盾，提出「復宋」的口號，在旗幟上寫道：「虎賁三千，

直抵幽燕之地。龍飛九五，重開大宋之天。」（《南村輟耕錄》卷二七，《旗聯》）宣稱韓山童是宋徽宗的九世孫，當做皇帝，劉福通是南宋大將劉光世的後代，應輔佐宋朝舊主起義；又藉南宋廣王趙昺出走崖山、宰相陳宜中逃往日本的故事，說「蘊玉璽於海東，取精兵於日本」，要重新奪取天下。他們還在檄文中揭露「貧極江南，富稱塞北」（葉子奇：《草木子》卷三上，《克謹篇》）的不平等現象，指出蒙古統治者拚命搜刮財富是造成漢族勞動人民極端貧困的根源，號召漢族貧苦百姓起來推翻元朝的黑暗統治。由於走漏消息，當地官府前來搜捕，韓山童被捕殺。韓山童的妻子楊氏帶着兒子韓林兒逃往徐州路。劉福通帶領門徒拚命突圍，於五月初三（陽曆 5 月 28 日）攻佔穎州（今安徽阜陽），一場大規模的農民起義正式爆發了。這支起義隊伍頭裏紅巾，身着紅色戰袍，打着紅色旗幟，所以被稱為「紅巾軍」，又稱「紅軍」。由於戰士多數信奉白蓮教，燒香拜佛，又被稱為「香軍」。這支紅巾軍屬於北方白蓮教系統，故又被稱為北方紅巾軍。

元廷得到劉福通起義軍攻佔穎州的消息，立即派遣樞密院同知赫廝、禿赤率領 6000 名阿速軍和諸部漢軍，會同河南行省的軍隊前往鎮壓。元朝的官軍原是一支剽悍強壯的軍隊，驍勇善戰，後因承平日久，不習武事，終日宴飲，軍紀敗壞，「但以飛觴為飛炮，酒令為軍陣，肉陣為軍陳，謳歌為凱歌」（《草木子》卷三上，《克謹篇》）。阿速軍是由色目人中的阿速人（原住北高加索的伊朗人）組成的精銳部隊，人稱「綠睛回回」，善於騎射，以精悍著稱。後來由於過慣舒適的生活，將領但以酒色為務，士卒唯事剽掠，已腐敗不堪。赫廝、禿赤帶領兵馬來到穎州，一和紅巾軍對陣，見紅巾軍人多勢眾，揚鞭高呼：「阿卜（走的意思）！阿卜！」全軍不戰而逃。劉福通揮師出擊，乘勝攻佔亳州、項城（今河南沈丘）、朱皋（今河南固始北）、羅山、真陽（今河南正陽）、確山，並直達舞陽、葉縣等地。各地貧苦農民紛紛加入起義隊伍。九月，攻克汝寧（今河南汝南）、息州（今河南息縣）、光州（今河南潢川）等地，起義隊伍擴大到 10 萬人。

劉福通的起義如一聲春雷，震撼了中原大地。各地的貧苦大眾紛起響應。至正十一年八月，邳州（治今江蘇下邳）人李二（曾在荒年將家中僅

有的一倉芝麻賑濟災民，故又被稱為「芝麻李」）與趙均用、彭大等八人趁夜奪佔徐州，樹旗招兵，眾至十餘萬，攻克附近各縣及宿州（治今安徽宿縣）、五河、虹縣、豐縣、沛縣、靈璧，西至安豐（治今安徽壽縣）、濠（治今安徽鳳陽臨淮鎮）、泗。

十二月，鄧州布販王權（又稱布王三）也聯合張椿起兵於鄧州、南陽，進而佔領唐（治今河南唐河）、嵩（治今河南嵩縣）、汝諸州和河南府（治今河南洛陽），被稱為北瑣紅巾。差不多與之同時，孟海馬等人也發動起義，於翌年正月攻佔襄陽，進軍均（治今湖北武當）、房、荊門、歸（治今湖北秭歸）、峽（治今湖北宜昌）諸州，被稱為南瑣紅巾。這幾支隊伍信奉的是屬於韓山童那個教派的白蓮教，與劉福通的紅巾軍屬於同一系統，都被稱為北方紅巾軍，有的從一開始就接受劉福通的節制。

劉福通起義的消息傳出後，正在淮西活動的彭瑩玉於至正十一年八月在江淮再度起義，勢力很快就擴展到巢湖周邊的無為等地。八月，他的門徒、麻城鐵匠鄒普勝和羅田布販徐壽輝，也在蘄州（治今湖北蘄春）起義，攻佔蘄水（治今湖北浠水）、黃州（治今湖北黃岡南）。十月，徐壽輝在蘄水稱帝，建立政權，國號天完（取壓倒大元之意），年號治平。後改國號為宋。後來，彭瑩玉離開江淮，來到蘄水。天完農民政權分兵兩路，鄒普勝統率一路上略武昌、江陵等地，彭瑩玉、項普略統率另一路下攻長江中下游及浙、閩等地。徐壽輝的起義軍同樣信奉白蓮教，頭裹紅巾，身穿紅色戰袍，所以也被稱為紅巾軍。但他們屬於南方白蓮教系統，故被稱為南方紅巾軍。

除了紅巾軍系統的起義軍，還有一些既不信奉白蓮教，也不以紅巾做標誌的起義隊伍。如早在至正八年十一月起兵反元後又投降元朝的浙東私鹽販方國珍，這時也重新打出了反元的旗號。

農民大起義的浪潮，很快就波及朱元璋的家鄉。至正十二年（1352年）二月，濠州出現了郭子興領導的紅巾軍。郭子興祖籍曹州（治濟陽，今山東菏澤），他的父親從小給人卜卦算命，整年在外，到壯年也沒娶妻。有一年到定遠，給一個財主的女兒相命，卜了一卦，說是大富大貴的命。財主歎氣道：這個閨女是個瞎子，還愁着嫁不出去哩！他說：你老要

是不嫌棄我，就把她嫁給我吧。財主於是把瞎女兒嫁給了他，並給他一份財產。他從此在定遠定居，家境日漸富裕，生下三男一女。三個兒子都很精明能幹，善殖資產，成為當地有名的富戶。郭子興是三個兄弟中的老二。他看到朝政腐敗，社會動盪，估計天下有變，便加入白蓮教，廣散家財，結交豪傑，聚眾燒香。劉福通特別是離定遠不遠的芝麻李起義後，他決心起義響應。至正十二年正月十一，郭子興聯合孫德崖和俞某、曹某、潘某四人起兵於定遠，二月二十七日攻佔濠州城，五個首領並稱元帥（《明太祖集》卷一四，《紀夢》）。這支起義隊伍也以紅巾為號，信奉的是韓山童一派的白蓮教，屬於北方紅巾軍系統。

得到郭子興紅巾軍攻佔濠州的消息，官府急忙命令一個名叫徹裏不花的蒙古軍官帶領 3000 名官軍前來鎮壓。這支官軍見郭子興的隊伍人多勢眾，不敢攻打濠州城，而是在距城 20 里的地方駐紮下來，然後四出騷擾，到處捉拿無辜的百姓，在他們頭上紮一條紅巾，說是「亂民」，押到官府去請賞。老百姓紛紛呼親喚友，跑到濠州投奔郭子興。朱元璋在於皇寺整天提心吊膽，只得東躲西藏，以免被官軍當作「亂民」抓走，丟了性命。

郭子興的隊伍也同其他的起義隊伍初起時一樣，「哨掠四鄰」（《明太祖集》卷一四，《紀夢》），打家劫舍，既不講紀律，也不注意鬥爭策略。當時的寺院擁有大量土地，殘酷剝削佃農，寺院的住持又多以正統自居，對白蓮教持反對、排斥的態度，因而往往成為紅巾軍打擊的對象。有一天，朱元璋外出避難，傍晚返回於皇寺，寺廟已被郭子興的隊伍放火燒掉大半，只剩下伽藍殿還完好無損。朱元璋的生活失去了依靠，下一步該怎麼辦？他一時拿不定主意。不久，已參加濠州紅巾軍的同鄉湯和給他捎信，讓他前去投奔。朱元璋思考了好些日子，一直決斷不下。後來，同屋的師兄對他說，有人見他收到濠州來的信，要去官府告發，勸他趕快逃跑。朱元璋找知心的熟人商量，那人勸他向菩薩求卦，再決定去向。他原先並不那麼相信神佛，對菩薩也不怎麼恭敬，這時只好硬着頭皮試一試了。他找個沒人的時機走進伽藍殿，點上香，磕了頭，拿起神案上的兩塊珓來卜卦。經過六次反覆卜問，菩薩既不同意他外出逃命也不同意他守在廟裏，而是要他投奔紅巾軍。於是他下決心去投奔紅巾軍。當天深夜，他

乘廟裏幾個和尚熟睡之機，偷偷溜出廟門，迎着初春料峭的寒風，摸黑抄山邊田頭的小道，悄悄地向二十多里外的濠州城走去。

第二天黎明，東方的山崗上剛露出一抹魚肚白，朱元璋來到濠州城外不遠的一處地勢稍高的地方，抬眼望去，只見城頭上飄揚着幾杆紅色的旗幟，城門口站着幾個頭紥紅巾、身着紅色戰袍的哨兵，不覺心潮起伏，興奮異常。他稍稍駐足停頓一會兒，便向城門走去。沒承想，幾個哨兵迎上來擋住他，問道：幹什麼？他答道：找郭元帥。他住在哪兒？哨兵一聽他打探郭元帥的住處，懷疑是官軍的奸細，就把他捆綁起來，準備押去處斬。朱元璋拚命掙扎，邊掙扎邊高聲申辯。這時，天漸漸地明亮，走出城門的士兵和百姓紛紛圍攏來，想看個究竟。有人把這事報告郭子興，郭子興馳馬走出城門喝退哨兵，只見眼前站着的是個身着破袈裟的和尚，身材高大，黑黑的臉盤上，高額突出，下巴比上額長出幾分，俗話叫作「地包天」，再配上高高的顴骨，活像一個橫擺着的立體的「山」字。模樣雖然不甚好看，但身體結實，雙目炯炯有神，再加上大鼻子大耳朵，倒也十分威武。郭子興下馬細問，知是於皇寺的窮和尚，是自己的部下湯和邀來投軍的，就叫親兵鬆綁，收下他做步卒。這一天，為至正十二年（1352年）閏三月初一（陽曆4月15日），朱元璋虛齡25。

元末的黑暗統治和地主階級的殘酷剝削壓迫，把朱元璋逼入存身無處、生命不保的絕境。為了尋找一條生路，這個貧苦農民出身的窮和尚，終於在時代潮流的裏挾之下，投身到反抗封建統治的鬥爭行列，成為一名紅巾起義軍戰士，並加入了白蓮教。

第二章

升任宋政權的左副元帥

第一節　有勇有謀，嶄露頭角

　　朱元璋參加濠州起義軍後，脫去袈裟，換上紅色戰袍，頭紮紅巾，每天在隊長的帶領下，同戰士們一起上操，練習武藝。他能吃苦，操練又極認真，在淮北早春寒冷的操場上練得滿頭大汗，十來天就成為隊裏拔尖的角色。郭子興每次領兵出擊，都把他帶在身邊。他「從旁翼衛，跳盪無前，斬首捕生過當」（談遷：《國榷》卷一），立下不少戰功。至正十二年（1352年）四月，朱元璋入伍剛兩個多月後，郭子興把他調到元帥府當親兵，授予九夫長之職，有事經常找他商量。日子一長，郭子興覺得朱元璋有膽有識，有勇有謀，是個將才，開始讓他領兵作戰。朱元璋每次率兵出征，都身先士卒，衝殺在前；得到戰利品，自己分毫不取，悉數分給部眾，因而深得士卒的擁護，將士上下一心，所向披靡。郭子興的隊伍因此日益壯大，他對朱元璋也更加器重。

　　看到朱元璋的出色表現，郭子興喜不自禁，決定把他收為心腹。有一天，他同第二夫人、人稱小張夫人的張氏商量，可否將她撫養的義女馬氏許配給朱元璋。

　　這個義女是郭子興好友馬三的小女兒。馬三原是宿州閔子鄉新豐裏的富戶，少壯時膂力過人，沉毅寡言，重然諾而性剛強，疾惡如仇。「見有為不義者，視之若仇讎」（宋端儀：《立齋閑錄》卷一）。他又喜交賓客，「愛人喜施，賙人之急，如將不及」（楊繼禮：《皇明後紀妃嬪傳·高皇后紀》），把家產幾乎都耗盡了。至順三年（1332年）七月十八日，妻子鄭氏為他生下小女兒。後來，鄭氏病逝，他因殺人避仇，帶着小女兒逃到定遠來找郭子興，與之結為刎頸之交。郭子興把他的小女兒當作自己的親閨女看待，交給小張夫人撫養。郭子興剛起義時，馬三返回宿州，準備起兵響

應，但不久就死了。小張夫人早就聽說朱元璋人才出眾，如今這個義女早已長大成人，由於兵荒馬亂，尚未許配人家，她正暗中為其物色合適的夫婿哩。經郭子興一說，她立即表示贊同，說：「吾意亦如此！今天下亂，君舉大事，正當收集豪傑，與成功業，一旦彼或為他人所親，誰與共成事者？」（《明太祖實錄》卷一）況且，「此無負馬公意矣」（《皇明後紀妃嬪傳・高皇后紀》）。他們把這事告訴朱元璋。

朱元璋早就聽說馬氏雖然長得不太漂亮，但端莊溫柔，不僅「知書精女紅」，且又「善承人意」（毛奇齡：《勝朝彤史拾遺記》卷一），是個賢惠的姑娘，何況她又是元帥的義女，和她結婚，前程更有保障，自然滿口答應。郭子興擇個吉日，給他倆成了親，將士們從此便稱朱元璋為「朱公子」。

郭子興將朱元璋招為女婿後，對他更加信任。不久，讓他帶領一支隊伍，外出攻城略地。朱元璋先後攻五河，取定遠，迭克南宿（宿州）、大店、固鎮等地。但是，當朱元璋回到濠州，城裏的五個元帥卻鬧起了摩擦。土豪出身的郭子興瞧不起農民出身的孫德崖等四人，認為他們沒有文化，缺少智謀，整天只考慮如何剽掠財物，沒有出息。孫德崖等四人名位卻在郭子興之上，郭子興「素直剛，不屈人下」（焦竑編：《獻徵錄》卷三，張來儀：《滁陽王廟碑》），對他們更是不服氣。每次議事，孫德崖等四人對他怒目而視，卻說不出個道道來；郭子興能說會道，能決斷，但常話中帶刺，挖苦孫德崖他們。雙方面和心不和，總是吵得不可開交。後來，郭子興經常閉門不出，很少參與議事。

朱元璋回到濠州，郭子興找他商量對付的辦法。朱元璋勸郭子興照常參與議事，有事同四個元帥商量，接觸的機會多了，互相了解，彼此的隔閡和誤會就會逐漸消除。第二天，郭子興便出門與大家議事。但剛過三天，又和孫德崖他們鬧翻，自己待在家裏生悶氣。雙方的關係越搞越僵，彼此猜疑，互相防範，都怕對方下毒手。

至正十二年九月，正當濠州五個元帥鬧矛盾之時，另一支紅巾軍的首領彭大、趙均用從徐州前來投奔。他們各自支持一方，火上澆油，使五個元帥的矛盾更加尖銳。

　　自劉福通點燃潁州起義的火炬之後，各地農民軍的勢力發展迅猛，一年多的時間，即佔領了黃河以南的大部分地區，包括武昌、杭州等許多重要的城市，切斷了南北的交通。南方紅巾軍的一些起義隊伍，還在「彌勒降生」「明王出世」和「復宋」的口號之外，提出了鮮明的階級鬥爭口號。如至正十二年四月，江西宜黃塗乙、塗右和新城（今江西黎川）童遠率領的一支紅巾軍，在福建建寧（今福建建甌）應必達的配合下，襲據建寧、泰寧，攻佔邵武，即拿着徐壽輝的文告，「揚言『摧富益貧』以誘村氓從逆」，受到貧苦農民的熱烈歡迎，旬日間眾至數萬，「大掠富民家，散入山谷搜劫，無獲免者」（嘉靖《邵武府志》卷二，《黃鎮成撰碑》）。有些地方的起義農民，也是「見富人如仇，必欲焚其屋而殺其人」（盧琦：《圭峰集》卷下，《諭寇文》）。如徽州的起義農民，衝進一個吳姓地主家，宣佈：「金珠，我有也；牛羊，我有也；穀粟，我有也！」（唐桂芳：《白雲集·呂氏嘉貞傳》）。江西建昌（今江西永修）的起義農民，捉拿當地的富豪，警告說：「田地盡與我則生！」（正德《建昌府志》卷一九，《雜誌》）

　　為了保護自己的土地財產，各地的地主富豪，包括那些與元廷存在矛盾的江南地主，都站到元廷一邊，或者為官軍獻糧獻策，或者聚眾結寨自保，或者組織地方武裝「義兵」，與農民軍對抗。元廷也急忙從各個方面調整蒙古、色目貴族和漢族地主的關係，共同對付農民起義。如在中央機構起用南人，規定有才學的南人依元世祖舊例可出任主管行政的中書省、主管軍事的樞密院、主管監察的御史台官職；實行納粟補官之令，規定各地士庶能自備糧米以供軍儲者，可實授地方流官，依例升轉、封蔭；積極支持地主組織「義兵」武裝，規定鎮壓起義有功者可權任軍職，戰事結束後授以民職。並調動各地兵力，圍剿農民起義軍。

　　當時芝麻李、趙均用、彭大等人佔據徐州，聲勢日盛。元廷派淮南宣慰使逯魯曾帶兵前往鎮壓。由於元軍不習江淮水土，逯魯曾招募瀕海鹽丁及矯勇健兒2萬人，組成一支穿黃衣的「黃軍」，包圍了徐州城。右丞相脫脫認為徐州唾手可得，自請掛帥出征，令征討徐州諸將原地待命，等自己到達後，才許攻城。元順帝批准後，脫脫於當年九月率領10萬官軍抵達徐州，以巨石作炮，日夜猛轟，攻入城裏。芝麻李力戰突圍，輾轉進入湖

北，投奔徐壽輝，後又隨明玉珍出征四川，最後出家為僧，遁入空門。趙均用、彭大及其子彭早住率領部分隊伍投奔濠州。

趙均用、彭大來到濠州後，他們的兵力超過濠州原來的力量。由於他們起義較早，名望較高，濠州五個元帥只好聽從他們的指揮。彭大頗有智術，專權獨斷；趙均用唯唯諾諾，事無主見。郭子興瞧不起趙均用而厚待彭大，趙均用因而怨恨郭子興而親近孫德崖等四元帥。孫德崖等人乘機挑撥說：郭子興只知有彭將軍，不知有將軍也！趙均用大怒，乘郭子興外出上街，派人把他抓住，關到孫德崖家裏，準備暗地把他殺掉。此時，朱元璋正奉郭子興之命攻打懷遠及安豐，聞訊急忙趕回，半道遇見熟人，說趙均用、孫德崖他們已經抓走了郭元帥，還要抓他，勸他千萬別回濠州。朱元璋說：郭公於我有厚恩，有難不救，非義也，這不是大丈夫的作為。他趕到郭子興家，只有郭子興的幾個妻妾在，郭子興的兒子都躲藏起來了。朱元璋問幾位公子藏在哪裏，郭子興的妻妾心存疑慮，都閉口不答。朱元璋急了，說：我豈是外人，你們還懷疑我？我趕回來，就是為了救郭元帥！幾個夫人這才說出兒子們的藏身之處。朱元璋把他們找來，說：郭元帥素來厚待彭大而鄙薄趙均用，此禍非彭元帥無法解除。第二天曙色微明，朱元璋陪着小張夫人和郭子興的次子郭天敘、三子郭天爵（長子郭舍已戰歿），一起去找彭大求救。彭大聽明情況，勃然大怒：我在這裏，誰敢動郭元帥？他立即呼喚親隨，帶領士卒去包圍孫德崖的住宅。朱元璋回家脫掉戰袍，換上盔甲，帶上武器，也趕到孫德崖宅前。他們爬上屋頂，揭瓦掀椽，下到屋裏，殺死孫德崖的祖父母，在一個暗窖裏找到了郭子興。只見郭子興脖子上套着木枷，雙腳戴着鐐銬，渾身已被打得皮開肉綻。大家七手八腳打開枷銬，把他背回家裏治療。

趙均用、彭大及彭早住的到來，不僅加劇了濠州五個元帥之間的矛盾，還使濠州遭到官軍的圍攻。原來，趙、彭在徐州城破突圍之後，脫脫就令升任中書左丞的賈魯和知樞密院事的月闊察兒率兵追擊，到年底便把濠州緊緊包圍起來。面對強敵，濠州城裏的幾個首領只得拋開嫌怨，共同指揮將士進行殊死抵抗。他們憑藉城高壕深，糧食充足，頑強地堅守了幾個月。賈魯擔心久屯堅城之下，士卒疲憊，會導致士氣低落，決定發起

強攻，不惜任何代價拿下濠州。至正十三年春，他與月闊察兒親自臨陣督戰，下令「必以今日巳（相當於現今上午9至11時）、午時（相當於現今上午11時至下午1時）取城池，然後食」（《元史》卷一八七，《賈魯傳》）。一時金鼓齊鳴，殺聲震天。沒承想剛揮師攻至城下，賈魯忽然感到頭暈目眩，天旋地轉，頭一沉，便從馬上摔下來。士卒趕忙把他架回營賬，但他怎麼也緩不過來，不久就咽氣了。元軍失去主帥，又久攻不下，遂於至正十三年五月撤圍他去。

元軍對濠州合圍之後，朱元璋曾奉命領奇兵突圍，攻打蕭縣、靈璧和虹縣。元軍撤圍後，濠州脫離了險境，但損失不少兵馬，存糧也用光了，急需補充兵員和糧食。朱元璋通過一個老朋友的關係，弄到幾引（一大引400斤，一小引200斤）鹽，用船運到懷遠，換回幾十石糧食，交給郭子興以救燃眉之急。六月，又回到鍾離縣招募軍士，以補充兵員。比他小四歲的鍾離縣永年鄉農民徐達前來應募，他「少有大志，長身高顴，剛毅勇武」（張廷玉等：《明史》卷一二五，《徐達傳》），同朱元璋談得很投機，朱元璋把他收置麾下，徐達後來成為朱元璋創業奪取天下的重要幹將。不到十天，朱元璋就招募了700多人。他將這些新招募的士兵帶回濠州，交給郭子興。郭子興大喜，於至正十三年十月提升朱元璋為鎮撫，並把這700多人交給他統率。朱元璋從此正式成為一名帶兵的小軍官。

第二節　南略定遠，攻拔滁州

至正十三年（1353年）冬，彭大、趙均用見元軍撤圍他去後，未再來攻，認為濠州從此可以高枕無憂，決定據地稱王。彭大稱魯淮王，趙均用稱永義王。郭子興和孫德崖等人手下兵力較少，仍稱元帥，聽從他們的指揮。朱元璋見彭、趙二王「馭下無道」「以力御眾」，單純依靠打罵懲罰的手段來治軍，部隊缺乏訓練，紀律不好，料想他們將來成不了氣候。他把手下的700多人交給別的將領統率，自己帶着「皆濠產」的徐達、湯和、吳良與吳禎兄弟、花雲、陳德、顧時、費聚、耿再成、耿炳文、唐勝

宗、陸仲亨、華雲龍、鄭遇春、郭興（一名子興）與郭英兄弟、胡海、張龍、陳桓、謝成、李新、張赫、張銓、周德興等 24 人往南，到定遠一帶發展勢力（陳建：《皇明通紀》，《啟運錄》卷一；朱國禎：《皇明大事記》卷一）。

第二年即至正十四年五月，在南略定遠的路上，朱元璋身患重病，只得半途折返。在濠州病情轉重，治療了半個月，才逐漸好轉。五月底，聽說定遠張家堡有支地主武裝「義兵」3000 人，號稱驢牌寨。主帥是郭子興的老朋友，目下孤軍缺糧，想投奔郭子興，又猶豫不決。郭子興擬派人前去招降，但找不到合適的人選，朱元璋即帶病請命，主動要求前去招降。郭子興問他要帶多少人馬，他說人多容易引起對方的懷疑，帶十來個人就已足夠。第二天，朱元璋帶着費聚等兩名騎兵和九名步卒出發。路上連生了兩次病，先後歇了六天，趕了 100 多里地，來到寶公河畔。他讓其他人留在河邊待命，自己帶着費聚前往驢牌寨，對「義兵」主帥說：「郭公與足下有舊，聞足下軍艱食，他敵欲來攻，特遣吾相報。能相從，即與俱往；否則，移兵避之。」（高岱：《鴻猷錄》卷一，《集師滁和》）「義兵」主帥當即同他交換信物，說等將士收拾好行裝，就前往歸附。朱元璋留下費聚等候，自己帶着其他隨行人員返回濠州覆命。但過了三天，費聚來報，說驢牌寨主帥已變卦，準備把隊伍帶往別的地方。朱元璋即刻帶領 300 人馬趕去。他費盡口舌，驢牌寨主帥還是猶豫不決。朱元璋見勸說無效，派 50 名壯士將他強行押離營地。待他離開營地十幾里地，再派人到兵營傳話，說主帥已另選新的營地，叫他的部隊移營。3000 名「義兵」信以為真，放火燒掉兵營，跟隨傳話者去找主帥。主帥無計可施，只能投降。郭子興因其招降 3000「義兵」之功，擢升他做總管的高級官職。接着，朱元璋又帶兵去豁鼻山，招降了秦把頭的地主武裝，得「義兵」800 餘人。

朱元璋將招降來的地主武裝進行一番訓練，六月上旬又指揮他們往東攻打橫澗山的繆大亨。繆大亨是定遠人，曾組織地主武裝為元廷攻打濠州，失敗後帶領 2 萬部眾退屯橫澗山，地方官府封他為「義兵」元帥，派張知院監軍。朱元璋派懷遠人花雲帶兵夜襲橫澗山，張知院兵敗出逃。朱元璋又遣繆大亨的叔父繆貞前去勸說，繆大亨率眾出降。不久，定遠其他

一些結寨自保的地主武裝如吳復、馮國用和馮國勝（後改名宗異，又改名勝）兄弟、丁德興等，也相繼歸附了朱元璋。丁德興還跟隨朱元璋征討洪山寨的「義兵」，招降了幾千人。

在南略定遠的過程中，朱元璋不僅招降了許多地主武裝，而且大力招募貧苦農民入伍，「不逾月而眾集，赤幟蔽野而盈岡」（《明太祖集》卷一四，《皇陵碑》）。朱元璋從中挑選精壯男子 2 萬名，加以嚴格訓練。這些人大多來自地主武裝「義兵」，從前缺乏訓練，不講紀律。朱元璋訓誡他們說：「爾眾初非不多，一旦為吾所有，何也？蓋將無紀律，士不素練故爾！今練習爾等，欲令知紀律也。宜共勠力，以建功業。」將士聽了，眾口一詞地回答：「唯公所命！」（《明太祖實錄》卷一）經過嚴格的訓練，他們很快成為一支聽指揮、守紀律、能打仗的隊伍。朱元璋決定率領這支隊伍向東南方向出擊，攻打滁州。

七月，朱元璋率領這支隊伍進入滁州境內。長身黑面、驍勇絕倫的花雲充當前鋒，單騎沖在前頭。在半道突然遇到數千敵兵，他高舉長矛，翼衛朱元璋。接着，又拔劍出鞘，躍馬飛馳，沖過敵陣，敵兵相顧失色，驚呼：此黑將軍勇甚，不可與爭鋒！朱元璋的大隊人馬緊緊跟進，乘勢攻佔了滁州。不久，虹縣人鄧愈、胡大海先後前來投奔。元末農民起義爆發後，鄧愈的父親在虹縣起兵響應，曾襲據濠州，後與元兵作戰而死，鄧愈兄鄧友隆代領其部，不久病逝，鄧愈被部眾推為首領。當時他才 16 歲，每次戰鬥都衝殺在前，軍中咸服其勇。聽到朱元璋攻佔滁州的消息，他從虹縣率部來歸，被任命為管軍總管。胡大海長身鐵面，膂力過人。他從虹縣前來投奔，被朱元璋任命為前鋒。從此，朱元璋手下又多了兩員勇將。

在南略定遠、攻打滁州的過程中，朱元璋開始吸收一些下層知識分子。南略定遠時，定遠人馮國用來歸。他雄勇多智略，與弟馮國勝自小喜歡讀書，精通兵法。元末他們兩兄弟組織地方武裝，結寨自保。朱元璋略地至妙山，兄弟倆率部歸附。朱元璋向馮國用徵詢平定天下的計策，馮國用說：「金陵（今江蘇南京）龍蟠虎踞，帝王之都，先拔之以為根本。然後四出征伐，倡仁義，收人心，勿貪子女玉帛，天下不足定也！」（《明史》卷一二九，《馮勝傳》）朱元璋大悅，將他留置幕府，用為參謀。還有定遠

昌義鄉人毛麒（《明史》本傳作毛騏），在元末與該縣大姓陳氏組織一支地方武裝自保。朱元璋略取定遠之前，這支「義兵」作鳥獸散。朱元璋到來後，毛麒扶縣令出降。朱元璋認為他是個有識之士，把他留在身邊，「寵遇優渥，朝夕俾公侍膳，與其計征討之事」（《宋濂全集》卷五四，《毛公神道碑》）。渡江後便讓他與李士元一起協讚文書機密。

接着，在攻打滁州的途中，李士元前來求見。李士元字百室，出生於歙縣獅塘，本姓胡，名以進（許楚：《青巖文集》卷一〇，《李韓公外傳》）。他少有志計，讀書粗通文墨，研習法家學說，策劃的事大多能辦到，被裏中推為祭酒，後在浙皖交界的昱嶺關做一員小吏。鄒普勝、徐壽輝在蘄、黃起義造反，他攜幼子遷居滁州。朱元璋率兵攻打滁州，他在道旁求見。朱元璋問他：「四方戰鬥，何時定乎？」他答道：「秦亂，漢高起布衣，豁達大度，知人善任，不嗜殺人，五載成帝業。今元綱既紊，天下土崩瓦解。公濠產，距沛不遠。山川王氣，公當受之。法其所為，天下不足定也。」（《明史》卷一二七，《李善長傳》）說秦朝末年天下大亂，布衣出身的漢高祖劉邦胸襟開闊，知人善任，不亂殺人，五年的時間便成就帝業。現今元朝朝綱紊亂，天下土崩瓦解。你家鄉濠州距漢高祖故鄉沛縣不遠，理當繼承他的王氣。只要仿效他的做法，天下不難平定。朱元璋聽了猶如醍醐灌頂，不覺眼前一亮，連連點頭稱「善」，任命他為掌書記，囑咐他說：現在羣雄並爭，非有高超智慧者，不可與之商議謀略。我看羣雄當中負責案牘及謀事之人，大多不能團結左右的將士，將士難以施展他們的才能而致敗。羽翼既被剪除，主帥豈能獨存，最後無不相繼敗亡。你應該以此為鑒，不要重蹈他們的覆轍，務必協和諸將，助其成就功業！接着，朱元璋帶兵進入滁州，滁州頗有名聲的儒士范常也杖策到營賬拜謁。朱元璋熱情款待，他們談得非常投機，之後朱元璋將范常留置幕下。

這樣，在攻略定遠、滁州的過程中，朱元璋不僅收編地主武裝，招募農民入伍，壯大自己實力，擴大自己地盤，更重要的是吸收了一些掌握一定歷史文化知識的下層知識分子，留置幕府，充當謀士顧問，為自己出謀劃策。朱元璋最初投奔起義軍，純粹是被逼上梁山，「本圖自全，非有意於天下」（《明太祖實錄》卷五八），「罔知王業之事何如，不過苟全性命

而已」（秦錫田：《秦景容先生事跡考·明太祖高皇帝御製禮請前元臣秦裕伯書》）。正是在聽取這些士人的建議之後，他開始萌生推翻元朝統治、謀取天下的想法，並認識到，要謀取天下，需要「豁達大度，知人善任，不嗜殺人」「倡仁義，收人心，勿貪子女玉帛」；在敵強我弱而又羣雄並立的形勢下，必須「先取金陵以為根本」，攻取龍盤虎踞的金陵營建一個比較穩固的根據地，才有望立於不敗之地，逐一擊敗對手，進而奪取天下。從此，一個先攻拔金陵以為根本，然後四出征伐、謀取天下的戰略，在朱元璋的腦海裏醞釀形成。當然，朱元璋深知，自己目前只是郭子興手下的一名小軍官，既沒有一支完全聽從自己號令的武裝隊伍，更缺少一支數量可觀的船隊，難以橫渡長江，尚無法將這個戰略付諸實施。但他暗下決心，將盡最大的努力，向着這個目標邁進。

朱元璋率兵攻打滁州時，彭大、趙均用與孫德崖等人已帶兵攻下盱眙、泗州。趙均用與孫德崖等人還乘朱元璋不在濠州，將郭子興挾持到泗州。彭、趙幾次想殺郭子興，但礙於朱元璋在滁州有幾萬人馬，未敢下手。他們派人請朱元璋去守盱眙，擬就近把他除掉。朱元璋見趙、孫兩人粗暴寡謀，難與共事，推辭不去。不久，郭子興所依靠的彭大在同趙均用的火併中死去，郭子興的處境更加危險。朱元璋忙派人去見趙均用，勸他不要忘記郭子興當初開門迎納的恩德，恩將仇報；否則，一旦郭子興遇害，其部眾不服，他自己也將難以安生。趙均用這才改變態度，對郭子興稍微客氣一些。朱元璋又派人賄賂趙均用左右親信，讓他們替郭子興說好話，趙均用終於答應放郭子興去滁州。

至正十四年七月，郭子興帶領手下的萬名部眾來到滁州。朱元璋將自己的3萬多兵馬獻給郭子興。郭子興舉行盛大的閱兵儀式，看到朱元璋獻出的兵馬軍容整肅，號令嚴明，心中大悅。

誰料剛過一個月，有人在郭子興面前挑撥離間，郭子興的兒子郭天敘、郭天爵也妒忌朱元璋，常在其父面前播弄是非。有一天，郭天敘、郭天爵還擺下酒席，宴請朱元璋，「陰置毒酒中，欲害之」。朱元璋先得到消息，隨同他們二人赴宴，走到半道，朱元璋勒緊韁繩，馬邊躍起，他即大罵郭天敘兄弟：我哪點對不起你們，你們為什麼要害我？兩人嚇得汗

流浹背，「自此不敢萌害意」（谷應泰：《明史紀事本末》卷一，《太祖起兵》）。郭子興本來就忌才護短，不能容人，他也不願朱元璋的勢力過分膨脹，妨礙他兒子將來接班，就對朱元璋猜忌、疏遠起來，不僅將朱元璋身邊親信的將校和幕僚調走，還想把李士元調到自己的元帥府。李士元向朱元璋哭訴，朱元璋無可奈何地表示：主帥之命，弗可違也！李士元還是不肯離去，後來郭子興未再召他，他才沒走。「自是四方征討總兵之權」，朱元璋「皆不得與」（《明太祖實錄》卷一）。有一天，郭子興甚至把朱元璋關了禁閉，斷絕他的飲食。馬夫人暗中給他送去水和食物，有次將剛烤熟的炊餅揣在懷裏給送去，把胸口燙紅了一大塊。

　　不久，有個姓任的小軍官誣告朱元璋「每戰不力」，郭子興讓朱元璋和這個姓任的一起出戰。姓任的出城不到十步，即中矢而還。朱元璋奮勇直前，殺退敵兵，回城時渾身上下無一傷痕。但當時諸將出征歸來，都帶着一堆金銀財寶獻給郭子興。朱元璋領兵出戰，嚴禁剽掠，繳獲的戰利品又悉數分給部下，令郭子興不悅。馬夫人看出養父的心思，就拿出自己的私房錢孝敬郭子興正室張氏，讓她替朱元璋說好話。朱元璋自己則處處小心謹慎，對郭子興畢恭畢敬。這樣，郭子興才逐漸消除了對朱元璋的猜忌。

　　朱元璋在郭子興軍中站穩了腳跟，不禁想念起失散多年的親友。他派人詢訪，得知二哥已死，「獨剩寡婦野持筐」（《明太祖集》卷一四，《皇陵碑》），二姐和三哥也已去世。至正十四年十月，大嫂帶着姪兒朱文正和姪女，前來滁州投靠。朱元璋雖然對大哥非常不滿，但朱文正畢竟是朱家僅存的親人，他比朱元璋小幾歲，過去曾跟隨朱元璋一起玩耍，在分散十年後能再度相聚，還是讓朱元璋感到十分高興。十二月，攜家避難淮東的二姐夫李貞得到朱元璋在滁州的消息，也帶着兒子保兒前來投靠。保兒這時已經 16 歲，朱元璋見他年幼喪母，甚覺可憐，就將他改姓朱，起名文忠，當作自己的親生兒子，交給尚未生育的馬夫人撫養。

　　在收養外甥保兒為義子之前，朱元璋在濠州曾收養定遠人沐英為義子。沐英「八歲而孤，遭元末大亂，屋室毀於兵，隨母逃難，母亦病故，煢無所歸，謁上濠梁。上為惻然，與孝慈皇后（即馬夫人）撫之為子，賜姓朱氏」（郭勛：《三家世典》）。收保兒為義子後，朱元璋又廣收義子。在

滁州，先後收養了 14 歲的滁州人何文輝，9 歲的揚州人徐司馬（馬兒）、滁州人平安（小名也叫保兒），還有朱文剛、金剛奴、也先、買驢、真童、潑兒、老兒、朱文遜、王駙馬等，共 20 多名。他們都改姓朱，所取官名均與朱文正一樣屬「文」字輩，由馬夫人撫養。朱元璋與馬夫人結婚後被軍中稱為「朱公子」，他的這些義子自然也就成為「顯貴子弟」，宋元時稱顯貴子弟為「舍人」，簡稱為「舍」，所以這些養子的小名都帶有「舍」字，如沐英叫沐舍（又叫周舍）、何文輝叫道舍、朱文剛叫柴舍，等等。後來，這些義子長大成人後，朱元璋令他們帶兵打仗，或赴各地監視諸將。

聽說朱元璋成了郭子興紅巾軍的一名小頭領，朱元璋小時的幾個親密夥伴也相繼前來投奔。至正十三年三月，劉繼祖病逝，當年十一月，劉繼祖夫人婁氏亦病故，他們的兒子劉秀無依無靠，便輾轉找到朱元璋。朱元璋悲喜交集，說：吾故人至矣！連忙詢問他家的情況，得知其父母雙亡，不禁慘怛動容，隨即解下自己的佩劍送給他，讓他擔任自己的隨身護衛。在這前後，汪氏老母的二兒子曹秀也前來投奔，充當了朱元璋的隨身護衛。有一天，朱元璋把曹秀和劉秀叫到身邊，問他們：你們年歲都不小了，為什麼還沒取名字？他們回答：沒人給我們取名字。朱元璋說：那我給你們各取個名字，曹秀就隨母親姓汪，名字叫文。劉秀呢，你父親名劉繼祖，字大秀，你稱劉秀，也不妥當，就取名為英吧！這樣，他們便有了自己的名字，一個叫汪文，一個叫劉英。從此，汪文改從母姓，他的兄弟也都改從母姓。但曹均家族其他支脈仍然保留曹姓，所以鳳陽民間至今還流傳着「洪武改姓，曹汪一家」的說法，並保留曹、汪兩家不准通婚的習俗。汪文還有個兄弟叫汪源，不知何年也投奔朱元璋。他最初在別的將領手下當兵，至正二十六年也成為朱元璋身邊的護衛。趙氏乾娘的長子趙璧，在至正十五年也前來投軍，十年後充當參隨，成為朱元璋身邊的護衛，後授天策衛百戶、副千戶，洪武二十七年升任鳳陽中衛指揮僉事，賜爵明威將軍。

至正十四年十一月，元右丞相脫脫統兵百萬，在高郵大敗張士誠，分兵圍六合。張士誠，小名九四，淮南泰州白駒場（今江蘇東台）人。泰州瀕海，海上有 36 處鹽場。張士誠和兄弟士義、士德、士信以駕船運鹽為

生，兼販私鹽。我國的鹽從秦漢以來就實行官賣，官鹽稅重價高，有人就靠販賣私鹽牟利。販賣私鹽違法，經常遭到官府的追捕。當地的富豪地痞常藉此欺負張士誠，有的富豪買了張士誠販賣的私鹽不給錢，弓兵丘義更是經常凌辱張士誠。至正十三年春，張士誠帶領幾個兄弟和李伯升、潘元明（又作潘原明）、呂珍等 18 人揭竿而起，擊殺丘義和當地的官吏富豪。周邊的貧苦鹽丁紛紛前來投奔。張士誠率眾攻打旁郡的鹽場，在丁溪遭到地主武裝「義兵」的阻擊，張士義陣亡。張士誠奮起擊潰「義兵」，於三月間攻佔泰州。元廷急命淮北江南行省出兵鎮壓，遭到失敗，又派高郵知府李齊前去誘降。

張士誠一度答應投降，元淮南江北行省授其為萬戶。但當行省參知政事趙璉催他修治戈船去攻打淮、泗的紅巾軍時，他怕吃虧，又殺趙璉，攻佔興化，進而在五月佔領高郵，第二年正月自稱誠王，國號大周，年號天祐。六月攻佔江北重鎮揚州，切斷了京杭大運河的漕運。元代江南的經濟遠較北方發達，特別是江浙行省「財賦居天下十七」。大運河的漕運一被切斷，江南的歲貢和稅糧就有斷絕的危險。九月，元順帝急派右丞相脫脫率領諸王和各省兵馬及西域兵、西番兵、高麗兵去高郵鎮壓張士誠。南方許多地方武裝「義兵」也紛紛出動，參與這次征剿。

脫脫在高郵城外大敗張士誠後，分兵圍攻六合。當時六合在趙均用、孫德崖等人手裏，他們眼看抵擋不住，派人到滁州求救。郭子興與趙、孫有隙，拒絕出兵。朱元璋從大局出發，認為「雄雖異處，勢同一家」（《皇明本紀》），而且六合在滁州東南，是滁州的屏障，不能不救，勸郭子興說：「六合受圍，無救必斃，六合既斃，次將及滁，豈可以小憾而棄大事？」郭子興這才答應出兵。但諸將懾於百萬元軍的威勢，都藉口「禱神不吉」推辭不去。郭子興只好找朱元璋要他領兵出救，並叫他先求神卜個凶吉。朱元璋欣然接受，說：「事之可否，當斷之於心，何必禱也！」（《明太祖實錄》卷一）

朱元璋領兵來到六合，與耿再成共守瓦梁壘。元兵排山倒海地衝殺過來，朱元璋率部拚死抵抗。激戰數日後，朱元璋認為敵眾我寡，必須改用計謀，才有可能擺脫險境。他將士兵全部撤進堡壘，收拾好糧食，再叫全

城婦女站到城門前，戟手大罵。元兵相視愕然，不知怎麼回事，誰也不敢逼近。全城的人馬乘機列隊而出，牛畜和婦女在前，青壯男子殿後，有條不紊地向滁州撤退。

過了一陣，元兵方知上當，趕忙策馬追擊。耿再成帶兵迎戰，中途佯裝敗退，把元兵引入滁州附近的一條山澗。部署在山澗西側的伏兵突然殺出，滁州的守軍也鼓譟而出，兩面夾擊，打得元兵落荒而逃。朱元璋擔心元兵人多勢眾，會再增兵來攻，讓地方父老攜帶牛酒，將繳獲的馬匹送還元軍將領，說城中全是良民，舉兵結寨是為備禦「他盜」，希望將軍撫存百姓，不加攻殺，並力去攻高郵，大家願為大軍提供軍需給養。元軍將領信以為真，下令引兵他去。

郭子興眼光短淺，沒有遠大的目標，見元兵撤退，就想在滁州據地稱王。此時，反元的農民起義剛剛發動幾年，元朝的軍事力量尚佔優勢，百萬元兵還在高郵，一旦據地稱王，樹大招風，就會引起元廷的注意，遭到元兵的圍攻。況且，滁州的經濟、軍事、地理條件也不理想，不是一個長期立足之地。朱元璋極力勸阻，對郭子興說：「滁，山城也，舟楫不通，商賈不集，無形勝可據，不足居也！」（《明太祖實錄》卷一）郭子興聽後沉默不語，稱王之事只好不了了之。

第三節　計取和州，升任左副元帥

滁州雖然暫時保住了，但全國幾支主要的農民起義軍由於缺乏鬥爭經驗，沒有建立起牢固的根據地，彼此又不協同，各自為戰，相繼被元軍擊破。至正十二年（1352 年）七月，南方紅巾軍的傑出領袖彭瑩玉在杭州戰敗，被俘犧牲。十一月，另一重要戰將項普略在徽州（治今安徽歙縣）被擒就義。南方紅巾軍被迫退出長江中下游，至正十三年底，天完都城蘄水又被官軍攻破，徐壽輝率部逃入黃梅山和沔陽湖一帶。與此同時，徐州的芝麻李在至正十二年九月陷於失敗，王權的北瑣紅巾軍和孟海馬的南瑣紅巾軍也在至正十三、十四年相繼遭到鎮壓。由於芝麻李和王權、孟海馬的

敗歿，北方紅巾軍的兩翼失去屏障，加上河南地主武裝察罕帖木兒和李思齊又破襲羅山，進駐沈丘（今安徽臨泉西北），更使北方紅巾軍的發展遭到嚴重阻礙。到至正十四年底，劉福通被迫採取守勢，北方紅巾軍的活動也暫時停頓，鬥爭轉入了低潮。

至正十四年底，與右丞相脫脫不和的宣政院使哈麻及第二皇后（元朝實行三皇后制度）奇氏母子，指使監察御史袁賽因不花連上三道奏章，彈劾脫脫出師高郵三個月，略無寸功。元順帝大怒，下令削奪脫脫的官爵，以河南行省左丞相泰不花、中書平章政事月闊察兒、知樞密院事雪雪取代脫脫擔任前線指揮。詔書到達高郵，脫脫差點從馬上摔下來，百萬官軍一哄而散。張士誠乘機打開城門，縱兵出擊，大獲全勝。潰散的元兵大多投奔了附近的紅巾軍，自此「元兵不復振矣」[俞本：《明興野記（紀事錄）》卷上]。各地起義軍紛紛出擊，把鬥爭推向新的高潮。

至正十五年二月，劉福通領導的北方紅巾軍，迎韓山童之子韓林兒為帝，號小明王，在亳州建立農民政權，定國號宋，紀年龍鳳。宋政權基本上仿效元制，在中央設立中書省、樞密院、御史台，在地方設立行中書省、府、縣等行政機構，行樞密院、統軍元帥府、管軍總管府、管軍萬戶府等軍事機構。以杜遵道、盛文郁為中書省丞相，劉福通為平章政事，劉福通之弟劉六為知樞密院事。杜遵道擅權自恣，劉福通不服，私遣甲士把他殺害，自為丞相。宋政權建立後，遣使聯絡各地的紅巾軍，力圖將周圍的起義力量團結在自己的旗幟之下，協同作戰，向元朝統治發動更有力的進攻。

隨着鬥爭高潮再起，郭子興、朱元璋也在謀劃主動出擊，向外擴展勢力。當時郭子興的 4 萬多軍隊困守滁州，糧食非常緊張。幾個首領集議出擊的方向。「子興言計多失」，朱元璋幾次勸諫，郭子興不聽，朱元璋鬱悶異常而病倒。郭子興派人召他商議出師的計策，他以疾辭。郭子興再三下令召見，朱元璋這才勉強支撐病體前往議事。郭子興讓他拿出一個方案，他從先拔金陵以為根本的目標出發，建議南下攻取巢湖東邊的和州（今安徽和縣）。和州東臨長江，為「淮南要衝，江表藩蔽。渡橫江（在和州東南）而出採石，濟滁口而向金陵，則長江不為固矣」，是「建康、姑孰之

門戶」（顧祖禹：《讀史方輿紀要》卷二九，《南直·和州》）。但要攻拔金陵，必須先拿下和州。他對郭子興說：「困守孤城，誠非計，今欲謀所向，惟和陽（和州治所，元代稱歷陽）可圖，然其城小而堅，可以計取，難以力勝。」和州向來是兵家必爭之地，城池雖小卻十分堅固，又有元平章也先帖木兒帶領重兵把守，易守難攻。郭子興問他如何計取，朱元璋答道：此前我們攻打地主武裝的山寨，得到兩副寫着「廬州路義兵」的號牌，現在可以照樣子仿製 3000 副，挑選驍勇善戰的士兵 3000 名，椎結左衽，穿着青色的衣裳，腹背掛上這副號牌，趕着裝載犒賞物品的四匹駱駝，聲稱廬州「義兵」護送使者前來犒賞守衛和州的官軍，和州守軍難辨真假，必定開門迎納。我們再派 1 萬名著紅色戰袍的紅巾軍戰士跟在後面，保持 10 餘里的距離。待青衣兵靠近城池，舉火為號，紅衣兵即鼓行而趨，必定可以破城而入。郭子興點頭稱善，命妻弟張天祐率領穿着廬州「義兵」青衣的 3000 名士兵，讓趙繼祖冒充慰問和州守軍的使者，導之前行，令耿再成率領萬名穿紅色戰袍的士兵繼後，浩浩盪盪地向和州進發。

至正十五年正月二十一，張天祐帶領的青衣兵到達和州西南的陟陽關，當地鄉紳誤以為他們是廬州「義兵」，攜帶牛酒出迎。張天祐領着士兵從他道就食，未能按照約定的時間抵達和州。耿再成率領紅衣兵走近和州，見不到火光信號，以為張天祐早已進城而自己遲到，即率部直趨城下。也先帖木兒下令關閉城門，用飛橋縋下元兵迎戰。耿再成率部迎戰失利，自己身中流矢而還。元兵追擊 30 多里，到鞚韂壩已日落西山，只好收兵返回。這時，張天祐率領的青衣兵正好趕到，急忙追擊，追到和州城的小西門。城上守軍慌忙拉起吊橋的繩索，青衣兵一擁而上，總管湯和舉刀斷其繩索，張天祐、趙繼祖等乘機飛速沖過吊橋，登上了和州城樓。也先帖木兒倉皇失措，趁着夜色棄城而逃。

耿再成戰敗後，他的士兵回到滁州，說張天祐等皆陷沒，郭子興大驚失色。接着，又傳來官軍將至、派使者前來招降的消息，郭子興更加恐慌，急召朱元璋商議對策。當時城中主要兵力已外出攻打和州，守備單弱，朱元璋建議，將滁州城中守軍集中在南門，填塞街市，令元朝使者跪地前行，入見郭元帥。眾士卒想殺掉使者，朱元璋說：「兵出城虛，若殺其

使，彼將謂我怯，殺之以滅口，是速其來也。不如縱之歸，揚以大言，彼必畏憚不敢進。」（《明太祖實錄》卷二）郭子興依計而行，放元朝使者入城又縱之歸，使者果然以為滁州防守嚴密，元軍不敢貿然進攻，第二天就撤走了。

滁州雖然保住了，但郭子興沒有得到張天祐等人攻克和州的消息，又令朱元璋率領 2000 多名士兵前去收集潰散的士卒，並規取和州。朱元璋在半道收集耿再成的敗兵千餘人，加上自己帶領的 2000 餘人，總共 3000 餘人向和州挺進。度越陟陽關後，他令諸將帶領士兵歇息，待黃昏時點燃 10 個火把作為疑兵，自己帶領鎮撫徐達、謀士李士元和驍勇之士數十人前往和州。日暮抵達和州城下，才知道和州已被攻克，便派人傳呼張天祐。張天祐等急忙打開城門，迎朱元璋入城。第二天，撫定城中。不久，元軍來襲，從城西門越過護城河，轉攻北門。朱元璋下令打開此門，縱兵迎擊。元軍被擋在護城河前，遭到慘敗，狼狼逃竄。朱元璋派人向郭子興報捷，郭子興提升朱元璋為鎮守和州的總兵官，趙繼祖為總管。

朱元璋雖然升任總兵官，但年紀輕，資歷淺，駐守和州諸將頗不服氣，他們仗着是郭子興的老部下，年紀又比朱元璋大，根本不把朱元璋放在眼裏。特別是郭子興的妻弟張天祐，他不僅年歲比朱元璋大許多，而且首先攻克了和州，對朱元璋更不服氣。只有同鄉湯和、徐達對他格外尊重。奉命唯謹的還有比朱元璋大 14 歲的李士元，他盡力斡旋，調解諸將的關係。為了樹立自己的威信，朱元璋有一天在召集諸將議事之前，暗中囑咐手下人將議事廳的座椅全部撤走，換上一排長條凳。黎明五鼓，諸將進入議事廳後，發現座椅換成了條凳，當時元朝尚右，以右為上。他們都在長條凳的右邊坐下，留下左邊最末的一個空位。朱元璋最後一個走進議事廳，就在那個被認為是「末席」的空位上坐下來。議事時，諸將個個像木偶人一樣，說不出個道道來，朱元璋卻剖決如流，句句說到點子上，諸將不覺暗自佩服。接着，朱元璋與諸將商討修築城池的事，約定每人負責一段，限定三天完工。過了三天，只有朱元璋一段由徐達督工修完，其他幾段均未完工。他便拿出郭子興的令牌，嚴肅地對諸將說：「總兵，主帥命也，非我擅專。且總兵大事，不可無約束。今甓城皆不如約，事由何濟？

自今違令者,即以軍法從事!」(《明太祖實錄》卷二)諸將自知理虧,惶恐不安,誰也不敢吭聲,朱元璋的威信逐漸樹立起來了。

駐守和州的部隊中,朱元璋自己組織、訓練的隊伍紀律嚴明,郭子興原先的隊伍紀律卻很差。郭子興與孫德崖等人起兵後,經常「哨掠四鄉,焚燒閭舍,盪盡民財」,不僅剝奪地主土豪的財產,也侵犯平民百姓的利益,所過之處,「屋無根椽片瓦,牆無立堵可觀」。「不兩月,越境犯他邑,所過亦然」(《明太祖集》卷一四,《紀夢》)。和州城破時,他們仍然隨意砍殺擄掠,搶劫婦女,鬧得百姓妻離子散,人心浮動。儒士范常找到朱元璋說:「得一城而使人肝腦塗地,何以成大事?」(《明史》卷一三五,《范常傳》)朱元璋想起此前馮國用「倡仁義,收人心,勿貪子女玉帛」和李士元「豁達大度」「不嗜殺人」的勸告,立即召集諸將,嚴肅地宣佈:「今城破,凡有所得婦人女子,惟無夫、未嫁者許之,有夫婦人不許擅配!」(《皇明本紀》)第二天,下令全城婦女、男子全部集中在州衙前面,男子分列衙門外的大街兩旁,擄掠來的婦女從衙門內列隊而出,叫夫妻相認,使許多失散的家庭得到團聚。全城的百姓奔走相告,額手相慶,民心很快安定了下來。

元兵不甘心和州之失,出動 10 萬大軍,想重新奪回這個戰略要地。朱元璋指揮 1 萬軍隊,堅守了 3 個月。他不時用奇兵出擊,元兵連吃敗仗,傷亡慘重,到夏天撤圍他去。此時,和州發生嚴重糧荒,元太子禿堅、樞密副使絆住馬及地主武裝「民兵」元帥陳野先又先後派兵屯駐附近的高塘、高望及和州東北的青山、西北的雞籠山等地,扼住通往和州的各條要道,使之無法得到糧食。朱元璋親自帶兵向西北出擊,招降雞籠山的元兵,重新打通了糧道。附近的元兵攻打和州,又被李士元率眾擊敗。不久,元兵渡江南撤,和州這才轉危為安。

濠州節制元帥孫德崖正為缺糧犯愁,得到朱元璋鎮守和州的消息,率部前來就食。他將部隊安置在和州城外的民家,自己帶着親兵請求入城暫住 3 個月。朱元璋擔心他另有企圖,想拒絕,又怕他人多勢眾,只好應允。幾個嫉妒朱元璋的將領向郭子興進讒言,說他投靠了孫德崖。郭子興立刻從滁州趕來,準備找他算賬。朱元璋得到消息,吩咐部眾說:主公早

上不來，晚上必到。他一到和州，馬上向我報告，我將親自迎接。夜間郭子興到達和州，看守城門的人剛好同朱元璋有矛盾，故意先打開城門迎進郭子興，再報告朱元璋。朱元璋趕緊去見郭子興，看他滿臉慍色，跪在地上不敢吭聲。過了好長時間，郭子興怒氣衝衝地問道：你是誰？朱元璋報上姓名，郭子興厲聲喝問：汝罪何逃？朱元璋說：我誠然有罪，但家事可以慢慢釐清，外事必須趕快決斷。郭子興問：什麼外事？他壓低聲音說：孫德崖在此，往昔主公困辱濠梁，是我破其家救出主公，現今相見寧無宿憾？現在最要緊的是趕快想辦法，防止他報復。郭子興聽後，沉默不語，算是解除了對他的懷疑。

　　孫德崖得知郭子興到達和州，非常不安，決定率部移往他處。朱元璋擔心有變，連忙讓郭子興做好防備，自己趕去見孫德崖。朱元璋問孫德崖為什麼才住這些日子就急着要走。孫德崖說：你老丈人很難相處，所以我只得返回濠州。朱元璋看他的辭色，似乎不想動武，就說：現在兩軍合住一座城池，而一支部隊要走，恐怕會發生一些摩擦，應該讓部隊先走，元帥你親自殿後，萬一出事，好出面處理。孫德崖應許了。孫德崖的部隊開始從城裏撤出，朱元璋才放了心。這時，有個熟人邀他一道去送朋友，剛走出20多里，接到報告，說城裏兩支部隊打起來了，傷亡不小。朱元璋忙叫隨從耿炳文、吳禎牽過馬來，躍馬飛奔回城，半道上被孫德崖的弟弟逮住。孫德崖的弟弟想殺他，旁邊一個姓張的說：我們殺了朱公子，孫元帥也活不成，不如先派人進城看看再說。孫德崖的弟弟讓姓張的飛馬進城。姓張的到城裏看過之後，回來說孫德崖已被郭子興逮住，鎖着脖子，和郭子興對飲。孫德崖弟弟這才沒殺朱元璋。郭子興聽說朱元璋被俘，急得像熱鍋上的螞蟻，忙派徐達等人去換朱元璋。過了兩天，徐達等人來到孫德崖軍中，孫軍將士不肯換，還是那個姓張的說，不如放朱公子回去，讓他們放孫元帥回來。朱元璋這才脫險回城，孫德崖也被郭子興放出城去，一場風波算是平息下來了。

　　郭子興當初逮住孫德崖，本想將他殺掉，以報上次在濠州被囚之辱，無奈朱元璋被孫德崖之弟所執，只得放了孫德崖，用以換回朱元璋。郭子興因此心中悶悶不樂，不久病倒，於三月間不治身亡。郭子興雖然沒有遠

大的志向，而且心胸狹窄，曾經猜忌關過朱元璋，但他畢竟有恩於朱元璋，朱元璋對他的病逝還是很悲痛的。朱元璋、張天祐和郭子興的夫人、兒子護送郭子興的遺體回滁州安葬。後來，朱元璋稱帝，追封郭子興為滁陽王，在滁州立廟祭祀。

郭子興病逝後，孫德崖想趁機吞併他的部隊。郭子興的兩個兒子自覺無力應對，捎信給外出作戰的朱元璋，讓他前往濠州同孫德崖理論。朱元璋手下將領聞訊力加勸阻，他只好作罷。此時，宋政權丞相杜遵道從亳州派來使者，讓去人商議論功封帥之事。諸將問張天祐：你能率領大家抵擋元兵的進攻嗎？不行的話，你去亳州一趟。張天祐自度沒有指揮作戰的能力，只得動身前往亳州。朱元璋在和陽帶兵戍守，並出擊西南諸寨，接連獲勝，鞏固了和州的陣地。四月下旬，常遇春前來投奔。常遇春，懷遠人，相貌奇偉，勇力絕人，猿臂善射。他年紀23歲，為「羣盜」劉聚所得，拔居左右。他見劉聚日事剽掠，胸無遠圖，估計成不了大事，又聽說朱元璋在和州聲威日著，兵行有律，就帶着10人前來投奔。在半道上遇到朱元璋，常遇春跪地迎拜，自請為前鋒。朱元璋說：你是餓壞了前來就食的，我怎麼留你呢？常遇春再三乞請，朱元璋喜其壯勇，遂用為前鋒。後來，在明朝的開國功臣中，常遇春位列第二，成為僅次於徐達的勇將。

就在四月下旬，張天祐從亳州帶回小明王的敕書，冊封郭子興之子郭天敘為都元帥，張天祐為右副元帥，朱元璋為左副元帥。朱元璋看到敕書，對自己的封號位列第三很不滿意，又擔心接受冊封會受制於人，想拒絕不受。但郭天敘、張天祐都主張接受冊封，朱元璋考慮到「林兒勢盛可倚藉」（《明史》卷一，《太祖紀》），背靠大樹好乘涼，現在自己的隊伍實力有限，四面受敵，接受小明王的冊封，可以利用他的旗號掩護自己，藉助他的威望來號令羣眾，也不失為一種權宜之計，便和郭天敘、張天祐一道接受了冊封，奉龍鳳為正朔，以號令軍中。

朱元璋和郭天敘、張天祐接受小明王的冊封後，在和州建立都元帥府。都元帥府的三個元帥，都元帥郭天敘年輕沒經驗，右副元帥張天祐雖然年歲大，但缺乏智謀，優柔寡斷，指揮大權便落在左副元帥朱元璋的手裏。和州的部隊大多數是朱元璋招募或招降來的，並經過他的訓練，聽從

他的號令，加上他身邊又有一批親信，戰將如徐達、湯和、馮勝、鄧愈、胡大海、常遇春等，謀士如李士元、毛麒、馮國用、范常等，因此他雖位列第三，實際上卻成了都元帥府的主帥。「是時三帥雖共府置事，運籌決策皆自上（指朱元璋）裁。將士樂戰，軍民傾向，權歸於上矣。」（《明興野記》卷上）接受小明王的封號後，他名義上是宋政權轄下的一員紅巾軍將領，「紀年稱龍鳳，然事皆不稟其節制」（錢謙益：《國初羣雄事略》卷一，《宋小明王》），擁有按照自己的意志指揮調動部隊的權力，成為號令一方的首領。

幾萬紅巾軍在和州一住幾個月，糧餉的供應非常緊張。四月，在打退元兵的幾次進攻後，和州缺糧，發生饑荒，朱元璋便與部將謀劃渡江。諸將之所以欲謀渡江，目的當然是為了解決糧餉的供應問題，因為以集慶路（治上元、江寧，今江蘇南京）為中心的江南地區，不僅是當時全國經濟最為發達的地區，而且也是當時全國最大的產糧區，在和州對岸距太平不遠的丹陽湖一帶，即以出產大米而著稱，攻佔這個地區，糧餉供應問題可以迎刃而解。但朱元璋欲謀渡江，還有更深一層的考慮，這就是奪取龍盤虎踞、形勢險要的金陵，以之作為四出征伐的根據地，進而謀取天下。

不過，當朱元璋把渡江的謀劃告訴李士元時，李士元雖然非常讚賞，卻認為時機尚不成熟，說：「我兵眾而食少，舟楫不備，不足以爭江左，利姑小俟之。」（《獻徵錄》卷一一，王世貞：《中書省左丞相太師韓國公李公善長傳》）他指出，朱元璋作為宋政權轄下的一名紅巾軍將領，雖然已經擁有一支聽從自己指揮調遣的部隊，但和州當前缺糧，士兵吃不飽，無法打仗，而且士兵都是步卒，屬旱鴨子，不習水戰，沒有水師，缺少舟楫，根本無法橫渡水域寬闊的長江，勸他先緩一緩，等時機成熟時再說。

正當朱元璋與諸將為糧餉和舟楫發愁之時，巢湖水寨的紅巾軍首領派俞通海前來求援。

巢湖地區很早就受到白蓮教的影響。（後）至元四年（1338年）南方白蓮教首領彭瑩玉與門徒周子旺在袁州起義，失敗後，彭瑩玉逃到淮西，受到淮民的暗中保護。他在淮西住下，有時也到鄂東、湘、贛一帶，繼續傳播白蓮教，從事反元活動。劉福通起義攻佔潁州後，彭瑩玉於至正十一

年（1351 年）夏在江淮再度起義，其門徒金花小姐與趙普勝（因善使雙刀，人稱「雙刀趙」）、李普勝（又名李國勝，別號「李扒頭」）起兵響應。巢縣俞廷玉與俞通海、俞通源、俞通淵父子「亦操戈起田間，從其徒李普勝」（《明太祖實錄）卷二三》。李普勝據無為州，趙普勝據含山縣，「聚眾結水寨，俱稱彭祖家」（《明興野記》卷上）。此外，瀘州的左君弼也聚眾響應彭瑩玉。趙普勝、李普勝聯合附近的廖永安和廖永忠兄弟、趙仲中和趙庸兄弟、桑世傑、張德勝、金朝興、華高等起義隊伍，與左君弼遙相呼應，共同抗擊元朝官軍。後來，金花小姐戰敗，趙普勝、李普勝、俞通海父子、廖永安兄弟等又遭到濠州紅巾軍的攻擊，遂退據巢湖，結為水寨，「擁眾萬餘，船千艘」（《明太祖實錄》卷三），還有大量糧食。左君弼則獨據瀘州，同巢湖水寨發生矛盾，不時出兵擊之。趙普勝、李普勝、俞通海父子屢遭困厄，鬱鬱不得志。至正十五年五月，他們擔心遭到左君弼的襲擊，派俞通海從小道前往和州，向朱元璋求救，請朱元璋出兵護送他們轉移到一個安全的地方，以避開左君弼的兵鋒。

經俞通海的再三請求，朱元璋接見了他。俞通海表示巢湖水寨願以舟師萬餘、糧數萬石請降。朱元璋喜出望外，對徐達說：我謀劃南渡長江，正為缺乏水師而發愁，巢湖水師前來歸附，這事就成了！他當即隨俞通海前往巢湖，同水寨的眾首領見面，並實地考察水道。巢湖諸將迎朱元璋登上一條大船，由他指揮水師東出湖口，直奔銅城閘（今安徽銅閘），擬入長江前往和州。但未等他們的船隊駛入長江，元御史中丞蠻子海牙已察覺他們的意圖，調集樓船阻塞馬場河口。巢湖水師見水道受阻，只得退屯黃墩（今安徽運漕）。此時趙普勝又反悔，不想歸附朱元璋。俞通海父子及廖永安、桑世傑、張德勝、華高、趙鹹等人察覺趙普勝的陰謀，偷偷將消息泄露給朱元璋。朱元璋脫身返回和州後，調集一批商船，裝載精銳壯士，再到黃墩，指揮巢湖水師發起攻擊，一舉擊敗蠻子海牙，然後乘大雨過後江水暴漲之機，從小港汊縱舟而出。趙普勝見蠻子海牙敗退，自己勢孤力弱，不敢有異動。蠻子海牙揮師追擊，無奈樓船高大，進退不便。俞通海、廖永安、張德勝等人素習水戰，操舟若飛，再次挫敗蠻子海牙，縱舟進入長江，駛抵和州。

　　從至正十五年正月計取和州，到五月收編巢湖水師，朱元璋在巢湖地區活動的幾個月裏，先是繼續發揮其優異的軍事才能和靈活的鬥爭策略，化解內部矛盾，擊敗元兵進攻，鞏固和州陣地，獲得廣大將士的擁戴，在郭子興病逝後順理成章地代領其部。被宋小明王授為左副元帥，名義上成為宋政權轄下的一員戰將，「然事皆不稟其節制」，實際上已成為號令一方的起義首領。接着，他親至巢湖接受巢湖水師的歸附，在原有的步卒之外，增添了一支強大的水師和數量可觀的舟楫，從而具備了實施先拔金陵以為根本，然後四出征伐、謀取天下的基本條件。

第三章

營建江南根據地

第一節　南渡長江，攻佔集慶

　　龍鳳元年（至正十五年，1355 年）五月巢湖水師的歸附，使朱元璋獲得舟師萬餘，不僅增強軍事力量，而且擁有 1000 多艘船隻和幾萬石糧食，具備了渡江的條件。李士元興奮地對朱元璋說：「天讚我也，渡江此其時矣！」（《獻徵錄》卷一一，王世貞：《中書省左丞相太師韓國公李公善長傳》）朱元璋立即召集諸將，研究具體的作戰方案。諸將主張直趨金陵，朱元璋認為這樣做過於冒險，主張先攻採石、太平，然後再攻取金陵。這是因為，太平「府控據江山，密邇畿邑。自上游來者則梁山（在和州南長江岸邊，與太平博望山隔江對峙）當其要害，自橫江渡者則採石扼其咽喉，金陵有事，姑孰（太平治所所在地）為必爭之地。東晉以後，嘗謂京口（今江蘇鎮江）為北府，歷陽為西府，姑孰為南州，而南州關要，比二方為尤切，地勢然也」（《讀史方輿紀要》卷二七，《南直》）。而採石的江面比京口的瓜洲（今江蘇揚州、鎮江兩市間之長江沙洲）江面要狹，自古江南有事，從採石渡江者佔到十之九。從和州東南渡江，攻佔採石，然後佔據太平，擊敗據守此地及附近的元兵，既扼其咽喉，又無後顧之憂，然後攻取金陵，即可穩操勝券。否則，不攻佔採石、太平而直趨金陵，採石、太平的元兵在後追擊，金陵的元兵在前堵截，兩面夾擊，勝負便難以逆料。因此，朱元璋對諸將說：「取金陵必自採石始。採石，南北喉襟。得採石，金陵可圖也！」（《明太祖實錄》卷三）

　　渡江的作戰方案確定之後，朱元璋加緊進行戰前的準備工作。首先，抓緊訓練水軍。在歸附的巢湖水師駕駛船隊到達和州之前，朱元璋曾派人「誘蠻子海牙軍來互市，遂執之，得十九人，皆善操舟者，令其教諸軍習水戰」。巢湖水師的船隊到達和州後，又「命廖永安、張德勝、俞通海等

將之」（《明太祖實錄》卷三），繼續進行操練，熟練掌握水戰之要領。其次，制定攻佔江南地區後實行「寨糧」「檢刮」的政策，以解決渡江之後的糧餉供應問題。朱元璋規定：「凡入敵境，聽從稍糧。若攻城而彼抗拒，任從將士檢刮，聽為己物；若降，即令安民，一無所取。」所謂稍糧，又稱寨糧，是一種「徵糧於民」的制度，規定除守城軍士 40 天支取一次糧食，充作一個月的口糧外，出征軍士一律不支取糧食，到敵佔區去徵糧，具體辦法是由總兵官張貼告示，招安鄉村百姓，歲納糧草。這是籌集軍糧的一種主要手段，而檢刮則是一種輔助手段。所謂檢刮，也就是抄掠。當時，由元湖廣平章阿魯灰召至淮西鎮壓起義的湖廣苗軍元帥楊完者，就是靠抄掠來解決給養，元廷不向他們提供軍餉。朱元璋實行的檢刮，就是從苗軍那裏學來的，但他明確規定，檢刮僅用於「若攻城而彼抗拒」的軍民，如果對方投降，就不能搞檢刮，只能實行寨糧。這是為了懲罰拒不投降的敵軍，並激勵自己將士的鬥志，使之「人人奮力向前，戰無不勝」（劉辰：《國初事跡》）。此外，朱元璋還規定，軍隊渡江時，所有將士的家屬包括馬夫人在內，全部留在和州。這樣做，表面上是為家屬的安全着想，實際上是將他們留作人質，以防個別將士叛變投敵。

朱元璋原擬於六月初一率部打響渡江的戰鬥，不巧當天部隊準備出發時，突然刮起狂風，下起暴雨，只得暫時停止渡江。第二天即初二清晨，刮起北風，天氣由雨轉陰，朱元璋即率徐達、馮國用、邵榮、湯和、李士元、常遇春、鄧愈、耿君用、毛廣、廖永安各引舟渡江，親姪朱文正也作為一名領兵官，隨同渡江。郭天敘、張天祐及其部屬也一起渡江。1000 多艘大小船隻分為兩隊，揚帆競發。

朱元璋和廖永安的座船走在前頭。廖永安問在哪兒靠岸，朱元璋說：採石是個大市鎮，防禦必定堅固。牛渚磯（在今安徽當塗西北長江邊，北部突入江中部分為采石磯）前臨大江，守軍難以防禦，往那兒發起攻擊，其勢必克。船隊按照他的命令，由西南和東北兩面向牛渚磯逼近。磯上的元兵拚命發射弓箭，船隊無法靠岸。朱元璋令常遇春往前衝擊。常遇春即飛舟直前，強行靠岸，揮戈沖向元兵。元兵伸手抓戈，常遇春順勢躍上江岸，左沖右突，元兵四處逃散。朱元璋指揮將士乘機登陸，攻佔採石。沿

江敵壘，望風迎降。

李普勝、趙普勝與朱元璋同日渡江。到採石後，李普勝也反悔歸附朱元璋。他藉口慶賀渡江之捷，在自己的座船上擺下酒席，邀請朱元璋赴宴，想乘機將他殺害。李普勝的部下暗中將消息告訴朱元璋，朱元璋推託生病，沒去赴宴。過幾天，朱元璋在自己的座船上設宴回請李普勝。李普勝毫無戒心地登上朱元璋的座船，即被朱的隨從捆綁起來，扔進江裏淹死。趙普勝聞訊，急忙逃跑，投奔徐壽輝，於次年夏佔領池州。

朱元璋的部隊在和州長期缺糧捱餓，打下採石後，見糧食就搶，見牲口就拉，想運回和州享用。朱元璋下令斬斷所有船隻的纜繩，將船推入急流，令其順流漂走。眾士卒大驚失色，詢問何故，朱元璋回答說：「前有州曰太平，子女玉帛，無所不有。若破此一州，從其所取，然後方放汝歸。」（《皇明本紀》）將士只得停止抄掠，在飽餐一頓之後，又向東南的太平進軍。一會兒工夫，進逼太平，發起強攻。守城的元平章完者不花與僉事張旭等棄城而逃，萬戶納哈出被俘，太平路總管靳義投水自盡。士兵個個歡天喜地，正想大搶一通，哪承想朱元璋在大軍出發之前已暗中囑咐李士元草擬不許剽掠的禁約，一進太平即到處張貼。士兵見到禁約，都不敢動手搶劫。有個膽大的士兵搶了點東西，即被斬首示眾。一時間，全城肅然，民心安定。太平路的大富戶陳迪捐獻一筆金銀財帛，朱元璋下令分給諸將士。將士們雖然沒有上街擄掠，但都分到一份財寶，倒也滿心歡喜。

太平路耆儒李習、陶安率當地父老，出城迎接朱元璋。陶安字主敬，當塗富戶，博涉經史，至正初年考中鄉試，後兩次赴京參加會試落第，出任集慶明道書院山長，紅巾軍起義爆發後，歸里閑居。他見到朱元璋，誇讚說：「龍質鳳資，非常人也，我輩今有主矣。」

朱元璋召見陶安、李習，陶安獻言：「方今四海鼎沸，豪傑並爭，攻城屠邑，互相雄長，然其志皆在子女玉帛，取快一時，非有撥亂救民安天下之心。明公率眾渡江，神武不殺，人心悅服，以此順天應人，天下不足平也。」朱元璋興奮地說：「足下之言甚善。吾欲取金陵，足下以為如何？」陶安回答說：「金陵，古帝王之都，龍盤虎踞，限以長江之險，若取而有之，據其形勝，出兵以臨四方，則何向不克！」（《明太祖實錄》卷三）朱

元璋將他留置幕府，用為參謀。這是進入朱元璋幕府的第一個舉人。接着，朱元璋又徵聘儒士宋思顏、潘庭堅、王愷以及流寓太平的高郵名士汪廣洋。同時，還下令實行開倉濟貧政策，將太平路的倉庫打開，將儲糧發給貧苦人民。當地百姓紛紛前來領取。

渡江攻佔採石、太平，這是朱元璋邁出獨立發展的第一步，既避開趙均用、孫德崖等人的糾纏，又解決了糧餉匱乏的難題，為起義軍的發展打開了新局面。隨着地盤的拓展，隊伍的壯大，他開始着手建立地方的行政和軍事機構。下令將太平路改為太平府，任命李習做知府；並在都元帥府之下設置太平興國翼元帥府，朱元璋自任帥府大元帥，命李士元為帥府都事，潘庭堅為府學教授，汪廣洋為帥府令史，以陶安參幕府事。他下令繼續沿用龍鳳年號，旗幟戰衣皆尚赤，表示這些軍政機構皆隸屬宋政權。

太平四面都是元兵，朱元璋命諸將分守各門，修繕城牆，疏浚壕溝，加強防禦。元右丞阿魯灰、樞密副使絆住馬、御史中丞蠻子海牙等以巨艦堵截採石江閘，封閉姑孰口，切斷朱元璋返回和州的歸路。方山寨（在今江蘇南京江寧區東南、秦淮河東岸）「義兵」元帥陳野先與康茂才又率數萬水陸軍進攻太平府城，形勢十分危急。

朱元璋親登城台偵察敵情，發現敵軍沒有什麼奇謀，即與湯和率兵向姑孰東邊出擊，而命徐達、鄧愈以奇兵繞至敵後，兩面夾攻，生擒陳野先。陳野先認為自己必死無疑，朱元璋卻釋放了他。陳野先疑惑地問：為何不殺我？朱元璋回答：勝則人附，敗則附人。你既以豪傑自負，必能識達事機，豈不知不殺你的原因？陳野先又問：難道要我的部隊向你投降？答曰：正是如此！陳野先提筆給部眾寫了封信，第二天大小頭目便都率部來降。朱元璋於是殺白馬烏牛，與陳野先歃血為誓，結為兄弟，共約合軍攻取集慶。阿魯灰、蠻子海牙等見陳野先兵敗，率眾還駐裕溪口。

六月底，朱元璋決定分兵兩路，向集慶進軍。南路由徐達等帶領，往東攻佔蕪湖、句容、溧水，再趨溧陽，從南面包抄集慶，切斷集慶守軍與南面元兵的聯繫；北路由張天祐率領，直攻集慶。朱元璋對陳野先不放心，把他留在太平，讓他的部眾隨張天祐去攻集慶。陳野先暗中囑咐部下，到集慶不可力戰。張天祐因此吃了大虧，七月在集慶城下戰敗，返回

太平。八月，朱元璋決定再次攻打集慶。陳野先聞訊，又偷偷傳話給他的部下，到集慶不要使勁進攻，待自己脫身逃出，再和元軍一起攻打紅巾軍。原來，當初他寫信對部下勸降，是想藉機激發部眾拒降，沒想到其部眾真的投降了朱元璋，他叫苦不迭，後悔不已，所以反覆傳話叫部下到集慶不要認真攻打，狠勁拼殺。有人向朱元璋揭發陳野先的陰謀，朱元璋感慨地說：我早就知道他不是真心歸附，但把他殺了，又怕失去眾豪傑之心，再也沒人向我投降了。

經過反覆考慮，朱元璋召見陳野先，對他宣佈：人各有志，識見不同。從元從我，你自己決定，絕不勉強。陳野先賭咒發誓說：若背再生之恩，神人共殛之！朱元璋笑了笑，放他走了。陳野先回到營地，收集餘部，屯駐板橋（在今江蘇南京江寧區東北），暗中勾結防守集慶的元御史大夫福壽，密謀合擊朱元璋。他派人去見朱元璋，謊報他帶兵攻打台城（在今江蘇南京雞鳴山南乾河沿北），殺獲無數。同時建議朱元璋放棄攻打集慶的計劃，說集慶城池右環大江，左枕崇岡，地勢險阻，不利步戰，西晉王渾、王璇、東晉蘇峻、王敦，隋朝賀若弼、韓擒虎、楊素攻取建康，都是靠水軍取勝。現今勉強攻打，如果不能取勝，後果不堪設想。不如進兵南據溧陽，東搗鎮江，據險阻，絕糧道，示以持久，集慶便可不攻而下。朱元璋識破他的詭計，寫信回答說：歷代攻克江南，都因長江天塹隔限南北，所以需要會集舟師。現今我的大軍早已渡過長江，據其上游，越過長江天塹，扼住集慶咽喉，舟師多寡，不足深慮，捨舟步進，足以克捷。足下宜乘時進取，建功立業，奈何捨全勝之策而行此迂迴之計呢？

九月，朱元璋對集慶發動第二次進攻。郭天敘、張天祐帶兵出發，在方山攻破左答納失里的營壘，直逼集慶城下，攻打東門。陳野先也從板橋統兵來到集慶，佯裝攻打南門，騙取了郭天敘、張天祐的信任，然後擺下酒席宴請他們兩人，用伏兵執殺郭天敘，並生擒張天祐押送給元行台御史大夫福壽，讓福壽殺了。陳野先與福壽內外夾攻，紅巾軍猝不及防，敗退溧陽。陳野先帶兵追擊，至金壇縣葛仙鄉，被當地地主武裝盧德茂當作紅巾軍給擒殺了。陳野先的姪兒陳兆先收集其部眾，駐屯方山，與蠻子海牙互為犄角，謀攻太平。

　　郭天敘、張天祐遇害後，郭子興的舊部全歸朱元璋指揮。這樣，他便成為這支隊伍名副其實的都元帥、小明王麾下的一員大將了。

　　蠻子海牙率領舟師佔據採石，斷絕長江南北的交通，準備進取太平。採石一失，留在和州的馬夫人和將士家屬的安全受到威脅，將士都非常焦急。龍鳳二年（1356 年）二月，朱元璋急命常遇春領兵反攻採石，迫使蠻子海牙向集慶逃竄。和州與採石的水上交通重新打通，軍心安定下來，後方又得到了鞏固。

　　龍鳳二年三月初一，朱元璋親率大軍第三次攻打集慶。大軍水陸並進，至江寧生俘陳兆先，迫降其部眾 36000 人。朱元璋從中選出驍勇壯士 500 人，留置麾下充當侍衛。到晚上，他將原先的侍衛與親信全部撤走，只留馮國用和馮勝擐甲侍賑中，自己倒頭便睡。這 500 個侍衛深受感動，說朱元璋不僅不殺我們，還把我們當心腹看待，我們得盡力圖報才行。初十，朱元璋揮師東向，進圍集慶。馮國用率領這 500 名侍衛發起衝擊。500 名侍衛爭先陷陣，在蔣山（即鍾山，又名紫金山）大敗元兵，攻入集慶外城。元行台御史大夫福壽督兵出戰，屢被殺退，閉城據守。朱元璋指揮將士以雲梯登城，攻入內城。福壽督兵巷戰，兵敗被殺。元平章阿魯灰、參政伯家奴及集慶路達魯花赤達尼達思等戰死，300 多名將官被俘，蠻子海牙脫逃投奔張士誠。元淮西宣慰使、都元帥康茂才率餘部 3000 人企圖向鎮江逃竄，被朱元璋軍隊追上，全部投降。朱元璋率軍進入集慶，召見城中官吏與軍民，對他們說：「吾率眾至此，為民除亂耳！汝宜各安職業，毋懷疑懼。賢人君子有能相從立功業者，吾禮用之。」宣佈：「舊政有不便者，吾為汝除之。」（《明太祖實錄》卷四）第二天，下令改集慶路為應天府，表示他的起兵是上應天命。並錄用夏煜、孫炎、楊憲等十幾名儒士。

　　宋政權的小明王在亳州得到朱元璋攻佔應天的捷報，擢升他為樞密院同僉，李士元為經歷。七月，又任命朱元璋為江南等處行中書省平章政事，以郭天敘之弟郭天爵為右丞，以經歷李士元改名善長為左右司郎中，以下諸將皆升元帥。七月，朱元璋接到小明王的任命，在應天設立江南等處行中省，用元朝的江南行御史台衙門為公府。自己總攬府事，以李善長、宋思顏為參議，李夢庚等數十人為左右司郎中、員外郎、都事等官。

又置江南行樞密院，以元帥徐達、湯和攝同僉樞密院事，又置賬前總制親兵都指揮使司，左、右、前、後、中五翼元帥府及五部都先鋒、省都鎮撫司、理問所、提刑按察司、兵馬指揮司、營田司等機構。一個包括行政、軍事、司法等機構在內的、組織比較完備的地方農民政權建立起來了。

第二節　攻奪浙東

在朱元璋攻佔應天、建立江南行省政權的前後，元朝的統治更加腐朽。元右丞相脫脫在高郵被罷官後，先是被遣往亦集乃路（治今甘肅額濟納旗），後改為流放雲南。宣政院使哈麻派人將他毒殺，自己代為丞相。元順帝更加肆無忌憚地追求享樂，成天忙於遊宴，搞「大喜樂」。奇皇后規勸他，他大動肝火，兩個月不去後宮。

當時大都缺糧，他讓那些女寵把太倉的存糧都搬到她們家裏，百官的俸祿只能用茶葉、紙張和雜物抵充。元順帝還熱衷於造龍舟，製宮漏，建房屋。他親自設計龍舟的圖樣，讓內官供奉少監塔思不花監造，放到從內宮到前宮山下的海子裏，供自己和宮女遊玩。龍舟首尾長120尺，寬20尺，前有瓦簾棚、穿廊和兩個暖閣，後有殿台樓閣。龍身和殿宇全部五彩金妝，前頭有兩個龍爪。龍舟內設有精巧的機關，使龍首的眼、口和爪子活動，龍尾擺動撥水。元順帝製造的宮漏，高六七尺，寬三四尺，以木為櫃，內藏各種水壺，運水上下。櫃上矗立一座西方三聖殿，櫃腰站立一尊手捧時刻籌的玉女，按時浮水上下。玉女兩旁各有兩尊金甲神人，一尊懸鐘，一尊懸鉦（形似鐘的樂器），到夜間鐘鉦齊敲，側旁的獅子、鳳凰隨之起舞。木櫃東西又設置日月宮，宮前站着六個仙女，到子、午時自動行走，度過仙橋到三聖殿，然後再退回原處。「其精巧絕倫，人謂前代鮮有。」（《元史》卷四三，《順帝紀》）元順帝還喜歡搞建築，京師稱之為「魯班天子」。元順帝整天忙於遊玩享樂，根本無心政事。

統治集團內部的傾軋，更是有增無減。元順帝罷免脫脫後，任命哈麻為中書左丞相，其弟雪雪為御史大夫，控制朝中大權。哈麻、雪雪兄弟倆

與奇皇后密謀擁立皇太子愛猷識理答臘為帝，被哈麻的妹婿禿魯帖木兒告密，御史大夫搠思監也上書彈劾哈麻兄弟。至正十六年（1356年）二月，元順帝詔令哈麻兄弟出征自效，隨即將其杖殺。接着，命搠思監為中書右丞相，遼陽行省左丞相、漢人太平（原名賀惟一）為中書左丞相。搠思監隨即倒向皇太子、奇皇后一邊，因貪汙受賄，又被貶職。湖廣行省左丞相太不花接任中書右丞相，謀害太平，也被削奪官爵。奇皇后和皇太子想逼元順帝退位，極力拉攏太平，太平不答應，他們便指使御史排擠太平所信任的漢官，迫使太平辭職。至正二十年，元順帝再度起用搠思監為中書右丞相。後來，搠思監彈劾太平，將他流放吐蕃，太平被迫自殺。元朝統治集團就這樣在不斷的內訌中，削弱着自身的力量。

在軍事上，脫脫從各地拼湊來的百萬元兵在高郵一哄而散，元廷只得轉而依靠各地的地主武裝來鎮壓起義。至正十五年，元順帝下詔：「聽富民願出丁壯義兵五千名者為萬戶，五百名者為千戶，一百名者為百戶，仍降宣敕牌面。」（《元史》卷四四，《順帝紀》）各地的地主武裝便如雨後的蘑菇，紛紛湧出。他們有的被編入官軍，由官府直接掌控，如蒙古貴族後裔答失八都魯的軍隊；有的不編入官軍，由地主土豪自行率領作戰，如潁州沈丘畏兀兒人察罕帖木兒與羅山漢族地主李思齊的軍隊。這些地主武裝在剿殺農民起義軍的同時，割據一方，互爭雄長，逐步形成了武裝林立的局面。

各地的農民起義軍利用元朝統治危機日益加深的有利時機，大舉出擊。龍鳳元年（1355年）六月，劉福通率領大宋紅巾軍在許州長葛擊敗答失八都魯，後又在中牟（今河南鶴壁西）劫取其軍營。還派趙明達攻取嵩、汝及洛陽，北渡孟津，黃河之北為之大震。察罕帖木兒自豫南趕來，擊敗趙明達。十二月，答失八都魯又調兵進攻宋政權的都城亳州，劉福通在太康戰敗，韓林兒退避安豐。龍鳳二年三月，劉福通與元軍展開激戰，元軍敗走。為了解除元軍對亳州的壓力，九月，劉福通命李武、崔德率軍西征，攻打陝西。十月，趙均用攻破淮安，接受宋政權的號令。劉福通又命趙均用的部將毛貴自海州（治朐山，今江蘇連雲港海州區）乘船，從海路攻打膠東半島。東西兩路紅巾軍的順利進軍，打破了元軍對亳州的圍攻。

龍鳳三年夏，劉福通的部隊經過整頓補充後，決定分兵三路北伐，

劉福通自領一部繼續在河南作戰。三路北伐的進軍方向是：東路軍由毛貴率領，到年底攻佔山東大部分州縣，翌年二月又攻佔了濟南。毛貴招降元朝的地主武裝「義兵」萬戶田豐、俞寶、王信，壯大了軍事力量；立賓興院，選用歸降的元朝官吏，分守諸路；在萊州立 36 屯，每屯相距 30 里，造大車 100 輛，並對官民徵收十分之二的稅糧，用大車將屯田所得屯糧和徵收的稅糧運到前線，以供軍食。接着揮戈北上，抵達薊州棗林（在今北京通州西南）、柳林（在今北京通州南），元廷內外大為驚駭，廷議遷都以避之。不久戰敗，退回濟南。中路軍由關先生（關鐸）、破頭潘（潘誠）等率領，從山西、河北出塞外，攻破元上都（今內蒙古正藍旗東），最後轉攻曾派兵幫助元廷鎮壓起義的高麗。西路軍由白不信、大刀敖、李喜喜等率領，由河南挺進關中，增援李武、崔德。他們攻下興元（今陝西漢中），北上鳳翔，再轉攻四川。劉福通也於龍鳳四年攻佔汴梁（今河南開封），定為都城。

大宋紅巾軍橫掃中原和北方廣大地區，將元朝的兵力吸引在北方，有力地掩護了南方農民軍的發展。徐壽輝領導的天完紅巾軍，在治平五年（1355 年）迭克襄陽、中興（今湖北江陵）、武昌、漢陽等地，俘殺元威順王子歹帖木兒及其王妃。元順帝命太不花為湖廣行省左丞相，總兵湖廣，調軍鎮壓。紅巾軍頑強抵抗，攻克嶽州（治今湖南嶽陽）、饒州（治今江西鄱陽）等地。第二年正月，徐壽輝遷都漢陽，改元太平，以倪文俊為丞相。接着分兵四出，將佔領區由湖北擴大到湖南、江西、浙江、安徽等地。太平二年（1357 年）春，明玉珍又率一支紅巾軍溯江而上，佔領川蜀諸郡。張士誠也乘機出擊。至正十五年（1355 年）五月，遣其弟張士德率兵由通州（今江蘇南通）渡江南下，於第二年二月進克江南重鎮平江（今江蘇蘇州），改平江路為隆平府。張士誠遂由高郵徙居隆平，稱周王，以承天寺為宮室，任命陰陽術士李行素為丞相。崑山、嘉定、崇明、松江（今上海松江區）等地相繼降附，無錫、常州、湖州、杭州等地也先後被攻克，浙西這個富庶的魚米之鄉的大部分地區，被張士誠佔領。

此時的朱元璋，夾在徐壽輝及其部將陳友諒和張士誠之間。這幾支起義軍都是為了反抗元朝的殘暴統治而揭竿起義的，起義初期形成了「勢

相聯結」的局勢。現在外敵進攻的壓力減輕了，農民小生產者和小私有者固有的分散性和狹隘性便暴露出來，他們都把對方視為將來奪取天下的競爭對手。朱元璋此時僅據有西起滁州到蕪湖、東起句容到溧陽的一小塊地盤，「地狹糧少」，「論兵強莫如友諒，論財富莫如士誠」（《國初事跡》），稍有不慎，就有被消滅的危險。因此，如何迅速佔領應天周圍的重要軍事據點，確保應天的安全，就成為擺在他面前的首要任務。

龍鳳二年（1356 年）三月，朱元璋命徐達為大將軍，率湯和、張德麟、廖永安等統兵進攻鎮江，旋即分兵略取金壇、丹陽等地，以確保應天東面的安全。六月，又命鄧愈率邵成、湯昌等統兵攻打廣德，以確保應天南面的安全。接着，朱元璋命儒士楊憲攜帶他的親筆信去與張士誠通好，希望同他建立「睦鄰保國」的關係，好騰出手來攻佔其他戰略要地。但他在信中把張士誠比作東漢末年時而依附更始帝，時而歸順光武帝，而後叛逆自立，最終為光武帝所殺的隗囂，張士誠很不高興，扣住楊憲不放，並暗中派人誘降徐達的屬將陳保二，讓他帶領水軍攻打鎮江。朱元璋聞訊，急命徐達攻取常州。九月，張士誠派幾萬軍隊馳援常州守軍，在離城 18 里的地方為徐達的伏兵所敗，只得派人到應天向朱元璋求和，表示願歲輸糧 20 萬石、黃金 500 兩、白金（銀）300 斤。朱元璋要求歸還被扣留的使者和俘去的將校，並歲輸糧 50 萬石。張士誠認為要價太高，沒有答應。十月，朱元璋擢升親姪朱文正為樞密院同僉，命其與徐達、湯和共率大軍攻打常州。到龍鳳三年上半年，先後攻佔了常州、長興、江陰等地。長興和江陰是兩個戰略要地，「長興據太湖口，陸走廣德諸郡；江陰枕大江，扼姑蘇（今江蘇蘇州的別稱）、通州濟渡之處。得長興，則士誠步騎不敢出廣德，窺宣、歙；得江陰，則士誠舟師不敢溯大江，上金（金山，在鎮江西北面的江中）、焦（焦山，在鎮江東北面的江中）」（《明太祖實錄》卷五）。張士誠西犯的門路被堵死，已處於被動的地位。

龍鳳三年七月，徐達率兵攻取宜興，並令趙德勝攻取常熟。常熟位於平江之北，是張士誠藉以聯絡江北淮東和江南浙西地區的重要據點，由張士誠的弟弟張士德領兵鎮守。張士德雖善戰有謀，卻被趙德勝用計擒獲。兩年後，張士誠部將呂珍俘獲廖永安，張士誠的母親叫張士誠以歲輸糧 10

萬石、布 1 萬匹，同朱元璋結盟為條件，用廖永安換回張士德，遭到朱元璋拒絕。張士德在應天拒不投降，暗中捎信給張士誠，要他投降元朝，後來絕食而死。廖永安被張士誠囚禁 8 年，後來也死於獄中。

張士誠在西線一再遭到朱元璋的進攻，連吃敗仗，在東線先後派兵攻打嘉興、杭州，被苗軍元帥楊完者擊敗，就聽從親兄弟張士德的勸告，於龍鳳三年八月投降元朝，接受元廷授予的太尉官職。

在奪取應天東面軍事要地的同時，朱元璋還分兵略取南面和西面的戰略要地。在南面，鄧愈於龍鳳二年底揮師攻佔武康（今浙江德清）、安吉等地。接着，朱元璋又命徐達、常遇春於龍鳳三年四月攻取寧國（今安徽宣城）。寧國城小而堅，元廷派有重兵戍守。徐達久攻不下，常遇春還在一次戰鬥中被流矢擊中。朱元璋聞訊親赴寧國督戰，下令建造飛車，車前遮以抵擋矢石的竹編，令軍士駕着飛車，數道並進，發起強攻。元守將楊仲英抵擋不住，開門迎降，10 餘萬軍士被俘。鄧愈、胡大海又揮師南下，相繼佔領績溪、徽州、休寧、黟縣和婺源。在西面，龍鳳三年五月，元銅陵縣令羅德泰、萬戶程輝歸附，常遇春進駐銅陵。十月，他與廖永安、吳禎合兵，攻佔了「上以規取安慶，下以規取太平」的軍事要地池州。

經過一年多的戰鬥，應天周圍重要的軍事據點悉被佔領，應天的安全有了保障，朱元璋開始向外發展勢力。當時，除北方是自己的頂頭上司小明王的佔領區外，東邊的張士誠和西邊的徐壽輝及其部將陳友諒，實力都在自己之上，只有東南方向的元軍佔領着浙東一些分散、孤立的據點，並與大都的元朝本部相隔絕，力量相對弱小。朱元璋於是決定固守東西兩線，向東南方向出擊，消滅浙東的元軍。

浙東從元初起就是反元鬥爭最激烈的地區之一。到了元末，台州、溫州人民，更是公開樹起造反的大旗，上書：「天高皇帝遠，民少相公多；一日三遍打，不反待如何！」（黃溥：《閑中今古錄摘抄》）至正八年（1348年）十一月，台州黃巖私鹽販方國珍在海上起兵反元，得到浙東人民的熱烈響應。過了兩年，溫州人民也舉旗造反，攻打州郡。至正十二年，天完紅巾軍由江西經福建轉攻浙東，把當地的反元鬥爭推向高潮。農民起義「烽燹之焰燭於天」，使浙東地主階級的性命財產受到嚴重威脅。他們

便積極行動起來，或組織地主武裝，或為官府出謀劃策，協助元軍鎮壓農民起義。浙東的農民起義，以處州（治今浙江麗水）聲勢最盛，當地豪右巨族為元朝鎮壓起義也最為賣力。「是時起兵之士，麗水有葉君琛，青田有劉君基，龍泉有章君溢，與三君並稱者曰季君汶，亦龍泉人」（《宋濂全集》卷六七，《故處州翼同知元帥季君墓銘》），此外，還有龍泉人胡深。劉基，字伯溫，青田南田（今浙江文成）武陽村右族，至順年間高中進士，曾任高安縣丞、江浙儒學副提舉等職。方國珍海上起兵後，他任元浙東元帥府都事，參與慶元（治今浙江寧波）的防務。至正十三年元廷命江浙行省左丞帖裏帖木耳招安方國珍，行省復辟劉基為都事以佐之。招安事畢，因「盜起甌括間」，劉基攜家遷至紹興。至正十六年，由於處州屬縣民變迭起，行省檄調劉基與石抹宜孫同守處州。翌年，江浙行省左丞相達識帖睦邇擢升石抹宜孫為行樞密院判官，以劉基為經歷，蕭山縣尹蘇友龍為照磨。石抹宜孫又辟郡人胡深、葉琛、章溢、季汶等儒士參謀軍事。「宜孫用基等謀，或搗以兵，或誘以計，未幾，皆殲殄無遺類」（《元史》卷一八八，《石抹宜孫傳》）。在漢族地主階級的協助下，元朝統治集團終於將浙東的起義烈火撲滅下去。但元朝的官軍，也在同農民起義軍的反覆拚殺中受到沉重打擊，遭到嚴重的削弱。

龍鳳四年（1358 年）二月，朱元璋擢升外甥朱文忠為賬前總制親軍都指揮使司左副都指揮，兼領元帥府事。朱文忠隨即奉命與鄧愈、胡大海合兵，從徽州路東北的顯嶺關入杭州路，於三月攻佔建德路。駐守杭州的苗州元帥楊完者多次派兵反攻，皆被擊退。六月，朱文忠進克浦江。恰在此時，浙東的元朝統治者發生了一場內訌。原來，楊完者在至正十六年（1356 年）春應江浙行省左丞相達識帖睦邇之召進駐杭州之後，恃功驕橫，不聽達識帖睦邇的約束，到處燒殺擄掠，民怨沸騰。七月，達識帖睦邇與張士誠暗中設計除掉楊完者，杭州落到張士誠手裏，楊完者的部將員成、李福、劉震、黃寶、蔣英等率領駐守桐廬的 3 萬苗軍投奔朱文忠。十月，胡大海又攻佔蘭溪，接着攻取婺州（今浙江金華）。婺州守將、石抹宜孫之弟石抹厚孫拚死抵抗。胡大海久攻不下，朱元璋決定親往浙東前線督戰，但考慮到七月間郭子興的三子、右丞郭天爵因「失職怨望」、謀叛

而被殺，為穩定後方，他從宜興調回徐達，與李善長一起留守應天，並令毛麒代理中書省事，然後帶常遇春、楊璟、馮國用等幾名戰將親征婺州。

十一月，朱元璋親領幾名戰將，統率 10 萬步騎兵，踏着冰雪，自應天經宣城南下。十二月，抵達婺州城下，偵知守敵各自為政，互不團結，即督兵圍城。處州的石抹宜孫聞訊，因其母在婺州而萬分焦急，他令石抹厚孫堅守婺州，並命胡深等帶着裝載士卒的數百輛獅子戰車前去增援，自己親率精銳主力萬餘人，出縉雲應援。但他率領的主力到達婺州，同朱元璋的軍隊甫一接戰，即遭敗績而還。胡深走到松溪，觀望不前。朱元璋派胡大海養子胡德濟把胡深誘出梅花門外，縱兵進擊，擒其前鋒元帥季彌章，胡深慌忙逃回處州。婺州守軍孤立無援，開門迎降，朱元璋率部入城，生俘了石抹厚孫。

朱元璋在婺州設立江南等處行中書省分省，又稱浙東行省。分省衙門前高高豎起兩面黃旗，分書：「山河奄有中華地，日月重開大宋天。」大旗兩邊各立一牌，上書「九天日月開黃道」「宋國江山復寶圖」。（《明興野記》卷上）。改婺州為甯越府，後又改為金華府，以和州儒士王宗顯為知府，並令王宗顯把停辦多年的郡學恢復起來。又立樞密院分院，以常遇春為鎮國上將軍、同僉樞密院事，鎮守婺州。為了安定民心，朱元璋一入城，就下令禁止士卒剽掠，告諭諸將說：「夫克城雖以武，而安民必以仁。吾師比入建康，秋毫無犯，故一舉而遂定。今新克婺城，民始獲蘇，政當撫恤，使民樂於歸附，則彼未下郡縣，亦必聞風而歸。」（《明太祖實錄》卷七）還命令打開官府倉庫，拿出糧食救濟貧民，並下令禁酒，以減少糧食消耗。婺州的社會秩序很快安定下來。

婺州 200 多年來是理學的一個中心，號稱小鄒魯，過去曾湧現許多著名的學者，元末也出了一批有學問的儒士。這些儒士有知識有謀略，在地方上有勢力有影響。為了取得他們的支持，朱元璋佔領婺州後就召見儒士范祖幹、葉儀，詢以治道。聘請許元（字存仁）、葉瓚玉、胡翰、吳沈等13 人，日令兩人進講經史，敷陳治道。命葉儀、宋濂為五經師，戴良為學正，吳沈、徐原為訓導，教授郡學。還召許瑗入幕府參議軍政大事。為了獲取地主的信任，朱元璋還選用婺州七縣的富民子弟充當宿衛，名曰「御

中軍」。自南宋以來世代聚族而居的浦江「義門」鄭氏，在李文忠攻入浦江時，攜家避入諸暨。朱元璋派賬前先鋒率民兵 2000，護送其家返回浦江。

接着，朱元璋分兵四出，繼續攻打婺州周圍的州郡，同時派典簽劉辰、主簿蔡元剛、儒士陳顯道等人，前往慶元招降方國珍。

方國珍是台州黃巖（今浙江台州黃巖區）人，生得身材高大，紫黑臉膛，體格強壯，據說疾走如飛，可力逐奔馬。黃巖地近海濱，人多地少，當地百姓大多販賣私鹽，方國珍一家世代以航海販賣私鹽為生。至正八年（1348 年），同里的蔡亂頭、王伏之橫行海上，劫掠商旅，遭到地方官的追捕。方國珍的冤家陳氏誣告他私通蔡亂頭，方國珍一怒之下把陳姓的冤家殺死，遭到官府的追捕。十一月，他和兄國璋，弟國瑛、國瑉一起逃到海上，旬月間得數千人，劫奪漕運糧船，執殺海道千戶。元廷命江浙行省參知政事朵兒只班帶兵鎮壓，結果兵敗被俘。方國珍脅迫他上書朝廷，請求封其官職。元廷擔心方國珍破壞海上交通，只好下詔招安，授予定海尉。他回到家鄉黃巖，繼續招兵買馬，擴大勢力，攻奪沿海州郡。至正十二年，由於劉福通起義的爆發，元廷令江浙行省招募舟師防守長江，方國珍疑懼不安，逃入海中。台州路達魯花赤泰不華入海招撫，被他殺掉。元廷令江浙行省左丞帖裏帖木耳率兵進討，方國珍又表示願受招安。至正十三年十月，元廷分別授予方國珍、方國璋、方國瑛徽州路、廣德路、信州路治中，要方國珍交出船隻，遣散部隊，遭到拒絕。方國珍連續攻佔台州、溫州，並於至正十五年三月入據慶元路。至正十六年二月，張士德攻陷平江，元廷又授予方國珍海道運糧漕運萬戶兼防禦海道運糧萬戶。第二年八月，再升為江浙行省參知政事，叫他領兵攻打張士誠。方國珍這才又接受元朝官職，並率兄弟及諸姪以水軍 5 萬，入長江進擊崑山州，七次打敗張士誠的軍隊。不久，張士誠也投降元朝，他才撤回軍隊。方國珍對元朝時叛時降，但始終保持自己的軍事力量。他和眾兄弟子姪控制着東南沿海豐富的漁鹽資源，感到心滿意足，無意遠圖。

龍鳳五年（1359 年），朱元璋的使者劉辰等到達慶元。方國珍同他的兄弟、部將商量，認為江左朱元璋號令嚴明，恐怕難以與之抗衡。況且周邊還有東吳張士誠、福建陳友定兩個敵手，不如對朱元璋「姑示順從，藉

以觀變」。於是派人向朱元璋獻上黃金 50 斤、白金 100 斤、金織文綺 100 匹，表示願同其「共滅張士誠」。三月，又派郎中張本仁去見朱元璋，表示願意獻出溫、台和慶元三郡，並把他的第二個兒子方關送去做人質。朱元璋說：既然誠心歸附，便當推誠相待，要什麼人質？命人把方關送了回去。但方國珍並無歸附的誠意，而是在朱元璋與元廷之間來回搖擺。後來，朱元璋回到應天，九月派博士夏煜授予方國珍諸兄弟官職，令其奉龍鳳正朔。方國珍又推託年老有病，只能接受朱元璋授予的福建等處行省平章的印誥，不任職事，不奉龍鳳正朔。夏煜回來報告情況，朱元璋說：「且置之，俟我克蘇州，雖欲奉正朔，則亦遲矣！」(《國初事跡》)

龍鳳五年五月，宋小明王提升朱元璋為儀同三司、江南等處行中書省左丞相。朱元璋在出征婺州期間，張士誠和陳友諒都曾出兵進攻他佔領的戰略要地，接受小明王新的任命後，他決定返回應天，親自統籌和指導戰爭全局。動身之前，朱元璋特地將胡大海從紹興召回，命他與常遇春共同鎮守婺州，並負責攻取衢州、處州和紹興諸路。朱元璋返回應天後，九月常遇春即攻克衢州。十一月，胡大海又與耿再成合兵攻破處州，石抹宜孫棄城而逃。他所依靠的幾個主要人物除蘇友龍外，章溢、葉琛、胡深、季汶不久都投降了，劉基更在至正十九年（龍鳳五年，1359 年）春夏之間棄官還鄉，在南田老家隱居著述。十二月，朱元璋命常遇春率師攻打杭州。經過兩年左右的戰鬥，浙江的元朝統治區大部分被攻佔，江南行省政權的轄地大大拓展了。

第三節　營建江南根據地

朱元璋率部南渡長江的一個重要目的，是為了實現馮國用的建議，奪取應天作為「四出征伐」的基地。攻佔應天後，他即着手營建以之為中心的江南根據地，「積糧訓兵，待時而動」(《明太祖實錄》卷一四)。

在政治上，朱元璋首先是廢除元朝苛政，減輕刑罰，嚴懲貪賄，寬減賦役。龍鳳三年（1357 年）十二月，他下令釋放監獄裏所關押的囚犯。第

二年二月，又派提刑按察司僉事分巡郡縣，訊察案犯的罪情，規定原先判處笞刑的釋放，判處杖刑的減半處刑，重罪囚犯處以杖 70 的刑罰，貪汙受賄的不再追繳贓物。龍鳳五年三月又宣佈，所轄州郡三月初二以前，除大逆無道和敵方的偵探拘繫之外，其他人不論罪狀大小，全部赦免。吳元年（1367 年）六月，他還特地告諭負責監察的御史，要慎用刑獄，說：「欽恤二字，用刑之本也。」（《明太祖實錄》卷二四）

對自己手下的官吏，朱元璋嚴格要求他們奉公守紀，不許枉法貪賄，如有違反，則堅決懲辦。龍鳳八年（1362 年）正月，有人向按察司誣告他人，被誣者不服，擔任按察司僉事的元朝降臣宋廉使對其嚴刑拷打，逼其招供。省都事王用言貪賄壞法，暗中勾結陳友諒的撫州倪通判。

朱元璋發現後，於當月十七日在聚寶門的雨花臺上召集文武百官，諭曰：「王都事貪賄，私通敵人，以其贓物示眾，罪當凌遲。」又對宋廉使說：「你是元朝風憲官，不能死節，歸我又授以耳目，亦不能與人辨曲直，考掠誣承，詒吾一時之喜，是汝罪否？我替元朝打死這失節老賊！」說完，指揮衛士用巨棍在宋廉使胸背各打 100 下，然後扔到台下，問：「老賊死未？」有人回答說：「未死。」朱元璋讓衛士將其抬到太醫那兒，給敷上藥膏。第二天，又下令將他身上的藥膏揭掉，用巨棍在其胸背再各打 100下，還未死。第三天，又對他施行杖刑，最後「以身首暴於市」（《明興野記》卷上）。第二年冬，朱元璋親征武昌。十二月，他在返回應天之前，又懲處了一批貪賄通敵的官吏。

朱元璋還設法減輕百姓的賦役負擔。龍鳳三年十二月，徽州儒士唐仲實反映當地守將鄧愈役民築城，百姓頗有怨氣，朱元璋即下令停工。唐仲實又反映百姓負擔過重。為此，朱元璋除了大抓農業生產的恢復和發展之外，又於翌年令民「自實田」（康熙《休寧縣志》卷六，《隱逸》）。六年在婺州又「令民自實田」，並命章溢僉營田司事，「巡行江東、兩淮之境田，荒蕪及耕墾者皆分籍之」（《宋濂全集》卷五二，《大明故資善大夫御史中丞兼太子贊善大夫章公神道碑銘》）。九年任命端木復初為徽州經歷，他又「使民自實田，集為圖籍，核盈朒，驗虛實，而定科徭」（《宋濂全集》卷五九，《端木府君墓志銘》）。所謂「使民自實田」「集為圖籍」及

「皆分籍之」，就是讓百姓自報實有的田地畝數，登記在土地簿籍上，然後根據田地的多少確定所應負擔的賦役數額，以減少地主隱瞞土地向農民轉嫁負擔，並防止官吏的橫徵暴斂。後來，朱元璋把農業生產抓上去了，軍隊的屯田也取得一定成績，他又着手減輕各種賦稅和徭役。龍鳳六年閏五月，他根據常遇春、胡大海的建議，下令廢除寨糧。龍鳳八年陳友諒的部將胡廷端歸降，他親至龍興（今江西南昌），對當地百姓宣佈：「軍需供億，俱不以相勞！」（《明太祖實錄》卷一○）龍鳳十年稱吳王後，又規定「賦稅十取一」，並將所轄府縣劃為三等，按等徵稅（《明史》卷七八，《食貨志》）。此後，凡是新歸附地方的田地，都下令寬減賦役，有的免一年，有的免三年。對工商業稅，也斟酌元制，去其弊政。

其次，積極支持農民奪佔地主的土地和元朝的官田。朱元璋深知，廣大農民之所以揭竿起義，是為了奪回被地主霸佔的土地和財產，改變「貧者愈貧，富者愈富」的不平等現象。朱元璋在攻奪浙東時，便實行「給民戶由」的政策，支持農民奪佔地主的土地財產。劉辰的《國初事跡》載：「太祖親征城池，給民戶由，俱自花押。」戶由也就是後來洪武三年（1370年）在全國實行清查戶口、編制戶籍時，用以登記民戶籍貫、丁口、名歲和產業的戶帖，相當於戶口證，具有在法律上承認民戶的財產包括土地的作用。朱元璋是在龍鳳四年十二月親征婺州時「命籍戶口」（《明太祖實錄》卷六）的，估計也就從這時候開始，對百姓的產業做了登記，並由他親自簽發「戶由」，交給民戶，從而承認了民戶的財產包括農民奪佔的地主土地和官田的所有權。由於朱元璋的支持，許多地方的農民積極行動起來，奪取地主的土地和財物。如朱元璋軍隊打到諸暨，地主趙淑攜帶田契逃入深山窮穀，「家資無纖毫存」（《宋濂全集》卷二○，《周節婦傳》）。朱元璋親征婺州，地主俞元瑞從鄉下逃往處州城裏，處州被攻克後，他也遭到農民的清算，「家業盪然，遺田數畝而已」（蘇伯衡：《蘇平仲文集》卷一二，《竹坡處士俞元瑞墓志銘》）。

朱元璋政治上的另一重大舉措，是禮賢下士，優待降人。攻佔太平，即起用李習、陶安、宋思顏、潘庭堅、王愷及汪廣洋等耆儒名士。攻佔應天，又錄用夏煜、孫炎、楊憲等十幾名儒士。此後命將出征，朱元璋經常

要求他們尋訪、推薦當地名儒，有時還派專人攜帶金帛四處訪求遺賢。洛陽儒士秦從龍，字元之，很有學問，曾做過元朝和林行省左丞、江南行台侍御史，後來隱居於鎮江。徐達出征鎮江，朱元璋即命他尋訪，致其欲見之意。徐達訪得秦從龍後，朱元璋又派親姪朱文正和外甥朱文忠帶着禮品前往禮聘，並親至龍江（在今江蘇南京中山門外）迎接，朝夕訪以時政。建立江南等處行中書省後，仍是事無大小，悉與諮謀，禮之甚厚。秦從龍深受感動，將篤學博覽精通象數之學的陳遇推薦給朱元璋。當時陳遇已棄官歸隱，朱元璋即致書請他出山，留參密議。龍鳳三年六月，鄧愈下徽州，向朱元璋推薦在家隱居的休寧進士朱升。

朱升幼年師從新安學派著名學者陳櫟，曾任池州學正，後秩滿南還，隱居於石門山老家，閉戶著述不輟。朱元璋下令召見，朱升即於當年秋冬前往應天與之見面。翌年，朱元璋得知他在老家蓋了一棟新樓，親筆為之題寫「梅花新月」的樓匾致賀。此後朱元璋年年召見，他都不顧年邁體衰，風塵僕僕地趕往應天與之見面交談。吳元年（1367 年）朱元璋授他為翰林侍講學士，他從此便留在應天供職。

龍鳳四年十一月，朱元璋親征浙東，攻佔婺州後又召見、聘用了許元、宋濂等一大批浙東名儒。朱元璋返回應天後，胡大海於龍鳳五年十一月攻下處州，葉琛出降。不久，章溢、胡深、季汶亦降，在南田老家隱居著述的劉基也被迫出見。胡大海將葉琛、胡深和劉基送往應天，推薦給朱元璋。這三人曾在石抹宜孫手下任職，曾與朱元璋的軍隊對抗過。朱元璋召見後僅賜銀碗、文綺而遣還之，未予任用。後來，處州總制孫炎再次向朱元璋推薦劉基、葉琛和章溢，朱元璋便遣宣使齎幣前往禮聘。可能對前次赴應天未被任用耿耿於懷，劉基以氣節作幌子，「自以仕元，恥為他人用」，婉言謝絕。孫炎再次派人去請，他回贈一把寶劍，還是不肯出山。孫炎封還寶劍，並寫了一封長信，反覆說明利害，非要他出山不可。陶安和宋濂也分別贈詩勸說，他這才勉強出山。龍鳳六年三月，劉基與宋濂、葉琛、章溢一起到達應天，這次朱元璋給予熱情接待，說「我為天下屈四先生耳」「卿等其留輔予矣」，並下令在自己住所西邊修建禮賢館以處之，寵禮有加。劉基深受感動，這才放下曾經「仕元」的思想包袱，針對朱元

璋「四海紛紛，何時定乎」的提問，「陳時務策一十八款」（《國初禮賢錄》上），被朱元璋留在身邊，不任具體職事，專當謀士顧問。

後來，隨着地盤的不斷擴大，朱元璋更加重視對儒士的網羅。龍鳳十年三月，他命中書省薦舉文武人才，規定「有能上書陳言、敷宣治道、武略出眾者，參軍及都督府具以名聞」（《明太祖實錄》卷一四）。在他的感召之下，一時「韜光韞德之士，幡然就道」（《明史》卷一二八，《劉基傳》），不少曾經仕元的儒士和隱居不仕的耆儒名賢紛紛前來投奔。

對元朝官吏和敵方將領，朱元璋沒有採用其他某些起義隊伍那種「不降即殺」的簡單辦法來對待，而是着重於政治上的爭取，設法促使其轉變敵對態度，參加自己的隊伍。朱元璋第三次攻打集慶，元淮西宣慰使、都元帥康茂才戰敗，率部逃竄，被俘後押來見朱元璋，他下拜說：「前日戰，各為其主。今日屢敗，天數也。事至於此，死生惟命。苟得生全，尚竭犬馬之力以圖報效。」（《宋濂全集》卷五二，《大明敕賜榮祿大夫同知大都督府事兼太子右率府使贈推忠翊運宣力懷遠功臣光祿大夫湖廣等處行中書省平章政事柱國追封蘄國公謚武義康公神道碑銘》，以下簡稱《蘄國康公神道碑銘》）朱元璋笑而釋之，讓他率部隨軍出征。後來他作戰有功，第二年被擢任秦淮翼水軍元帥。元朝「義兵」元帥朱亮祖先在太平被俘，朱元璋喜其勇悍，賞賜金幣，繼續留用。過了幾個月，他叛歸元朝，幾次帶兵攻打朱元璋。徐達、常遇春圍攻寧國，他與元將別不花、楊仲英等閉城據守。後來城破被俘，朱元璋問他：現今如何？他說：是非得已，生則盡力，死則死耳！朱元璋壯其勇武，給他鬆綁，令統所部兵馬從征宣城。他很受感動，不久同徐達、常遇春一起攻下宣城，後又屢立戰功，被授予樞密院判之職。龍鳳七年，陳友諒江西行省丞相胡廷瑞、平章祝宗遣使請降，他寫信表示對歸附者的政策是「赤心以待，隨其才而任使。兵少則益之以兵，位卑則隆之以爵，財乏則厚之以賞」，說明他對歸降的將官和對自己原來的部將一樣，「恩均義一，無有所間」（《明太祖實錄》卷九）。胡廷瑞以龍興降，江西諸郡不戰而下，朱元璋又親至龍興拜見他的母親，使他安下心來。有些人被俘後拒不投降，如果不是蒙古將官，朱元璋便加以處斬，但如果是蒙古將官，則不加虐殺，下令釋放，以爭取蒙古部眾。

元朝萬戶納哈出，是成吉思汗四大功臣木華黎的後裔，在太平被俘，朱元璋待之甚厚，叫已歸附的萬戶黃儔勸降，納哈出表示：「荷主公不殺，誠難為報。然我本北人，終不能忘北。」朱元璋想放他返回塞北，徐達等人擔心會留下後患，主張殺掉。朱元璋說：「無故而殺之，非義。」他召見納哈出及降臣張御史，發給路費，放他們北歸，「仍從汝主於北」（《明太祖實錄》卷三）。即使有個別蒙古將官降後重新出走，朱元璋也不發兵追堵。如元朝的林元帥在集慶被俘，留任原職，但不久拉着隊伍逃往杭州，朱元璋對部將說：林元帥思念舊主，既去勿追。當然，朱元璋對待降官降將也不是不講原則，如果有人想利用他的政策進行投機，他就嚴加懲處。如江西各山寨頭目降而復叛，反覆無常，他便下令將他們都扔到江中淹死。

在軍事上，朱元璋大力加強武裝隊伍的建設。他認為「興國之本，在於強兵足食」（《明太祖實錄》卷一二），對強兵一直抓得很緊。不僅積極招募農民入伍，收編歸降敵軍，而且重視軍事訓練，經常命令將帥帶領士兵進行操練，並親自檢閱。攻佔應天之後，他即於龍鳳三年正月，在雞鳴山下舉行過大規模的閱兵儀式。龍鳳十一年正月，在出征淮東之前，又親自閱試將士，令鎮撫居明率領軍士分隊進行軍事演習，勝者賞給 10 兩銀子，有傷而不退卻者也賞給數量不等的銀子，負傷者給藥治療，並設酒饌宴請全體將士。

除了建立正規作戰部隊，朱元璋還注意民兵隊伍的建設。龍鳳四年十一月，下令建立管領民兵萬戶府，此後開始在其佔領區內實行民兵制度。如龍鳳五年冬，擢王愷為左司郎中，總制衢州軍民之事，他即籍江山、常山、龍游、西安（治今浙江衢州）四縣丁壯，凡六丁之中簡一以為兵，共得民兵 11800 名，「無事則為農，脫有警，則兵者出攻戰，而五丁者資其食」（《宋濂全集》卷五六，《故江南等處行中書省左司郎中贈奉直大夫浙東等處行中書省左右司郎中飛騎尉追封當塗縣子王公墓志銘》，以下簡稱《行中書省王公墓志銘》）。廣德府廣陽、建平（治今安徽郎溪）等縣，也曾「驗丁出兵，謂之民義，以守廣德」（《明太祖實錄》卷二六）。龍鳳九年更將民兵制度在其轄區內普遍推廣，令「以兩淮江南諸郡歸附之民，各於近城耕種，練則為兵，耕則為農，兵農兼資」（《明太祖實錄》卷

一四）。由於戰事頻繁，兵力緊張，這些早期簽點的民兵，往往跟隨正規的主力部隊出征，隨即被編入軍籍入伍，變成了軍戶。

在強兵方面，朱元璋尤其重視軍紀的整頓。早在郭子興手下當帶兵官時，他就注意整頓軍紀。有次帶領一支歸降的隊伍出征，兩個士卒違反軍令，他即將其斬首示眾。進攻鎮江，為了引起將士對紀律的重視，還和徐達搞了個苦肉計。臨出師前，他召集將士，故意當眾歷數徐達曾經縱容士卒的「過失」，宣佈將按軍法處置，再由李善長出面求情，讓徐達保證今後一定嚴格約束士卒，並領兵攻打鎮江，立功贖罪。他這才宣佈免予處罰，告誡徐達及全體將士：「城下之日，毋焚掠，毋殺戮。有犯令者，處以軍法；縱之者，罰無赦！」諸將一致回答：「謹受命！」（《明太祖實錄》卷四）以後，每次攻城略地，朱元璋都反覆告誡將士，只有惠愛加於民，法度行於軍，才能取得戰爭的勝利。他還特地告諭歸降留用的敵方將帥：「汝等亦非素富貴之家，一旦為將握兵，多取子女玉帛，非禮縱橫。今既歸於我，當革去舊習，如吾濠、泗諸將，庶可以保爵位。」（吳寬：《平吳錄》下）將士嚴守法紀，朱元璋即通令嘉獎。親征婺州時，朱元璋有次夜出私行，巡軍根據實行宵禁的命令出面阻攔。隨行小先鋒張煥告訴巡軍這是位大人物，要求放行，巡軍仍嚴詞拒絕。第二天，朱元璋就賞給這個巡軍兩石米，從此不再夜出。對違反法紀的將士，朱元璋則嚴懲不貸。胡大海帶兵圍攻紹興，他的兒子胡三舍和王勇等三人犯酒禁，都事王愷出面求情，說胡大海正帶兵攻打紹興，可以饒他兒子一命。朱元璋大怒，說：「寧可胡大海反了，不可壞了我號令！」當下就拔刀把胡三舍等三人殺死。由於賞罰分明，朱元璋的軍隊紀律嚴明，能聽從指揮，服從調遣，攻城略地，秋毫無犯。

在經濟上，朱元璋首先是狠抓墾荒屯田，搞好農業生產。攻下應天後，他沿用元朝的職田制度，下令「武官聽從開墾荒田，以為己業」，文職「撥與職田，召佃耕種，送納子粒，以代俸祿」（《國初事跡》），以推動荒田的開墾。龍鳳二年七月，建立江南行省，設營田司，專掌水利，並兼行組織軍士屯田的職責。許多部隊在守城的同時，即屯田以給軍食。如龍鳳四年，吳良、吳禎兄弟戍守江陰，即率領不滿 5000 名士卒，一面

訓練，一面屯田。第二年，王愷戍守衢州，也令守軍屯種廢田 57000 畝。龍鳳九年二月，朱元璋重申屯田之令：「自兵興以來，民無寧居，連年饑饉，田地荒蕪，若兵食盡資於民，則民力重困。故令爾將士屯田，且耕且戰……自今諸將宜督軍士，及時開墾，以收地利，庶幾兵食充足，國有所賴。」（《明太祖實錄》卷一二）

在組織軍隊屯田的同時，還注意發動農民搞好生產。龍鳳二年九月，朱元璋到鎮江，即派儒士遍諭鄉邑，勸告農桑，築城墾荒。龍鳳四年建立管領民兵萬戶府，開始推行民兵制度，在其轄區內簡拔民間丁壯，練則為兵，耕則為農，兵農兼資，有力地推動了農業生產的恢復和發展。龍鳳十一年六月，又下令民間廣種經濟作物，規定「凡農民田五畝至十畝者，栽桑、麻、木棉（棉花）各半畝，十畝以上者倍之，其田多者率以是為差」（《明太祖實錄》卷一七）。翌年正月，又命中書省令有司（明代稱行政機構為有司，軍事機構為所司）勸民農事。五月，再命中書省令有司招撫流亡，「俾之各還鄉土，仍復舊業以遂生息」（《明太祖實錄》卷二〇）。吳元年（1367 年）七月，還設立司農司，命楊思義為司農卿，以加強對農業生產的管理。

這些措施的推行，使農業生產逐步得到恢復和發展。如吳良、吳禎兄弟帶領士卒在江陰戍守屯田，取得了「敵不敢犯，民甚賴之」的優異成績（《明太祖實錄》卷六）。康茂才領兵屯田，到龍鳳九年，生產稻穀 15000 石，除供給軍餉，尚餘 7000 石。由於糧食的增產，原先不斷上漲的麥價到龍鳳十二年已經「稍平」了。

其次，徵收商稅，立鹽茶法、製錢法，開設鐵冶，廣闢財源。龍鳳六年（1360 年）十二月，首先對酒、醋徵稅，隨後對其他商品徵稅，為此特設官店負責徵收商稅，稱為官店錢。龍鳳八年十月又設關市批驗所，徵收境內外過往貨物的商稅，「鹽貨以十分為率，稅其一分；物貨以十五分為率，稅其一分」（《明太祖實錄》卷一一）。龍鳳十年四月，應天府官店改為宣課司，府州縣官店改為通課司，同時降低稅額，規定「凡商稅三十稅一」（《明太祖實錄》卷一四）。此外，還設立竹木抽分場徵收竹木稅，並在江西、湖廣的湖池之處設河泊所徵收漁課。鹽稅歷來是封建官府的一

項重要收入。龍鳳七年二月確定鹽法，置局設官，令商人請引販鬻食鹽，「每二十分而取其一，以資軍餉」（《明太祖實錄》卷九）。後來，隨着佔領區的擴大，兩淮與兩浙的鹽場歸朱元璋控制，他開始向煎鹽的灶戶徵收鹽課。龍鳳十二年二月和吳元年二月，分別設置兩淮和兩浙兩個都轉運鹽使司，分管 29 和 36 個鹽課司，分別年辦鹽課 352590 引和 222384 引（皆為大引，每引 400 斤），收入相當可觀（《明太祖實錄》卷一九、二二）。茶法與鹽法同年確立，也由商人納錢請引販鬻茶葉，「每引茶百斤，輸錢二百」（《明太祖實錄》卷九）。錢法與鹽法同時實行。龍鳳七年在應天置寶源局，開始鑄造「大中通寶」（朱元璋原想在稱帝後以大中為年號，後來稱帝時改用洪武年號）錢，以 400 文為 1 貫，40 文為 1 兩，4 文為 1 錢，代替元朝的鈔幣，與歷代銅錢及金、銀兼用（《明太祖實錄》卷九）。

擊滅陳友諒後，又命江西行省置貨泉局，公佈大中通寶大小五等錢式，令就當地銅礦，鑄之以供軍需。鐵冶始開於龍鳳十年四月，當月令湖廣所轄州縣興建爐冶，「募工煉鐵，以資軍用」（《明太祖實錄》卷一四）。上述這些措施，主要是由李善長主持制定的，實行後都收到很大效益，「民不以為困，而國用益饒」（《獻徵錄》卷一一，王世貞：《中書省左丞相太師韓國公李公善長傳》）。

最後，提倡儉樸，節約開支。在開源的同時，朱元璋非常注意節流，強調要「用之有節」（《獻徵錄》卷一一，王世貞：《中書省左丞相太師韓國公李公善長傳》），儘量減少不必要的開支。他自己帶頭做榜樣，處處躬行節儉。舊衣裳洗洗再穿，捨不得扔掉。方國珍進獻金玉裝飾的馬鞍轡，他退了回去，說：吾方有事四方，所需者文武才能，所用者穀粟布帛，其他寶玩非所好也！江西行省送來繳獲的一張陳友諒用的鏤金牀，他把它比作五代後蜀亡國之君孟昶使用的用多種珍寶裝飾的七寶溺器，說：此與七寶溺器有什麼區別？命毀之。

在鬥爭策略上，則對宋政權的小明王長期保持形式上的隸屬關係，以縮小目標。朱元璋接受小明王左副元帥的封號，「文移用龍鳳年號，旗幟戰衣皆紅色」（《明史紀事本末》卷一，《太祖起兵》）。他心裏想的就是「林兒勢盛可倚藉」，藉助小明王的旗號來掩護自己，利用小明王的威望

來號令民眾。此後，朱元璋長期堅持這個策略，擔任的職務，從樞密院同僉、江南等處行中書省平章政事、吳國公到後來的中書左丞相，都是小明王封授的。龍鳳十年（1364 年）擊滅陳友諒後，羣臣勸朱元璋就帝位，他未應允，雖稱吳王，仍奉龍鳳正朔，以「皇帝聖旨，吳王令旨」的名義發佈命令，表示自己還是小明王的臣屬。這樣做，就大大縮小了目標，避免樹大招風，遭受打擊。

經過數年的營建，朱元璋的江南根據地得到鞏固，兵力和財力迅速壯大，進可攻，退可守，從而為日後的發展打下了堅實的基礎。

第四章 擊滅陳友諒與張士誠

第一節　保衛應天之戰

　　龍鳳六年（1360 年）春，朱元璋已佔領浙東的大部分地區，江南根據地的建設也已取得很大成績，可以直面東西兩個強敵了。於是，他適時地改變原先固守東西兩線、向東南出擊的戰略決策，實行固守東南、向東北和西線出擊的方針。但是，以他當時的實力，如果兩線同時出擊，必敗無疑，唯一可行之策是集中兵力，各個擊破。那麼，究竟以誰為先呢？這是令他頗費躊躇的事。恰在此時，劉基和宋濂、葉琛、章溢等浙東儒士來到應天，朱元璋徵詢劉基的意見。劉基認為應先打陳友諒，後滅張士誠，說：「士誠自守虜，不足慮。友諒劫主脅下，名號不正，地據上流，其心無日忘我，宜先圖之。陳氏滅，張氏勢孤，一舉可定。然後北向中原，王業可成也。」（《明史》卷一二八，《劉基傳》）朱元璋採納劉基的建議，定下了先陳後張、各個擊破的戰略。這個時候，陳友諒也正策劃向朱元璋發起攻擊。於是，朱陳之間的一場兼併戰爭便不可避免地爆發了。

　　陳友諒是沔陽玉沙縣（今湖北仙桃西南沔城）人，出身漁民家庭，原姓謝，因祖父入贅陳家，改姓陳。他體貌豐偉，力大無比，武藝高強。幼年讀過書，粗通文義。曾做過縣衙門的貼書，鬱鬱不得志，遂回鄉與弟友仁、友貴聚眾起義。不久投奔徐壽輝。初隸徐壽輝部將倪文俊，為簿椽，後以戰功升任領兵元帥。太平元年（1356 年）正月，倪文俊在漢陽修建宮室，將天完都城遷至此地，迎徐壽輝入居，自為丞相。未幾，他向元朝請降，要求授予湖廣行省平章，遭到拒絕。翌年九月，倪文俊轉而謀殺徐壽輝，妄圖篡奪天完大權，失敗後投奔陳友諒，為陳所殺。陳友諒乘機兼併其部眾，自稱宣慰使，不久又稱平章政事，此後大力向東南方向發展。太平二年年底，他率部東下，在小孤山（今江西彭澤對面長江北岸）大敗

元軍，又與天完的饒州守將祝宗合兵出援正在圍攻安慶的趙普勝。翌年正月，安慶城破，元淮南行省左丞余闕負傷自刎，元軍在長江中游的最後一個據點被攻克。接着，陳友諒乘勝迭克龍興、瑞州、邵武、吉安、撫州、建昌（今江西南城）、贛州、汀州（今福建長汀）、信州（今江西上饒）、衢州等地，並於天完元年（1359 年）派兵攻陷襄陽路。天完政權的勢力因而大振，成為南方各支起義軍中拓地最廣、實力最強的一支武裝力量。

朱元璋自渡江攻佔太平後，即與陳友諒接鄰。龍鳳三年（1357 年）十月，常遇春奪取天完政權佔領的池州，與陳友諒開始發生衝突。翌年四月，陳友諒攻克安慶後，令趙普勝自樅陽引兵東下，奪回池州。龍鳳五年四月，徐達令俞通海等帶兵出擊，再次攻佔池州。不久，朱元璋又命朱文正、徐達統率步兵，廖永忠、俞通海率領水軍攻奪安慶。朱文正、徐達繞過重兵把守的樅陽水寨，攻佔潛山。之後徐達奉命還鎮池州，俞通海會同諸將從西北方向進逼安慶。趙普勝拚死抵抗，俞通海等不克而還。

朱元璋針對趙普勝勇而寡謀，陳友諒挾主脅眾，上下疑貳的情況，決定使用離間計來清除這個勁敵。他暗中派人交結趙普勝的門房，再將一封寫給門房的信件送給趙普勝。趙普勝於是對門房產生懷疑，門房慌忙投奔朱元璋的隊伍。朱元璋的部將又給這個門房許多錢，讓他去找陳友諒，說趙普勝想叛降朱元璋。陳友諒派人到安慶打探消息，趙普勝對來人大擺一通自己的功勞，這更加深了陳友諒的疑慮。陳友諒謊稱要到安慶與趙普勝會師，趙普勝沒有看透陳友諒的真實意圖，毫無防備，被陳友諒擒殺。十月，俞通海的父親俞廷玉趁機進攻安慶，但仍未得手，死於戰陣。龍鳳六年五月，陳友諒揮師東下，進窺池州。朱元璋急忙從浙東調回常遇春，與徐達一起鎮守池州，並指示他們在九華山（在池州南）下設伏阻擊陳友諒。徐達、常遇春依計而行，在九華山下用伏兵斬殺敵軍 1 萬餘人，生擒3000 餘人，擋住了陳友諒的進攻。

陳友諒和倪文俊一樣，也是個權迷心竅的野心家，殺倪文俊後一心「謀稱帝」（解縉：《解文毅公集》卷一二，《鑒湖阡表》）。治平八年（1358 年），仕宦之家出身的謀士解開寫信勸陳友諒降元，還捎信給陳友諒的弟弟，讓他勸陳友諒殺掉徐壽輝，投降元朝。陳友諒雖未按照解開的建

議降元，卻把殺害徐壽輝的計劃逐步付之行動。翌年十二月，他先在江州（今江西九江）用伏兵清除徐壽輝的部屬，然後宣佈遷都江州，自稱漢王，改元天定，設置王府官屬。天定二年（1360年）閏五月初一，又親率10萬舟師，挾持徐壽輝東下，繞過池州，進攻太平，奪佔採石。在採石，他終於派人用鐵撾擊殺徐壽輝，初三自稱皇帝，冒着暴風雨在五通廟就帝位，改國號為大漢，年號大義，仍以鄒普勝為太師，張必先為丞相，張定邊為太尉兼知樞密院事。此時，陳友諒躊躇滿志，認為席捲江東、滅朱元璋已不在話下，即於閏五月初五派人前往平江，約張士誠一起進兵應天，殲滅朱元璋。

陳友諒大舉進犯的消息，如晴天霹靂，震驚了應天。當時陳友諒的地盤比朱元璋大得多，舟師更是比朱元璋多十倍，擁有混江龍、塞斷江、撞倒山、江海鰲等100多艘巨艦和幾百條戰舸。應天的不少官員驚慌失措，有的主張獻城投降，或者認為鍾山有「王氣」，主張逃往鍾山；有的主張先收復太平，以挫陳友諒的銳氣；有的主張朱元璋親率兵迎擊。朱元璋「心非諸將議」（童承敘：《平漢錄》），見劉基沉默不語，把他請進密室，徵詢他的意見。劉基慷慨激昂地說：「先斬主降議及奔鍾山者，乃可破賊爾！」朱元璋又問：先生有何破敵的計策？他答道：「如臣之計，莫如傾府庫，開至誠，以固士心。且天道後舉者勝，宜伏兵伺隙擊之。取威制敵，以成王業，在此時也！」（《國初禮賢錄》上）朱元璋一聽，不覺眼前一亮，豁然開朗：陳友諒地據上游，舟師又十倍於己，正面硬碰，難有取勝的把握，「伏兵伺隙擊之」是唯一可行之策。因此，他決定採納這個建議，用此計策，迎擊陳友諒的入犯。

作戰方案確定之後，朱元璋唯恐戰爭曠日持久，陳友諒與張士誠合兵，自己兩面受敵，難以取勝，決定利用陳友諒驕傲輕敵而又求勝心切的心理，誘其儘快進兵應天，以便設伏殲滅之。他授意陳友諒的老友、元朝降將康茂才：「作書遣使偽降陳友諒為內應，招之速來，仍紿告以虛實，使分兵三道，以弱其勢。」（《宋濂全集》卷五二，《蘄國康公神道碑》）康茂才依計而行，派手下一名曾經伺候過陳友諒的老門房攜帶他的親筆信，乘小船到太平去見陳友諒。陳友諒喜出望外，問：「康公今安在？」老門房

說在江東橋（在南京江東門附近），是座木橋。陳友諒設酒宴款待了老門房，臨別約定與康茂才在江東橋會合，以呼「老康」為號。

老門房回應天向朱元璋覆命，朱元璋即令李善長派人連夜將江東的木橋拆掉，另建鐵石橋。這時，有個從陳友諒軍中逃回的富民，說陳友諒曾打聽過新河口（在今南京城西南）的道路，朱元璋又命趙德勝帶人橫跨新河口修建虎口城，駐兵防守。同時，迅速制訂迎擊陳友諒的作戰方案。當時應天的西邊，從南到北，有大勝港（在今南京板橋鎮西北）、新開河口（今南京城西江岸新河口村）、龍灣（今南京下關）三個入口。從大勝港到龍灣的江岸，雖是一片平整的灘頭，但往東則橫亘着新開河，而新開河東岸往北有水深河闊的秦淮河，往南與大勝港之間又有多條汊河，步卒難以通行，這就在應天城西面構築起一道防禦屏障。而大勝港和新開河水道水量都不大，大型船隻難以通行，只有秦淮河與新開河相匯之後，水量比較充沛，可容大型船隻通過。陳友諒想攻打應天城，只能在龍灣泊岸登陸。朱元璋於是決定在龍灣附近秦淮河東岸的高地盧龍山（今獅子山）一帶設伏，與陳友諒展開決戰。他令邵榮、常遇春、馮勝、華高等率領賬前五翼軍 3 萬人埋伏於盧龍山以東石灰山（今南京幕府山）南麓；徐達等率兵列陣於南門外的雨花臺一帶；楊璟率兵駐大勝港；廖永忠、張德勝、朱虎率舟師隱藏在自龍江至聚寶門的入江水道裏，此水道剛在上一年調發上元、江寧等六縣民夫及作弊受罰的吏胥加以疏浚，可容海船周旋；自己坐鎮盧龍山，並在山左暗藏黃旗，山右暗藏紅旗，規定敵人進入埋伏圈，舉紅旗為號，等到黃旗舉起，伏兵立即出擊。此前，朱元璋已派胡大海自婺州、衢州率兵西搗信州，威脅陳友諒的側後，進行牽制。

陳友諒求勝心切，不等張士誠出兵，便在閏五月初十親率舟師東下，直趨應天。到新河口的大勝港，遭到楊璟兵的截擊。再奔江東橋，發現不是木橋而是鐵石橋，連呼三聲「老康」，也不見回應，方知受騙，忙和弟弟陳友仁率領 1000 多艘戰船折向龍灣，令張志雄領偏師佯攻，自己與陳友仁率主力迂迴到下游的石灰山北登陸，佔領灘頭，立柵紮營，向盧龍山逼近。在盧龍山上指揮作戰的朱元璋把這一切都看在眼裏。部將要求立刻出擊，他說：天很快就會下雨，將士們先吃晌午飯，然後乘天下大雨發起攻

擊。眾人抬頭仰望，只見晴空萬里，沒有一絲雲影，都不相信會下雨。待吃過午飯，忽然雲起東北，須臾，大雨如注。朱元璋一聲令下，盧龍山右舉起紅旗，士兵蜂擁而上，爭拔柵欄。就在兩軍接觸之時，暴風雨戛然停止，朱元璋下令擂響戰鼓，盧龍山左側舉起黃旗，邵榮、常遇春、馮勝、華高帶領埋伏在石灰山南麓的士兵殺向龍灣，徐達帶兵從南門外趕來，廖永忠、張德勝、朱虎的舟師，也棄舟登岸，對陳軍內外夾擊。起初朱軍數戰失利，朱元璋又「調邵榮兵沿江面西截戰，友諒兵前後不能相顧，遂大敗」（《明興野記》卷上）。漢軍士卒爭相登舟逃命。時值退潮，戰船擱淺，士卒被殺和落水而死者不計其數，2萬餘人被俘。陳友諒的部將張志雄、梁鉉、俞國興、劉世衍等紛紛投降。陳友諒換乘一條小船，向江州逃竄。

當初張士誠接見陳友諒的使者後，怕冒風險，擬守境觀變，口頭上許諾出兵，實際按兵不動。現在見陳友諒吃了敗仗，更不敢輕舉妄動。

陣前倒戈的張志雄建議朱元璋乘勝攻取安慶。朱元璋即命徐達、馮勝、張德勝等統兵追擊陳友諒，並派余某等攻取安慶。陳友諒晝夜不息，向江州逃竄。徐達率舟師追至池州，不及而還。余元帥攻取安慶，胡大海奪佔了信州。邵陽地主劉昺見陳友諒戰敗，向鎮守浮梁（今江西景德鎮）的徐壽輝舊將於光說：「江西陳氏軍權不一，尾大不掉。惟金陵兵壯，天下畏其鋒，可往依之，以成大事。」於光當即叫劉昺帶着書幣名馬去應天見朱元璋。劉昺向朱元璋提供了陳友諒江東邊境城池軍力情報，說「江西有可圖之機」（劉昺：《春雨軒集》卷九，《自序墓志銘》）。七月，於光獻浮梁降；九月，徐壽輝的另一舊將歐普祥也獻袁州城降。四川的明玉珍得知徐壽輝被殺的消息，說：「與友諒俱臣徐氏，顧悖逆如此！」（《明史》卷一二三，《明玉珍傳》）下令封鎖瞿塘峽（在今重慶奉節東），與陳友諒斷絕關係，隨後自立為隴蜀王。陳友諒陷入了眾叛親離的困境。

龍鳳七年（1361年）正月，宋小明王又賜給朱元璋吳國公的爵位。三月，朱元璋改樞密院為大都督府，任命朱文正為大都督，節制內外諸軍事。

陳友諒不肯服輸。龍鳳七年五月，派李明道攻奪信州，李明道兵敗被俘。七月，又派張定邊攻奪安慶，守將余元帥與行樞密院僉事趙仲中等戰

敗，棄城奔還應天。朱元璋命按軍法將余、趙處斬。趙仲中原是巢湖水師的統領，至正十五年五月與其弟趙庸、俞通海父子、廖永忠兄弟一起歸附朱元璋。巢湖水師的歸附，對朱元璋水軍的建設及其南渡長江和勢力的發展具有重大意義。因此，常遇春出面為趙仲中求情，請求饒他一命。朱元璋不許，說：有法不行，無以懲後。下令將余元帥、趙仲中處斬，而命趙庸接替其兄為行樞密院僉事，以穩定軍心。

八月，朱元璋從解送應天的李明道口中得知，「友諒自弒徐壽輝，將士皆離心。且政令不一，擅權者多。驍勇之將如趙普勝者，又忌而殺之。雖有眾，不足用也」，決定親自帶兵反擊。恰在此時，謀士劉基接到 80 歲的老母富氏在南田老家辭世的消息，要求返鄉葬母守孝。在這個骨節眼上，朱元璋需要劉基繼續出謀劃策，便親筆致函以示慰問，並要求他留下助自己一臂之力。劉基只得答應，並支持他反擊陳友諒，說：「昨觀天象，金星在前，火星在後，此師勝之兆。願主公順天應人，早行弔伐。」朱元璋於是帶着劉基，率領徐達、常遇春諸將，以李明道、王漢二為嚮導，統領舟師出征。船隊列陣百餘里，浩浩蕩蕩溯江而上。朱元璋乘坐的龍驤巨艦，艦前豎立一杆「奉天征討，納順招降」的大旗，進抵安慶。漢軍固守不戰，朱元璋「以陸兵疑之，敵兵動。乃命廖永忠、張志雄以舟師擊其水寨，破敵舟八十餘艘，獲戰船二十有七，遂克安慶」（《明太祖實錄》卷九）。接着，乘風西進，長江天險小孤山（今江西彭澤北）的漢軍守將傅友德、丁普郎率部迎降。歸附朱元璋的於光等率領江西境內的舟師出鄱陽湖，至江州城下與朱元璋會師。陳友諒匆忙應戰，敗逃武昌。江州被攻佔後，朱元璋命徐達追擊陳友諒，其餘諸將分兵略取附近諸地。南康（今江西星子）、東流、蘄州、黃州、廣濟（在蘄州東面）、饒州相繼而下。九月，建昌的漢軍守將、王漢二之兄王溥歸降。十一月，撫州守將鄧克明亦降。十二月，陳友諒的江西行省丞相胡廷瑞、平章祝宗也派人到江州請降，但要求保留原有的部屬。朱元璋起初有些猶豫，劉基用腳踢了下他坐的胡牀（即馬扎），他醒悟過來，當即提筆寫信答應了他們的條件。翌年正月，朱元璋親至龍興受降，胡廷瑞將他漂亮的長女獻給朱元璋，自己改名為美，以避朱元璋字國瑞之諱。朱元璋下令改龍興路為洪都府，以葉琛

知府事，廢除陳友諒徵收的「軍旅百需之供」。消息一傳開，漢軍的吉安守將曾萬中、孫本立，龍泉守將彭時中相繼歸降。江西州縣和湖北東南角全部歸入了朱元璋的版圖。

龍鳳八年二月，朱元璋返回應天。劉基乘戰爭的空隙辭歸南田葬母守孝。朱元璋特地派遣禮官護送他回到南田，後來還多次遣使弔祭。

經過一年多的戰鬥，朱元璋與陳友諒的強弱之勢發生了根本的變化，朱元璋已經擁有同陳友諒進行決戰的實力。朱元璋於是召集諸將，商議下一步的行動計劃。有的將領認為張士誠控制的蘇湖地區土壤肥沃、物產富饒，應該先取之以加強自己的經濟實力。某些將領支持這種主持，認為「士誠切近，友諒稍遠，若先擊友諒，則士誠必乘我後」，要求改變原來先滅陳友諒再攻張士誠的戰略部署，把主力從西線調到東線，先滅張再攻陳。朱元璋認為「友諒剽而輕，其志驕；士誠狡而懦，其器小。志驕則好生事，器小則無遠圖。若先攻士誠，友諒必空國而來，是我疲於應敵，事有難為；先攻友諒，士誠必不能逾姑蘇一步，以為之援」（《平漢錄》），決定繼續堅持原先的戰略決策，集中主要兵力進擊陳友諒，然後再回頭對付張士誠。但不久，由於北方軍事形勢發生變化，朱元璋不得不暫時停止對陳友諒的進攻。

第二節　北援安豐

大宋紅巾軍的三路北伐和各支起義軍的不斷發展，再次引發元朝統治集團的內訌。漢族地主階級紛紛指責蒙古、色目貴族官僚腐敗無能，對他們由於擔心大權旁落而猜忌、排斥漢族地主武裝頭目的行為更是深感失望和不滿，連聲哀歎「廟堂忽遠算，胸次猜疑並。豈乏計策士？用之非至誠」（劉基：《誠意伯文集》卷一三，《感懷述事十首》），宣佈「不復以功名自期」（趙汸：《東山存稿》卷二，《送鄭徵君應詔入翰林詩序》），不再為元廷效力，準備另謀出路。不少漢族地主特別是受到輕視、被邊緣化的儒士一改過去敵視農民起義的態度，相繼投奔起義隊伍。朱元璋攻佔應天

及浙東後，當地許多耆儒名士紛紛前來投奔；張士誠據有平江後，設學士員、弘文館，饒介、周伯琦、蘇昌齡、陳荃、張經等一批文人前往應聘；陳友諒建立大漢政權後，解開、解觀、詹鼎、黃昭等湖廣、江西的文人前往投奔。蒙古、色目官員則彼此爭吵，互相傾軋。至正二十年（1360 年）五月，陽翟王阿魯輝帖木兒在嶺北起兵，公開與元順帝爭奪帝位。元順帝急遣知樞密院事禿堅帖木兒徵調軍隊進行鎮壓，遭到失敗。第二年，又派知樞密院事老章領兵 10 萬出擊，並令阿魯輝帖木兒之弟忽都帖木兒隨軍出征。阿魯輝帖木兒兵敗被擒，解送京師處死，元順帝命忽都帖木兒承襲陽翟王之位。

元朝統治階級內部的紛爭，對農民起義軍的鬥爭無疑十分有利。但是大宋紅巾軍未能利用這一有利條件奪取新的勝利，反而因自身的弱點與失誤，使軍事局勢發生了逆轉。大宋政權建立後，表面上以韓林兒為帝，實際掌握大權的是劉福通。劉福通具有堅強的鬥志和過人的膽略，對起義的發展、鬥爭局面的打開做出了卓越的貢獻。但局面打開後，處理有關全局的一些軍政大事連續出現失誤。首先，未能隨着形勢的發展和鬥爭的深入，在原有的「彌勒下生」「明王出世」的宗教預言和「復宋」的口號之外，提出一個滿足廣大農民要求奪取地主土地和財產的政治綱領和鬥爭口號，並採取相應的措施，進一步發動農民群眾，對元朝統治者進行更有力的打擊。其次，沒有建立起權威的軍事指揮中心，「兵雖盛，威令不行」「諸將在外者率不遵約束」「福通亦不能制」。三支北伐軍各自為戰，互不配合，鬥爭難以持久，最終被敵人各個擊破。最後，未能建立完備的軍事、政治、經濟制度。大宋政權在其佔領區雖然任命官吏，建立政權，但沒有進一步建立完備嚴密的制度進行有效的治理，而且除毛貴控制的山東地區外，沒有採取任何措施進行軍事、政治和經濟建設。因此，這些佔領區既未能連成一片，也很不穩固，往往陷於孤軍深入、後援不繼的困境，「數下城邑，元兵亦數從其後復之，不能守」（《明史》卷一二二，《韓林兒傳》）。

元廷利用大宋紅巾軍的弱點和失誤，調集察罕帖木兒等幾支地主武裝，展開瘋狂的反撲。龍鳳五年（1359 年）初，張士誠派兵攻打佔據淮南

的趙均用部。趙均用北走山東，投奔從河北南撤的大宋東路軍，因與毛貴不和，在四月間襲殺毛貴，使大宋紅巾軍遭受重大損失。察罕帖木兒乘機於五月間對大宋都城汴梁發動進攻。七月，毛貴部下續繼祖自遼陽返回益都（治今山東青州），殺死趙均用，與趙均用部眾互相攻殺，山東形勢更加不可收拾。八月，察罕帖木兒攻佔汴梁，劉福通護着小明王退守安豐。到龍鳳七年，大宋中路和西路北伐軍在長期的流動作戰中耗盡力量，被元軍消滅。察罕帖木兒在當年六月調集各地元軍，大舉進攻山東。到八月，山東郡縣多被攻陷，駐守東平的田豐（原為地主武裝「義兵」萬戶，後投降毛貴）、駐守濟寧的王士誠（中路北伐軍的將領，後從晉北轉戰於冀南，與山東的田豐合軍）等紛紛叛降元軍，只有陳猱頭堅守益都，與劉福通遙為聲援。龍鳳八年六月，陳猱頭祕密策動田豐、王士誠刺殺察罕帖木兒，元廷又封察罕帖木兒養子擴廓帖木兒（察罕帖木兒外甥，原名王保保）為太尉、中書平章、知樞密院事，令其統領察罕帖木兒的軍隊，加緊圍攻益都。當年十一月，益都陷落，陳猱頭、田豐、王士誠被殺，大宋紅巾軍在山東的最後一個據點丟失了。

　　幾年來，朱元璋之所以能在江南地區從容發展勢力，靠的是有大宋紅巾軍在北方為他做掩護。一旦失去大宋紅巾軍這道屏障，東西兩面又遭到張士誠和陳友諒的夾擊，他的處境將會變得十分艱難。為自己着想，當察罕帖木兒在龍鳳五年攻破汴梁之後，他便派遣使臣前往汴梁，與大宋紅巾軍的死敵察罕帖木兒「通好」。龍鳳七年八月，察罕帖木兒攻佔山東後，江南震動，他為解除西征陳友諒的後顧之憂，再次遣使與察罕帖木兒「結援」（《國初羣雄事略》卷一，《宋小明王》引《龍飛紀略》）。

　　察罕帖木兒把朱元璋兩次遣使通好、結援之事上報元廷，並於龍鳳八年六月，派遣使者帶信到應天，說他已上奏朝廷，授予朱元璋行省平章的官職。但察罕帖木兒扣留了朱元璋的使者，朱元璋因此心存疑慮，對左右臣僚說：我看察罕帖木兒來信言辭婉轉，想用幾句好話迷惑我，況且他只給我寫信卻又不放還我的使臣，可見他的虛偽。正在此時，浙江臨海儒士葉兌給朱元璋上了一份奏書，建議他「宜絕察罕之招誘、南並張九四之僭據，督方國珍之歸順，取閩越之土地，即建康以定都，拓江廣以自資，進

則越兩淮窺中原而取天下，退則保全方面而自守」（《獻徵錄》卷一一六，《布衣葉公兌傳》）。朱元璋對這個上書極為讚賞，想留用葉兌，但葉兌力辭而去。朱元璋看到察罕帖木兒在益都正遭到陳猱頭的頑強抵抗，久攻不下，無暇他顧，便將他的招降姑置一旁，未作答覆。

元順帝得知朱元璋遣使與察罕帖木兒通好、結援的消息，決定對朱元璋進行招降，授予榮祿大夫、江西等處行中書省平章政事。他派戶部尚書張昶、郎中馬合謀和奏差張璉攜帶御酒、八寶頂帽和宣命詔書，從海路到方國珍處。方國珍兩次派人去找朱元璋，勸他接受元朝的招降。當時北方形勢尚不明朗，朱元璋置之不理。張昶等人在慶元待了一年時間，方國珍覺得不好辦，把他們送到元福建平章燕只不花那裏，燕只不花又把他們送到江西鉛山與朱元璋轄區交界之處，並派人到建昌請王溥轉告朱元璋。龍鳳八年十一月，益都城陷，大宋紅巾軍失去在山東的最後一個據點。十二月，朱元璋派人把張昶等接到應天。當月，擴廓帖木兒也派尹煥章由海路乘船，將察罕帖木兒扣留的朱元璋的使臣送回應天。

此時，擴廓帖木兒與另一地主武裝頭目孛羅帖木兒正大打出手，朱元璋估計他們不會向南發動大規模進攻，決心採納葉兌的建議，鼎足江東，自謀發展。於是便召見張昶、馬合謀和張璉，斥責說：元廷不達世變，還敢派人來煽惑我的軍民！張昶沉默不語，馬合謀口出不遜之言，朱元璋下令把他們捆綁起來。張昶在元廷擔任要職，熟悉朝章典故、名物制度，朱元璋認為是個可用之才，想將他留下，於是用一死囚頂替，與馬合謀、張璉一起押到聚寶門外處斬，把三顆頭顱送往福建邊界示眾。過些日子，任命張昶為行中書省都事，對劉基、宋濂說：「元朝發一大賢人與我，你等可與之議論。」（《國初事跡》）然後派行中書省都事汪河送尹煥章回汴梁，帶信給擴廓帖木兒，聲稱他過去兩次派人與其養父通好、結援，「實欲縱觀，未敢納交也」（《明太祖實錄》卷一二），同時表示願與擴廓帖木兒繼續保持聯繫。擴廓帖木兒得知朱元璋不肯降元，又扣住汪河不放。

朱元璋雖然最後拒絕元廷的招降，但他的動搖變節行為產生了極其惡劣的影響，其隊伍中接連發生了幾起叛變投敵的事件。龍鳳八年（1362年）二月，苗軍降將蔣英、劉震等在婺州發動叛亂，殺害胡大海及其子關

住、郎中王愷及其子王寅等，投向張士誠。蔣英等人在事前曾致書處州、衢州等地的苗軍降將，約定共同發動叛亂。處州的苗軍降將李祐之、賀仁得等得知蔣英已經行動，紛紛據城反叛，殺害耿再成、孫炎、王道同、朱文剛等。衢州的苗軍降將也擬舉兵應之，守將夏毅正驚慌失措，忽然聽說禮官護送返鄉葬母的劉基抵達處州城外，急忙派兵將劉基迎進城裏，請他出謀劃策。經過一個夜晚的整頓佈防，很快就制止了這場動亂。劉基隨即寫信給婺州、處州各屬縣的守將，「諭以固守所部」（黃柏生：《故誠意伯劉公行狀》）。三月，陳友諒的降將祝宗、康泰又在江西發動叛亂，攻陷洪都，萬思誠、葉琛慘遭殺害。直到四月，劉基與邵榮、胡深攻破處州，徐達收復洪都，李祐之、祝宗等人的叛亂才被平息。

到了八月，又發生邵榮、趙繼祖企圖謀叛的事件。邵榮與朱元璋都是在濠州投奔起義軍的，他英勇善戰，以功累升至平章，地位僅次於朱元璋，與徐達、常遇春並稱「三傑」，逐漸滋長驕傲情緒。朱元璋規定：「與我取城子的總兵官，妻子俱要在京（指應天）住，不許搬取出外。」（《國初事跡》）邵榮常年在外征戰，不能在應天與家人團聚，對朱元璋的規定非常不滿，曾私下發過牢騷，被一部將聽見，準備告發。邵榮從浙東返回應天，就與原郭子興部將、參政趙繼祖密謀，想先發制人殺掉朱元璋。但未等他們動手，朱元璋已得到檢校宋某的密報，派人逮捕了他們，擬將其禁錮終身，聽其自死。常遇春認為處刑太輕，說主公不忍殺之，我等義不與之俱生！朱元璋乃下令將其縊殺，籍沒家產。

這幾起事件平息不久，北方的小明王、劉福通又在安豐告急。龍鳳九年（1363年）二月，張士誠見擴廓帖木兒與孛羅帖木兒互相攻殺，無暇南顧，派部將呂珍帶領 10 萬大軍幫助元廷進攻安豐，張士信領兵繼後。劉福通指揮紅巾軍將士拚力反抗，無奈城中缺糧，出現了「人相食」甚至挖掘地下腐屍煮食充飢的慘劇，不得不派人向朱元璋求援。這時，劉基已從南田老家返回應天，反對朱元璋出救安豐，認為如果大軍輕出，應天空虛，一旦陳友諒、張士誠伺隙來攻，就會陷於被動。而且就算救出小明王，如何安置也是個問題，放在應天吧，就得聽從他的約束；如果不放在應天，放到哪兒好呢？朱元璋則認為：「安豐破，士誠益張，不可不救！」（夏

變：《明通鑑》前編卷二）命徐達、常遇春、康茂才等將領隨同自己率領大軍渡江，急赴安豐。三月初，朱元璋率部抵達安豐時，劉福通已護小明王往南退入山區。朱元璋部隊經過一場激戰，擊敗呂珍。原屬南方紅巾軍系統的左君弼從瀘州出兵幫助呂珍，也被常遇春擊敗。朱元璋返回應天，而命徐達、常遇春率部追擊瀘州的左君弼。但是到六月底，瀘州仍未克，當時陳友諒正率兵進攻洪都，朱元璋只得命徐、常撤圍，回師應天，以備赴援洪都。

朱元璋儘管未能在小明王撤出安豐之前趕到，但小明王還是在龍鳳九年（1363 年）三月十四日頒發制書，封贈朱元璋的三代：曾祖父朱九四為資德大夫、江西等處行中書省右丞、上護軍、司空、吳國公，曾祖母侯氏為吳國夫人；祖父朱初一為光祿大夫、江南等處行中書省平章政事、上柱國、司徒、吳國公，祖母王氏為吳國夫人；父朱五四為開府儀同三司、上柱國、錄軍國重事、中書右丞相、太尉、吳國公，母陳氏為吳國夫人。從封贈的制書來看，朱元璋這時的官位是大宋的中書右丞相，成為小明王之下宋政權的最高行政長官。朱元璋感到無限喜慰和榮耀，特地撰寫一篇《朱氏世德碑》，記敘自己貧寒的家世和小明王對其三代的封贈。

第三節　西征陳友諒

陳友諒在龍灣、江州和湖廣連遭敗績後，決心同朱元璋拚死一戰，報仇雪恨。他下令建造數百艘大型戰艦——樓船，船高數丈，外塗紅漆，上下三層，每層都有走馬棚，最下一層設板房，置放幾十支大櫓，櫓身都用鐵皮包裹。每艘樓船大的可載 3000 人，中的可載 2500 人，小的可載 2000人。他還在湖、潭、荊、襄等處徵調農夫、市民為軍，號曰「篷合」，以補充幾次戰鬥中損失的兵員。然後等待時機，準備給朱元璋致命一擊。龍鳳九年（1363 年）三月初，朱元璋親率大軍北援安豐。陳友諒在武昌得到消息，喜出望外，認為復仇的時機已經到來。此時應天兵力空虛，如果陳友諒直搗應天，必將給朱元璋以致命的打擊。然而他錯誤地認為上次奔襲

應天之所以失敗，是由於急躁冒進，決定採取穩紮穩打，逐步推進，先取洪都，再攻應天的方針。作戰方針確定後，他不顧新打造的樓船僅在船底抾上灰麻，不甚堅固，剛徵集的「篷合」軍未經訓練、軍心惺怯的隱憂，就迫不及待地於四月間親率號稱 60 萬的漢軍，帶着百官家屬，傾國出動，乘坐數百艘戰船，浩浩盪盪地沿長江順流而下，直撲江西洪都。

由於驕傲輕敵，自恃兵力雄厚，他把所有的部隊都拉到洪都，既未派遣足夠的兵力扼守長江和鄱陽湖的要津渡口，置退路於不顧，又無限援和打援的部署，以阻遏朱元璋對洪都的增援，從而埋下敗亡的禍根。

朱元璋對陳友諒奔襲洪都早有防備。上一年正月，他親至洪都接受胡廷瑞、祝宗的投降，巡視城池，即決定將緊靠贛江的西南城牆向後推移 30 步，再將東南城牆向前拓展 2 里許。後來，朱元璋認為：「南昌控引荊越，西南之藩屏。得南昌，去陳氏一臂矣，非骨肉重臣不可守。」（《明史紀事本末》卷三，《太祖平漢》）又命親姪、大都督朱文正統大將趙德勝、鄧愈、薛顯等領兵鎮守。朱文正受命後，即按照朱元璋的諭示，調動民力重修城牆，將西南面的城牆往裏收縮，東南面的城牆往外拓展。接着，又調兵遣將，攻取江西未定之地，並多方招諭各府的山寨頭目，加強對江西的控制。

面對漢軍來勢洶洶的攻勢，朱文正精心組織防禦，命諸將分率士卒鎮守各座城門，自己居中節制，親率 2000 精騎往來應援。四月二十七，陳友諒親自督陣，命令漢軍持箕形竹盾遮擋矢石，猛攻撫州門，攻壞城牆 30 多丈。鄧愈指揮守軍發射火銃，擊退漢軍，豎起木柵。漢軍蜂擁而上，搶奪木柵。朱文正督促諸將拚死抵抗，邊作戰，邊修築，在一夜之間重新修好城牆。五月初八，陳友諒又率軍攻新城門，沒想到薛顯卻打開城門，率領銳卒殺出，把漢軍沖得七零八落，斬其平章劉進昭，擒其副樞趙祥，漢軍乃退。陳友諒氣急敗壞，下令將在吉安、臨江（今江西清江西）俘獲的三名朱元璋將官押到城下示眾，要朱文正投降，朱文正不為所動。六月十四，陳友諒增修攻城器械，命將士強攻水關，仍遭敗績。

洪都被漢軍像鐵桶一般緊緊包圍，內外音信斷絕。朱文正率領將士堅守一個多月，以寡敵眾，傷亡不少，急需增援。他派千戶張子明去應天告

急求援。張子明假扮漁夫，駕着一艘小漁船，深夜潛出水關，沿贛江再入長江，順流而下，於六月二十五到達應天求援。當時徐達、常遇春率主力部隊圍攻廬州尚未返回，朱元璋令張子明回洪都轉告朱文正，讓再堅守一個月，到時他將親率大軍往援。張子明在歸途中被漢軍擒獲，帶到洪都城下，強迫他規勸城裏的守軍投降。張子明卻扯開嗓門高喊：我已到應天見到主公，他讓堅決守住，援兵很快就到！漢軍舉起長矛，將他刺死。陳友諒惱羞成怒，率兵轉攻宮步、士步兩門，趙德勝指揮守軍頑強抵擋，中箭而歿。他的犧牲更激起將士的鬥志，從城牆上射出密集的利箭，投下大量的滾木、大石，打得漢軍抱頭鼠竄。

朱元璋在應天送走張子明後，急令快騎攜帶他的手諭，令徐達、常遇春等即刻回師。待他們回到應天，朱元璋立即召集諸將，宣佈他馳援洪都的決定：「陳友諒構兵不已，復圍洪都。彼累敗不悟，是天奪其魄而促之亡也。吾當親往，爾諸將其各整舟楫，率士馬以從。」（《明太祖實錄》卷一二）七月初六，朱元璋與部將徐達、常遇春、馮勝、廖永忠、俞通海等率領號稱 20 萬的水軍，齊集龍江，行祭牙旗，馳援洪都。大軍以風斗快船為前導，以「翱」「翔」兩船為副，大小船隻相繼而進，沿着浩瀚的大江湖流而上。劉基、陶安、夏煜等儒士也隨軍出征。途中，馮勝乘坐的船隻被風浪掀翻，朱元璋認為晦氣，讓他返回應天。朱元璋的船隊經過 10 天的航行，順利到達鄱陽湖北端東岸的湖口。

出征之前，朱元璋曾對照地圖，仔細研究鄱陽湖及其周圍的自然環境和地理形勢。此湖北距江州 90 里，西距洪都 150 里。整個湖面呈不規則的葫蘆形狀，湖面南部寬闊，有康郎山（今康山）屹立其中；北部狹窄多彎曲。湖身收縮處的罌子口（在今江西星子東），是鄱陽湖流入長江的咽喉要道；北端的湖口，有鞋山即大孤山（在湖口南面）翼障於口門，形勢險要。湖內洲渚星佈，水深不一，漲水時，除近洲、近岸之外皆可行船；落水時，大船不便行駛。

朱元璋估計，陳友諒得知他親自率軍出援洪都，為避免腹背受敵，必然撤圍退入鄱陽湖迎戰，決定將其圍困在湖中加以殲滅。他一到湖口，就先派戴德率軍一部駐屯涇江（又名禁江）口（在今江西湖口東北，上通長

江，下接小孤山），另派一部駐紮江州東面瀕臨湖口的南湖嘴，封鎖鄱陽湖進入長江的出口，以切斷陳友諒的歸路；又調信州守軍駐屯武陽渡（在今江西南昌縣東南），以扼漢軍南逃之路。七月十九，陳友諒聞訊果然東出鄱陽湖，長達 85 天的洪都之圍遂告解除。朱元璋率部由松門（在今江西永修東北）進入南端開闊的水域。二十日午後，朱元璋率舟師抵達康郎山北面，遙見漢軍的艦隊。經過仔細觀察，他發現漢軍的樓船高大，首尾相接，靈活性差，不如自己的小船便於機動，對諸將說：彼巨舟首尾連接，不利進退，可破也！隨即將水軍分成 11 隊（一說 12 隊，又一說 20 隊），每隊都配備各種火炮、火銃、火箭、火蒺藜、大小火槍、大小將軍筒、大小鐵炮、神機箭和弓弩，令將士「近寇舟，先發火器，次弓弩，及其舟則短兵格之」（《明史紀事本末》卷三，《太祖平漢》）。

七月二十一，雙方舟師開始在湖面上交戰。由於漢軍兵力佔着優勢，戰船大，又佔據上游，朱元璋兵力處於劣勢，戰船較小，且居下游，起初戰鬥打得相當艱苦。當天晚上，因擔心張士誠抄襲後方，朱元璋令徐達還守應天。翌日再戰，朱元璋又親自布陣，手執令旗，指揮舟師進擊。陳友諒「悉巨舟連鎖為陣，旌旗樓櫓，望之如山」（《平漢錄》），朱軍船隻小，不利仰攻，傷亡不小，右軍被迫後退。朱元璋連殺十幾名隊長，仍然退縮不止。

部將郭興說：「非人不用命，舟大小不敵也。非火攻不可。」（《鴻猷錄》卷三，《克陳友諒》）朱元璋採納這個建議，令常遇春等徵調 7 艘漁船，裝載蘆葦、火藥等易燃物品。到了黃昏，趁東北風起，在漁船上放置身披甲胄、手持兵器的稻草人，令廖永忠與俞通海率敢死隊員駕船沖向陳友諒的水寨。每艘漁船後面皆備有一艘飛舸，待逼近水寨，敢死隊員點燃船上的蘆葦，即躍上飛舸後撤。東北風越刮越緊，7 艘漁船飛一般衝入陳友諒的水寨，熊熊烈火一下子就燒到水寨中的幾百艘敵艦，霎時煙焰張天，湖水盡赤，死者大半，陳友諒弟陳友仁、陳友貴及平章陳普略皆被燒死。此後兩天的戰鬥，漢軍連戰皆敗，陳友諒企圖退保鞋山，但朱軍已搶先到達罌子口，橫截湖面，他只好收攏部隊，斂舟固守。

朱軍雖然獲勝，但也有幾萬名士卒傷亡，並折損了程國勝、韓成、

陳兆先、張志雄、丁普郎、徐昶、陳弼、徐公輔等幾十名戰將，朱元璋乘坐的白海船也曾遭到漢軍的追擊，陷於危境。二十四日，他乘白海船指揮戰鬥，忽然傳來如雷的炮聲，隨侍左右的劉基忙叫他換乘船隻。他剛踏上另一艘戰船，只聽「砰」的一聲，白海船即被炮火擊碎。為了控扼江水上游，朱元璋採納俞通海、劉基的建議，於二十四日夜移師左蠡（在今江西都昌西北）。陳友諒見朱軍北撤，也移泊渚磯（在今江西星子南）。

陳友諒進退兩難，向部將徵詢計策。右金吾主張「焚舟登陸，直趨湖南，謀為再舉」，左金吾則主張在湖上與朱軍展開決戰。陳友諒猶豫不決，後來一再吃敗仗，決定採納右金吾的意見。三天後，左金吾怕自己主張失當，遭到陳友諒的問罪，率部投降朱元璋。右金吾見大勢已去，也率部投奔了朱元璋。陳友諒兵力削弱，決計焚舟退兵。

朱元璋派使者給他送去一封親筆信，邀他決一死戰，說：「公乘尾大不掉之舟，頓兵敝甲，與吾相持。以公平日之狂暴，正當親決一戰，何徐徐隨後，若聽吾指揮者？無乃非丈夫乎？」（《明太祖實錄》卷一二）陳友諒暴跳如雷，下令斬殺俘獲的朱軍士卒，並扣留了朱元璋的使者。朱元璋聞訊，反其道而行之，釋放所有的漢軍俘虜，有傷者給藥物治療，下令：但獲彼軍，皆勿殺。並祭祀戰死的陳友諒弟、姪和部將。然後移師湖口，令常遇春、廖永忠統領舟師橫截湖面，並在長江兩岸豎立木柵，置火筏於江中，準備攔擊陳友諒退兵。過了半個月，陳友諒始終不敢出鄱陽湖。朱元璋分兵攻佔蘄州、興國（今湖北陽新）等地，控制上游，自己則坐鎮湖口，與博士夏煜等人賦詩吟唱，等待陳友諒的退兵。

陳友諒之所以從優勢轉為劣勢，走到山窮水盡的地步，除了戰略的失誤、指揮的不當之外，還有更深刻的政治原因。原來，在襲殺倪文俊後，陳友諒即開始追求豪華奢靡的生活。如攻佔龍興，他修建鹿囿，「嘗至其所，自跨一角蒼鹿，綴瑟珠為瓔絡，掛於角上，鍍金為花鞍，羣鹿皆飾以錦繡，遨游江上」（孔邇：《雲焦館紀談》）。誅殺徐壽輝自立為帝後，他的生活更加奢侈腐化。不僅造鍍金牀，還在後宮聚集數百個花容月貌的美女，個個錦衣玉食，供自己尋歡作樂。為了滿足自己的奢欲和支付戰爭費用，陳友諒根本不給百姓以喘息的機會，不僅驅民為兵，還向百姓徵收沉

重的賦稅，如江西瑞金上高，「元官民糧貳萬肆千零，偽漢陳友諒加一石為二石」（同治《重修上高縣志》卷一〇，《藝文志》）。

隨着陳友諒的腐化，漢政權上下驕矜，法令縱弛，軍紀日益敗壞。部將鄧克明兄弟御眾無律，「所過荼毒」，人稱「鄧賊」；饒鼎臣也是「所至毒害」。有的將官為求珍寶，甚至公開帶着士卒「發塚行劫」。如此腐敗的政權，自然得不到百姓的支持，就連一些投奔他的地主儒士也深感失望。如曾經加入陳友諒幕府的江西著名文人解開，在大定元年（1362 年），就對吉安守將孫本立說：「朝政靡寧，勢不可久。命在朱氏，盍往歸之，舉數千里內應，是據陳氏之腹而扼其喉也。」（《解文毅公集》卷一一，《顯考筠澗公傳讚》）孫本立和其他許多將官，就是在他的勸說下投奔朱元璋的。寧州（治永新，今江西修水）土豪陳龍聽說朱元璋到龍興接受胡廷瑞、祝宗的投降，也派其弟良平率分寧（今江西修水）、奉新、通城、靖安、德安、武寧縣民兵來降。

在鄱陽湖大戰時，江西大多數地主更是全力支持朱元璋，幫助他攻打陳友諒。如進賢大地主金旭向朱元璋隊伍饋羊千頭，新建大地主劉文也以牛酒犒師，並捐穀助餉。加上陳友諒性雄猜，好以權術馭下，嫉賢妒能，弒主篡位，將士更是離心離德，相繼倒向朱元璋。到鄱陽湖決戰時，江西行省只剩下贛州的熊天瑞還站在大漢政權一邊，但就連他也持觀望態度，陳友諒傳檄命熊天瑞以兵往援，他拒不應命。處於這種眾叛親離的困境，陳友諒怎能不敗亡呢？

陳友諒被困湖中，糧食逐漸耗盡。他派 500 艘船隻去都昌搶糧，被朱文正派兵截擊，放火燒毀。眼看士卒饑疲已極，無力再戰，而歸路又被切斷，陳友諒只得於八月二十六率領僅存的百餘艘樓船冒死突圍，企圖從南湖嘴進入長江，退回武昌。漢軍艦隊駛至湖口，遭到常遇春、廖永忠所率舟師和火筏的截擊，逃至涇江口，又遭到朱軍伏兵的衝殺。在混戰中，陳友諒中箭而亡，太子善兒和平章姚天祥等被俘。朱元璋宣佈：「友諒已中箭死，兵船將士，敢有擅殺一人者斬！」（《明興野記》卷上）漢軍將士聞知此令，相繼投降，人數達 5 萬餘。漢政權的太尉張定邊等用小船載着陳友諒的屍體及其子陳理，乘夜逃往武昌。由於陳友諒的主力是在鄱陽湖中

康郎山寬闊的水域被朱元璋的軍隊擊敗，鄱陽湖周邊的百姓聯想到豬喜歡吃糠的習性，便編出了這樣一句謠諺，謂：「豬見糠，喜洋洋。」「豬」與「朱」同音，喻指朱元璋；「糠」與「康」同音，喻指康郎山，即在這裏被打敗的陳友諒也。

朱文正派兵相繼招降江西未下之地。諸將建議朱元璋乘勝直搗武昌，但朱元璋堅執《孫子兵法》「窮寇勿迫」的用兵原則，認為若乘勝急追，彼必死鬥，殺傷必多，同時又擔心張士誠偷襲他的後方，只派一支小部隊追擊張定邊，自己率諸將回師應天。為期 36 天的中國史上規模最大的一場水戰——鄱陽湖之戰終於結束，朱元璋總算艱難地取得了勝利。他不禁想起劉基當初勸阻他出援安豐之事，對劉基說：「我不當有安豐之行，使陳友諒乘我之出，京城空虛，順流而下，搗我建康，誠進無所成，退無所歸。友諒不攻建康而圍南昌，此計之下者，不亡何待！」（《國初事跡》）

張定邊護送陳友諒屍體及其子陳理逃回武昌，埋葬了陳友諒，立陳理為帝。後來，朱元璋見張士誠沒有動靜，命徐達留守應天，自己親率大軍往圍武昌，斷絕武昌出入的通道。龍鳳十年（1364 年）三月，陳理出降，朱元璋封之為歸德侯。隨後，朱元璋命將按行荊、湖等處，漢政權的轄地或被攻破，或舉旗歸降。到第二年正月，陳友諒原有的疆土，從漢水以南到韶州（治今廣東韶關）以北、辰州（治今湖南沅陵）以東到贛州以西，已盡歸朱元璋所有。

龍鳳十年三月，即陳理歸降的第二個月，朱元璋命徐達統率常遇春、胡美、馮勝、傅友德等大隊人馬，往取瀘州，並令朱文輝總率畢家寨等處軍馬，攻取舒城。此時，劉福通已重返安豐，而小明王則在安陽等五翼士馬的護衛下活動於舒城附近地區。五月，朱元璋為應援安陽等五翼，並攻取瀘州，又令廖永忠率一部兵馬，前去與徐達會合，「參隨征進，聽受節制」（王世貞：《弇山堂別集》卷八六，《詔令雜考》）。七月，瀘州被攻破，左君弼敗走，其部將許榮以舒城降。朱元璋令許榮繼續駐守舒城，「俾發安陽等五翼士馬赴建康」（《明太祖實錄》卷一五）。途中，朱元璋令設鸞駕傘扇，迎小明王入駐滁州，並為其建造宮殿，厚加供養，但撤換其左右宦侍，將他牢牢地控制在自己手裏。八月，朱元璋又令廖永忠等復拔

安豐，大約就是在這個戰役中，劉福通慘遭殺害。

在鄱陽湖大戰中，大都督朱文正孤軍獨守洪都 85 天，為朱元璋調兵赴援擊敗陳友諒立下了頭等大功。打敗陳友諒後，朱元璋回到應天，論功行賞，賜給常遇春、廖永忠等大片田地，賞給將士許多金帛。朱元璋想起朱文正被任命為行樞密院同僉時曾表示：「叔父既成大業，何患不富貴？爵賞先私親，何以服眾！」認為這個姪兒「知大禮，錫功尚有待也」（《明史》卷一一八，《靖江王朱守謙傳》），沒給他什麼賞賜。朱文正因此大為不滿，竟恃親恃功，驕淫橫暴，奪民婦女，所用牀榻僭用龍鳳做裝飾，「奪人之妻，殺人之夫，滅人之子，害人之父，強奪人才」（《太祖皇帝欽錄》，臺北《故宮圖書季刊》第一卷第四期），甚至不顧禁令，從江西自立批文，至張士誠鹽場買鹽販賣牟利。

為了掩蓋自己的不法行為，遇到朱元璋派人到洪都辦事，朱文正都用金銀、緞匹進行收買，讓他們別向朱元璋告發其不法行為。朱元璋開設江西按察司，他多方阻撓，按察司開設後，他「密行號令，但有按察司裏告狀的，割了舌頭，全家處死」（《弇山堂別集》卷八六，《詔令雜考》）。龍鳳十一年正月，按察僉事凌說（一說李飲冰）舉報朱文正的不法行為，朱元璋當即趕赴洪都，把朱文正帶回應天審訊。掌握朱元璋不少隱私的朱文正，「其應之詞雖在神人亦所不容」（《御製紀非錄》）。朱元璋極為惱怒，下令以「不諫阻」的罪名殺掉朱文正身邊的幾名文武僚佐，將其隨從頭目 50 多人挑斷腳筋，並擬處死朱文正，經馬夫人和宋濂等人反覆勸諫，才免他一死，罷官安置於桐城。不久，命其整頓荊州（今湖北江陵）城防，回應天後將他閑置一旁。朱文正復出不遜之言，朱元璋又動了誅殺的念頭，馬夫人再次出面勸阻，說：「文正只是性剛，恐無此心。文正母見存，當念其母子之情，用曲赦之，且見親親之義。」（《國初事跡》）翌年克復濠州前夕，再度起用，命其前往淮安與徐達共議城守。後又令其回濠州祭祀，但他「暮夜與從人議，有異志」（《國初事跡》），被隨從告發，朱元璋再度廢黜之。到八月，又「釋其罪，以為監軍，征浙西」。後至太湖中，他又企圖「叛歸張氏」（《明興野記》卷上），被抓回來，朱元璋一頓鞭子將他活活打死。

　　鄱陽湖大戰是我國歷史上以少勝多的一個著名戰例。戰鬥結束後，諸將問朱元璋：「自古水戰，必得天時地利乃為可勝，若周瑜之破曹操，因風水之便乃能勝之。陳友諒兵據鄱陽，先處上流而待我，是得地利矣，況我勞而彼佚，今勝之，誠未喻也。」朱元璋回答說：「汝不聞古人所謂『天時不如地利，地利不如人和』？陳友諒兵雖眾強，人各一心，上下猜疑，矧（shěn，況且）用兵連年，數敗而無功，不能養威俟時，今日適勞於東，明日又馳騖於西，失眾心也。夫兵貴時動，動則威，威則勝。我以時動之師威不震之虜，將士一心，人百其勇，如鷙鳥搏擊，巢卵俱覆，此所以為吾破也。」（《明太祖實錄》卷一三）陳理歸降後，他又對羣臣指出：「陳氏之敗，非無勇將健卒，由其上下驕矜，法令縱弛，不能堅忍，恃眾寡謀，故至於此。」（《明太祖實錄》卷一四）這兩次談話，把陳友諒的敗亡主要歸結為兩個原因，一是「人各一心」，二是「恃眾寡謀」。他的這個分析可謂一針見血，切中陳友諒的要害。

　　朱元璋鄱陽湖大戰的勝利，消滅一大勁敵，為他統一江南奠定了堅實的基礎。文官武將紛紛勸他稱帝。但朱元璋清醒地認識到，以他當時的實力，要進一步掃滅羣雄，進軍中原，推翻元朝，尚需進行艱苦的鬥爭，弄不好還有失敗的可能。如果在這時打出自己的旗號，稱孤道寡，只能引起敵對勢力的注意，招來圍攻和打擊，有百害而無一利，便斷然加以拒絕。左右大臣仍然固請不已，他考慮到自己控制的地區比原先擴大了好幾倍，政務日益繁劇，繼續使用吳國公的名號已和當前的政局不相適應，決定稱王。應天在歷史上是孫吳政權的都城，幾年前又有童謠唱道：「富漢莫起樓，窮漢莫起屋。但看羊兒年，便是吳家國。」（權衡撰、任崇嶽箋證：《庚申外史箋證》卷上）於是便由吳國公改稱吳王。為了避免樹大招風，仍奉龍鳳為正朔，以「皇帝聖旨，吳王令旨」名義發佈命令，表明自己仍是宋小明王的臣屬。

　　龍鳳十年（1364 年）正月，朱元璋在應天即吳王位，設置百官，建中書省，以李善長為右相國，徐達為左相國，秩皆正一品；常遇春、俞通海為平章政事，秩皆從一品；汪廣洋為右司郎中，張昶為左司郎中，秩皆正五品。立長子朱標為世子。中書省下設行中書省。稱吳王前，龍鳳四年

十二月已設浙東行省，龍鳳十二年十二月廢置，另設浙江等處行中書省；龍鳳八年正月設江西等處行中書省。稱吳王後，又於龍鳳十年二月設立湖廣等處行中書省，七月設立江淮行中書省（不久復廢）。隨着各級政權機構的建立，急需補充大量文職官員，朱元璋除繼續實行薦舉招聘，又於吳元年（1367 年）三月令中書省分設文武兩科，實行科舉，選拔人才。對軍隊的建制也進行了整頓。龍鳳十年三月，下令改翼為衛，廢除各翼統軍元帥府，另設 17 個親軍指揮使司。四月，又令立部伍法，規定「有兵五千者為指揮，滿千者為千戶，百人為百戶，五十人為總旗，十人為小旗」（《明太祖實錄》卷一四）。軍隊的服裝，也規定一律穿紅色的戰襖戰裙，頭戴闊簷紅皮壯帽，插「猛烈」兩字小旗，攻城時繫紅色或青綠色拖地長裙。箭頭以前用銅製作，現在改用鐵製，並製造大批鐵甲、火藥、火銃、石炮，使武器更加堅固犀利。

隨着疆域的拓展，軍政機構的健全，朱元璋的實力更加壯大了。

第四節　東滅張士誠

消滅西邊的勁敵陳友諒後，朱元璋下一個進攻目標便是東邊的張士誠了。

當朱元璋帶兵北援安豐和西征陳友諒之時，元廷鎮壓農民起義軍的兩支主力擴廓帖木兒和孛羅帖木兒忙於爭搶地盤，大打內戰，未曾向南方的起義軍發動大規模的進攻。後來，他們之間的爭鬥又與宮廷內部的陰謀糾結在一起，矛盾更加尖銳。至正二十四年（1364 年）孛羅帖木兒帶兵進入大都，元順帝任命他為中書左丞相，不久升為右丞相。第二年，皇太子又調擴廓帖木兒和諸路兵馬向孛羅帖木兒發動進攻，進逼大都。元順帝暗中派人砍死孛羅帖木兒。擴廓帖木兒護送皇太子進京，元順帝下詔以擴廓帖木兒為左丞相。但入京之後，擴廓帖木兒未按皇太子和奇皇后的意旨迫元順帝讓位於皇太子，因而得罪皇太子和奇皇后，加上朝中大臣也瞧不起他，做了兩個月宰相便要求辭職，外出治兵，南平江淮。元順帝於是封他

為河南王，令其統率全國兵馬，代皇太子出征。至正二十六年（1366 年）
擴廓帖木兒回河南後，見朱元璋已消滅陳友諒，盡得江楚之地，張士誠也
據有淮東、浙西，都擁有強大兵力，即駐軍彰德（今河南南陽），不敢貿
然南下。元順帝一再催促，他派貊高等戍守山東，虛張聲勢，自己則帶兵
西進關中，去討伐拒不聽從他號令的李思齊、張良弼、孔興、脫列伯等四
支地主武裝，把南征之事完全拋之腦後。

朱元璋利用這個有利時機，做攻打張士誠的準備。為了解除後顧之
憂，他自龍鳳十年（1364 年）正月派汪河護送擴廓帖木兒的使者尹煥章
回汴梁被扣留後，又於當年十二月和第二年七月遣使繼續與之通好。龍鳳
十一年，還派都事孫養浩前往四川，與在重慶稱帝建大夏國的明玉珍結
好，約定「相為脣齒，協心同力，並復中原」（楊學可：《明氏實錄》）。與
此同時，朱元璋抓緊訓練軍隊，整頓紀律，準備俟時而動，向張士誠發動
進攻。

張士誠自至正十七年（1357 年）八月接受元廷的太尉封號後，奉至
正為正朔，繼續與紅巾軍為敵，並奉送元廷大批糧食。大宋紅巾軍三路北
伐之時，張士誠乘蘇北、魯南空虛之機，派兵北上搶佔地盤，把勢力擴大
到濟寧，就連朱元璋的老家濠州，他也派部將李濟攻佔了。他憑藉手中的
兵力和地盤要挾元廷，要求授予他更高的官爵。元廷沒有答應，張士誠便
在至正二十三年九月自立為吳王。張士誠與朱元璋同時並稱吳王，為了區
別，民間稱張士誠為東吳，朱元璋為西吳。

張士誠自佔領浙西後，其領導集團就迅速走向腐敗。張士誠本人大造
宮殿王府，修建富麗堂皇的景雲樓、齊雲樓、香桐館、芳蕙館，作為金屋
藏嬌、尋歡作樂之所，日夜以歌舞自娛。部將競相效尤，「大起第宅，飾
園池，畜聲伎，購圖畫，唯酒色耽樂是從，民間奇石名木必見豪奪」（長
穀真逸：《農田餘話》卷上）。張士誠弟弟張士信尤為腐敗，他擁有妻妾數
百人，一次宴會要耗費上千石的稻米，連行軍打仗，也常「載夫人樂器自
隨，日以樗蒲、蹴鞠、酣宴為事」。為了滿足自己的奢靡生活，張士誠集
團與當地地主富豪互相勾結，瘋狂兼併土地，「買獻之產遍於平江」（顧
炎武：《日知錄》卷一○，《蘇松二府田賦之重》），並「用吏術以括田租」

（貝瓊：《清江集》卷二，《鐵崖先生傳》），蘇州一地的賦稅歲額從元仁宗時的 80 餘萬石增至 100 萬石，松江的賦稅「亦於舊額有加」（同治《蘇州府志》卷一○，《田賦》）。

由於生活上驕奢淫逸，張士誠集團在政治上逐漸喪失進取之心。張士誠本人終歲不出門，「懈於政事，又於斷制」，委政於其弟張士德和史椿。張士德被俘、史椿謀反被殺後，又委政於其弟張士信。張士信貪汙無能，又嫉賢妒能，以致「上下猜疑，不肯用命」（《國初事跡》），辦事全靠王敬夫、葉德新、蔡彥夫三個迂闊不知大計的書生，致使政事日非。百姓編了一首民謠諷刺說：「丞相做事業，專用黃菜（蔡）葉，一朝西風起（指西吳朱元璋軍如狂飆襲來），乾瘪！」在軍事上，將帥腐敗無能，不肯用命。「凡出兵遣將，當出者或卧不起，邀求官爵，美田宅，即厚賜之，始起任事。至軍則載妓女歌舞，日會遊談之士，酣宴博弈」（《明太祖實錄》卷二五）。將帥如此，士卒更是不以軍務為意，毫無紀律可言，戰鬥力極為低下。在戰略上，張士誠集團更無遠圖之志，他們只想保住已有的地盤，永世享樂，不再有更高要求。因此，在朱元璋渡江之前，張士誠一直不曾想要「長驅姑孰，略定金陵，為百里趨利之謀，奮一鼓先登之氣」（《明史紀事本末》卷四，《太祖平吳》）。陳友諒奔襲應天，他也未敢應其邀約，出兵西擊朱元璋。朱元璋取得應天之戰的勝利後，西征陳友諒、北援安豐以及為馳援洪都而發動鄱陽湖大戰期間，張士誠也根本沒有動過奔襲應天的念頭，而是斤斤計較於長興、諸暨之失，多次出兵爭奪這兩個城鎮。長興在至正十七年（1357 年）二月為耿炳文所佔，張士誠的步騎因而不得出廣德，窺宣、歙。為了打破朱元璋的包圍，他於至正二十一年十一月派司徒李伯升率領十幾萬軍隊攻奪長興，結果兵敗而還。諸暨在至正十九年正月被胡大海攻佔，從而使杭州受到嚴重的威脅。為確保杭州的安全，張士誠在當年六月、二十年九月、二十二年三月、二十三年九月、二十四年十月、二十五年二月，多次派兵攻打諸暨，但都沒有得手。張士誠這幾次出兵爭奪長興、諸暨，不僅未能對朱元璋構成重大威脅，反而使自己損失大量兵力。特別是為確保物產富饒、人口密集的浙西地區的安全，張士誠將大量兵力集結於此地，形成南重北輕的不合理佈局，更給了朱元璋以可乘之機。

　　張士誠的所作所為，自然得不到民心的支持，也引起一些地主階級有識之士的非議。崑山人郭翼曾上書張士誠，尖銳地指出：元朝官吏貪殘自恣，不恤其下，故民離散而莫之與守，「今誠能反其政休勞之，率以乘時進取，則霸業可成；若遽自宴安，湛於逸樂，不惟精銳坐消，且四方豪傑並起相攻，壤進地益，雖欲閉境自守，勢將日蹙」（劉鳳：《續吳先賢傳》卷九，《文學·郭翼》）。但張士誠不僅不聽，反而想殺他，逼得他倉皇出逃。

　　張士誠降元後，派張士信諮訪徙居錢塘（今浙江杭州）的著名詩人楊維楨，楊維楨寫了封長信，站在元朝的立場批評張士誠說：「動民力以搖邦本，用吏術以刮田租，詮放私人不承制（自己任用官吏），出納國廩不上輸（不向元廷繳納稅糧），受降人不疑（不加甄別地接受降人），任忠臣復貳（用人不專）也。六者之中，有其一二，可以喪邦，閣下不可以不省也。……閣下狃於小安而無長慮，此東南豪傑又何望乎！」（《清江集》卷二，《鐵崖先生傳》）但張士誠仍然我行我素，繼續沉湎於「遽自宴安，湛於逸樂」的生活。

　　龍鳳十一年（1365 年），因張士誠屢犯邊境，朱元璋決定對他發動大規模的攻擊。當時，張士誠控制的地區南至紹興，北逾徐州，達於濟寧，相距 2000 多里。江南的浙西是其政治中心平江的所在地，防守比較堅固；江北的淮東，防禦比較薄弱，呈現南重北輕的勢態，中間隔着長江，南北兵力又不便應援。針對這種狀況，朱元璋制定了「先取通、泰諸郡縣，剪士誠肘翼，然後專取浙西」（《明太祖實錄》卷一八）的戰略方針。據此，他將滅張的戰役分成三個步驟，第一步攻取淮東，翦其羽翼；第二步攻取湖州、杭州，斷其兩臂；第三步圍攻平江，搗其腹心。按照這個戰略方針與作戰計劃，朱元璋於當年五月，命徐達統率馬步舟師，往攻淮東泰州等處城池，以剪除張士誠的羽翼。後因等待正在湖廣攻取襄陽諸郡的常遇春回還，暫時推遲了進兵淮東的計劃。直到常遇春回師後，朱元璋才又於十月十七日命徐達、常遇春等率馬步舟師，水陸並進，攻取淮東，並告諭諸將：「約束官軍，毋致擄掠，違者以軍律論罪。」（《明太祖實錄》卷一八）

　　十月二十一，徐達等引兵直趨泰州。二十三日，進圍泰州新城，隨即

擊敗張士誠從淮北調來的援軍。為解泰州之圍，張士誠以 400 艘戰船進駐
江陰東面的范蔡港（在今江蘇張家港西），另以小船往來游弋於孤山（在
今江蘇靖江北）附近水域，做出擬攻江陰、直趨上游的姿態，以圖調動圍
攻泰州的朱軍。朱元璋識破其計謀，令徐達以少量兵力加強江陰防禦，而
將主力繼續用於圍攻泰州。張士誠還以萬餘人佯動於距海安 70 餘里之處，
引誘常遇春出擊。朱元璋也看出張士誠此舉旨在分朱軍之勢，急令常遇春
回師海安，坐以待寇，使張士誠欲解泰州之圍的如意算盤再次落空。閏十
月二十六，徐達、常遇春攻下泰州，乘勝進逼興化、高郵。朱元璋擔心徐
達深入敵境不能策應諸將，命馮勝率所部節制圍攻高郵的部隊，而令徐達
還師泰州，總制進攻淮東的諸路兵馬，並圖取淮安、濠、泗諸州。

　　張士誠見淮東形勢危急，就在江南襲擊宜興、安吉、江陰等地，以圖
減輕江北的壓力，結果均遭慘敗。龍鳳十二年三月，徐達與馮勝合兵圍攻
高郵，一鼓克之，擒獲守將俞子真。城下之日，有將士擄掠民女，朱元璋
令徐達即軍中搜問，有擄人婦女者皆以軍法懲處。四月，徐達又攻破淮安
的徐義水寨，徐義逃竄，淮安守將梅思祖獻所轄四州降。興化、濠州、宿
州、邳州、安豐等地相繼被攻佔，到月底淮東悉平。張士誠的羽翼已折，
進攻東吳的第一個作戰計劃宣告完成。

　　淮東的平定，特別是濠州的收復，使朱元璋感到無限喜慰。濠州是在
四月初九由江淮行省平章韓政率指揮顧時收復的，這天正好是朱元璋大哥
的忌日，距他父親的忌日則過了 3 天，距他母親的忌日尚有 13 天。此時，
攻滅東吳的第一個作戰計劃即將完成，第二個作戰計劃尚未開始，他便利
用這個短暫的間歇時間，由曾被罰作書吏的博士許存仁、起居注王禕等人
陪同，於四月十三離開應天返回故鄉省墓。十六日抵達濠州，當即趕到鍾
離太平鄉孤莊村父母的墓地。當年他的父親、母親和大哥朱重四、姪子聖
保都是單獨埋葬的，後來他母親陳氏的墳墓在朱元璋投奔起義軍後還曾遭
到敵對勢力的挖掘破壞。不過，由於墳地是鄰居贈送的，面積不是很大，
幾個墳墓只能一個捱一個地擠在一起。朱元璋繞着墳地轉了幾圈，只見幾
個矮小的荒塚戳在地頭，雜草叢生，衰敗不堪，心裏感到不勝淒涼，決定
用最隆重的禮儀進行改葬。他向許存仁、王禕等人詢問了改葬儀式，並讓

有關部門備辦改葬用品。但這個決定遭到許多人的強烈反對，認為主公能有今日，全靠天地保佑、祖宗恩德，如果起墳改葬，恐泄山川靈氣。朱元璋只好作罷，下令「增土以倍其封」。他父親和母親的墓本來靠得很近，經過增土倍封，變成一個高大的墳堆，彷彿是一座合葬墓。然後舉行了一個隆重的祭祀儀式，並讓兒時的好友汪文、劉英「招致鄰黨二十家以守陵墓」，賜朱戶（用朱紅油漆的門，為古代帝王尊禮有功大臣或諸侯而賞賜的九種器物即九賜之一），免其賦役。當晚朱元璋及隨行人員返回濠州。翌日，與濠州父老經濟等人相見，並設宴款待。二十七日起程返回應天。動身之前，再次到孤莊村向父老墳墓告別，還召見汪文、劉英，賜以綺帛米粟。並與村裏的父老鄉親告別，宣佈「鄉縣租賦，當令有司勿徵」（《明太祖實錄》卷二〇）。

五月初一，朱元璋回到應天，準備實行下一個作戰計劃。當月，他發佈討伐張士誠的檄文《平周榜》。檄文歷數張士誠的八大罪狀，並宣佈對東吳軍民的政策：「其爾張氏臣僚，果明識天時，或全城附順，或棄刃投降，名爵賞賜，予所不吝。凡爾百姓，果能安業不動，即我良民，舊有田產房舍，仍前為主，依額納糧，餘無科取，使汝等永保鄉里，以全室家。」（《平吳錄》）

七月底，朱元璋召集中書省及大都督府諸臣謀劃進兵之策。右相國李善長認為，張士誠雖屢戰屢敗，但兵力未衰，土沃民富，又多儲積，現在進攻沒有取勝的把握，宜俟隙而動。左相國徐達則認為，張士誠驕橫暴虐，奢侈腐化，正是滅亡之時，應即興師討伐。朱元璋贊同徐達的意見，認為張士誠疆土日蹙，淮東已失，我以勝師攻之，何憂不克？決定以徐達為大將軍，常遇春為副，統率 20 萬大軍攻取浙西。為了防止擴廓帖木兒舉兵南下，使自己兩面受敵，再次遣使與之通好。

大軍臨出發前，朱元璋與徐達、常遇春討論主攻方向。常遇春主張直搗平江，認為只要平江一破，其餘諸郡可不勞而下。朱元璋分析浙西形勢，認為張士誠與湖州、杭州守將張天騏、潘元明都是強梗之徒，相為手足，一旦平江張士誠處境危急，張、潘必然合兵來救，這樣就難以取勝，「莫若出兵先攻湖州，使其疲於奔命，羽翼既披，然後移兵姑蘇，取之必

矣」，決定先取湖州然後再搗平江。並命諸將「戒飭士卒，毋肆虜掠，毋妄殺戮，毋發丘壟，毋毀廬舍。聞張士誠母葬姑蘇城外，慎勿侵毀其墓」。(《明太祖實錄》卷二一)

八月初四，徐達、常遇春率軍由龍江出發，為蒙蔽敵軍，對外聲稱將直搗平江。十二日進入太湖。二十日在湖州港口與張軍小戰獲勝後，停泊於太湖洞庭山附近，而後突然轉鋒南下，進至湖州東面的毗山，於二十五日進抵湖州城外的三里橋。湖州守將張天騏分兵三路出城阻擊。常遇春擊敗其南路軍，其餘兩路敵軍退入城中，徐達揮師包圍湖州。張士誠急派司徒李伯升由城東潛入湖州，與張天騏閉城據守，另派呂珍、朱暹及五太子張虬帶兵 6 萬 (號稱 20 萬) 前往增援。呂珍等援兵至湖州城東的舊館，築 5 寨固守。徐達、常遇春和剛從常州趕來的湯和，分兵攻佔東阡鎮南的姑嫂橋 (在舊館東)，連築 10 壘，切斷舊館與平江的聯繫。接着，出兵夜襲烏鎮 (在舊館東南) 的潘元紹，然後填塞溝港，斷絕湖州的糧道。這樣，舊館與湖州便成為兩個孤立無援的據點。

張士誠親自率兵並幾次命將帶兵增援，均被擊敗。十月三十，五太子及朱暹等被迫投降，張士誠為之奪氣。徐達遣馮勝將呂珍等降將帶到湖州城下，勸李伯升投降。十一月初六，張天騏、李伯升亦降。十一月中旬，朱文忠進逼杭州城下，杭州守將潘元明獻土地、錢穀、甲兵出降。紹興、嘉興也不戰而降。朱元璋下令為朱文忠加榮祿大夫、浙江行省平章之銜，複姓李氏。湖、杭兩城既下，張士誠的兩臂已被斬斷，攻打東吳的第二個作戰計劃宣告完成。

徐達攻下湖州後，引兵北上，於十一月二十五會合諸將，以 20 萬大軍進圍平江。早在龍鳳八年，寧海儒士葉兌上書朱元璋言攻取天下大計時，曾提出用「鎖城法」攻取平江的計策，「鎖城法者，即於城外矢石不到之地，別築長圍，環繞其城。於長圍之外，分命將卒四面立營，屯田固守，斷其出入之路，絕其內外之音，仍設官分治所屬州縣，務農種穀，撫字居民，收其稅糧以贍軍士」(《獻徵錄》卷一一六，《布衣葉兌傳》)。徐達即採用鎖城法圍攻平江，「達軍葑門，常遇春軍虎丘，郭子興 (即郭興) 軍婁門，華雲龍軍胥門，湯和軍閶門，王弼軍盤門，張溫

軍西門，康茂才軍北門，耿炳文軍城東北，仇成軍城西南，何文輝軍城西北」（《明太祖實錄》卷二一），把平江圍得嚴嚴實實的，並建造木塔，高與城中的佛塔相等，塔上再築三層敵樓，每層架設弓弩、火銃和襄陽炮，日夜轟擊。

在徐達諸軍進圍平江之時，俞通海則分兵攻取太倉，東吳守將陳仁等率百餘艘大船歸降。崑山以及崇明、嘉定、松江等路聞之皆降。平江處於孤立無援的困境，但張士誠仍憑藉堅固的城防工事，頑強抵抗。

吳元年（1367 年）二月，久攻不下的徐達派人向朱元璋請示對策。朱元璋回答說：「將在外，君不御，古之道也。自後軍中緩急，將軍便宜行之。」（《鴻猷錄》卷四，《克張士誠》）徐達於是又調俞通海會同諸將圍攻平江。四月，起居注王禕認為勝利在望，建議「乘勝長驅，廓清中原」，朱元璋認為「建大事者必勤遠略，不急近功」「天下之大，豈一日可定也」，沒有同意。有些將領建議分兵進攻福建的陳友定，也被朱元璋拒絕。他堅持「用力不分」（《明太祖實錄》卷二三）、打殲滅戰的作戰原則，指示諸將全力圍攻平江。

平江被圍數月，外無救兵，內無糧草。朱元璋寫信或派人勸降，都遭到張士誠的拒絕。張士誠兩次冒死突圍，也未成功。九月初八，徐達督率將士攻破葑門，潘元紹等守將紛紛投降。張士誠帶領兩三萬殘卒在萬壽寺東街展開巷戰，失敗後返回府第，一把火燒死家眷，自己也上吊自殺。奉命前來勸降的李伯升趕到，叫人把他救下。徐達派人用船把他送往應天。朱元璋召見他，他瞑目不語，拒不進食，賜給衣冠也不接受。朱元璋氣極，叫人把他扛到竺橋，杖 40 而死，東吳政權至此滅亡。

九月底，徐達、常遇春率領大軍返回應天，朱元璋論功行賞，封李善長為宣國公、徐達為信國公、常遇春為鄂國公，並告諭諸將：「江南既平，當北定中原，以一天下。毋狃於暫安而忘永逸，毋足於近功而昧遠圖，大業垂成，更需努力！」次日，諸將入謝，他又叮囑說：「中原未平，非宴樂之時！」（《明太祖實錄》卷二五）要求他們準備投入北伐中原、推翻元朝、統一全國的更為艱苦的鬥爭。

第五章

推翻元朝統治

第一節　轉化為地主階級的政治代表

龍鳳十二年（1366 年）五月討伐張士誠檄文《平周榜》的發佈，是朱元璋政治生涯中的一件大事。

朱元璋自至正十一年（1351 年）投奔郭子興紅巾軍、參加農民起義後，經過長期的戰爭鍛煉，逐步成長為農民起義領袖。但是，由於階級和歷史的局限，他逐漸走上封建化的道路，向地主階級的代表人物轉化。《平周榜》的發佈，就是他完成這個轉化過程的一個重要標誌。

在《平周榜》中，朱元璋藉聲討張士誠之機，咒罵紅巾軍的廣大起義將士是「愚民」，指斥他們「誤中妖術，不解偈言之妄誕，酷信彌勒之真有，冀其治世，以甦困苦，聚為燒香之黨，根蟠汝、潁，蔓延河、洛。妖言既行，兇謀遂呈，焚盪城郭，殺戮士夫，荼毒生靈，無端萬狀。元以天下錢糧兵馬而討之，略無功效，愈見猖獗，然而終不能濟世安民」（《平吳錄》）。廣大起義農民為了求得自身的生存，起而反抗封建壓迫剝削的正義行動，變成殺人放火、荼毒生靈的「兇謀」，元朝調動天下錢糧兵馬對起義軍進行血腥的鎮壓，反倒成了「濟世安民」的義舉，是非完全被顛倒了。在《平周榜》中，朱元璋還宣稱，他在渡江之前已「灼見妖言，不能成事，又度胡運，難與立功，遂引兵渡江。賴天地祖宗之靈及將帥之力，一鼓而有江左，再戰而定浙東。陳氏稱號，據我上游，爰興問罪之師。彭蠡交兵，元惡授首，父子兄弟，面縛輿襯[1]」（《平吳錄》），不僅否認自己以前信奉白蓮教、參加紅巾軍，並長期臣屬於小明王的歷史事實，而且

1　面縛輿襯即堅決請降。面縛是將雙手反綁於背後而面向前，表示投降，輿襯是載棺以隨，表明決心。

完全抹殺大宋紅巾軍的鬥爭對他在江南地區發展壯大所起的掩護作用，把自己的勝利一概歸功於「天地祖宗之靈」及其「將帥之力」。在《平周榜》中，朱元璋還正式宣佈要保護地主土地所有制，恢復歷代王朝的賦役制度，「舊有田產房舍，仍前為主，依額納糧，餘無科取」，使百姓包括地主、官僚能「永保鄉里，以全室家」。這篇檄文的發佈，表明朱元璋已由農民起義領袖徹底轉化為地主階級的政治代表。

朱元璋的轉化並非一朝一夕發生的，而是經歷了一個由量變到質變的長期發展過程。他之所以參加農民起義，主要目的是為了反抗封建的壓迫剝削，爭取自身的生存條件。他起義初期的鬥爭方向，基本上同當時的大多數起義軍相一致。從參加起義直到龍鳳十二年，他同小明王、劉福通的大宋政權保持着臣屬關係，採用了他們的「復宋」口號，先後對元朝官軍、地主武裝和投降元朝的張士誠展開一系列鬥爭，並採取各種措施打擊豪強地主，保護農民利益。朱元璋的政權及其隊伍不僅開倉濟貧，沒收地主財產，徵用地主土地交給士兵屯種，而且支持農民奪取地主土地，「給民戶由」，承認農民耕佔地主土地和官田的合法性。朱元璋的這些行動和措施代表了廣大農民的利益，受到淮西和江南地區廣大農民的歡迎和支持，同時也招來地主階級的仇視，被他們咒罵為「淮西寇」「妖寇」（陳基：《夷白齋稿》卷一〇；《庚申外史箋證》卷上）。

但是，封建社會的農民既是小生產者又是小私有者，朱元璋的思想深處也不可避免地雜有追求榮華富貴的慾念。龍鳳十年，他同邵榮談話時，就曾提到：「我與爾等同起濠梁，望事業成，共享富貴。」（《國初事跡》）因此，當前來投奔的儒士向朱元璋灌輸帝王思想時，他就很容易地接受下來。朱元璋南略定遠，前來投奔的李善長對他講起沛縣的劉邦起自布衣，「五載成帝業」的故事，並說濠州離沛縣不遠，「山川王氣，公當受之」，只要「法其所為，天下不足定也」，朱元璋即為之心動，連聲稱「善」。渡江攻佔太平，陶安誇獎朱元璋「龍姿鳳質，非常人也」，要他「順天應人而行弔伐」，他當即表示「足下之言甚善」。在這些儒士的灌輸影響之下，帝王思想逐漸在朱元璋的腦海裏扎下根。攻下集慶後，徐達說：「今得此，殆天授也。」朱元璋馬上表示「足下之言甚善」，「乃改集慶路為應天府，

置天興、建康翼統軍大元帥府」（《明太祖實錄》卷四），明顯流露出把自己當作「順應天命」的真龍天子，企圖窺奪神器，稱孤道寡的政治野心。此後，地主階級的文人學士大量擁入朱元璋的隊伍，不斷向他宣揚天命論和帝王思想，如國子博士許存仁說：「主上聖智神武，天生不世之資以平禍亂。今羣賢畢出，佐隆大業。稽之於曆，自宋太祖至今當五百年之數，定天下於一，斯其時矣。」（《明太祖實錄》卷一九）隨着軍事上的不斷勝利和實力的迅速壯大，朱元璋的政治野心也不斷膨脹。他「以漢高自期」（《明史》卷一三五，《孔克仁傳》），在婺州釋囚時便公開宣佈自己「自渡江以來，夙夜祗懼，期以上膺天貺（上天所賜），下拯民憂」（《明太祖實錄》卷七），要當一個應天承運的真命天子了。

隨着帝王思想的逐漸滋長和政治野心的不斷膨脹，朱元璋也在逐步改變鬥爭的方向及其政策措施。

第一，保護地主階級，恢復封建剝削。渡江之前，李善長、馮國用一再要求朱元璋「不嗜殺人」「倡仁義，收人心」，這一方面是針對當時有些農民起義軍紀律鬆懈、濫搶濫殺的現象，提醒朱元璋要加強軍紀，爭取民心，更重要的一方面，是針對農民起義軍提出的「摧富益貧」口號，要求朱元璋保護地主階級利益，以便取得他們的支持和擁護。渡江之後，陶安、唐仲實、章溢等人又反覆提出這一要求，范祖幹為朱元璋剖析《大學》之義時，更進一步強調：「帝王之道，自修身齊家以至於治國平天下，必上下四旁均齊方正，使萬物各得其所，而後可以言治。」（《明太祖實錄》卷六），這就是要求改變農民起義爆發之後「江南巨姓右族，不死溝壑，則奔竄散處」（《清江集》卷八，《送王子淵序》）的局面，使他們不再遭受打擊，能夠樂得其所。朱元璋於是逐漸拋棄階級鬥爭以滿足他們的要求。攻佔應天，即告諭城中官吏和軍民，要他們「各安職業，毋懷疑懼」，宣佈「舊政有不便者，吾為汝除之」，預示他將來的政策將只限於改良而不是革命。

後來，他全部追回由他親自簽字承認農民耕佔地主田地和官田合法性的「戶由」，表示不再支持此種行動（《國初事跡》）。地主的土地不再受到侵犯，封建土地所有制繼續保存下來了。稱吳王後，朱元璋更進一步

確立「賦稅十取一，役法計田出夫」(《明史》卷七八，《食貨志》)的政策，農民的負擔雖然比元末大為減輕，但封建的賦役制度重新得到了確認。這樣，在朱元璋的佔領區內，封建生產關係在一些地方特別是較晚被朱元璋佔領的地區，根本沒有什麼變動，在另一些地方雖然受到某些觸動但很快就又恢復了。地主階級在不少地方仍然擁有相當的實力，如浙江麗水等七縣仍存在不少地主「大戶」。

根據現藏中國社會科學院歷史研究所的一本原編目題為《明成化有印魚鱗冊》實係龍鳳十年的魚鱗冊統計，安徽祁門縣 14 都 5 保的土地出租戶就佔該保田地面積的 67.6%。其中最大的兩戶，一戶叫胡茂德，佔田 184 畝多，加上山地共有 377 畝多（尚有與他人共業的田地山 22 畝多未計在內）；另一戶叫胡申甫，佔田 133 畝多，加上山地共有 579 畝多（尚有與他人共業的田地山 155 畝多未計在內）。這兩戶都是 14 都人，如果加上他們在本都保和其他都保佔有的土地，數量就更多了（欒成顯：《龍鳳時期朱元璋經理魚鱗冊考析》，《中國史研究 1988 年第 4 期》）。有些稅糧多的地主甚至還充當里長來管理百姓。王愷總制衢州軍民事，即規定：「以糧多者為正里長，寡者為副。」(《宋濂全集》卷五六，《行中書省王公墓志銘》)

除了保護舊地主，朱元璋還着力培養新的官僚地主。他除了聽從武官開墾荒地，以為己業，還撥給文官典職田，召佃耕種，送納子粒，以代俸祿，並賞給立功將領大量田地。這些文官武將後來都轉化為擁有眾多田莊佃戶的新生官僚地主。新舊兩類地主，就構成朱元璋轉化以後所依靠的社會基礎。

在取消反封建的階級鬥爭的同時，他開始較多地談論「華」「夷」之別，強調要「討夷狄」「安中華」，把民族鬥爭放到首位。龍鳳九年他寫信給陳友諒就大講要「同討夷狄，以安中國」(《明太祖實錄》卷一二)。龍鳳十一年寫信給明玉珍又說「元人本處沙塞，今反居中國，是冠履倒置」(《明氏實錄》)。這表明，他即將以民族鬥爭取代階級鬥爭，把農民起義變成漢族地主同蒙古、色目貴族爭奪全國最高統治權的鬥爭。

第二，建立封建紀綱，鎮壓農民起義。經過元末農民大起義的猛烈衝擊，元朝所建立的蒙漢二元的封建紀綱已被沖得七零八落。為了保護

地主階級的利益，朱元璋想方設法重新建立封建紀綱。龍鳳十年他即吳王位，即告諭行中書省的大臣：「建國之初，當先正紀綱。……禮法，國之紀綱。禮法立，則人志定，上下安。」（《明太祖實錄》卷一四）在眾多儒士的協助下，到當年的四月，江南行省的「紀綱法度」已「粗略有緒」（《明太祖實錄》卷一四），略具規模了。其具體內容由於史無明載，今已難明其詳。但從一些零星資料可以看出，這套紀綱法度對等級名分、尊卑貴賤有着嚴格的規定，絕對不許逾越。而且佃戶、匠役、匠人、妓婦、奴婢、僮僕、皂隸等的地位極其低下，沒有任何人身保障。如李善長在和州的職田被參軍郭祥「核出步田不實」，朱元璋竟把責任推到李善長的佃戶身上，讓佃戶充當替罪羊，說：「此蓋佃人作弊，於面刺『田』字，以警其餘。」

應天的乾道橋設有名叫富樂院的妓院，由禮房吏王迪管領，規定在院裏伺候人的男子只能頭戴綠巾，腰繫紅搭膊，足穿帶毛豬皮鞋，不許在街道中間而只能在道旁左右行走；妓婦只能頭戴皂冠，身穿皂褙子出入，不許穿華麗的衣裳。有一次，朱元璋宴請即將出征的傅友德，叫葉國珍陪飲。席上，葉國珍讓妓婦脫掉皂冠、皂褙子，穿上華麗的衣裳混坐其間。朱元璋大發脾氣，叫壯士把葉國珍抓起來，和妓婦一同鎖在馬坊，並將妓婦鼻尖削去。葉國珍說：「死則死，何得與賤人同鎖？」朱元璋說：「爾不遵我分別貴賤，故以此等賤人辱之。」後下令打了他數十鞭，「發瓜州（洲）做壩夫」（《國初事跡》）。此其一。

其二，由於此時法制初創，尚不健全，一般採取軍律用刑，「有犯令者，處以軍法，縱者罰無赦」（《明史紀事本末》卷二，《平定東南》），處刑非常嚴酷，如對叛將、逃兵以及心懷不軌、誹謗諸罪的處刑，大多以峻法繩之。朱元璋自己後來也承認：「傾因戡亂，以軍律用刑，殊乖平允。」（孫承譯：《春明夢餘錄》卷四四，《刑部》）

在重新確立封建紀綱的同時，朱元璋開始反過來殘酷鎮壓自己境內的農民起義軍。攻佔應天後，他宣佈要「為民除亂」。龍鳳五年三月在婺州，又聲稱「皇天」授命他來「削平僭亂」（《明太祖實錄》卷七）。他所要削平的「僭亂」，就包括那些蔑視封建紀綱、犯上作亂的農民起義。如

龍鳳七年，元帥羅友賢、朱文輝攻打安慶府東流起義農民的堡壘，擒其將李茂仲，並追襲其將趙同僉；元帥王思義攻破江西利陽鎮（在今江西景德鎮西），捕殺農民起義首領王文友及其部屬。龍鳳十一年，參政何文輝攻破江西山尖寨，捕斬起義農民興宗；總制辰、沅等州參軍詹允亨派千戶何德鎮壓起義的沅陵縣民向珍八，進拔其山寨，斬殺向珍八；元帥王國寶等率兵圍剿浙江南峰山寨的浦陽「羣盜」，斬殺起義農民朱國民等 50 餘人；饒州知府陶安與千戶陳明攻打信州「盜」蕭明。第二年，湖廣參政張彬率兵擊破辰州「盜」周文貴的寨壘，殺「賊」甚眾；浙東按察僉事章溢召集過去的部屬，令元帥郭興、葉德善等率兵攻打圍攻慶元的處州青田縣山「賊」夏清四；指揮副使畢榮帶兵進攻永寧酃縣（今湖南炎陵）「賊」饒一等。有些紅巾軍的舊部和以白蓮教為旗號的起義農民，也遭到朱元璋隊伍的鎮壓。如南方紅巾軍舊部長期佔領新淦（今江西新幹）的沙坑、麻嶺、牛陂諸寨，龍鳳十年即被常遇春、鄧愈剿平。龍鳳十一年，湖廣羅田縣「盜」藍醜兒「詐稱彭瑩玉，造妖言以惑眾，鑄印章，設官吏，剽劫旁近居民。麻城里長袁寶率鄉民襲捕之，擒醜兒以獻」，朱元璋賜給綺帛以資鼓勵，並命中書省懸出賞格：「凡有司官殺獲『賊』者，一次賞綺帛三匹，二次加倍，三次縣官升州官，州官升府官，府官議之；民能殺獲，亦量功賞賚。」（《明太祖實錄》卷一七）朱元璋起義後加入白蓮教，他對利用祕密宗教做掩護的反抗活動也特別敏感。龍鳳四年衛越女子曾氏，「自言能通天文，誑說災異惑眾」，他即指為「亂民」，「命戮於市」（《明太祖實錄》卷六）。

　　第三，大量吸收元朝故官，廣泛網羅地主儒士。渡江之前，朱元璋即招降不少地主武裝頭目，並開始吸納少量地主階級儒士。渡江之後，他更是積極招降元朝的官吏和將領，延聘地主階級儒士，「所克城池，得元朝官吏及儒生盡用之」（《國初事跡》）。這對他分化瓦解敵對營壘，壯大自己實力，當然是一種必要的措施。問題是，作為農民起義軍的領導人，朱元璋對元朝故官的招降、儒士的延聘，根本不問他們是否改變了對農民起義的敵對立場，而只問他們是否肯效忠於朱元璋本人。對於前來投奔的儒士，朱元璋開始覺得他們知廣慮深，還存有戒心，曾提醒李善長要注意勿使持案牘及謀事的儒士「訾毀將士」（《鴻猷錄》卷二，《延攬羣英》），

並規定「所克城池，令將官守之，勿容儒士在左右議論古今」（《國初事跡》）；所有儒士都由他親自選用，「逃者死，禁諸將擅用」（孫宜：《洞庭集‧大明初略三》）。後來，連這點警惕也逐漸喪失，來者不拒，一概尊寵。不僅令其將領「宜親近儒者」（《明太祖實錄》卷一四），而且親自任用一大批儒士擔任各種官職，或充當自己的顧問謀士，參與機密謀議。

大批元朝的故官和儒士參加朱元璋隊伍後，仍然堅持反對農民起義的立場，極力向朱元璋灌輸帝王思想，推動他執行保護地主階級利益的政策，與大宋政權徹底決裂，重建新的王朝。龍鳳七年正月初一，中書省按歷年慣例設小明王御座行慶賀禮，文武大臣都到御座前跪拜，劉基拒不跪拜，說：「彼牧豎耳（韓林兒原先當過牧童），奉之何為？」朱元璋將他請進密室，問他為何不拜，他「陳天命所在」（《明史》卷一二八，《劉基傳》），說天命屬於朱元璋，要朱元璋與小明王決裂，創建新的王朝。

從朱元璋帝王思想的形成和他採取的改變鬥爭方向的一系列措施可以看出，他的轉化早在渡江之前即已開始，渡江之後速度大大加快。龍鳳十二年《平周榜》的發佈，宣告了他轉化為地主階級代表人物過程的完成，他建立的農民政權也隨之轉化為封建政權。接着，在當年十二月，朱元璋設計謀害了小明王。他假裝要把小明王接到應天，派廖永忠駕船到滁州去接，暗中卻叫廖永忠在瓜步（在今江蘇六合東南）渡江時將船鑿沉，讓小明王淹死江中（《庚申外史箋證》卷下；《國初群雄事略》卷一，《宋小明王》引《通鑑博覽》；潘檉章：《國史考異》卷一之一六），大宋政權至此覆亡。朱元璋隨即廢除龍鳳年號，根據民謠的說法，「但看羊兒年，便是吳家國」，第二年至正二十年（即丁未年）就是羊兒年（1367 年），決定以丁未年為吳元年，建廟社宮室。

此後，作為一名地主階級的政治領袖，他傾全力於重建王朝的活動。發佈文告便由「皇帝聖旨，吳王令旨」改為「奉天承運，吳王聖旨」，儼然以皇帝自居。為了掩蓋從前與小明王的臣屬關係，他禁止再提與大宋政權及龍鳳年號有關的事，文書上同它有關的史料一概銷毀，就連鎮江郡民在城西立的一塊記敘朱元璋擊退張士誠功績的碑石，因為「文末書寫龍鳳年號」，也下令搗毀（《國初事跡》）。

第二節　平定浙東閩廣

朱元璋徹底轉化為地主階級的政治代表後，便傾全力奪取全國的最高統治權，以便重建新的王朝。

朱元璋首先是着手營建新王宮。在渡江攻佔應天後，從被小明王封為江南等處行中書省平章政事到吳國公，他一直以元朝的江南行御史台衙門作為公府。稱吳王後，朱元璋覺得應天舊城北控大江，東盡白下門，不僅距鍾山較遠，而且城中的吳國公府也過於低矮狹小，與吳王的身份很不相稱。龍鳳十二年（1366年）八月，他決定拓建應天府城，並令熟知堪輿即風水學說的劉基等人卜地另擇宮址，營建新宮。卜地後，擇定應天府城之東、鍾山之南的一塊空曠之地作為宮址，因為按照《周易》的說法，「帝出乎震」，東方屬於震卦的方位，將新宮建在府城之東，符合《周易》之意。同時，決定在府城東邊白下門外二里多的地方擴建一部分城垣，把新宮包容在內。朱元璋隨即下令徵調軍民，動工擴建城垣，並派各府縣的犯罪官吏、皂隸和農民往青龍山採石，至荊湖等地採伐巨木。十二月，正式下令建造太廟社壇，營建宮室。動工之前，朱元璋親自審定宮室圖樣，命將雕琢綺麗之處悉皆去除，叮囑中書省臣說：「宮室但取完固而已，何必過為雕斫？」（《明太祖實錄》卷二一）第二年即吳元年（1367年）二月，府城拓建完成；八月，圜丘、方丘及社稷壇等相繼竣工；九月，太廟和宮室也先後落成。

整座宮城又叫皇城（當時宮城與皇城不分），位於應天府城東南隅，地當鍾山之陽。那裏原有一個湖泊叫燕雀湖，又叫前湖（後湖指玄武湖），先填湖後築城。宮城呈正方形，周圍建有一道城垣，開有四門，南曰午門，東曰東華，西曰西華，北曰玄武。宮城內的建築分為前朝和內廷兩大部分，前朝依次有奉天、華蓋、謹身三大殿，奉天殿左右兩側則有文樓與武樓。謹身殿之後為內廷之所在，依次有乾清宮、坤寧宮，「六宮以次序列焉」。前朝與內廷的這些建築，「制皆樸素，不為雕飾」（《明太祖實錄》卷二五），而且將宮殿門闕建在從午門到玄武門的南北向中軸線

上，其他建築如文樓、武樓則對稱地分置於中軸線的兩側，以突出王權的權威性。

接着，朱元璋又採取措施，加強吳政權的建設，為日後取代元朝的統治做準備。吳元年十月，下令將百官禮儀由原先沿襲元朝的尚右改為尚左，李善長由右相國改為左相國，徐達由左相國改為右相國，俱為正一品。其他官職也作了相應的改動。並設御史台及各道按察司，以湯和、鄧愈分任左、右御史大夫，俱為從一品；劉基、章溢為御史中丞，俱為正二品。都督府原以大都督為長官，左、右都督為副，龍鳳十年定大都督為從一品，左、右都督為正二品。第二年正月罷大都督不設，以左、右都督為長官，吳元年十一月又更定左、右都督為正一品。中書省、御史台與都督府並稱三府，分掌行政、監察與軍事，三足鼎立，最後集權於吳王。朱元璋還命中書省制定律令。吳元年（1367 年）十二月，律令修成，總共有律285 條，令 145 條，頒佈施行。

削平張士誠後，吳政權已據有漢水下游和長江中下游之地，那是全國土地最肥沃、物產最豐富、人口最密集的地區。當時全國的形勢是：長江的南北，除朱元璋外，四川有夏國主明升，雲南有元宗室梁王把匝剌瓦爾密，兩廣有何真，福建有陳友定，浙東有方國珍。明升剛在前一年接替其父明玉珍帝位，因年紀太小，國勢又弱，並無多大作為；把匝剌瓦爾密、何真、陳友定、方國珍雖仍效忠元朝，但與大都的元朝本部隔絕，勢孤力弱。北方表面上仍屬元朝統治，但統治階級內部矛盾重重，混戰不已。擴廓帖木兒受封為河南王後，與關中的李思齊、張良弼、孔興、脫列伯等四支武裝隊伍整整打了一年仗，分不出勝負。元順帝再三命令雙方停戰，各率所部南征江淮，擴廓帖木兒就是不聽，一心想盡早消滅李思齊等部再引兵南下，拒不奉詔。至正二十七年（1367 年）八月，元順帝下詔設大撫軍院，以皇太子愛猷識理答臘總制天下兵馬，督擴廓帖木兒、李思齊、張良弼、孔興、脫列伯等分道南征。諸將接到詔書，都拒不執行。根據這一狀況，朱元璋決定南征北伐並舉，以主力北伐中原，同時分兵南征，平定浙東、福建和兩廣。

攻打浙東方國珍的戰役在克復平江前夕即已打響。吳元年九月初一，

朱元璋命朱亮祖率衢州、金華等衛馬步舟師向浙東挺進，囑咐說：「城下之日，毋殺一人。」（《明太祖實錄》卷二五）

方國珍在龍鳳四年（1358年）接受朱元璋招諭後，陽為納款，陰持兩端。不僅私下出船替元朝往大都運送張士誠的糧食，而且為元朝招降朱元璋牽線搭橋，元廷在至正二十五年（1365年）提升他為淮南行省左丞相，第二年九月又授為江浙行省左丞相。朱元璋攻下杭州後，他仍據境自若，不斷派間諜到西吳刺探情報，並暗中派人北通擴廓帖木兒，南通陳友定，圖為犄角，以防朱軍的進攻。朱元璋非常惱火，吳元年七月遣使責方國珍貢糧23萬石，並致書歷數其12樁大罪，勸其「改過效順」（《明太祖實錄》卷二四）。方國珍疑懼不安，召集弟姪及文武大臣商議對策。郎中張本仁、左丞劉庸主張據地以抗，方國珍的弟姪都贊同這個意見。謀臣丘楠認為據地以抗必將一敗塗地，主張投降。方國珍猶豫不決，日夜召集船隻，裝載珍寶，準備泛海出逃。

九月下旬，朱亮祖率兵進攻台州。方國珍派人向福建的陳友定求援，但他的部下曾誤殺過陳友定的海上戍卒，陳友定拒不派兵赴救。方國瑛嬰城據守，然士卒多亡散而去，他遂攜妻子逃往黃岩，見朱亮祖緊追不捨，又逃往海上。朱亮祖南下攻取台州，方國珍之姪方明善也攜妻子逃遁。攻佔平江後，朱元璋又於十月命湯和為征南將軍，吳禎為副將軍，率常州、長興、宜興、江陰諸軍進攻慶元。孤立無援的方國珍率部逃往海上。湯和略定慶元及定海（治今浙江舟山）、慈溪諸縣。吳禎率兵出海追擊，方國珍還師拒戰，遭到慘敗，又攜妻子遁入海島。

十一月，朱元璋再命廖永忠為征南副將軍，會合湯和入海追擊，方國瑛、方明善及諸將紛紛投降。湯和派人招降方國珍，走投無路的方國珍只得派兒子方關奉表乞降。朱元璋開始怒其反覆，準備加罪，後見其降表辭甚哀懇，賜書曰：「今勢窮來歸，辭甚哀懇，吾當以汝此誠為誠，不以前過為過。汝勿自疑，率眾來附，悉從原宥。」（《明太祖實錄》卷二八上）方國珍於是率眾投降，被授為廣西行省左丞相。他食祿而不之官，幾年後死於南京。

吳元年十月，朱元璋又發兵攻打陳友定。他任命曾為陳友諒部將的鄧

克明攻入福建，熟悉福建地理形勢的胡美為征南將軍，何文輝為副將軍，率領吉安、寧國、南昌等地駐軍，從江西度越杉關（在今福建光澤西南）挺進福建，並令湖廣參政戴德隨軍出征。

陳友定一名有定，字安國，福建福清人，後移居清流。他出身於貧苦農民家庭，幼年父母雙亡，只得給財主做傭工。後被一富室招為上門女婿，因經商賠本，遂投明溪驛充當驛卒。至正十二年（1352年），天完紅巾軍攻入福建，寧化縣民曹柳順集眾響應，攻打明溪。陳友定組建一支500人的地主武裝剿平曹柳順的營寨，被汀州府判蔡公安署為黃土寨巡檢。後參與對汀州、延平（治今福建南平）、建寧（治今福建建甌）、邵武諸地紅巾軍的鎮壓，升任明溪縣令。接着，他連續擊敗攻入福建的陳友諒部將，並於至正二十二年奪回汀州，升任福建行省參政。他志驕意滿，萌生割據福建的野心，任意劫取州縣倉庫，驅使當地官吏。

由於他鎮壓農民起義特別賣勁，並每年往大都運送數十萬石糧食，至正二十六年八月，元廷又擢升他為福建行省平章政事。他據有閩中邵武、建寧、延平、福州、興化（治今福建莆田）、泉州、漳州、汀州等八郡和廣東的潮州諸路，「視郡縣如室家，驅官僚如圉僕，擅廩如私藏」（《明史》卷一二四，《陳友定傳》），頤指氣使，更加飛揚跋扈。

朱元璋攻佔婺州後，即與陳友定接鄰。龍鳳十一年（1365年）二月，陳友定進攻處州，為胡深所敗。胡深乘勝追擊，朱元璋也命朱亮祖、王溥率江西駐軍南下，與胡深會師，攻取福建省會延平。胡深孤軍深入，遭到陳友定部將阮德柔4萬伏兵的包圍。他突圍未果，被俘而遭殺害。吳元年五月，諸將再次建議發兵平閩，當時圍攻平江的戰役正在進行，朱元璋認為如果分兵南下，兩線作戰，弄不好就非常被動，說：「兵法貴知彼知己，用力不分，此萬全之策。吾前已計之審矣，徐而取之未晚也。」（《明太祖實錄》卷二三）等到平江已被攻佔、攻滅方國珍的戰役也已勝利在望，朱元璋才於吳元年十月下令南征陳友定。

胡美奉命率師從江西出發，十一月度越杉關，攻佔光澤，略取邵武路，邵武、建陽守將相繼投降。十二月方國珍已降，朱元璋又命湯和、廖永忠、吳禎率舟師自明州（今浙江寧波東）由海路攻取福州。福州位於

閩江下游，瀕臨海邊，是陳友定佔領的重要城市。陳友定得知朱軍度越杉關後，即命將率兩萬部隊駐守，並在城外環築營壘，每五十步構築一台，每台置兵嚴防死守。陳友定自率精銳駐守延平，與福州構成掎角之勢。在命湯和等率舟師由海路攻取福州的同時，朱元璋還令李文忠由陸路從浦城攻取建寧。李文忠率師從浙江南下，擊敗陳友定部將胡璃後，屯駐浦城，等待舟師的消息。湯和等自明州率舟師乘東北風徑抵福州五虎門，駐屯南台河口，派人入城招諭，為福州守將曲出所殺。曲出出南門迎戰，兵敗眾潰，又入城據守。當天夜裏，城中參政袁仁祕密遣人出城乞降。第二天黎明，湯和命舟師蟻附登城，打開南門，湯和擁兵而入，攻佔了福州城。湯和派投降的袁仁、餘善招諭興化、漳、泉諸路，並分兵攻取福寧（治今福建寧德）等未下州縣，自己率兵進攻延平。

洪武元年（1368 年）正月二十一，胡美、何文輝攻佔建寧。建寧城破之日，湯和所部已進抵延平。此前，朱元璋在平定方國珍之後，曾於吳元年十二月派使者招諭陳友定。陳友定氣焰十分囂張，竟誅殺來使，把血傾入酒甕，與諸將共飲，誓以死報元。湯和兵臨城下後，再次致書招降，陳友定仍不回書。湯和於是下令攻城，陳友定脅眾頑抗。將士離心厭戰，紛紛逃遁。到圍城的第十天，湯和乘城中軍器局失火之機，拚力攻城，陳友定服毒自殺，部將開門迎降。正月二十九日，湯和揮師入城，陳友定自殺未死，被械送京師，最後因為拒絕投降，與其子一併被殺。接着，胡美、李文忠等部相繼攻克福建其他未降諸山寨，至閏七月平定了福建。

福建的平定，為進軍兩廣打下基礎。早在吳元年十月，朱元璋令胡美進攻福建的同時，就命湖廣平章楊璟、左丞周德興、參政張彬率領荊湘駐軍進取廣西。翌年正月，楊璟進圍永州，並派千戶王廷攻取寶慶，周德興、張彬攻取全州。楊璟在永州遭到元兵的頑強抵抗，經過艱苦的血戰，直到四月才攻佔這個城池，然後率兵進圍靜江（治臨桂，今廣西桂林）。

湯和攻佔延平後，朱元璋又於洪武元年二月任命廖永忠為征南將軍、朱亮祖為副將軍，率舟師自福州航海進攻廣東，另派贛州衛指揮使陸仲亨、副使胡通率兵由韶州直搗德慶，與楊璟等三路進兵，以為掎角之勢。當時，廣東為何真所割據，朱元璋指示廖永忠：「彼聞八閩不守，湖湘已

平，中心震儡，無固守之志。若先遣人宣佈威德以招徠之，必有歸款迎降者，可不勞師旅。慎勿殺掠，沮向化之心。如其拒命，舉兵臨之，扼其險要，絕其聲援，未有不下者。且廣東要地惟在廣州，廣州既下，則循海州縣，可傳檄而定。」「海南（治廣東番禺，今屬廣州）、海北（治今廣東海康）以次招徠，留兵鎮守，仍與平章楊璟等合兵取廣西。」（《明太祖實錄》卷三〇）

何真，字邦佐，廣東東莞人，富戶巨室出身。至正初年，曾仕元任河源務副使、淡水鹽場管勾。未幾，見嶺南騷動，棄官還鄉。元末農民大起義爆發後，廣東湧現出惠州王仲剛，南海盧述善、邵宗愚，東莞王成、陳仲玉等幾支起義軍，何真組織地主武裝「義兵」與之對抗。其勢力逐漸壯大，據有循（治今廣東歸善）、惠二州，被元江西行省授為惠州路總管。至正二十六年（1366 年），他將王成圍困於東莞水南營，懸賞捉拿王成。王成家奴張進祖及雷萬戶把王成捆個結實，送交何真。何真卻把這兩個家奴放到湯鍋裏烹煮，藉以警告所有財主家的奴僕，不得造主人的反。撲滅王成起義軍後，何真於至正二十七年初發兵攻佔東莞全境，而後又攻佔廣州，「差都事徐淵之以克復省治，貢方物於朝」（何崇祖：《廬江郡何氏家記》）。後來，元廷將江西、福建合為一省，改授何真為江西福建行中書省左丞，後又升為右丞。適值中原大亂，何真練兵據險，稱雄一方，「東連潮、惠，西連蒼梧（治今廣西梧州），皆真保障」（《罪惟錄》列傳卷八中，《何真》）。

胡美和湯和攻入福建後，何真坐臥不安。廖永忠從福州率舟師航海攻取廣東之前，接到朱元璋的諭示，即派人攜帶書信招諭何真。恰好何真的使者正由海路前往大都上表，他們在福建遇到湯和、廖永忠的部隊，便修改表文請降，並派人回去報告何真。洪武元年（1368 年）三月，廖永忠、朱亮祖派人護送何真使者攜降表至應天，朱元璋下詔褒揚，說：「爾真連數郡之眾，乃不勞師旅，先命來降，其視竇（融）、李（勣）奚讓焉。今特驛召來庭，賜爾名爵，以彰有德。」（《明太祖實錄》卷三一）朱亮祖從福州率舟師抵達潮州，何真即遣都事詣軍門呈上大印和所部圖籍。四月，廖永忠、朱亮祖師至東莞，何真率官屬出迎，隨即發佈榜文招降諸寨，並與

廖永忠共同發兵攻打廣州。不久，朱元璋的詔書到達，何真乘驛傳前往應天，向朱元璋貢獻方物，朱元璋賜予綾絹、白銀，並授予江西行省參知政事之職。

從陸路配合廖永忠、朱亮祖進攻廣東的陸仲亨等部，於四月前連下英德、清遠、連州（今廣東連縣）、肇慶諸郡縣，於四月初攻克德慶路，與廖永忠會師於廣州。廖永忠與陸仲亨等部合兵，擒殺拒不投降的邵宗愚，同時捕殺新會、河源、南海等地負隅頑抗的土豪，並馳諭九真、日南、朱崖（在今海南三亞西北崖城）、儋耳（今海南儋州西北）30餘城，皆繳納大印歸降。到六月初，元海南、海北道元帥羅福與海南分府元帥陳乾富等歸降後，廣東全境悉告平定。

廣東基本平定後，廖永忠、朱亮祖即引兵西進，準備與楊璟合兵攻取廣西。五月初十，廖永忠、朱亮祖師至梧州，元守將不戰而降。朱亮祖進兵藤州（今廣西藤縣），潯（治今廣西桂平）、貴（治今廣西貴港）等州郡依次皆降。廖永忠率兵進取南寧，命朱亮祖北上，會合楊璟攻取靜江。靜江向為「五嶺之表，聯兩越（粵）之交，屏蔽荊、衡，枕山帶江，控制數千里，誠西南之會府，用兵遣將之樞機」（《讀史方輿紀要》卷一○七，《廣西二‧桂林府》），是兵家必爭之地。元將也兒吉尼據守此城已有十幾年的時間，曾對宋代修築的磚城進行改造，城防十分堅固。楊璟在四月間克全州後引兵至此，駐屯於北關，參政張彬駐屯西關，朱亮祖在六月間引兵北上，駐屯東門象鼻山下。但圍城逾兩旬，久攻不下。楊璟認為：「彼所恃西濠水耳。決其堤岸，破之必矣！」（《明史》卷一二九，《楊璟傳》）他遣丘廣率輕騎攻閘口關，殺死守堤兵卒，決堤放乾西濠水，築五道土堤通往城牆，令士兵沿堤而上，一舉攻克北門的月城與水隘。也兒吉尼仍堅守不降，又相持了兩個月。到六月下旬，終因勢窮力蹙，不得已打開南門，驅兵出戰，結果被指揮胡海殺敗，萬戶皮彥高、楊天壽等被俘。楊璟利用皮彥高暗約城內的元軍總制張榮作為內應，於二十四日清晨打開城門。楊璟率部從寶賢門衝入城內，也兒吉尼倉皇出逃，至城東伏波門被俘，靜江終於被攻佔了。接着，南寧、象州（治陽壽，今廣西象州）等州縣相繼投降，七月廣西平定。

浙東、福建、兩廣的平定，進一步擴大並鞏固了朱元璋的統治區。這不僅解除北伐軍的後顧之憂，而且可源源不斷地為之提供人力、物力和財力的支持，對北上伐元戰爭的順利進行具有重大的意義。

第三節　北上伐元，攻佔大都

在南征的同時，朱元璋派遣主力大軍從應天出發，渡過長江，開始了大規模的北伐戰爭。

在長期的戰爭實踐中，朱元璋逐漸形成並堅持以「持重」為總方針的作戰指導原則。他強調：「為將之道，貴於持重。」（《平吳錄》）主張即使在敵有可亡之機、我執可勝之道的情況下，也需慎重從事，「必加持重」，防止「因驕忽以取不虞」（《明太祖實錄》卷二五），導致戰爭的失敗。北伐是對元朝的一次戰略決戰，直接關係到能否實現推翻元朝、奪取全國最高統治權的問題，朱元璋更是慎之又慎。出師之前，他對作戰的指導方針和戰略部署進行了周密的研究和反覆的斟酌。

吳元年（1367年）九月底，朱元璋首先就作戰指導方針徵詢劉基等人的意見。劉基認為現在「土宇日廣，人民日眾，天下可以席捲矣」，主張「長驅中原」。朱元璋認為他輕敵，指出「土不可以恃廣，人不可以恃眾」，「吾起兵以來，與諸豪傑相逐，每臨小敵，亦若大敵，故能致勝。今王業垂就，中原雖板盪，豈可易視之」？「若謂天下可以徑取，他人先得之矣！」（《明太祖實錄》卷二五）十月十七日，朱元璋又召集諸將具體商議北伐戰略。常遇春主張「直搗元都」，朱元璋認為這種主張仍然帶有輕敵冒進的弊病，指出：「元建都百年，城守必固。若如卿言，懸師深入，不能即破，頓於堅城之下，饋餉不繼，援兵四集，進不得戰，退無所據，非我利也。」他另外提出一個先剪敵羽翼、再搗敵腹心的作戰方針：「先取山東，撤其屏蔽；旋師河南，斷其羽翼；拔潼關而守之，據其戶檻。天下形勢入我掌握，然後進兵元都，則彼勢孤援絕，不戰可克。既克其都，鼓行而西，雲中（今山西大同）、太原及關隴，可席捲而下。」（《明太祖實錄》

卷二六）這是一個着眼於殲敵主力、穩步前進的戰略方針，諸將一致表示贊同。

　　北伐的作戰指導方針確定後，朱元璋於十月二十日任命老成持重、師有紀律、戰勝攻取得為將之體的左相國、信國公徐達為征虜大將軍，能「當百萬之眾、勇敢先登、摧鋒陷陣」的中書平章、鄂國公常遇春為征虜副將軍，率領 25 萬將士，由淮入河，北取中原。並特地囑咐他們說：「若臨大敵，遇春須領前鋒；或敵勢強，則遇春與參將馮宗異（馮勝）分為左右翼，各將精銳以擊之。右丞薛顯、參政傅友德皆勇略冠諸軍，可各領一軍，使當一面。或有孤城小敵，但遣一將有膽略者，付以總制之權，皆可成功。達則專主中軍，策勵臺帥，運籌決勝，不可輕動。古云：『將在軍，君不與者勝！』汝等其識之！」當天，朱元璋親自在應天北門的七里山設壇祭告上下神祇。然後召集出征將士申明紀律：「所經之處及城下之日，勿妄殺人，勿奪民財，勿毀民居，勿廢農具，勿殺耕牛，勿掠人子女；民間或有遺棄孤幼在營，父母親戚來求者，即還之。」（《明太祖實錄》卷二六）諸將一致表示服從，接着便率領大軍出發，踏上北伐的征途。

　　大軍出發後，朱元璋擔心擴廓帖木兒之弟脫因帖木兒乘機南下，騷擾邊民，特命中書省臣派人戒飭瀘州、安豐、安陸（治長青縣，今湖北鍾祥）、濠、泗、蘄、黃、襄陽各處守將，嚴兵備守，以保障北伐軍側後的安全。為了號召、動員北方人民支持北伐，朱元璋發佈了由宋濂代擬的討元檄文《諭中原檄》。檄文首先從「外夷狄而內中華」的大漢族主義思想出發，無視我國少數民族和漢族人民共同締造祖國的歷史事實，抹殺少數民族具有同漢族一樣建立中原王朝的權利，指責蒙古貴族入主中原、建立元朝是「冠履倒置」。接着，又用天命論來解釋元朝的盛衰，把蒙古貴族入主中原說成是「實乃天授」，將元朝統治的衰朽說成是「天厭其德而棄之」，而把自己打扮成上天所降生的「聖人」，說自己起兵反元乃是「恭天承命」，從而全盤抹殺元末農民大起義摧毀元朝統治基礎的偉大貢獻，為奪取帝位製造封建道統的依據。最後，檄文譴責堅持蒙古文化本位的元朝統治者破壞中國傳統政治文化所規範的封建綱常，申明自己將以恢復封建紀綱為重任，並提出「驅逐胡虜，恢復中華，立綱陳紀，救濟斯民」的民

族鬥爭口號，明確宣佈他將代表漢族地主階級重建新的王朝，以「復漢官之威儀」，恢復華夏的正統地位，按照華夏傳統政治文化模式，重建「人君者斯民之宗主，朝廷者天下之根本，禮義者御世之大防」的封建統治秩序。可以說，這篇檄文是討伐張士誠檄文的進一步發展，它徹底閹割了反元戰爭的階級鬥爭內容，把元末農民大起義變成漢族地主階級同蒙古、色目貴族爭奪全國最高統治權的鬥爭。不過，檄文的發佈，對於北上伐元的順利開展，仍然具有一定的積極意義。首先，檄文適應漢族地主階級改朝換代、重建華夏王朝的需要而提出的口號，突出大漢族主義和封建道統，把「恢復中華」與「救濟斯民」結合起來，比之過去那個空洞的「復宋」口號，對地主階級更有號召力，因而得到了北方的漢族官僚、地主和儒士的廣泛支持。其次，檄文針對元朝的民族歧視和民族壓迫政策，以民族鬥爭相號召，反映了廣大漢族人民反抗民族壓迫的正當要求，同時檄文還揭露元朝統治的腐朽，譴責其「有司毒虐」，「使我中國之民，死者肝腦塗地，生者骨肉不相保」的罪行，申明北伐的目的在於「拯生民於塗炭」，這對於深受元朝統治之苦的廣大人民也有一定的吸引力。加之檄文提出的北伐軍「號令嚴肅，秋毫無犯」的政策也比較順應民心，對動員北方人民支持北伐戰爭產生了不可忽視的作用。最後，檄文公開宣佈對蒙古、色目的政策，聲明「有能知禮義願為臣民者」「與中國之人撫若無異」（傅鳳祥輯：《皇明詔令》卷一，《諭中原檄》），這也有利於分化元朝統治集團，爭取廣大蒙古、色目部眾，從而減少了進軍中原的阻力。

北伐軍的第一步是攻取山東，撤除大都的屏障。當時元朝在山東分設東平、東昌（治今山東聊城）、濟寧（治巨野，今屬山東）、益都、濟南、般陽（治今山東淄博淄川區）等路，派兵駐守，由山東東西道宣慰使普顏不花坐鎮益都指揮，用以屏障京畿重地。北伐軍如想攻克大都，必須先取山東，「撤其屏蔽」。攻取山東，當時有兩條進軍路線可供選擇，一條是由江淮經沂州（今山東臨沂）直取益都，一條是由徐州北攻濟寧、濟南，再東取益都。幾年前，元沂州守將王宣和王信父子曾寫信給朱元璋，表示希望「閣下鼓舞羣雄，殪子嬰於咸陽，戮商辛於牧野，以清華夏」（《明太祖實錄》卷二四）。吳元年八月，朱元璋致書譴責他們入犯海州，王宣父子

又遣其副樞苗芳前來「謝過」。因此，徐達決定由江淮北經沂州直取益都。

十月二十四，徐達、常遇春統率大軍進抵淮安，即致書招諭王宣父子。王宣父子奉表歸附，朱元璋派人授予王信江淮行省平章，令聽徐達節制。但王宣父子「陰持兩端，外雖請降，內實修備」。朱元璋派人密諭徐達：「王信父子反覆無常，不可遽信。宜勒兵趨沂州，以觀其變。」（《明太祖實錄》卷二六）十一月初，徐達進兵下邳，派張德勝養子張興祖率兵前往徐州，進取山東諸州縣。王宣父子果然復叛。徐達親自帶兵前往沂州鎮壓，王信逃往山西，王宣被殺，沂州附近諸縣的王宣部眾皆不戰而降。

徐達攻佔沂州後，朱元璋考慮到益都位於魯山之北，南面又有大峴山作為屏障，古稱濟水以南之天險，較難攻克，於十一月十八派人諭示徐達：下一步如欲進軍益都，應先遣精銳將士控扼黃河要衝，斷元之援兵，如此則益都孤立無援，攻之必克；如益都未下，即宜攻濟寧、濟南，二城既下，益都、山東勢窮力竭，可不攻自下。徐達遵照指示，令韓政率兵一部扼守黃河要衝，以斷山東元兵增援益都之路，張興祖率兵一部由徐州沿大運河攻取東平、濟寧，自己親率主力繼續北上。二十九日，徐達揮師攻克益都，元宣慰使普顏不花拒降而死。徐達乘勝連下壽光、臨淄（今山東淄博東北）、昌樂、高苑等縣及濰、膠、博興等州。十二月，又迭克濟南、登州、萊陽等州縣。與此同時，張興祖也相繼攻下東平、東阿、濟寧等地。北伐軍所到之處，元朝的官吏和守將紛紛歸降。

朱元璋擔心再發生像王宣父子降而復叛的事件，十二月間連續三次派人至徐達、張興祖軍前傳諭，命令他們將降官、降將解送應天，由他親自安置。第二年二月，常遇春率部以雲梯登城，攻下堅拒數日的東昌，「遂屠城，縱軍擄掠，焚其房舍而去」（《明興野記》卷下）。茌平等縣皆投降。就在此時，樂安（今山東饒平）降將俞勝復叛，但很快就被徐達敉平。到三月，山東已基本平定。

北伐軍的第二步是轉攻河南，剪除大都的羽翼，並拔潼關而守之，控扼大都的戶檻。山東平定後，徐達、常遇春按照朱元璋擬訂的作戰計劃，旋師河南。為此，朱元璋特命湯和從福建北返浙東明州，為北伐軍運輸糧餉；令康茂才率兵北上濟南，以加強徐達的兵力；令征戎將軍鄧愈率領襄

陽、安陸、江陵等地駐軍攻取南陽以北州縣，以牽制和分散元軍主力，策應徐達西取河南府路。洪武元年（1368年）三月，徐達從樂安率師回濟寧，然後自鄆城引舟師溯黃河而上，直趨汴梁。鄧愈也率襄陽等地駐軍北上進攻唐州（今河南唐河）及南陽。徐達兵至汴梁東北的陳橋，元將李克彝盡驅汴梁軍民西逃河南府路，陳州守將左君弼與竹貞率部投降。鄧愈則攻佔唐州、南陽。徐、鄧攻下汴梁、南陽後，對洛陽形成了鉗形攻勢。

徐達攻下汴梁後，交給陳德戍守，自率大軍追擊李克彝，於四月初八進抵塔兒灣（在今河南偃師境內）。擴廓帖木兒之弟脫因帖木兒率兵百萬迎戰，在洛水之北15里列陣以待。常遇春單騎突入敵陣，徐達乘勢揮師衝殺。適值南風驟發，兵塵張穹，呼聲動天地，元軍陣勢大亂，落荒而逃。徐、常揮師追奔50餘里，俘斬無數。脫因帖木兒逃往陝州（治今河南陝縣），李克彝逃往陝西，元河南行省平章、察罕帖木兒之父梁王阿魯溫出降，河南府城被攻佔了。徐達引兵繼續攻佔嵩、鈞（治今河南禹州）、陳、汝、裕（治今河南方城）諸州，並派馮勝進攻潼關。元將李思齊、張良弼聞風潰入關中。馮勝引兵入關，西至華州（治今陝西華縣），隨後根據朱元璋的指示，未再西進而折返潼關。到四月底，潼關以東河南諸郡已被北伐軍全部佔領，五月初一徐達又增兵扼守潼關，完成了「斷其羽翼」「據其戶檻」的戰略任務。

當北伐軍以摧枯拉朽之勢席捲中原的時候，元朝統治集團還在大打內戰。至正二十七年（1367年）十月，北伐軍由江淮北上，元順帝恨擴廓帖木兒不聽指揮，下令削去他的所有官職，交出所有軍隊，只保留河南王的封爵，與其弟脫因帖木兒同居河南府。擴廓帖木兒接到命令後，自懷慶退居澤州（治今山西晉城）。十二月，聽說山東郡縣相繼失守，元順帝令陝西行省左丞禿魯總統張良弼、脫列伯、孔興各支軍馬，以李思齊為副總統，守衛關中，脫烈伯、孔興等東渡黃河，「共勤王事」。李思齊等拒絕執行命令。翌年正月，元順帝又下詔給擴廓帖木兒，讓他統率冀寧、真定諸軍渡河直搗徐、沂，以靖齊、魯，說他如能奪回山東，擋住北伐軍的攻勢，「則職任之隆，當悉還汝」（《元史》卷四七，《順帝紀》）。但擴廓帖木兒仍拒不奉命。元順帝於是命中書左丞孫景益在太原設置分省，命前

已投向朝廷的原擴廓部將關保帶兵駐守，以挾制擴廓帖木兒。擴廓帖木兒派兵襲據太原，盡殺朝廷所置官吏。至正二十八年二月，元順帝遂下詔削奪擴廓帖木兒的爵號和食邑，命禿魯、李思齊等東出潼關，討伐擴廓帖木兒。北伐軍趁着這個大好機會，下山東，取汴梁，元朝守將望風降附。李思齊、張良弼一看大勢不好，趕緊派人去見擴廓帖木兒，聲明他們出兵不是出於本心，並引兵退守潼關。北伐軍進逼潼關，他們又棄關西逃。元朝統治集團的內戰，為北伐軍的順利挺進並攻打大都，提供了良好條件。

北伐軍攻佔山東、河南，又拔潼關而守之，對大都形成三面包圍之勢，下一步的戰略目標就是攻佔大都，推翻元朝的腐朽統治。為了部署攻取大都的作戰計劃，朱元璋於洪武元年（1368 年）四月下旬前往汴梁。五月下旬到達汴梁後，改汴梁路為開封府。六月，召見徐達、常遇春、馮勝等將領，聽取前線軍事情況的彙報，商議下一階段的戰略部署。徐達建議「乘勝直搗元都」，朱元璋表示同意，並打開地圖指示徐達說：「卿言固是，然北土平曠，利於騎戰，不可無備，宜選偏裨，提精兵為先鋒，將軍督水陸之師繼其後，下山東之粟以給饋餉，由鄴（今河北臨漳西南）趨趙（今河北邯鄲），轉臨清而北，直搗元都。彼外援不及，內自驚潰，可不戰而下。」徐達擔心北伐軍進逼大都時，元順帝北逃，遺患無窮，建議發兵追擊。朱元璋考慮到自己起兵江南，騎兵力量有限，擴廓帖木兒又盤踞太原，李思齊會兵鳳翔，中原尚未穩定，主張不必窮追，「但其出塞之後，即固守疆圉，防其侵擾耳」（《明太祖實錄》卷三二）。考慮到此次攻打大都戰線拉得較長，朱元璋還提升馮勝為征虜右副將軍，居常遇春之下，使副將軍由一名增至兩名，以加強北伐軍的領導力量。並命浙江、江西兩個行省及蘇州等九府運糧 300 萬石至開封，以保障北伐軍的糧餉供應。

七月，朱元璋令馮勝留守開封，自還應天。閏七月底，徐達按照朱元璋的部署，檄調益都、濟寧、徐州等地駐軍的將領各率所部於東昌集結，並分別渡河。閏七月初二，徐達自中灤渡河北上，攻佔衛輝、彰德、磁州（今河北磁縣）、邯鄲，往東折向臨清。臨清地處衛河入運河之口，歷來是北運船隻的集結處，徐達在此會合山東各軍後，於十五日北上。在徐達的指揮下，各路大軍水陸並進，相繼攻佔德州、長蘆（今河北滄州），控扼

直沽（今天津獅子林橋西）出海口，然後沿北運河繼續推進。

在徐達引兵北上時，元朝統治階級的內訌仍未停止。七月，貌高、關保奉元順帝之命出兵進攻晉寧（今山西臨汾）。擴廓帖木兒先按兵不動，後來乘貌高分兵抄掠鄰縣之機，連夜帶兵掩擊其大營，逮捕貌高和關保，派人到大都報告元順帝。元順帝看到朱元璋的軍隊已下山東、河、洛，大都勢如累卵，希望擴廓帖木兒能出來替他解危，閏七月下詔給擴廓帖木兒，說「關保、貌高間諜構兵，可依軍法處治」（《元史》卷四七，《順帝紀》）。擴廓帖木兒殺掉貌高、關保後，元順帝又以皇太子為替罪羊，下詔撤銷大撫軍院，恢復擴廓帖木兒的中書左丞相等官職，讓他帶兵從河北南下，並令中書右丞相也速帶兵趨山東，陝西行省左丞禿魯帶兵出潼關，李思齊帶兵出七盤（今陝西寧強西南）、金州（今陝西安康），「四道進兵，掎角剿捕」（《元史》卷四七，《順帝紀》），以阻擋北伐軍的攻勢。但禿魯、李思齊按兵不動，也速與部將哈剌章等帶兵進抵莫州（今河北鄚州），被打得潰不成軍，元都大震。擴廓帖木兒正擬從晉寧出發南下，得到也速的敗訊，退守太原，元順帝的四道進兵計劃也就泡湯了。

閏七月二十五日，徐達率兵進抵河西務（今河北武清東北），擊敗元軍，乘勝追擊到距通州 30 里的地方，與常遇春分別在運河東、西兩岸紮營。翌日，徐達利用彌天大霧做掩護，用伏兵擊敗元將五十八國公的敢死隊，於二十七日夜攻佔通州，進逼大都。

此前，元順帝曾謀劃逃往耽羅（今韓國濟州島），於至正二十五（1365年）派樞密院副使帖木兒不花鎮守耽羅，二十七年將一批御府金帛運到那裏收藏，並命元世等工匠前去建造宮殿。通州一被徐達攻佔，從大都通往遼陽的驛道被切斷，逃往耽羅的計劃遂告破產。元順帝驚恐萬分，連夜召集三宮后妃及太子商議，決定棄城逃往上都。第二天，元順帝召見文武大臣，宣佈棄城北走的打算，知樞密院事哈剌章表示反對，認為元順帝一走，都城立不可保，要他「死守以待援兵」。元順帝哀歎說：「也速已敗，擴廓帖木兒遠在太原，何援兵之可待也！」（劉佶：《北巡私記》）於二十八日夜攜后妃、太子出健德門（今德勝門），經居庸關往北逃竄。

八月初二，徐達率領北伐大軍至東面的齊化門，令將士填濠登城，進

入大都，元朝滅亡。徐達隨即下令關閉宮殿的大門，封存元廷的府庫圖籍寶物，並命右丞薛顯、參政傅友德領兵 3 萬，出古北口追擊元順帝。元順帝從東路北逃，傅友德等從西路追擊，沒有追上，僅帶回繳獲的牛羊馬匹 10 萬頭。徐達大怒，命傅友德再從東路追擊，但元順帝已經逃遠，仍無功而返。朱元璋下詔改大都路為北平府。

後來，朱元璋曾對徐達等功臣總結北伐的成功經驗。他說：「朕所以命卿等先取山東、次及河洛者，先聲既震，幽薊自傾。且朕親駐大梁，止潼關之兵者，知張思道（良弼）、李思齊、王保保（擴廓帖木兒）皆百戰之餘，未肯遽降，急之非北走元都，則西走隴蜀，並力一隅，未易定也。故出其不意，反旆而北，元眾膽落，不戰而奔。然後西征，張、李二人望絕勢窮，故不勞而克，惟王保保猶力戰以拒朕師。向使若等未平元都，而先與之角力，彼人望未絕，困獸猶鬥，聲勢相聞，勝負未可知也！」（《明太祖實錄》卷五八）短短幾句話，道出了他當初制訂北伐作戰計劃時的深謀遠慮。

元朝的統治被推翻了，歷時 17 年的元末農民戰爭至此宣告結束。隨着元朝覆滅而來的是明王朝的建立，廣大人民要求推翻元朝統治的目標實現了，但他們要求擺脫封建壓迫和剝削的願望並沒有達到。從政治上來說，這是地主階級改朝換代策略的勝利，也是元末農民戰爭的徹底失敗。儘管如此，元朝腐朽統治的覆滅，畢竟為社會歷史的發展掃除一大障礙，中國漫長的封建社會從此進入了一個新的歷史時期。

第六章

創建大明王朝

第一節　登基稱帝，擇定都城

　　吳元年（1367 年）十二月上旬，南北前線的捷報不斷傳到應天，報告南征大軍迫降方國珍，正由水陸兩路向福建推進，北伐大軍也已平定山東的喜訊。應天的官員個個歡欣鼓舞，以中書省左丞相、宣國公李善長為首的大臣更是異常興奮，認為攻克大都、推翻元朝、統一全國指日可待。按照中國傳統的慣例，局部地區的首腦稱王，全國性的最高統治者稱帝，朱元璋也應該由吳王改稱皇帝。他們決定再次奉表，勸朱元璋登基稱帝。

　　十二月十一，李善長領頭率文武百官奉表勸進。不料，朱元璋再次謝絕，說：「始吾即王位，亦不得已，勉從眾言。今卿等復勸即（帝）位，吾恐德薄，不足以當之。」羣臣一齊叩頭再請，他仍不從。如果說朱元璋七月間謝絕勸進，是由於「一統之勢未成」，擔心重蹈陳友諒匆促稱帝迅速敗亡覆轍的話，那麼這次推辭則是為了顯示自己「謙讓」的美德。李善長摸透了朱元璋的心理，第二天率領羣臣再次上奏，說「陛下謙讓之德著於四方，感於神明」，但願陛下為天下生民着想，及早答應羣臣的奏請。朱元璋聽了十分高興，半推半就地說：「中原未平，軍旅未息，吾意天下大定，然後議此，而卿等屢請不已。此大事，當斟酌禮儀而行，不可草率。」（《明太祖實錄》卷二八上）李善長心領意會，當即領着一批禮官擬就即位禮儀，送給朱元璋審批。即位禮儀有八面儀仗大旗，分別書寫「天」「下」「太」「平」「皇」「帝」「萬」「歲」八個大字，朱元璋認為過於「誇大」，讓改成「天」「祐」「家」「邦」「海」「宇」「康」「寧」八個字，後又認為「此亦近誇」，讓一併去掉。即位的禮儀，就這樣確定下來了。

　　朱元璋和左右大臣忙碌起來，着手籌備登基的工作。皇宮是現成的。吳王新宮剛建成不久，尚未使用，朱元璋決定暫時將它作為皇宮，不再另

建宮室。即位的日子選在來年的正月初四，年號定為「洪武」，國號定為「大明」。這個國號的確定，很費了朱元璋的一番心思。歷代王朝的開國君主，為了顯示自己「命世之君，創製顯庸」的豐功偉績，「以新一代之耳目」，都不肯因襲前代之稱號，要給自己創建的王朝另取一個新名號，賦予它某種特殊的含意。朱元璋取大明為朝代稱號，據說出自劉基的建議。「號大明，承林兒小明王號也」（《洞庭集・大明初略四》），它來源於小明王稱號，而將「小」字改為「大」字，小明王的稱號則取自白蓮教關於「明王出世」的傳說。朱元璋之所以採用這個國號，有兩個方面的用意。第一，朱元璋的勢力是依靠元末農民大起義發展、壯大起來的，而且在很長一段時間內臣屬於小明王，他的部將和統治區內的農民羣眾有不少是白蓮教徒，深受「明王出世」宗教宣傳的影響。朱元璋用大明作為新王朝的稱號，既可取得從農民起義中奮戰過來的將士們的擁護，又可以爭取信奉白蓮教的廣大羣眾的支持。第二，大明的稱號又可以按照儒家的學說來理解。明是光明，是火，明字拆開又是日、月二字，古禮有祀「大明」、朝「日」夕「月」的說法，歷代朝廷都把祭祀「大明」和日、月列為正祀，或郊祭或特祭，每年都要舉行極其隆重的祭祀活動。而且按照陰陽五行的學說，南方屬火，屬陽，神為祝融，顏色為赤；北方屬水，屬陰，神為玄冥，顏色為黑。朱元璋起自南方，應天又是傳說中的祝融故墟，他北上攻打大都，推翻起自蒙古大漠的元朝，就是以火制水，以陽消陰，以明克暗。這樣，以大明為號，也符合儒家思想，可讓地主階級和儒士感到滿意，從而得到他們的擁護和支持（吳晗：《朱元璋傳》，三聯書店 1962 年版，第 142–143 頁）。

　　十二月二十二，朱元璋臨御新宮，為準備登基之事祭告上帝皇祇。祭文按照君權神授的學說，稱元朝統治中國百年，氣數已盡，天下土地人民，豪傑紛爭。臣（我）在上天所賜之眾英賢的輔佐之下，戡定採石水寨蠻子海牙、方山陸寨陳野先、袁州歐普祥、江州陳友諒、潭州王忠信、新淦鄧克明、龍泉彭時中、荊州薑玨、濠州孫德崖、瀘州左君弼、安豐劉福通、贛州熊天瑞、辰州周文貴、永新周安、萍鄉易華、平江王世明、沅州李勝、蘇州張士誠、慶元方國珍、沂州王宣、益都老保（王保保）等，息

民於田野。諸臣皆曰，生民無主，必欲推尊帝號。臣不敢辭，亦不敢不告上帝皇祇。登基日期，定在明年正月初四。到時將設壇備儀，昭告帝祇。「如臣可為生民主，告祭之日，帝祇來臨，天朗氣清；如臣不可，至日當烈風異景，使臣知之。」（《明太祖集》卷一七，《即位告祭文》；《明太祖實錄》卷二八下）

登基的日子，是朱元璋同劉基商量決定的。在舉行祭告天地儀式的前兩天，應天連降雨雪，異常潮濕寒冷，人們都擔心登基之日天氣是否能夠轉晴。但劉基「通經史，於書無所不窺，尤精象緯之學」（《明史》卷一二八，《劉基傳》），是個精通天文地理的學者。當時他身兼太史令，正負責主持曆法的制定工作，已預測到來年的正月初四，是個異常吉利的大晴天。選定這一天作為即位的日子，朱元璋自然有充分的信心能讓上帝來「批准」自己登基稱帝。

應天的天氣，果然像劉基預測的那樣，很快由雪轉晴。洪武元年（1368年）正月初一，紛紛揚揚的大雪突然停止。到了初四早上，陰雲齊斂，天宇澄清，一輪紅日噴薄而出，整個大地灑滿了金燦燦、暖融融的陽光。按照規定的禮儀，朱元璋身穿華貴的袞服，頭戴冠冕，在南郊設壇告祀上帝皇祇，宣讀祝文，報告他十幾年來建立的巨大功業和就位稱帝、定號大明、建元洪武的消息。然後在郊壇即皇帝位，備皇帝鹵簿威儀導從，由左丞相李善長率百官和都民耆老拜賀舞蹈，山呼萬歲。禮成，朱元璋率世子及諸子奉祖宗神主至太廟，追尊高祖父為「玄皇帝」，廟號「德祖」，高祖母為「玄皇后」；曾祖父為「恆皇帝」，廟號「懿祖」，曾祖母為「恆皇后」；祖父為「裕皇帝」，廟號「熙祖」，祖母為「裕皇后」；父親為「淳皇帝」，廟號「仁祖」，母親為「淳皇后」。接着，再祭告社稷壇。這些宗教儀式結束後，又在奉天殿舉行百官朝賀儀式。朝賀完畢，朱元璋命李善長奉表冊立馬氏為皇后，冊立世子朱標為皇太子。初五，朱元璋向全國正式發佈《即位詔》。這個《即位詔》在起草時，朱元璋認為元朝發佈的詔書，開頭必曰「上天眷命」，意謂上天眷顧，故人君才能如此行事，顯得不夠謙遜，仍然沿襲吳元年的做法，書曰「奉天承運」，以示人君的言動皆奉天而行，非敢自專。然後詔封皇族，給功臣宿將加官晉爵。這樣，朱

元璋就算是得到上帝皇祇批准並得到臣民承認的正統皇帝，由一個舊王朝的掘墓人變為新王朝的創建之君了。因為他死後廟號「太祖」，諡曰「高皇帝」，史書上通常稱他為明太祖，有時也稱為高皇帝。

朱元璋稱帝後，馬上就面臨着在哪裏建都的問題。選擇都城，一般要把政治、軍事、經濟和地理條件等各種因素綜合起來加以考慮。應天是他發展壯大勢力的基地，龍蟠虎踞，形勢險要，又地處經濟發達的江南地區，經濟條件十分優越，加上有吳王時代修築的宮闕，自然是他的首選之地。但它的地理位置偏於東南，距離對元朝作戰的北方前線太遠，不便於朝廷部署軍事和指揮、調動部隊，是個很大的缺陷。加上歷史上在此建都的東吳、東晉和南朝的宋、齊、梁、陳六朝，都是短命王朝，朱元璋認為很不吉利。當時的一些儒臣，也「皆曰有天下者，非都中原，不能控制奸頑」（《明太祖集》卷一七，《中都告祭天地祝文》）。因此，是否就在應天建都，朱元璋遲遲未能拿定主意。

洪武元年三月，徐達率領北伐大軍攻佔山東、河南，大臣都說「君天下者宜居中土」，汴梁是宋朝故都，勸朱元璋在那裏定都。四月，朱元璋親到汴梁，改汴梁路為開封府，與徐達商討部署下一步的作戰計劃，順便對這座城市做了一番考察。考察結果，他覺得這座城市地處中原，「四方朝貢，道里均適」（《明太祖實錄》卷三四），同意在此建都，但又認為此城無險可守，是個「四面受敵之地」，決定把應天也作為都城，實行古已有之的兩京制度。八月，下詔以應天為南京，開封為北京。

就在詔書頒佈的第二天，北伐軍攻佔大都，元順帝逃奔塞北。面對這種形勢，是否仍以開封為都城呢？八月下旬，朱元璋為部署進軍晉秦的軍事行動，再次來到開封，對這座城市再進行考察，權衡在此建都的利弊。但未等他做出決斷，第二年八月明軍已平定晉秦之地，將北方地區納入了版圖。朱元璋於是召集羣臣，廣泛徵求他們對建都的看法。多數大臣鑒於北方元朝的殘餘勢力尚未消滅，仍主張在中原建都，並提出定都長安（今陝西西安）、洛陽、開封和北平等幾種方案。朱元璋聽完各種意見後說：「所言皆善，惟時不同耳。」（《明太祖實錄》卷四五）認為大臣的話雖然都有道理，卻不適應當前形勢。長安、洛陽、開封雖係周、秦、漢、魏、

唐、宋諸朝的都城，但明朝剛剛建立，民力未甦，如果在這些地方建都，供給力役都要依賴江南，勢必加重江南人民的負擔；北平雖有元朝的宮室可以利用，但如定為都城，仍需進行一番改造修建，還要耗費不少的人力、物力和財力。因此，他另外提出一個在南京和他的家鄉臨濠府（即濠州，吳元年改為臨濠府）的方案，說南京依「長江天塹，龍蟠虎踞，江南形勝之地，真足以立國」，可作為都城，但它「去中原頗遠，控制（北方）良難」，而離中原稍近的「臨濠則前江後淮，以險可恃，以水可漕」（《明太祖實錄》卷四五、八〇），以之為中都，可以補救定都南京的不足。

朱元璋徵求身邊臣僚的意見，李善長等一批淮西勛貴權臣亟盼衣錦還鄉，自然都表示贊同。洪武二年九月，朱元璋便正式下詔在臨濠營建中都，建城池宮闕如京師之制。六年九月改臨濠府為中立府，「取中天下而立，定四海之民之義也」（柳瑛纂：《中都志》卷一〇），七年八月又改為鳳陽府，並置鳳陽縣，「以在鳳凰山之陽，故名」（李賢等：《大明一統志》卷七，《中都·鳳陽府》）。府治隨之由鍾離縣遷至鳳陽（鍾離縣也改名中立縣，尋改為臨淮縣），並不斷擴大鳳陽府的管轄範圍，幾乎涵蓋了整個淮河流域。

朱元璋洪武二年三月的詔令，只提到定都南京和中都，沒有提到開封，但也沒有取消開封作為北京的地位，這就形成了中國歷史上罕見的一朝三都的局勢。不過，三個都城之中，朱元璋最看重的還是中都。洪武六年二月，禮部奏制中都城隍神主，尚書陶凱詢問在三個都城的三個城隍神主中，將來合祀，以哪個神主為首？朱元璋回答說：現在以我所在的都城即南京城隍神主為首，「若他日遷中都，則先中都之主」（《明太祖實錄》卷七九）。事實上，他是準備在中都建成後，把都城遷去，在家鄉長久居住的。正如他後來在《大龍興寺碑》裏所說的：「洪武初，欲以（鳳凰）山前（指鳳陽）為京師，定鼎四方。」（袁文新修、柯仲炯等纂：《鳳陽新書》卷八）其實，鳳陽並不具備建都的經濟、地理條件。這裏地處丘陵地帶，形勢曼衍，無險可據，加上土地貧瘠，商賈不集，不是理想的定都之地。就在詔令頒佈之後，監察御史胡子祺在洪武三年七月曾上奏，認為「山河百二，可聳諸侯之望，繫宗社之久，舉天下莫關中若也」，仍主張建都長

安。已被賜歸返鄉養老的劉基，也在洪武四年正月對定都鳳陽表示反對，說：「中都曼衍，非天子居也。」（《國榷》卷四）但是，朱元璋都拒不採納。他之所以堅持要在家鄉建都，實出於根深蒂固的小農意識。貧苦農民出身的朱元璋，同所有中國古代社會的農民一樣，具有強烈的安土重遷和鄉土、宗族觀念。在擊滅張士誠之前，濠州一度為張士誠的部將所佔，他曾發出「我有國無家可乎」（《明史》卷一三○，《韓政傳》）的慨歎。起義期間，他主要依靠同自己有鄉里、宗族關係的淮西將臣打天下。明朝建立後，他不僅給予淮西將臣大量封賞，使之成為王朝的新貴，而且想把家鄉建成都城，和這幫淮西新貴一道衣錦還鄉，齊心協力，鞏固明朝的統治，以共享安樂。

正是由於「聖心思念帝鄉，欲久居鳳陽」（《鳳陽新書》卷七，《致仕指揮尹令再疏》），朱元璋一反往常崇尚節儉的做法，要求把中都建得雄壯華麗，不僅圜丘、方丘、日月社壇、山川壇和太廟要「上以畫繡」（《國榷》卷四），連一些石構建築也要雕飾奇巧，使用龍鳳、海水、雲朵的紋飾。為求堅固，一些建築的關鍵部位，更要求灌注熔化的生鐵水。詔書發佈後，朱元璋下令在鳳陽設立行工部，具體負責營建工作。並命退休的丞相李善長和湯和、吳良及工部尚書薛祥等前往督工。

經過將近六年的努力，中都的營建「功將告成」，高大的宮闕和各種附屬設施相繼在鳳凰山南面的坡地拔地而起。整個中都仿照北宋東京和元大都之制，建有裏外三道城垣，形成三城環套的佈局。中央是皇城即宮城（大內），皇城外面是中書省、大都督府、御史台三大衙門及太廟、社稷壇。最外面的中都城，是百姓、商賈的居住區。城內有一條南北向的中軸線。城內外的重要建築皆是南北對稱，或以中軸線為界呈東西對稱的格局。洪武八年四月初二，朱元璋滿懷喜悅之情前往中都，準備「驗工賞勞」。不料，他在中都卻碰上了營建工匠用「厭鎮法」對工役繁重表示不滿的事件。

原來，為了營建中都，明政府從各地調集大批勞動力。當時工部所轄的將近 9 萬工匠，幾乎都在中都做工。除了這些專業的工匠，參加中都營建的還有幾十萬軍士、民夫和罪犯。據記載，參加中都營建的除了設在本

地的臨濠、定遠、懷遠、皇陵、長淮等衛，還有原在南京的不少衛，合共26衛。如按照洪武初年每衛萬人的編制推算，有軍士26萬人；如按照洪武七年八月規定大致以5600人為一衛的編制推算，也有軍士約14萬。當時，朱元璋還下令將罪犯發往臨濠屯田或做工。據記載，僅因罪被謫往鳳陽屯種的官吏，到洪武九年已多至萬數。從各地遷至鳳陽屯田的移民數量也很大。如吳元年（1367年）十月徙蘇州富民實濠州，十二月徙方國珍官屬等200餘人居濠州；洪武三年（1370年）六月令蘇、松、嘉、湖、杭五縣民無田產者往臨濠開種，數達4000餘戶；六年十月徙山西弘州等州縣民於中立府，共8238戶、39349口；七年又徙江南民14萬人至鳳陽屯田。這些移民的數量有二三十萬人，他們除種田納糧外，還要為營建中都提供夫役。臨濠在戰爭之後人煙稀少，土地荒蕪，做工的工匠、軍士、民夫、罪徒的生活苦不堪言。當時待遇最好的要算軍士，官府有時還賜給棉襖和糧食，但他們「盛暑重勞，飲食失節，董其役者督之太急，使病無所養，死無所歸」，以致「多以疫死」（《明太祖實錄》卷七五）。至於待遇最差的罪犯，處境更是悲慘，「怨嗟愁苦之聲，充斥閭邑」（陳子龍等選輯：《明經世文編》卷八，《葉居升奏疏‧萬言書》）。這些軍士、工匠、民夫和罪犯的心中，鬱積着一股強烈的不滿和憤怒情緒。工匠便在朱元璋視察的宮殿殿脊上搞了據說可招來鬼神作怪的厭鎮法，以發泄他們心中的積怨。

案發後，朱元璋下令「盡殺」搞厭鎮法的工匠。但營建工匠對繁重工役的不滿情緒，仍使他受到強烈的震動。他清楚地記得，吳元年四月，為了拓建應天城，徐達令江南各府驗民田，徵磚甕城，曾激起上海農民的反抗，3萬多農民拿起農具，在錢鶴皋的率領下，一舉攻佔松江府治，捕殺知府荀玉珍。在災荒連年的元末，元廷徵發17萬軍民修治黃河，激起農民大起義的場景，更是不時浮現眼前。他逐漸清醒過來，開始意識到元朝的統治剛被推翻，民困未甦，而統一戰爭尚在進行之時，就大規模營建中都，並要求建得非常雄壯華麗，是個重大的失誤。離開中都之前，他在圜丘祭告天地，懷着沉重的心情向皇天后土請罪，說：「此臣之罪有不可免者。」（《明太祖集》卷七，《中都告祭天地祝文》）

四月二十九，朱元璋悶悶不樂地回到南京，又得知劉基已在本月十六

去世的消息，心情越發沉重。劉基是在當年正月吃了左丞相胡惟庸所派醫生下的毒藥，三月被朱元璋送回浙東老家養病的。劉基之死，使朱元璋想起他在洪武四年正月所說的「中都曼衍，非天子居也」的忠告。劉基反對在鳳陽建都，雖然主要是從地理條件考慮，但朱元璋從劉基被毒死這件事，看到淮西勳臣勢力的膨脹，為自己的皇權深感憂慮。登基之後，他就擔心早年跟隨自己南征北戰的勳臣功高震主，曾採取一系列措施加以防範。但淮西勳貴就是不聽約束，不僅恃功驕恣，屢屢幹出越禮非分的勾當，而且極力排擠、打擊非淮西籍大臣。洪武三年七月，他們將山西籍的楊憲傾陷致死，洪武四年三月又將浙東籍的劉基排擠出朝。在中都營建期間，這些勳臣爭權奪利的活動更加猖獗。洪武五年，朱元璋決定在中都為 6 公 27 侯營建第宅之前，武定侯郭英等竟私自役使營建中都宮殿的將士替自己建造私室。後來，江夏侯周德興也「恃帝故人，營第宅逾制」（《明史》卷一三二，《周德興傳》）。左丞相胡惟庸還公然對劉基下毒手，派醫生對劉基下毒，使之中毒而死。

朱元璋由此想到，如果在鳳陽建都，淮西勳臣利用家鄉盤根錯節的宗族、鄉里關係擴展勢力，對皇權的威脅更大，那時局面就難以控制了。於是，他下決心拋棄鄉土觀念，在當天下詔「罷中都役作」。九月，終於徹底放棄「遷都中都」的計劃，從此不再返回鳳陽老家。他下令改建南京的大內宮殿，並要求儘量簡樸，「但求安固，不事華麗，凡雕飾奇巧，一切不用」「台榭苑囿之作，勞民費財之事，遊觀之樂」決不為之（《明太祖實錄》卷一〇一）。洪武十年十月，大內宮殿改建完工。第二年，下詔改南京為京師，同時罷黜北京，仍稱開封府。猶豫十年之久的建都問題至此算是解決了。

中都罷建後，朱元璋利用遺留的積材，對父母的墳墓進行大規模的改建。這座墳墓曾在龍鳳十二年（1366 年）修建過一次，洪武元年進行了第二次改建，命名為「英陵」。這次進行第三次改建，仿照中都城的佈局，形成三城環套和前朝後寢的格局，更名為皇陵，在陵前豎立朱元璋親撰的《大明皇陵之碑》，並修建 10 王 4 妃墓（朱元璋稱帝後，追封其伯父一家男子為王，女子為妃，共 10 王 4 妃）和龍興寺（朱元璋早年出家的於皇寺已焚於火，此次在中都城內距舊址 15 里的盛家山重建，改稱龍興寺）。朱

元璋還利用鳳陽作為帝鄉的特殊政治地位來教育皇子，監視功臣。不僅經常命皇太子和諸王前往鳳陽謁祀祖宗陵墓，閱武練兵，還在中都修建公侯第宅，讓他們還鄉居住，撥給他們每人 120 名侍從武士，賜予鐵冊，名曰鐵冊軍，以「防其二心，且稽察之也」（沈德符：《萬曆野獲編》卷一七，《鐵冊軍》）。

此外，朱元璋還將鳳陽用作囚禁犯罪宗室的地方。他的從孫、朱文正之子朱守謙被封為靖江王，就藩臨桂（今廣西桂林）後，違法亂紀，被召回京師加以訓斥，仍不悔改，就被廢為庶人，「使居鳳陽力田」（《明太祖實錄》卷二一五）。循此先例，後來的明朝皇帝，都把犯罪的宗室送到鳳陽囚禁。成化三年（1467 年），明廷更在鳳陽修建專門囚禁犯罪的宗室的監獄，稱為「高牆」。

鳳陽定為都城僅幾年時間就取消了，但被遷到鳳陽府的二三十萬移民在當地入籍後不許離開。而且，還有新的移民陸續遷入。這些外地移民，都被安置在交通不便的窮鄉僻壤，耕種的是王公侯伯、官府、衛所和當地土民所挑剩的不毛之地，不僅享受不到當地土民盡免糧差的待遇，相反卻受到官府的層層盤剝，並須和當地土民一起共同承擔迎送拜謁皇陵和過往官員的驛傳差役。明朝後期，江北四府三州每三年在鳳陽舉行一次文武鄉試，每次為期 70 天。移民和當地土民還要承擔各種雜役，「郁隆汙淖，結愾供事，而無人色」，人稱「三年一剝皮」（康熙《臨淮縣志》卷七）。

更要命的是，明中期以後由於吏治敗壞，水利年久失修，鳳陽地區十年九荒，非旱則雨，黃河奪淮的局面日益嚴重，淮河經常氾濫成災。不斷發生的蝗旱災害，更使鳳陽人民陷入痛苦的深淵。於是，他們便紛紛「拋土田，挈妻子遠去，聞賑而歸」（乾隆《鳳陽縣志》卷一四，《宜樓記》）。來自江南富庶地區的移民思念故鄉，則經常在冬天農閑季節，攜老挈幼，回到江南各地乞食，到家鄉探親掃墓，第二年春天二三月間再返回鳳陽。這些逃荒乞食的移民，帶着鑼、鼓、鐃、鉦等各種器具，沿途演唱鳳陽花鼓（又名秧歌）。鳳陽花鼓就隨着他們的足跡，傳遍大江南北。

到了清代，鳳陽十年九荒的局面並沒有改變，特別是到乾隆中期以

後，清王朝的統治走向衰落，吏治敗壞，貪風盛行，土地兼併不斷加劇，自然災害頻繁發生。如乾隆十八年（1753年），「淮水溢，壞民舍」（趙爾巽等：《清史稿》卷四〇，《災異志》），第二年連臨淮城基都被沖毀。到第三年，鳳陽再次發生大水。人民生活困苦不堪，但迫於清朝文字獄的高壓統治，敢怒而不敢言。鳳陽的花鼓藝人，為了表達人民的不滿情緒，便採用藉罵前朝開國皇帝朱元璋來詛咒當朝愛新覺羅皇帝的手法，編了一首《鳳陽歌》四出演唱：

> 說鳳陽，話鳳陽，鳳陽原是好地方。
>
> 自從出了朱皇帝，十年倒有九年荒。
>
> 大戶人家賣田地，小戶人家賣兒郎，
>
> 惟有我家沒得賣，肩背鑼鼓走街坊。

（玩花主人輯：《綴白裘》卷六）

第二節　設官分職，重建全國政權

明朝建立後，朱元璋立即着手重建全國性的封建政權。他首先以吳政權的機構為基礎，建立了龐大的官僚統治機構。由於吳政權是從江南行省政權發展而來的，江南行省政權是隸屬於宋政權的一個地方政權機構，宋政權的建置又幾乎是照抄元朝，所以洪武初期的官僚機構在很多方面基本採用元制。但在某些方面，朱元璋根據明初的實際情況進行了調整和變動，因此又不完全等同於元制。

洪武初年的行政機構，在中央設中書省總理全國政務，最高長官為左、右丞相，秩正一品，設平章政事，左、右丞，參知政事。元朝在丞相之上，還設有中書令以「典領百官，會決庶務」（《元史》卷八五，《百官志》），由皇太子兼領。朱元璋考慮到皇太子年紀還小，學識不廣，沒有實踐經驗，廢中書令而不設。中書省之下開始只設戶、禮、刑、工四部，洪武元年（1368年）八月正式設立吏、戶、禮、兵、刑、工六部，各部均以

尚書為最高長官，秩正三品，上隸中書省。

在地方則置行中書省，簡稱為省，設平章政事，左、右丞，參知政事，以平章政事為長官，秩從一品。行中書省之下，元朝設有路、州、縣三級地方行政機構，只有少數民族聚居區設置散府。明朝建立之前，朱元璋攻佔元朝的路即改為府，此後沿用不變。明朝建立後，又將元朝的散府大部分改為散州，只有少數地方仍保留府的建制；並將州分為散州（亦稱屬州或府屬州）和直隸州。府屬州是一般的州，直隸州是直隸於行省的州，其地位分別與縣、府相等，並不能自成一級。府、州、縣的長官分別為知府、知州、知縣。府在洪武六年按稅糧多寡分為三等，知府的品秩也不相同，稅糧 20 萬石以上者為上府，知府從三品；20 萬石以下者為中府，知府正四品；10 萬石以下者為下府，知府從四品。不久一律改為正四品。知州則一律秩從五品。縣在吳元年（1367 年）分為三等，稅糧 10 萬石以下者為上縣，知縣從六品；6 萬石以下者為中縣，知縣正七品；3 萬石以下者為下縣，知縣從七品。稍後一律改為正七品。

軍事機構在中央設有大都督府。龍鳳十一年（1365 年）罷大都督後，以左、右都督為最高長官，吳元年（1367 年）十一月定左、右都督為秩正一品。在地方，明朝建立前曾設行都督府，後革除。洪武三年（1370年）十二月，升杭州、江西、燕山、青州四衛為都衛指揮使司，並增置河南、西安、太原、武昌四個都衛指揮使司。後來，各行中書省也陸續設立都衛指揮使司，邊防要地又設行都衛指揮使司。洪武八年十月，詔改都衛指揮使司為都指揮使司，簡稱都司，長官為都指揮使，秩正二品；行都衛指揮使司改為行都指揮使司，簡稱行都司，長官為行都指揮使，品秩與都指揮使相同。都司、行都司下轄衛所。值得注意的是，明代的衛所不僅是一種軍事單位，而且在大多數情況下又是一種地理單位。衛所均轄有一塊大小不等的衛地，即使是京師的衛所，也領有分散於京畿各處的衛地。衛地中既有軍士屯種的官田，也有百姓耕墾的民田。這些土地和人口，都歸衛所管理而不歸州縣行政機構管轄。衛所及都司不僅掌管軍務，還兼管衛地內的行政事務。特別是從東北到西北直至西南的邊疆地區，明政府一般不設行政機構，而由都司及其下屬衛所直接進行管理，這些地方的都司衛

所便成為明政府派駐該地行使管理權力的政權機構。這樣，在明朝的版圖之內，就形成了兩個平行的管轄系統，一個是由中書省——行中書省（直隸府、州）——府（直隸行中書省的州）——縣（府屬州）構成的行政系統，一個是由大都督府——都司（行都司、直隸都督府的衛）——衛（直隸都司的守禦千戶所）——千戶所構成的軍事系統。兩個系統各自管理自身的事務，互相之間既有聯繫，又不能干涉（參看顧誠：《明帝國的疆土管理體制》，《歷史研究》1989 年第 3 期）。

監察機構在中央設御史台，以御史大夫為最高長官，秩從一品。另外，吳元年（1367 年）曾設給事中之職，秩正五品，掌侍從、規諫、補闕、拾遺之事。設立六部之後，又於洪武六年三月在吏、戶、禮、兵、刑、工諸部設科，每科設給事中二人，秩正七品，鑄給事印一顆，由年長者掌之。「章奏出入所經由及有所遺失牴牾，皆許封駁；凡朝政軍事及舉劾官員，皆許聯署以聞」（《明通鑒》卷五）。六科給事中實際上成為與御史台並立的另一個監察機構，兩者互相制約。在地方，明朝建立前，即於龍鳳九年（1363 年）設置浙東提刑按察司，後來在各行中書省也陸續設置了這種監察機構，以按察使為長官，秩正三品。

此外，朱元璋在吳元年五月還置翰林院，設有學士，秩正三品；侍講學士，秩正四品；直學士，秩正五品；屬官修撰、典簿，秩正七品；編修，秩正八品。洪武二年，置學士承旨，秩正三品，並改學士為秩從三品；侍講學士，秩正四品；侍讀學士，秩從四品；增設待制、應奉、典籍等官。學士掌制誥、史冊、文翰之事，以考議制度，詳正文書，備皇帝顧問。侍講、侍讀掌管為皇帝講讀經史，典籍掌管文書圖籍，修撰、編脩則掌修國史。

隨着各級政權的建立和大批官員的任用，朝廷對官吏的任用制定了嚴格的職務迴避和籍貫迴避制度，以防官吏利用親屬、宗族和鄉里關係營私舞弊，貪贓枉法。洪武元年（1368 年）規定：凡有父、兄、伯、叔在中書省、大都督府、御史台等中央機構擔任長官的，都不能做中央監察機構的科道官；已經擔任科道官的，必須調到其他部門擔任相應品秩的職務。同年頒行的《大明令》規定：「凡內外管屬衙門官吏，有係父子、兄弟、叔姪者，皆須從卑迴避。」也就是說，父子、兄弟、叔姪不能在同一個衙門或

隸屬於其管轄的部門任職；如果出現這種情況，輩分低的官吏必須調到其他部門任職。在籍貫迴避方面，《大明令》規定，任何人都不得在本地做官。因此，吏部銓選官吏，實行南北互調法，將南方人派到北方當官，而將北方人派到南方當官。

軍隊是國家政權的主要組成部分。朱元璋綜合唐代的府兵制、宋代的更戍法、漢代的屯田制、元代的軍事職官制度以及秦漢以來的軍戶世襲制度，設立內外衛所，規定一個衛所領 10 個千戶所，一個千戶所領 10 個百戶所，一個百戶所領 2 個總旗，一個總旗領 5 個小旗，一個小旗領 10 個軍士，一個衛所統兵 10000 人。經過一段時間的實踐，洪武八年八月正式建立衛所制度，衛的建制比過去縮小一半，統領的千戶所由 10 個減為 5 個，大體統兵 5600 人，長官為指揮使，秩正三品；而各百戶、總旗、小旗仍保留以前的建制不變，每個千戶所統兵 1120 人，每個百戶所統兵 112 人，每個總旗領 5 個小旗，每個小旗統兵 10 人。

明初衛所的軍士，主要有「從征」「歸附」「謫發」「垛集」四種來源。「從征」指渡江攻佔集慶之前跟隨朱元璋起事的舊部、較早歸併到朱元璋麾下的眾多起義軍、早期簽點的民兵和元朝降兵，他們後來大多得到提拔，因而基本屬於軍官羣體。「歸附」指渡江攻佔集慶後先後向朱元璋投降的元朝軍隊和各個割據勢力的隊伍，他們是明初衛所軍的主力部隊。明朝建立後，則主要依靠「謫發」和「垛集」來擴充兵力，「內地多是抽丁垛集，邊防多是有罪謫戍」（《明經世文編》卷七四，《丘文莊公集·州郡兵制議》）。「謫發」指因犯罪被罰充軍士的，也叫「恩軍」或「長生軍」。如遼東都司、陝西行都司各衛的軍士便多由罪謫而來。「垛集」就是徵兵，規定民戶以二戶或三戶為一垛集單位，其中一戶為正戶，承當軍役，其他一戶或兩戶為貼戶，幫貼正戶。明代沿用元代世襲的軍戶制度，令軍士另立軍籍，隸都督府。民戶有一丁被垛為軍，便子孫世代隸屬軍籍，只有做官做到兵部尚書，才能脫離軍籍。軍士世代為軍，役皆永充，一旦逃跑或亡故、年老開除，家裏其餘男丁必須頂替入伍，如果戶下只有一丁，則取貼戶之丁解補。除了這四種來源，還有世襲軍戶（元代的軍戶在明代繼續服役）、抽充（從民戶中丁多之家抽一丁為軍）、收集（收集元末諸雄潰散的

士卒）和僉充（僉點丁多民戶到親軍衛中服役）等其他來源。此外，在洪武建國前，朱元璋還曾募民為兵，明朝建立後，只是在「靖難」之役發生後，燕王朱棣才在其控制區內實行較大規模的招募。

明王朝通過上述幾種途徑，組織起一支強大的常備軍。據成書於洪武二十六年三月的《諸司職掌》記載，全國共有 329 個內外衛、65 個守禦千戶所。據洪武二十五年十二月的統計，總共有 121 萬餘人。軍隊的佈防，按照歷代王朝「居重馭輕」的原則，集重兵於京師。洪武四年京衛軍士多達 207800 餘人，到二十五年則有軍士 206000 餘人，武官 2700 餘員，合計 209000 餘人，大體維持洪武初年水平，約佔全國軍隊的六分之一。

馬匹在古代既是重要的生產和交通工具，也是重要的戰爭工具。明朝在戰爭特別是對蒙古的戰爭中，往往是「兵力有餘，唯以馬為急」（《弇山堂別集》卷八九，《市馬考》），深受戰馬不足困擾。因此，朱元璋非常重視馬政的建設，強調「馬政，國之所重」（《明太祖實錄》卷九七）。洪武建國後，他借鑒漢、唐、宋諸朝馬政的利弊得失，建立了一套馬政制度。洪武六年（1373 年）下令在滁州設立太僕寺，置卿一人，秩從三品，掌牧馬之政令，分民牧與軍牧兩途，大抓戰馬的飼養。民牧是由民間編戶牧養戰馬，「養戶俱係近京民人」（申時行等修：萬曆《明會典》卷一五〇，《兵部·馬政》），分佈於江南的應天、鎮江、寧國、太平等府和廣德州，江北的鳳陽、淮安、揚州、廬州四府和滁州、和州、徐州三州及滁州一衛。起初規定江北 1 戶養馬 1 匹，江南 11 戶養馬 1 匹，「官給善馬為種，率三牝馬（雌馬）置一牡馬（雄馬）。每一百匹為一羣，羣設羣頭，羣副掌之。牝馬歲課一駒（幼馬）。牧飼不如法，至缺駒，損斃者，責償之」（《明太祖實錄》卷七九）。洪武二十八年改為：「江南十一戶共養馬一匹，江北五戶共養一匹。」「凡兒馬（牡馬）一匹，配騍馬（牝馬）四匹為一羣，立羣頭一人，五羣立羣長一人。每羣下選聰明子弟二三人，習學醫獸，看治馬匹」（萬曆《明會典》卷一五〇，《兵部·馬政》）。養馬戶可適當減免徭役或田租。軍牧是由衛所軍隊牧養戰馬。洪武二十三年下令五軍都督府，命在京的錦衣、旗手、虎賁左右、興武、鷹揚、金吾前後、羽林左右、龍驤、豹韜、天策、神策、府軍前後左右等衛，「各置草場於江

北湯泉、滁州等處，牧放馬匹」（萬曆《明會典》卷一五○，《兵部·馬政》），還令「飛熊、廣武、英武三衛牧馬，亦如江北五戶之例」（《明太祖實錄》卷一九九）。二十五年又規定：「凡軍官馬，令自養；軍士馬，令管馬官擇水草豐茂之所，屯營牧放」（萬曆《明會典》卷一五○，《兵部·馬政》），軍牧更在腹裏衛所廣泛展開。軍牧馬匹，兒馬、騍馬的搭配，幼駒的科納，俱照民牧的規定執行。由於軍牧的普遍推行，洪武三十年下令在山西、北平、陝西、甘肅、遼東諸行省設置行太僕寺。太僕寺管轄各衛的軍牧，行太僕寺則掌管在外各衛的軍牧。由於馬政制度詳備，措施得當，洪武年間的養馬事業得到蓬勃發展，再加上通過茶馬貿易等渠道獲得大量馬匹，明朝的騎兵隊伍不斷壯大，邊防力量也日益加強。

為了保證朱家子孫能長期保持皇位，朱元璋又對蒙元的分封制度做了某些改革而予以保留，分封諸子為王，以屏藩王室。洪武二年（1369 年）四月，詔令中書省編《祖訓錄》，制定封建諸王及官屬之制。翌年四月，頒佈第一批分封名單，除長子朱標已立為皇太子外，第二子朱樉至第十子朱檀皆分封為王，親姪朱文正之子朱守謙也封為靖江王。接着，任命一批王府官吏，其中包括任命武將出任王府左相。不過，當時諸子尚未成年，都城還未最後確定，他們都還住在南京，直到京師確定後才陸續就藩。

朱元璋實行的分封制，將蒙元時期的「既分本國，使諸王世享，如殷商諸侯；漢地諸道，各使侯伯專制本道，如唐藩鎮；又使諸侯分食漢地，諸道侯伯各有所屬，則又如漢之郡國焉」（郝經：《郝文忠公集》卷二，《河東罪言》），改為「惟列爵而不臨民，分藩而不錫土」（王鴻緒：《明史稿》列傳三，《諸王》）。並且嚴格實行嫡長子繼承皇位、餘子分封為王的制度，改變了元朝皇位的繼承由蒙古宗王的選汗會議確定的制度，從而同元代以前王朝的分封制度相協調。不過，朱元璋又繼承元朝的做法，賦予諸王以軍政大權。受封諸王，「其冕服車旗邸第，下天子一等，公侯大臣伏而拜謁，無敢鈞禮」（《明史》卷一一六，《諸王傳》序），擁有極高的政治地位。而且王府設有王相府、王傅府，其左、右相，左、右傅往往還兼任所在行省的左、右丞，參知政事或都司衛所的官職，可以干預地方的軍政事務。此外，諸王還擁有一支三護衛的軍隊。諸王儼然成為朝廷派駐

地方的政治代表。

　　為侍奉皇帝、后妃和宗室人等，朱元璋還在紫禁城裏設立宗人府、詹事府和宦官、女官機構。洪武三年（1370 年）四月設大宗正院，二十二年改為宗人府，「掌皇九族之屬籍，以時修其《玉牒》（宗王族譜），書宗室子女嫡庶、名封、婚嫁、嗣襲、生卒婚嫁、謚葬之事」（《明史》卷七二，《職官志》）。洪武二十二年設詹事院，二十五年六月改為詹事府，以輔導皇太子。朱元璋稱吳王後，開始使用宦官，但數量不多。吳元年（1367 年）九月，開始設置宦官機構。明朝建立後，宦官機構不斷擴充，人數也日益增多。朱元璋擔心宦官勢力過分膨脹會重蹈漢、唐末世宦官專權之禍，於洪武二年（1369 年）八月命吏部定內侍諸司官制，諭曰：「古時此輩所治，止於酒漿醯醢、司服守祧數事，今朕亦不過以備使令，非別有委任。可斟酌其宜，毋令過多。」並對侍臣說：「此輩自古以來，求其善良，千百中不一二見，若用以為耳目即耳目蔽矣，以為腹心即腹心病矣。馭之之道，但常戒敕，使之畏法，不可使之有功，有功則驕恣，畏法則檢束，檢束則自不敢為非也。」（《明太祖實錄》卷四四）吏部於是確定宦官機構為 2 監 2 司 4 局 1 庫，加上東宮 6 局和午門等 13 門的門官，宦官總數為182 人。為了防止宦官預政，朱元璋還規定，內官不許讀書識字，不許兼外朝文武官銜，不得穿戴外朝官員的冠服。洪武十七年，還「敕內官毋預外事，凡諸司毋與內官監文移往來」（《明太祖實錄》卷一六三），並鑄造鐵牌懸於宮門，上刻：「內臣不得干預政事，犯者斬。」

　　不過，朱元璋定下的這些制度，並未嚴格執行。他自己就曾任用宦官擔任定遠牧監的監副、御良和光祿寺卿以下的官職，在明朝建立之前或之後，還多次派遣宦官外出辦事。宦官機構經過多次改定，也越設越多，到洪武三十年已增至 12 監 2 司 7 局，奠定了後來宦官 24 衙門的基本格局，宦官人數也不斷增加。只是由於朱元璋對宦官控制較嚴，洪武一朝尚未見有宦官蠹害朝政的現象。宮官女職首設於吳元年，僅設 6 尚局。洪武五年六月命禮部定宮官女職之制，強調「宜防女寵，垂法將來」（《明太祖實錄》卷七四），禮部最後定為 6 局 1 司，設宮官 75 人，女史 18 人。後來人數屢有變動，至洪武末年有宮官 187 人，女史 96 人。

　　元朝「尚吏治而右文法」（方孝孺：《遜志齋集》卷二二，《林君墓表》），以吏治國。吏是各級政府衙門中從事文書工作、辦理日常事務的公職人員，不是國家官員。在元朝只要是粗識文字能治文書的，都可以進入政府衙門供職，而且升遷很快，少則幾年，多則二十幾年，即可從州胥府吏一步步升至省、部、台、院高級吏員，以至府、州、司、縣官員。由吏出身的官員在元朝據說佔到官員總數的 85%。這幫小吏唯利是圖，往往鑽法令煩瑣、文牘煩冗的空子，舞弊弄權，坑害百姓。結果是吏治愈來愈糟，加速了元朝的崩解。

　　明朝建立之初，官員奇缺，不得不任用一批吏員做官。但朱元璋深知以吏治國的危害，下決心進行改革。首先，制定嚴格的吏員制度。令內外諸司按照政事的多寡確定吏員的數額，嚴禁額外僱用吏員，「若濫設貼書者罪之」（《明太祖實錄》卷六五）。吏員的來源，主要是「僉充」，即從民間以徭役的形式選用。獲准僉充的，必須是「農民身家無過」者，還須是年歲在 30 歲以下的能書者，軍人與市民不得僉充。後來放寬軍戶等項人戶的充吏限制，於洪武二十八年奏准：「正軍戶，五丁者充吏，四丁不許。」（萬曆《明會典》卷八，《吏部·吏役參撥》）此外，還有「罰充」，即將有過失的生員、監生、舉人甚至官員貶為吏員，以示懲罰。吏員服役三年，要進行一次考核，合格的可以在吏員的等級系列中由低向高轉補或升轉。其次，力除法令煩瑣之弊。早在吳元年（1367 年），朱元璋令中書省制定律令，就指示李善長等人：「立法貴在簡當，使言直理明，人人易曉。若條緒繁多，或一事而兩端，可輕可重，使奸貪之吏得以夤緣為奸，則所以禁殘暴者反以賊良善，非良法也。務求適中，以去煩弊。」（《明太祖實錄》卷二六）後來，大明律令的編纂就貫徹了這一精神，盡量做到刪繁就簡，使人人易知。後來重新修訂頒佈的《大明律》也貫徹「法貴簡當」的精神，它比歷史上以簡約著稱的《唐律》更加簡約，不僅篇目從《唐律》的 12 篇減至 6 篇，法律條款也由唐律的 502 條減少為 460 條。最後，力杜文牘之弊。早在建國之前，朱元璋就針對元末以來文用四六對偶、艱澀難懂的現象，主張改革文風，提倡用口語寫作。明朝建立後，再度提倡改革文風，下令禁止官府文書使用唐宋以來官場習用的駢儷四六文

體，並選用唐代柳宗元《代柳公綽謝表》和韓愈《賀雨表》作為表箋范本，要求臣民仿效。並對公文格式進行改革，頒行《建言格式》和《案牘減繁式》，使公文大大簡化，明白易懂，易於操作。

法令的簡約，案牘的簡化，文風的改革，使吏員的政治地位日趨下降。到了明中期，隨着考試制度的完善，科舉出身被視為仕宦的唯一正途，吏員被斥為雜流，只能升任外府、外衞、鹽運司的首領官和中外雜職入流、未入流官，而不能升任其他官職，官和吏便完全分開，官員主持政令，吏員則只能處理一些事務性、技術性的工作，與元代大不相同了。

朱元璋還採取措施，落實北伐檄文中的「復漢官之威儀」，即恢復周、秦、漢、唐、宋傳統的服飾制度。元朝建立後，「悉以胡俗變易中國之制，士庶咸辮髮椎髻，深襜胡俗，衣服則為褲褶窄袖及辮線腰褶，婦女衣窄袖短衣，下服裙裳，無復中國衣冠之舊。甚者易其姓氏為胡名，習胡語」。洪武元年二月，朱元璋下詔「復衣冠如唐制」，規定「士民皆束髮於頂，官則烏紗帽、圓領袍、束帶、黑靴；士庶則服四帶巾（即四方平定巾）、雜色盤領衣，不得用黃玄；樂工冠青胆字頂巾，繫紅綠帛帶；士庶妻首飾許用銀鍍金，耳環用金珠，釧鐲用銀，服淺色團衫，用紵絲綾羅綢絹；其樂妓則戴明角冠、皂褙子，不許與庶民妻同，不得服兩截胡衣。其辮髮、椎髻、胡服、胡語、胡姓，一切禁止」（《明太祖實錄》卷三〇）。這套衣冠服飾制度名義上「如唐制」，實際上是根據周、秦、漢、唐、宋等朝代的制度再結合明初現實斟酌損益而定的。當年的十二月，又制定官民喪葬之制，廢除元代喪葬設宴會聚親友、作樂娛屍的習俗。後又令民間設義塚收埋貧苦無地的死者，禁止實行火葬的「胡俗」。洪武三年詔定服色。根據禮部的考訂，周代、漢代尚赤，唐代服飾尚黃、旗幟尚赤，宋代亦尚赤，於是取法周、漢、唐、宋，規定服色尚赤。

朱元璋還力倡憂患意識。早在吳元年（1367 年）七月，他就提醒周圍大臣：「古之賢君常憂治世，而古之賢臣亦憂治君，然賢臣之憂治君者君常安，而明主之憂治世者世常治。今土宇日廣，斯民日蕃，而予心未嘗一日忘其憂。」（《明太祖實錄》卷二四）登基的次日，他即告誡羣臣：「處天下者當以天下為憂，處一國者當以一國為憂，處一家者當以一家為憂。

且以一身與天下國家言之，一身小也，所行不謹，或致顛蹶，所養不謹，或生疢疾，況天下國家之重，豈可頃刻而忘警畏耶？」（《明太祖實錄》卷二九）為了引起人們的警戒，他下令設立專職人員，每天五更之時，在京城城門的譙樓上吹響畫角，高聲唱道：

> 為君難，為臣又難，難也難；
>
> 創業難，守成更難，難也難；
>
> 保家難，保身又難，難也難！
>
> （董穀：《碧里雜存》卷下，《鐸角》）

從「居安思危」的思想出發，朱元璋要求羣臣力戒驕傲，勤謹理政。他自己以身作則，每天都孜孜不倦親預朝政，「每旦星存而出，日入而休，慮患防危，如履淵冰」（《明太祖實錄》卷一三○）。「體或不豫，亦強出視朝。凡有陳論者，無間卑賤皆引見，四夷有小警，則終夕不寐，深思弭患之宜」（解縉：《天潢玉牒》）。據史書記載，從洪武十八年九月十四日至二十一日，八天之內，朱元璋就批閱內外諸司奏札 1660 件，處理國事 3391 件，平均每天要批閱奏札 200 多件，處理國事 400 多件。僅此一端，即可想見他的勤謹與繁忙。

第三節　尊孔崇儒，制禮作樂

朱元璋決心全面恢復中國傳統的政治文化。明朝一建立，他即明確宣佈：「仲尼之道，廣大悠久，與天地相並，故後世有天下者，莫不致敬盡禮，修其祀事。朕今為天下主，期在明教化以行先聖之道。」（《明太祖實錄》卷三○）元代被邊緣化的儒家思想再次被朱元璋定於一尊，成為國家的主流意識形態，作為維繫整個社會的精神支柱。

為了保障儒學的指導地位和作用，朱元璋大力倡導尊孔崇儒。洪武元年（1368 年）二月，下詔以太牢（牛、羊、豬三牲全備）祀孔子於國子

學，並遣使到曲阜致祭。十一月，詔以孔子第 56 世孫孔希學襲封衍聖公，品秩由元朝的三品升為二品，以其族人孔希大為曲阜世襲知縣，免除孔氏子孫及顏回、孟子大宗子孫的徭役。洪武十五年四月，詔全國通祀孔子。五月，京師國子監落成，又釋奠於先師孔子。尊儒之風，盛極一時。

在儒家學說之中，宋代的程朱理學將封建綱常化為主宰萬物的精神實體——「天理」，它比先秦的孔孟學說、漢代的經學、唐代的佛學更加精密，更具哲理性，因而也更加適應在戰後的廢墟上重建社會秩序、恢復和發展社會經濟的需要。因此，朱元璋對程朱理學的提倡更加不遺餘力。登基之後，他繼續任用元末朱學在金華（婺州）的傳承人物，如金華朱學的正宗傳人柳貫、黃溍的弟子宋濂、王禕，承「儒先理學之統」的劉基、元代金華著名理學家許謙之子許存仁等，讓他們參與國家大政的決策，或禮樂制度、文化教育事業的建設，進一步樹立程朱理學的統治地位。

與此同時，朱元璋還大力提倡讀經，反覆告諭廷臣：「夫五經載聖人之道也，譬之菽粟布帛，家不可無。人非菽粟布帛，則無以為衣食，非五經、四書，則無由知道理。」（《明太祖寶訓》卷二，《尊儒術》）除經常命儒士為太子、諸王和文臣武將講授儒家經書外，還規定生員必修四書、五經。朱元璋還命國子學祭酒許存仁教授生徒應「一宗朱子之學」，「令學者非五經、孔孟之書不讀，非濂洛關閩之學不講」（陳鼎：《東林列傳》卷二，《高攀龍傳》）。全國的科舉考試，一概從四書、五經中出題，以程朱注疏為準，四書主朱熹集注，《周易》主程頤傳、朱熹本義，《尚書》主蔡沉傳及古注疏，《詩經》主朱熹集傳，《春秋》主左氏、公羊、穀梁三傳及胡安國、張洽傳，《禮記》主古注疏。這樣，舉國上下所有思想言論，都被納入程朱理學的軌道。

儒家思想、程朱理學的內容非常龐雜。朱元璋對它的利用是從維護、鞏固君主專制的需要出發的，凡是符合這個要求的便積極加以提倡，不符合這個要求的就堅決摒棄。孟子是儒家的「亞聖」，他的著作歷來被當作儒家經典。朱元璋閱讀《孟子》，見《離婁篇》有「君之視臣如土芥，則臣視君如寇仇」等幾句話，「怪其對君不遜」，大怒曰：「使此老在今日，寧得免耶？」（全祖望：《鮚崎亭集》卷五，《辨錢尚書爭孟子事》）下令

撤去孟子在國子學孔廟中配享的牌位，規定「有諫者以大不敬論」。刑部尚書錢唐抗疏入諫說：「臣為孟軻死，死有餘榮！」（《明史》卷一三九，《錢唐傳》）後來才又恢復孟子的配享牌位。但是，朱元璋對《孟子》書中那些有背君權神聖的語句，還是極為不滿。洪武二十七年，又命老儒劉三吾編輯《孟子節文》。劉三吾按照他的旨意，將《盡心篇》的「民為貴，社稷次之，君為輕」等85條盡行刪去，只保留了175條，然後刻板頒行全國，規定刪除部分「課士不以命題，科舉不以取士」（劉三吾：《孟子節文題辭》）。

　　除了大力倡導儒學，朱元璋還大力扶植佛、道和伊斯蘭教，搞神道設教。

　　朱元璋小時當過和尚，但他認為宗教和迷信都是虛妄的東西。他明確指出：「昔梁武帝好佛，遇神僧寶公者，其武帝終不遇佛證果。漢武帝、魏武帝、唐明皇皆好神仙，足世而不遏舉。以斯之所求，以斯之所不驗，則仙佛無矣。」（《明太祖集》卷一○，《三教論》）還說：「僧言地獄鑊湯，道言『洞裏乾坤』，『壺中日月』，皆非實象。此二說俱空，豈足信乎！」（《明太祖集》卷一○，《釋道論》）但他仍大搞神道設教，因為一來可「諭眾以神仙為徵應」（《明經世文編》卷一一，《解學士文集·大庖西封事》），宣揚自己之所以坐江山是受命於天，得神之助；二來是宗教具有廣泛的社會教化功能，可以起到「暗助王綱」的作用（《明太祖集》卷一○，《釋道論》）。因此，在攻佔應天、婺州時，朱元璋便尋訪名剎高僧，攻取江西時，也派人尋訪正一道的第42代天師張正常。登基之後，經常召見著名的高僧和道士，與之探討佛學，或講論道術。有些受到信任的僧人，朱元璋則委以重任，如宗泐、智光，曾被命作朝廷的使臣，出使西藏、西域等地。吳印、華克勒等僧人，甚至受命還俗入仕，任山東、山西布政使。有些僧人還被充作耳目，出任檢校，監視臣民的活動。

　　朱元璋還常召集高僧或道士，舉行大規模的佛事活動或齋醮祈雨活動。他還下令新建、修復一批名剎、宮觀，並賜給許多土田、蘆蕩，免除其稅糧、差役。為了擴大佛、道的影響，朱元璋命四方名僧點校了《藏經》，並令宗泐、如玘等僧人重新箋釋《般若心經》《金剛經》和《楞伽

經》，並親筆為《心經》作序，為《道德經》作注，撰成《御製道德經》
兩卷，還撰寫了《周顛仙人傳》《歷代天師讚》，廣行刊佈。

　　洪武元年正月，朱元璋下令設善世院、玄教院，分別總領全國佛教、
道教事務。洪武十五年四月，復置僧錄司、道錄司，分別管理全國佛、道
事務。僧錄司之下，在府、州、縣分設僧綱司、僧正司、僧會司；道錄司
之下，分設道紀司、道正司、道會司。所有這些機構的官員，皆以僧人、
道士充任，不支俸祿。各處寺廟、宮觀的住持，皆由僧、道官舉有戒行、
通經典者送僧、道錄司考中後，報送禮部批准，方許上任。這樣，就將
佛、道教置於朝廷的控制與保護之下，便於發揮其「暗助王綱」的作用。

　　此外，由於朱元璋早年起義時，隊伍中有不少信奉伊斯蘭教的回族
人，後來南征北伐，又有不少回族將士參加進來，他對伊斯蘭教也加以尊
崇和扶持。洪武年間，曾敕建清真寺於西安、南京及滇南、閩粵、甘肅等
地，南京淨覺寺、西安清修寺、松江清真寺等，都是洪武年間新建或重修
的。朱元璋還御書《至聖百字讚》，稱讚伊斯蘭教「協助天運，保庇國民」
（劉智：《天方至聖實錄》卷二〇）的功用。洪武二十五年，朱元璋還將當
時的伊斯蘭教界名人賽哈智召至內府，封為世襲咸寧侯。

　　在尊孔崇儒的同時，朱元璋還着手進行制禮作樂的工作。明朝建國前
夕，朱元璋總結元亡的教訓說：「元氏昏亂，紀綱不立，主荒臣專，威福下
移，由是法度不行，人心渙散，遂致天下騷亂。」強調「立國之初，當先
正紀綱」，即重建中國傳統的禮法制度，說：「禮法，國之紀綱。禮法立，
則人志定，上下安。建國之初，此為先務。」（《明太祖實錄》卷一四）禮
是儒家文化的一個核心內容。儒家所說的禮，一般包括樂在內。禮的內容
非常寬泛，它既是仁義道德的規範，也是人際行為的準則，具有定尊卑
別貴賤的作用。儒家的樂，不是今人所說的音樂，而是被賦予某種道德屬
性的德音雅樂，起着陶冶性情、淑化人心、協調人羣、團結社會的作用。
禮用以辨異，分別貴賤的等級；樂用以求同，緩和上下的矛盾。在禮與法
之中，朱元璋更着重禮樂的功能，說：「朕觀刑政二者，不過輔禮樂而治
耳。……大抵禮樂者，治平之膏粱；刑政者，救弊之藥石。」（《明太祖
實錄》卷一六二）認為「治天下之道，禮樂二者而已」（《明太祖寶訓》卷

二,《興禮樂》),「禮者,國之防範,人道之紀綱,朝廷所當先務,不可一日無也」(《明太祖寶訓》卷二,《議禮》)。因此,制禮作樂也就成為他治國先務的重中之重。

元朝的禮制,蒙古色彩濃厚,朱元璋對此非常不滿,說「元氏廢棄禮教,因循百年,而中國之禮變易幾盡。朕即位以來,夙夜不忘,思有以振舉之,以洗汙染之習」(《明太祖寶訓》卷二,《議禮》)。他決定依據傳統的華夏禮制,結合明初的社會現實,為明朝制定一套去蒙古化的新禮制。建國前夕,他務未遑,即於吳元年(1367年)六月「首開禮樂二局,廣徵耆儒,分曹究討」(《明史》卷四七,《禮志》),着手修纂禮書。明朝剛建立,又從各地陸續徵調一批老儒,參與禮書的修纂。洪武元年(1368年),令中書省會同禮官擬定新的祀典及官民喪服之制、官民房舍及服飾等第。三年九月,《大明集禮》編成,計 50 卷。後來,又陸續撰成《洪武禮制》等一批禮書,釐定包括吉禮、嘉禮、賓禮、軍禮、凶禮在內的各種禮制。這些禮制,都貫穿着「辨貴賤,明等威」的原則,以體現官員內部的上下等級和官民之間的尊卑貴賤。

比如衣冠服飾,上自天子、親王、文武百官,下至庶民,他們所用冠服的衣飾、顏色、式樣,都按尊卑貴賤做出了極為詳細的規定。文武官員的冠服,分為朝服、公服、常服,各按官品使用不同的服飾。庶人的冠服,洪武三年規定用四方平定巾,雜色盤領衣,不許用黃色。又規定男女衣服不得使用金繡、錦繡、紵絲、綾羅,只許用綢、絹、素紗,靴不得裁製花樣,不得用金線裝飾。首飾、釵、鐲不得用金玉、瑪瑙、珊瑚、琥珀。庶民的帽子,不得用頂,帽珠只能用水晶、香木製作。洪武十四年又規定,農民只能穿綢、紗、絹、布,而商人只能穿絹、布,農民家裏有一人經商,也不許穿綢穿紗。二十二年還規定,農民可以戴斗笠、蒲笠出入市井,不務農者則不許可。官民的房舍也貴賤分等,上下有別。

又如官員的房舍,二十六年定制:公侯為前廳七間、二廈,九架;中堂七間,九架;後堂七間,七架;門屋三間,五架;家廟三間,五架;廊、廡、庖、庫從屋,不得過五間,七架。一品、二品官員為廳堂五間,九架;門屋三間,五架。三品至五品官員為廳堂五間,七架;門屋三間,

三架。六品至九品官員為廳堂三間，七架；門屋一間，三架。庶民廬舍，不得超過三間，五架。

就連器物的使用，比如一個小小的飲酒器具，也有嚴格的等級限制。洪武二十六年規定，公、侯及一、二品官員，酒注及盞用金器，其餘的飲酒器用銀器；三品至五品，酒注用銀器，酒盞用金器；六品至九品，酒注及盞用銀器，其餘的飲酒器皆用瓷器、漆器。至於庶民，酒盞用銀器，酒注只能用錫器，其餘的飲酒器只許用瓷器、漆器。

朱元璋認為，元亡的原因之一是廢棄華夏古樂。他說：「元時古樂俱廢，惟淫詞艷曲更唱迭和，又使胡虜之聲與正音相雜，甚者以古先帝王祀典神祇飾為舞隊，諧戲殿廷，殊非所以道中和，崇治體也。」下令「悉屏去之」（《明太祖實錄》卷六六）。朱元璋「銳志雅樂」。龍鳳二年（1356年）攻克應天後，即設典樂官，翌年又置雅樂，以供郊社之祭。吳元年（1367年）六月，在設置禮局的同時，正式設立樂局，徵調懂音律的儒臣，研究樂制的制定問題。他特地指示作樂的儒臣，要恢復華夏古代雅樂的傳統，所撰辭章要「和而正」（《明史》卷六二，《樂志》），棄絕諛辭；所作樂曲要和諧自然，「協天地自然之氣」（《明太祖實錄》卷一六二）。根據朱元璋的旨意，洪武年間相繼製成一批朝賀、祭祀、宴饗的樂歌，其中有些辭章還是由朱元璋親自撰寫的，如《圜丘樂章》《方丘樂章》《合祭天地樂章》《先聖三皇歷代帝王樂章》等。

第四節　睦鄰外交與禦倭鬥爭

自秦漢實現大一統之後，我國歷代王朝的最高君主就在「夷夏之辨」的理論基礎上，同周邊的國家建立外交關係。其核心思想是以中國為中心，由君主臨御天下，居內以制夷狄。按照這種理論框架建立起來的外交關係，是一種名義上的「宗藩」關係。與中國建交的周邊各國，仍然保留自己的君主和完整的國家機構，但作為宗藩國，必須接受宗主國的冊封，向宗主國「稱臣」「納貢」。中國的君主不干預藩屬國的內政，而是按照儒

家傳統的禮治思想，以德柔遠，並對朝貢給予大量的回賜，同時根據「和為貴」（《論語・學而》）的原則，與之建立睦鄰友好的關係，以圖建立一種和諧穩定的國際秩序。明朝建立後，朱元璋便按照這種傳統的外交模式，着手恢復與鄰近諸國的外交活動，並制定了用以指導這一活動的外交政策。

元朝初年一度實行窮兵黷武的對外擴張政策。成吉思汗曾大舉西征，並東征高麗（今朝鮮）。忽必烈建立元朝後，也多次發兵攻打日本、安南（今越南北部）、緬國（今緬甸）、占城（今越南南部）、爪哇（今印度尼西亞爪哇島）等國。元朝發動的這些戰爭，不僅遭到被侵略國家的頑強抵抗，而且極大地消耗了自己的人力、物力和財力，加重人民的負擔，激起人民的強烈不滿，福建等地便因此爆發過起義。朱元璋總結並吸收歷史上的這些教訓，強調外國如不自量力，興兵侵犯我國，一定要給予迎頭痛擊；但如果外國不來侵犯，則不可無故興兵去侵犯他國。此時，明王朝剛剛建立，國內的社會秩序尚不穩定，統一的大業尚未完成，百業雕零的經濟有待恢復，需要有一個和平安定的國際環境。因此，朱元璋決定對外採取「與遠邇相安於無事，以共享太平之福」的政策。他鄭重告諭各部大臣：「海外蠻夷諸國，有為患於中國者，不可不討；不為患中國者，朕決不伐之；惟西北胡戎（指蒙古），世為中國患，不可不謹備之耳。卿等當記朕言，知朕此意。」（《明太祖實錄》卷六八）後來，他編纂《皇明祖訓》，特地將這個政策錄載其中，並開列鄰近 15 個「不征之國」的名單，要求後代子孫不得無故侵犯。

根據睦鄰友好的原則，朱元璋在洪武元年（1368 年）十二月，分別遣使出訪高麗、安南，並致書周邊各國，通報他已即位改元，取代元朝的統治，希望與各國重新建立外交關係，開展朝貢貿易。國書說明他的外交政策為：「朕……已承正統，方與遠邇相安於無事，以共享太平之福。」（《明太祖實錄》卷三七）後來，又陸續遣使出訪日本、占城、爪哇、瑣裏（在今印度科羅曼德爾海岸）、暹羅（今泰國）、真臘（今柬埔寨）、三佛齊（今印度尼西亞蘇門答臘島巨港一帶）、渤泥（今文萊）、琉球（今日本沖繩島）、緬國和西洋諸國，重申明朝的外交政策和建交願望，並賜贈諸

國國王金綺緞紗羅。洪武三年，在給爪哇國王的國書中，他進一步申明：「朕仿前代帝王，治理天下，惟欲中外人民，各安其所。」（《明史》卷三二四，《爪哇傳》）洪武五年，接見來訪的高麗民部尚書張子溫，他再次表示願與各國和平相處的態度，說：「昔日好謊的君王如隋煬帝者，欲廣土地，枉興兵革，教後世笑壞他，我心裏最嫌。」（〔朝〕鄭麟趾：《高麗史》卷四三，《恭潛王世家》）朱元璋還設法同中亞地區的帖木兒汗國、遠在地中海東部的拂菻（東羅馬帝國）建立聯繫。

洪武二十一年，明軍在捕魚兒海（今貝爾湖）戰役中俘獲一批撒馬兒罕（在今烏茲別克斯坦）商人，朱元璋立即派韃靼王子刺刺等護送他們回帖木兒帝國，後又屢屢遣使招諭。元朝末年，有個拂菻國人捏古倫前來中國經商，元亡之後滯留未返。朱元璋得到消息，在洪武四年召見捏古倫，請他攜帶一封書信回國，交給拂菻國王，希望雙方能互通往來。後來，又正式遣使出訪拂菻，再次表達與之建交往來的願望。洪武年間，明朝使臣的足跡遍及周邊鄰國，「足履其境者三十六，聲聞於耳者三十一，風殊俗異，大國十有八，小國百四十九」（張燮：《東西洋考》卷一一，《藝文考》）。

朱元璋的外交活動得到鄰國的熱烈響應。洪武二年六月，安南國王首先遣使前來朝貢，因請封爵；八月，高麗國王派遣禮部尚書等奉表入明，祝賀朱元璋即帝位，貢方物，請封爵；九月，占城國王派遣大臣入明朝貢。日本、暹羅、真臘、琉球、呂宋（今菲律賓呂宋島）、爪哇、瑣裏、三佛齊、蘇門答臘、覽邦（今蘇門答臘島南部南榜一帶）、淡巴（一說在今馬來半島的丹帕湖一帶，一說在蘇門答臘島的甘巴河流域）、百花（今爪哇島西部）、溢亨（今馬來西亞彭亨州）、緬國、柯枝（今印度西南海岸柯欽）、大葛蘭（一說在今印度南部西海岸的奎隆，一說為今奎隆南的阿廷加爾）紛紛遣使來訪，同明朝建立外交關係。相距遙遠的拂菻也遣使入貢。帖木兒汗國當時正圖謀攻滅西方的伊兒汗國和北邊的欽察汗國，也對明朝採取「稱臣納貢」的做法，在洪武二十年首次遣使入明，貢馬 15 匹、駱駝 2 隻，「自是頻歲貢馬駝」（《明史》卷三三二，《西域傳》）。

在外交活動中，朱元璋沿襲歷代王朝的做法，以「天下共主」的「宗

主國」身份對周邊的「藩屬國」進行冊封，但並不干涉各國的內政。他有時也對各國的內政提出一些建議，但是否採納，由各國自己決定。洪武四年，安南國王陳日的伯父陳叔明逼死陳日，自掌朝政。過了三年，又讓位給自己的弟弟陳煓。陳叔明和陳煓怕明朝出兵干涉，多次遣使向朱元璋貢獻大批方物。朱元璋看出他們的心思，下詔明確表示他不干預鄰國內政的態度，說：「今朕統天下，惟願民安而已，無強凌弱、眾暴寡之為。安南新王自當高枕，無慮加兵也。」（《東西洋考》卷一〇，《藝文考》）即使有個別國家侵犯了中國的利益，朱元璋也設法通過外交途徑，採取和平的方式加以解決。洪武三十年八月，禮部報告三佛齊派間諜將明朝派往其他國家的使臣裏脅到該國去，並阻遏過往商旅，「諸國王之意，遂爾不通」。朱元璋並沒有興師動眾，出兵問罪。他聽說三佛齊歸爪哇統屬，便叫禮部致書暹羅國王，請其轉達爪哇，要求爪哇從中斡旋，「以大義告於三佛齊」，表示三佛齊如能「改過從善」，明朝「則與諸國咸禮遇之如初，勿自疑也」（《明太祖實錄》卷二五四）。

周圍的鄰國發生矛盾糾紛，朱元璋也不曾採取偏袒一方、從中漁利的做法，而是設法加以調解，儘可能促使雙方停止衝突，用和平方式解決爭端。如洪武初年，安南與占城發生戰爭，朱元璋就遣使調解。安南未聽勸告，繼續攻打占城。洪武四年，占城國王遣使請求朱元璋提供武器援助。朱元璋沒有答應，叫禮部寫信請安南國王馬上罷兵，同時寫信告訴占城國王：「本國亦宜講信修睦，各保疆土。所請兵器，於王何吝，但兩國互構而賜占城，是助爾相攻，甚非撫安之義。」（《明史》卷二三四，《占城傳》）直到洪武十二年，占城使者入貢，他還好言相勸，讓占城與安南修好罷兵。

又如洪武十六年，琉球的中山王、山南王和山北王互爭雄長，彼此攻伐，朱元璋即遣使勸告中山王：「近使者歸，言琉球三王互爭，廢農傷民，朕甚憫焉。詩云：『畏天之威，於時保之。』王其罷戰息民，務修爾德，則國用永安矣。」又勸說山南王和山北王：「二王能體朕之意，息兵養民，以綿國祚，則天必佑之。不然，悔無及矣。」（《明太祖實錄》卷一五一）後來，琉球三王接受朱元璋的勸告，停止攻伐，山北王即遣使隨同中山、山南二王的使臣入明朝貢，感謝明朝的調解。

　　在鄰國中，明與高麗是經過一段曲折坎坷的歷程，才建立比較融洽的關係的。高麗在元代為蒙古的武力所征服，與蒙古王室實行聯姻，元廷還一度在高麗設立征東行省加以控制，使之成為一個半獨立的附屬國。至正末年，高麗乘元朝勢衰之機，曾停用至正年號，恢復舊有官制，並與張士誠、方國珍通使往來，力圖擺脫元朝的控制。明朝建立後，高麗國王王顓於洪武二年八月遣使入明朝貢，朱元璋遣使冊封王顓為高麗國王，允其「儀從本俗，法守舊章」（《明太祖實錄》卷四四），正式建立宗藩關係。儘管當時高麗還同北元保持往來，但朱元璋還是採取了比較寬容的態度，不僅遣返滯留明境的高麗流民，允許高麗士子參加明朝的科舉考試，免徵高麗貢使私帶入境貨物及高麗入境海舶的稅金，而且對高麗內部事務從不插手，有時雖然提出某些建議，但是否採納，則由高麗國王自己做主。

　　洪武二年十月，朱元璋從來訪的高麗總部尚書成准得口中得知，高麗「俗無城郭，雖有甲兵而侍衛不嚴，有居室而無聽政之所，王專好釋氏，去海濱五十里或三十里，民始有寧居者」，他即寫了一通璽書，讓成准得帶給高麗國王，開導他說：「古者王公設險以守其國，今王有人民無城郭，民人將何所依？為國者未嘗去兵，今王武備不修，則國威弛。民以食為天，今瀕海之地不耕，則民食艱。凡國必有出政令之所，今王有居室而無廳事，則無以示尊嚴於臣下，朕甚不取也。歷代之君，不間夷夏，惟修仁義禮樂以化民成俗，今王棄而不務，日以持齋守戒為事，欲以求福，失其要矣。……前之數事，朕言甚悉，不過與王同其憂耳，王其審圖之。」（《明太祖實錄》卷四六）因此，這個時期明與高麗的關係還是比較融洽的。

　　但到洪武五年，明朝與高麗的關係開始發生變化。當年，高麗出身的明朝孫姓內侍，在出使高麗期間不知何故突然死亡，且高麗國王曾派人入明打探山東、北平的軍事情報。十二月，朱元璋召見高麗使者，警告說：「我如今征不征（高麗）不敢說。」（《高麗史》卷四三，《恭潛王世家》）雙方的關係逐漸趨於冷淡。當時，退居蒙古草原的北元，一直在拉攏爭取高麗。洪武七年王顓「為其下所弒」而「暴薨」，左侍中李仁任立王顓年僅 10 歲的私生子辛禑為王，執行依附北元的政策，殺害明朝使臣，並遣使出訪北元及其遼東守將納哈出，改行北元宣光年號。洪武十一年，愛猷

識理答臘死去，北元聲勢更加衰微，高麗才又改用洪武年號，要求明朝准其繼續入貢。朱元璋便索取高額歲貢，想迫使高麗與元斷交。辛禑於洪武十七年分四次貢馬 9000 匹，朱元璋才於次年遣使冊封他為高麗國王，使凍結十年之久的兩國關係趨於緩和。

洪武二十年，明軍迫降北元將領納哈出，將元朝統轄的遼東地區歸入版圖，並於二十一年在鐵嶺設置衛所。辛禑卻硬說「文、高、和、定等州本為高麗舊壤」，要求將鐵嶺劃入高麗。朱元璋斷然拒絕，指出高麗地壤舊以鴨綠江為界，從古自為聲教，「今復以鐵嶺為辭，是欲生釁矣」（《明太祖實錄》卷一九〇）。辛禑停用洪武年號，於洪武二十一年發兵侵入遼東。辛禑發兵侵犯遼東的舉措，遭到高麗右軍都統使李成桂等人的反對。李成桂勸阻無效，遂發動兵變，廢黜辛禑，復用洪武年號，後又廢黜左軍都統使所立的辛禑之子辛昌，另立王瑤，自拜左侍中，主持朝政。洪武二十五年，李成桂再廢王瑤，自立為王，尋求與明朝改善關係。

朱元璋對這一系列的政變不加干預，對來訪的高麗使臣表示：「爾恭潛王（王顓）死，稱其有子，請立之。後來又說不是。又以王瑤為王孫正派，請立之，今又去了。（李成桂）再三派人來，大概要自做王。我不問，教他自做。自要撫綏百姓，相通往來。」（〔朝〕河崙等：《李朝太祖實錄》卷二）不過，朱元璋對李成桂仍心存疑慮。當李成桂請求明朝給予冊封，要求更改國號，並提出朝鮮與和寧兩個名稱，請朱元璋代為選擇。朱元璋遲遲不予冊封，只是用代擇朝鮮的國號以表示對李成桂即位的承認。

此後，由於朝鮮招誘遼東的一些女真部落和元代移居遼東的朝鮮人，私交明朝藩王以及表箋文書用詞不當等問題，雙方仍不時發生摩擦和衝突。李成桂堅持以小事大之策，採取了許多措施，使矛盾逐一得到化解。朱元璋去世後，明惠帝朱允炆於建文三年（1401 年）為李成桂的繼承者李芳遠頒賜誥、印，雙方才重新確立了宗藩關係。

日本是中國一衣帶水的近鄰，同中國的關係原先一直非常友好，但在元代出現了波折。蒙古統治者在 13 世紀 30 年代征服高麗後，南下滅金圖宋，開始策劃遠征日本。元世祖忽必烈在位期間，兩次發兵攻打日本，均遭敗績，從此與日本斷絕往來。一些日本武士和商人來華貿易，往往暗藏

武器，順利時同中國做生意，不順利就動用武力，進行擄掠。中國古代稱日本為倭奴國，日本海盜也就被稱為倭寇。不過，從元世祖到元英宗統治時期，由於海防比較穩固，倭寇的騷擾尚未形成巨患。元泰定帝即位後，海防日漸廢弛，日本各地的封建主為擴大自己的勢力和滿足自己的奢侈慾望，積極組織境內的浪人（在戰爭中丟掉軍職而破產淪落的武士）、商人，到中國沿海從事走私和搶劫活動，中國一些失去生計的流民則導倭入寇，與之坐地分贓，倭寇因而日趨嚴重。直到至正二十三年（1363 年）八月老將劉暹在蓬州（治今山東蓬萊）給入犯的倭寇以有力打擊，倭寇的囂張氣焰才有所收斂。明朝建立之初，「乘中國未定，日本率以零服寇掠沿海」（金安清：《東倭考》）。被朱元璋消滅的張士誠、方國珍，其餘眾多亡命海上，導倭入寇，倭患又日益嚴重起來。

面對這一形勢，朱元璋決定從軍事和外交兩個方面入手，來解決倭患問題。洪武元年，他一面令朱亮祖鎮守廣東，在沿海要害之地設置衛所，加強防守，一面致國書於日本，表示他「方與遐邇相安於無事，以共享太平之福」的願望，希望能與日本建立睦鄰友好的外交關係。接着，他三次遣使赴日交涉，要求日本當局制止倭寇的寇掠活動，但都沒有結果。於是下令與日本斷交，「專以海防為務」（《明史》卷三二二，《日本傳》）。首先，是在沿海地區遍設衛所，廣修城池。據不完全統計，從遼東直到廣東的 14000 多里海防前線，洪武年間先後共建立 58 個衛、89 個守禦千戶所，此外還有 200 個左右的巡檢司和 1000 多個城池、寨堡、烽堠、墩台等。同時，籍張、方舊部及沿海之民為兵，增強沿海衛所兵力。估計整個沿海前線的衛所，共駐守着 40 多萬部隊。其次，大造戰船，加強水軍建設。早在洪武初年於都城建立水軍各衛時，就着手建造戰船。洪武三年七月建立水軍等 24 衛，規定每衛配備戰船 50 艘，共計配備了 1200 艘戰船。到洪武二十三年四月，又「詔濱海衛所每百戶（所）置船二艘，巡邏海上盜賊，巡檢司亦如之」（《明太祖實錄》卷二〇一）。按照這個規定，每個百戶所和巡檢司各配備戰船 2 艘，每個千戶所有 20 艘，每衛有 100 艘，沿海 58 個衛、89 個守禦千戶所當擁有 7580 艘戰船，加上 200 個巡檢司擁有 400 艘戰船，合共擁有戰船近 8000 艘。最後，建立賞罰制度，鼓勵將士奮勇殺

敵。在加強海防的同時，朱元璋還施行海禁，禁止沿海居民私自下海，並在浙江、福建、廣東等地實行遷界，將沿海附近海島上的居民遷入大陸，以防內部奸民私通倭寇。通過這些措施，明廷建立起陸上堅守與近海巡邏相結合的一套防禦體系。入犯的倭寇往往未及登岸，就遭到明朝水軍的追剿圍擊，葬身於汪洋大海之中，沒有釀成大患。

朱元璋的海防措施產生了良好的積極作用，然而其海禁政策卻產生了消極的後果。我國很早就與鄰國開展經濟文化交流，除了官方的貢賜貿易，還有非官方的民間貿易。明朝剛建立時也是如此。當時有不少外國商人梯山航海，前來中國進行貿易。我國東南沿海一帶，也有許多人從事海外貿易。為此，朱元璋仿效宋元的做法，於吳元年（1367 年）設太倉黃渡市舶司，對進出口貿易進行管理，按抽分制對進出的商船貨物徵稅。洪武二年（1369 年），由於倭寇的侵擾，朱元璋又以「太倉地近京師，東夷狡祚」為由撤銷黃渡市舶司，規定「凡藩舶至太倉者，令軍衞、有司同封籍其數，送赴京師」（《明太祖實錄》卷四九）。不久，復設寧波、泉州和廣州三個市舶司，規定寧波通日本，泉州通琉球，廣州通占城、暹羅、西洋諸國。洪武四年底，朱元璋認為「海道可通外邦」，擔心沿海居民藉出海之機，與張士誠、方國珍餘部及倭寇相勾結，正式宣佈「禁瀕海民不得私出海」（《明太祖實錄》卷七〇）。此後，又多次重申禁海令，規定「敢有私下諸藩互市者，必置之重法」（《明太祖實錄》卷二三一）。洪武七年九月，下令取消三個市舶司。不久恢復，最後徹底罷廢。

有些學者認為明初的海禁是一種閉關鎖國政策，這是不確切的。因為明初的海禁，只是禁止民間私人的海外貿易，並不禁止外國來華貿易，不是完全意義上的海禁。不過，當時外國的來華貿易必須在官府的控制下進行，也就是說，外國來華貿易只存在官方的貢賜貿易一個渠道。而且由於明廷對貢賜實行「厚往薄來」的原則，賞賜給貢使的物品，數量和價值總是超過他們的貢品，各國「雖云修貢，實則慕利」（《明太祖實錄》卷一三四），頻繁地遣使入貢，朱元璋於是又採取措施加以限制。洪武十六年，明廷開始實行勘合制度，由禮部頒發給朝貢國家一定數量的勘合，規定各國使臣入貢，必須持有明朝的勘合和本國的表文，到所經過的布政司

交驗，方許放行。從此，「有貢舶即有互市，非入貢即不許其互市」（王圻：《續文獻通考》卷三一，《市舶互市》），不僅海外諸國朝貢的人次控制在規定的數量之內，而且徹底切斷海外商人私自來華的途徑，使海外貿易與外交完全合一了。

　　明初的海禁政策雖與海防措施相表裏，卻未能起到加強海防的作用。因為隨着海禁和遷界措施的施行，許多沿海居民失去生計，被迫亡命海上，舉兵反抗，或者從倭為寇，為虎作倀，從而激化社會矛盾，不利於海防的鞏固。而許多外國商人無法通過正常渠道獲取中國的產品，便採取非法渠道，「多遁居海島」，勾結中國逃民，進行走私和寇掠活動，增加中國抗倭鬥爭的複雜性和艱巨性。更嚴重的是，朱元璋的海禁政策長期為其後繼者所承襲，使明代的民間海外貿易受到嚴重的壓制，在與受到優惠待遇的外國貢使的競爭中處於不利地位，結果不僅極大地限制本國商業資本的發展和由商業資本向手工製造業資本的轉化，而且影響到手工業的發展，使微弱的手工業資本難以較快地積累起來。

第七章

統一戰爭與民族政策

第一節　略定晉秦，出擊北元

　　洪武建國時，明朝的管轄範圍只限於中原、江南和閩廣地區。夏國的勢力還統治着四川，元宗室梁王把匝剌瓦爾密還盤踞在雲南，元河南王擴廓帖木兒和李思齊、張良弼、孔興、脫列伯等幾支地主武裝還控制着秦、晉、關、隴地區，天山南北仍為察哈台後王所控制，東北則駐紮着元將納哈出和也先不花、洪保保、劉益、高家奴等一些元軍。以元順帝為首的蒙古貴族退出大都後，並沒有逃往漠北的根據地和林（今蒙古國哈爾和林），而是逃到上都開平，繼續沿用元朝國號，史稱北元，任命遼陽行省左丞相也先不花為中書左丞相，而以納哈出為遼陽行省左丞相，並封擴廓帖木兒為齊王（尋升中書右丞相），封中書右丞相也速為梁王。同時，下詔向其屬國高麗徵兵徵餉，令也速屯守全寧（今內蒙古翁牛特旗），並令皇太子愛猷識理答臘率軍駐守紅羅山（在今遼寧興城北），與大寧（治今內蒙古寧城西北大名城）、遼陽互為犄角，連結上都，構成一道防線，試圖以此保住北方地區，進而南下中原。

　　此時的北元，不僅保存着完整的政權機構，而且擁有相當的軍事力量，「引弓之士，不下百萬眾也，歸附之部落，不下數千里也，資裝鎧仗，尚賴而用也，駝馬牛羊，尚全而有也」（《明史紀事本末》卷一〇，《故元遺兵》）。朱元璋統一全國的任務，仍然相當艱巨。

　　洪武元年（1368 年）八月，朱元璋接到北伐軍攻克大都的捷報後，決定乘勝統一北方地區，對蒙古採取以軍事征服為主、政治恩撫為輔「威恩兼施」的策略，兩手並用。當月，朱元璋下詔改大都路為北平府，設置六衛，令都督孫興祖、僉事華雲龍統 3 萬兵駐守，征虜大將軍徐達與副將軍常遇春按照北伐前制訂的作戰方案，率師進取山西，並任命湯和為偏將

軍，與副將軍馮勝、平章楊璟俱從徐達出征。八月二十五日，朱元璋再次來到開封，具體部署作戰行動。遵照朱元璋的部署，常遇春、傅友德於九月率領一支先頭部隊離開北平，南下攻佔真定；馮勝、湯和則於十月間率兵由河南府渡河，攻佔潞州（今山西長治），與常、傅形成兩路夾攻之勢。十一月，徐達領薛顯等統率大軍離開北平，至真定與常遇春會師，準備分兵攻取山西。元順帝北逃上都途中，曾命擴廓帖木兒率兵出雁門關，經居庸關進襲北平。這時，擴廓帖木兒已帶兵離開太原。徐達採取批亢搗虛之策，乘其不備，率兵經井陘向太原挺進，擴廓帖木兒進至保安（今河北涿鹿），急忙回救太原。十二月，徐達採納郭英的建議，讓郭英率精騎夜襲敵營。擴廓帖木兒狼狽率 18 騎向大同方向逃竄。常遇春帶兵追擊，擴廓帖木兒又逃往甘州（今甘肅張掖）。常遇春追至忻州（今山西忻縣），找到從前被擴廓帖木兒扣留的使臣汪河。汪河被擴廓帖木兒扣留了很長時間，知其虛實，「及還，陳方略，擴廓由是多敗」（《鴻猷錄》卷五，《略下河東》）。徐達乘勝分兵攻取山西未下州縣。

山西平定後，下一個目標是攻取關、隴。洪武二年二月，徐達派常遇春、馮勝等率兵渡河趨陝西。三月，徐達統率大軍進入奉元路（治今陝西西安）。元將張良弼先已棄奉元逃奔慶陽，徐達入城，改奉元路為西安府，令耿炳文駐守西安，常遇春、馮勝西攻鳳翔。李思齊棄鳳翔西奔臨洮，鳳翔遂為常遇春、馮勝所克。

四月初二，徐達與諸將會集鳳翔，討論出擊方向。諸將都認為張良弼的才幹不如李思齊，慶陽也比臨洮好打，應先取慶陽，再從隴西進攻臨洮。徐達說：「不然。思道（張良弼）城險而兵悍，未易猝拔。臨洮之地，西通蕃夷，北界（黃）河、湟（水），我師取之，其人足以備戰鬥，其土地所產足以供軍儲。今以大軍蹙之，思齊不西走胡，則束手就降矣。臨洮既克，則旁郡自下。」（《明太祖實錄》卷四一）

諸將贊同這個主張，徐達遂率兵西進，相繼西取隴川（今陝西隴縣）、鞏昌（今甘肅隴西），然後分兵兩路，令馮勝攻臨洮，顧時、戴德攻蘭州。四月十三日，顧時等克蘭州，馮勝也到達臨洮，李思齊舉城投降。朱元璋得到捷報，遣使指示徐達：「李思齊既降，宜進攻慶陽、寧夏。張思

道兄弟多詐，若來降，當審處之，勿墮入其計也。」（《明史紀事本末》卷九，《略定秦晉》）徐達派人將李思齊送至南京，朱元璋任命他為江西行省左丞，食祿而不之官。

徐達遵照朱元璋的命令，回師東向，連續攻克安定（今甘肅定西）、會州（今甘肅會寧）、靖寧（今甘肅靜寧）、隆德，東出蕭關（在今寧夏固原東南）而下平涼。與此同時，另一路明軍也攻克延安。張良弼聽說臨洮被明軍攻佔，懼走寧夏，令其弟張良臣與平章姚輝戍守慶陽。張良弼到寧夏後，為擴廓帖木兒所不容，連同其部將金牌張等全都被捉。

徐達在五月間攻佔平涼後，即謀取慶陽。他令湯和派兵攻打涇州（今甘肅涇川），同時派人招降張良臣。張良臣假意表示願降，但當薛顯率騎步兵前去受降時，他又乘夜偷襲薛顯的營賬。徐達聞訊，率師急趨涇州，馮勝、傅友德也自臨洮率兵前來會師。他們分兵攻取慶陽周邊的據點，再進逼慶陽，以重兵四面圍城。擴廓帖木兒見慶陽危急，派部將韓扎兒率兵增援，途中遭明軍截擊，敗回寧夏。張良臣坐困孤城，糧盡援絕。八月，姚輝開門迎降，徐達率師入城，張良臣父子投井自殺未死，被撈出斬首。

陝西地區至此平定。朱元璋命徐達與湯和返京議功賞，令右副將軍馮勝權鎮慶陽，節制各路兵馬。十一月初一，徐達回到京城。過了十三天，急於領賞的馮勝私自引兵還京。擴廓帖木兒乘機「縱游騎掠平涼、鞏昌北部人畜，大為邊患」（《國榷》卷三）。朱元璋嚴厲批評了馮勝，後來大賞平定中原及征南將士，賞給馮勝的金帛也少得多，「不能當大將軍（徐達）半」（《獻徵錄》卷八，王世貞：《宋國公馮勝傳》）。

洪武二年二月，當徐達、常遇春率領明軍西攻陝西之時，圖謀復辟的元順帝命中書右丞相也速率萬騎南下，進襲通州。通州守將曹良臣手下只有 1000 名士兵，但他巧佈疑陣，驚退敵軍。四月，為了確保北平的安全，朱元璋命副將軍常遇春自鳳翔回師北平，以李文忠為偏將軍，準備出塞進攻開平。

六月，也速再次引兵南下，進攻通州。朱元璋即命常遇春、李文忠率 9 萬步騎兵往攻開平。也速聞訊，領兵北返。常遇春、李文忠率兵經會州（在今河北平泉西南），在大寧擊敗也速兵，進克開平。元順帝北奔，薊

北悉平。七月初七，常遇春還師柳河川（在今河北宣化北），突發暴病而死。此時，慶陽尚未攻克，朱元璋令李文忠率兵自北平會攻慶陽。元順帝逃至應昌（在今內蒙古達里諾爾湖畔），又令脫列伯、孔興以重兵攻打大同。八月，李文忠在太原聞訊，揮師由代州（今山西代縣）出雁門關，北上追擊脫列伯、孔興。脫列伯戰敗被俘，孔興逃往綏德，為部將所殺。元順帝眼看大勢已去，從此「無復南向矣」（《明太祖實錄》卷四四）。

北元的幾支武裝隊伍，以退據甘肅的擴廓帖木兒最能打仗。洪武二年八月，朱元璋再次給擴廓帖木兒寫信勸降，但他置之不理，並在十二月間乘明軍南還，引兵襲擊蘭州。朱元璋決定出兵還擊。洪武三年（1370 年）正月，命徐達為征虜大將軍，李文忠為副將軍，馮勝為左副將軍，鄧愈為左副副將軍，湯和為右副副將軍，分兵兩路出征，「一令大將軍自潼關出西安，搗定西，以取王保保；一令左副將軍出居庸，入沙漠，以追元主，使其彼此自救，不暇應援」（《明太祖實錄》卷四八）。徐達率西路軍於三月抵達定西，四月進抵沈兒峪口，與擴廓帖木兒隔深溝而對壘，爆發了一場數十萬人的激戰。擴廓帖木兒派數千精騎從間道偷襲明軍東南的營寨，明軍潰散。翌日，徐達整頓隊伍，擊敗擴廓帖木兒，俘獲郯王以下 85000餘人，繳獲戰馬 15000 餘匹和大批駝驢。擴廓帖木兒與妻子向北逃竄，「至黃河，得流木以渡，遂由寧夏奔和林」（《明太祖實錄》卷五一）。五月，徐達令鄧愈南下臨洮，進攻河州（治今甘肅臨夏）。鄧愈攻克河州後，命鳳翔衛指揮副使韋正鎮守，並遣使招諭吐蕃。六月，北元陝西行省吐蕃宣慰使何鎖南普至鄧愈軍門投降；元宗室、吐蕃地區法理上的所有者鎮西武靖王卜納剌，也在韋正的招撫下，帶領所轄吐蕃諸部大小番酋來降。「於是，河州以西，甘朵、烏思藏等部皆來歸，征哨極甘肅西北數千里始還」（《明史紀事本末》卷一〇，《故元遺兵》）。

李文忠率 10 萬東路軍於二月間出野狐嶺（在今河北萬全北）經興和（今河北張北），至察罕腦兒擒獲北元平章竹貞。五月，進抵開平，再向應昌挺進。途中得知元順帝因患痢疾已於四月二十八死去，乃督兵全速進軍。五月十六進克應昌，俘獲元順帝孫買的里八剌並后、妃、宮人及諸王、省院官員等，繳獲寶璽及大批駝馬牛羊。皇太子愛猷識理答臘攜數

十騎出逃，李文忠率精騎追至慶州（在今內蒙古巴林右旗境內），不及而還。愛猷識理答臘向西北方向逃奔和林。

十一月，徐達、李文忠班師回京，朱元璋論功行賞，進宣國公李善長為韓國公，信國公徐達為魏國公，封常遇春子常茂為鄭國公，李文忠為曹國公，鄧愈為衛國公，馮勝為宋國公，封湯和、唐勝宗、陸仲亨、周德興、華雲龍、顧時、耿炳文、陳德、郭興、王志、鄭遇春、費聚、吳良、吳禎、趙庸、廖永忠、俞通源、華高、楊璟、康鐸（康茂才長子）、朱亮祖、傅友德、胡美、韓政、黃彬、曹良臣、梅思祖、陸聚等 28 人為侯，各賜鐵券，食祿有差。所封公、侯俱令子孫世襲。封汪廣洋、劉基為伯，各賜誥命、食祿。同年，還封薛顯為侯，翌年又封汪興祖為侯。

明軍這次兩路出擊，逼使北方勢力從應昌、定西一線北撤。接着，朱元璋再次發動招撫攻勢。當年五月，得到元順帝的死訊，他為元順帝上諡號，遣使致弔。六月，李文忠派人送買的里八剌及其母、妃到達南京，朱元璋封買的里八剌為崇禮侯，賜第宅於龍山。同時，遣使招諭北元宗室部落官民，聲明「朕既為天下主，華夷無間，姓氏雖異，撫字如一」，宣佈北元嗣君愛猷識理答臘如能歸附，「當效古帝王之禮，俾作賓我朝」；北元官吏如能傾心來歸，將「不分等類，驗才委任」；其宗伯王駙馬部落臣民如能率眾來歸，「當換給印信，還其舊職，仍居所部之地，民復舊業，羊馬孳畜，從便牧養」（《明太祖實錄》卷五三）。七月，又釋放北元平章徹裏帖木兒，讓他帶信給愛猷識理答臘，稱他如能臣服，「尚可為一邦之主」「藉我之威，號令部落」（《明太祖實錄》卷五七）。這些招撫政策逐漸收到效果，與明朝接境之處的一些北元文武官員歸降了明朝。明朝在河州至遼東沿邊一帶先後設置一批衛所，強化了近塞地區的防禦力量。

但是，愛猷識理答臘仍然拒絕朱元璋的招降。他自幼由丞相脫脫撫養，六歲還宮後接受了比較系統的教育，被立為皇太子後開始參決政務，具有較高的漢文化素養和處理政務的能力。他取代昏聵腐朽的元順帝後，稱必力克圖汗，改元宣光，以擴廓帖木兒為中書右丞相，一心想挽回元室既倒的頹勢，不時派兵南下騷擾。元朝的遺民因此燃起新的復闢希望，不僅沿邊有些宗王、官吏固守山寨，堅持與明軍對抗，就是有些已經歸附明

朝的宗王、軍民也不時反水，策應北元軍隊的行動。洪武四年二月，北元遼陽行省平章劉益以遼東州郡地圖並籍兵馬錢糧之數奉表降明，朱元璋詔置遼東衛，以劉益為指揮同知。未幾，他便被北元平章洪保保、馬彥翬共謀殺害。

面對這種狀況，明朝的一些將領產生了急躁情緒。洪武五年正月，朱元璋在武樓與諸將商討北方的邊防問題，徐達建議北征大漠。朱元璋一貫主張用兵「貴於持重」，所以起初並不贊成，說：「敗亡之眾，遠處絕漠，以死自衛。困獸猶鬥，況窮寇乎！姑置之。」但諸將一致支持徐達的主張，說：「王保保狡猾狙詐，使其在，終必為寇。不如取之，永清沙漠。」朱元璋遂同意，並詢問北征沙漠需要多少兵力。徐達說有 10 萬兵力足矣，朱元璋認為 10 萬太少，決定出動 15 萬軍隊，分成三路，以魏國公徐達為征虜大將軍，率主力中路軍出雁門關，揚言欲攻取和林，引誘北元軍隊至近邊決戰；曹國公李文忠為左副將軍，率東路軍自居庸關出應昌，奔襲北元朝廷；宋國公馮勝為征西將軍，率西路軍出蘭州取甘肅，以迷惑和牽制北元西北諸王的軍隊，配合中路軍作戰。臨出征前，朱元璋特地叮囑諸將：「卿等宜益思慎戒，不可輕敵。」（《明太祖實錄》卷七一）

二月，徐達率中山侯湯和等領中路軍進抵山西，以都督藍玉為前鋒，出雁門關，在野馬川擊敗蒙古游騎，三月又在漠北腹地土剌河畔擊敗擴廓帖木兒的軍隊。擴廓帖木兒吸取在甘肅沈兒峪與明軍正面對決慘遭敗北的教訓，步步後撤，力圖引誘明軍深入，然後發揮自己的騎兵機動作戰的優勢，在廣闊的草原與明軍周旋，再尋機加以殲擊。一向「持重有紀律」（《明史》卷一二五，《徐達傳》）的徐達，無視自己的部隊步騎相雜、互相牽制、糧餉運輸困難、不便機動的弱點，違背朱元璋的引誘北元軍隊至近邊決戰的戰略決策和「不可輕敵」的誡諭，恃屢勝之威窮追不捨，深入漠北。五月，明軍抵達抗愛嶺北（約在今蒙古國烏蘭巴託東北），既疲憊不堪又輕敵麻痺，結果遭到擴廓帖木兒及其驍將賀宗哲的圍擊，戰死 1 萬多人。徐達急忙下令收兵，高壘深溝以自保，堅守一個多月後撤退南還。七月，殿後的湯和也在斷頭山遭遇敵軍，吃了敗仗。

李文忠率都督同知何文輝領東路軍出居庸關後，經應昌北上，至臚朐

河（今內蒙古克魯倫河），敵軍驚潰。李文忠留下輜重，親率大軍，人攜20天口糧，兼程並進，直趨土剌河、阿魯渾河（今蒙古國鄂爾渾河），直至稱海（在今鄂爾渾河一帶），與北元軍隊多次交戰，雖有斬獲，但自己也遭受很大損失，宣寧侯曹良臣等多名將領陣亡。

馮勝領臨江侯陳德、潁川侯傅友德等率西路軍出發後，於五月間抵達蘭州，六月進至甘州，降北元守將上都驢，然後乘勝進軍亦集乃路，降北元守將卜顏帖木兒，又進至瓜（在今甘肅定西西南）、沙（在今甘肅敦煌對岸）而還。西路軍掃蕩了北元甘肅行省全境，但北元軍民大多退走，所以戰果不大。十二月，馮勝焚毀甘州城池及軍需物品，「棄城歸，並寧夏、西涼、莊浪三城之地亦棄，僅以牛羊馬駝令軍人趕歸」（《明興野記》卷上）。

這次對北元用兵，中路軍戰敗，東西兩路雖取得一些勝利，但所獲不多，而明軍自己也遭受了不小的損失，估計三路大軍共犧牲了幾萬人。洪武六年七月，朱元璋在會見高麗使臣姜仁裕時說：「我這裏兩三處折了四五萬軍馬。」（《高麗史》卷四四，《恭湣王世家》）25年後，朱元璋回想這個戰役，還後悔不迭，寫信告誡鎮守北方邊境的晉、燕二王說：「吾用兵一世，指揮諸將，未嘗敗北，致傷軍士。正欲養銳，以觀胡變，夫何諸將日請深入沙漠，不免疲兵於和林，此蓋輕信無謀，以致傷生數萬。」（《明太祖實錄》卷二五三）

北元軍隊乘機發動反攻，不時襲擊從遼東直至甘肅沿邊地帶，並重新攻佔興和、亦集乃和甘肅的西北地區。從洪武四年五月起，還與雲南的梁王建立了聯繫，高麗也於洪武十年正式奉北元正朔。北元的統治逐步趨於穩定，愛猷識理答臘得意地聲稱：「頃因兵亂，播遷於北，今以擴廓帖木兒為相，幾於中興。」（《高麗史》卷一三三，《辛禑傳》）

明朝的北部邊境出現了嚴重的危機，朱元璋只得重新考慮對北元的策略方針。他認識到，此時衛所制度尚在建立之中，明軍主要是原先參加起義的隊伍和投降過來的元朝軍隊及各個割據勢力的隊伍。他們主要來自江南地區，步卒數量雖多，騎兵隊伍不大，不適於深入漠北草原作戰。況且，這時明朝的經濟尚未恢復，實力不夠強大，加上長城以內尚未完全統一，特別是雲南地區還為北元梁王勢力所控制，明軍北伐還存在着後顧之

憂，因此一時難以消滅北元。於是，他吸取這次北征失敗的教訓，決定暫時放棄主動出擊的策略，改為積極防禦的做法。洪武五年十一月，朱元璋下令將北征將士調回山西、北平等地。翌年三月，命徐達為征虜大將軍，李文忠為左副將軍、馮勝為右副將軍，鄧愈為左副副將軍、湯和為右副副將軍，統兵往山西、北平訓練備邊，反覆誡諭他們：「禦邊之道，固當示以威武，尤必守以持重，來則禦之，去則勿追，斯為上策。若專務窮兵，朕所不取，卿等慎之。」（《明太祖實錄》卷七八）「但保障清野，使來無所得，俟其惰歸，則率銳擊之，必掩羣而獲。」（《明太祖實錄》卷八○）實際上是重申「貴於持重」和「固守疆圉」的方針。洪武八年正月，又遣鄧愈、陸聚往陝西，湯和、李伯升往彰德、真定，馮俊、孫通、賴鎮往汝寧，李謐、耿孝、黃寧、李青、陳方、庸武興往北平、永平督兵屯田，開衞戍守。第二年正月，覆命湯和、傅友德、藍玉、王弼、丁玉率師，往延安防邊。為了加強對蒙古的防禦，明朝在長城沿線的軍事衝要之地陸續增置衞所。除原有的駐軍，又通過歸附、謫發特別是垛集的方式，大量補充沿邊衞所的兵力，修建城池關隘，屯田戍守。並將沿邊百姓遷入內地，實行堅壁清野。經過一段時間的經營，東起遼東，西至關、隴，衞所林立，堡寨相望，構成一道堅固的防線。

在積極加強北方邊境防禦的同時，朱元璋繼續對北元發動招撫攻勢。洪武五年十二月，他主動致書愛猷識理答臘，勸其仿效南宋事金之例以事明。七年九月，還遣使將買的里八剌送回漠北，並致書愛猷識理答臘，勸其歸降。對擴廓帖木兒的招撫，更是煞費苦心。擴廓帖木兒敗奔和林之前，朱元璋先後給他寫過七封信，擴廓帖木兒都未答覆。擴廓帖木兒敗奔和林後，明軍俘獲其家屬，朱元璋又逆用漢代劉敬提出的公主遠嫁之策，封其妹為秦王妃，並再次派人招撫。擴廓帖木兒仍不為所動。洪武七年，他又派李思齊前往蒙古勸降。擴廓帖木兒留李思齊住了幾天，然後派騎兵送李思齊返回明朝，在邊界，要他留下一隻胳膊作為紀念。李思齊忍痛砍下一隻胳膊，回到南京就死了。後來，擴廓帖木兒隨愛猷識理答臘徙往金山（今阿爾泰山）之北，洪武八年八月死於哈剌那海的衙庭。此後北元中路和西路的軍事力量日漸削弱，不能再南下深入內地騷擾。到洪武十一年

四月，愛猷識理答臘病死，其弟（一說為其子）脫古思帖木兒繼位，稱烏斯哈勒汗，改元天元，聲勢更加衰微。就在這一年，朱元璋命第二子秦王朱樉、三子晉王朱棡就藩西安、太原，洪武十三年令四子燕王朱棣就藩北平，授予他們軍事大權，准其建立護衛，益以軍卒，以加強防禦力量，北方邊境的軍事形勢進一步穩定下來了。

第二節　平定四川、雲南

洪武三年（1370年），明軍東西兩路出擊應昌和定西，迫使北元勢力往北撤退，這為明軍平定四川夏政權創造了條件。

夏政權的創建者明玉珍，本姓旻，名珍，元黃州路隨縣（今湖北隨州）人。「家世務農」（黃標：《平夏錄》），估計是中小地主。元末農民大起義爆發後，明玉珍被鄉民推為屯長，組織一支地主武裝，結寨自保。至正十一年（1351年）徐壽輝攻佔蘄湖州郡後，派人招降，他仗劍往從，歸附天完紅巾軍，被授為統兵征虜大元帥，隸倪文俊麾下。他曾率部與元將哈剌林禿激戰洞庭湖中，右目被流矢擊中。至正十五年夏，奉命領兵萬餘人，前往四川夔州府（治今重慶奉節）籌糧，由於紀律嚴明，頗得百姓擁護。後乘四川元朝兵力空虛，襲據重慶，又在廣元等地擊敗自陝西入川的大宋西路軍將領李喜喜，據有四川西北部，接着領兵南下，進軍川西南，次第消滅了四川境內的元軍。陳友諒弒徐壽輝自立為帝後，明玉珍非常不滿，於至正二十一年十月稱蜀隴王，派兵扼守瞿塘關，和陳友諒斷絕往來。至正二十三年正月初一，在重慶稱帝，建大夏國，改元天統。隨後命司馬萬勝、鄒興等分兵三路進攻雲南，均告失利。接着便着力經營四川，發展生產；設國子監，開科取士；去釋、老二教，上奉彌勒；崇尚節儉，輕徭薄賦，「賦稅十取其一，農家無力役之徵」（《平夏錄》）；堅持反元鬥爭，至死猶以「中原未平，元虜未逐」為念，因而頗得蜀民的支持。天統四年（1366年）二月病逝，時年僅36歲。其子明升繼位，年僅10歲，由母彭氏垂簾聽政，改元開熙。大臣不聽約束，爭權奪利，互相殘殺。第二

年，部將平章吳友仁入朝專權，他貪墨成風，「私家倍於公室，倉帑空虛」（《明氏實錄》），國勢於是日趨衰落。

朱元璋與明玉珍都是反對陳友諒的，雙方關係本來比較好。龍鳳十年（1364 年）陳理歸降後，朱元璋開始遣使與明玉珍通好。後來明升繼位，仍同朱元璋保持往來。明朝建立後，明升於洪武元年（1368 年）十二月致信祝賀明軍攻克大都，朱元璋乘機派使者致書明升，讚揚其父明玉珍識時務，通時變，「能通使修好」，希望明升也能「度德量力，審機識變」，順應天下「定於一」的大勢，「以安靖生靈」（《明太祖實錄》卷三七），即歸順於明朝。明升未做答覆。洪武二年，明軍平定關隴，控扼夏國的北部門戶，夏廷震恐，左丞相戴壽慌忙找明升商量對策，說明軍所向無敵，「以王保保、李思齊強盛如此，尚莫能禦，況吾蜀乎」，但吳友仁認為蜀地非中原可比，設有緩急，據險可守，軍資又充足，雖勇將強兵，其若我何，主張「外假交好以緩敵，內修武事以備禦」（《明太祖實錄》卷四三）。明升採納他的意見，繼續遣使與明廷修好通貢。不過，朱元璋並不滿足，洪武二年十月又派湖廣行省平章楊璟入蜀招諭，勸明升獻地歸附，因吳友仁等人的反對，明升沒有答應。十二月初，楊璟從四川歸來，建議「舉兵取之」，朱元璋認為「兵之所加，必貴有名」，主張繼續招降，「俟其悔悟來歸」（《明太祖實錄》卷四七）。

洪武三年五月，明軍攻佔興元，直接威脅到夏國的安全。當年，朱元璋兩次遣使請求假道蜀境攻打雲南的梁王，都遭到拒絕，自此「明夏竟絕和好」（《明氏實錄》）。七月，明升派吳友仁領兵北上攻奪興元，接着又令瞿塘關守將、平章莫仁壽出兵東下攻打歸州（今湖北秭歸），均以失敗告終。這就給朱元璋提供了出兵的藉口。洪武四年正月，朱元璋正式向夏國發動進攻。他根據四川的地理形勢，決定兵分兩路，以中山侯湯和為征西將軍，江夏侯周德興為左副將軍，德慶侯廖永忠為右副將軍，令其與滎陽侯楊璟、都督僉事葉升等率京衛和荊、襄的舟師，由瞿塘趨重慶；潁川侯傅友德為前將軍，濟寧侯顧時為左副將軍，令其與都督僉事何文輝等率河南、陝西的步騎兵，由秦、隴趨成都。並告誡諸將，要「肅士伍，嚴紀律，以懷降附，無肆殺掠」（《明太祖實錄》卷六〇）。臨出師前，朱元璋

密諭傅友德：「蜀人聞吾兵西伐，必悉其精銳東守瞿塘，北阻金牛（在今陝西寧強北），以拒我師。彼必謂地險而吾兵難至，若出其不意，直搗階（今甘肅武都西）、文（今甘肅文縣），門戶即隳，心腹自潰。」（《明太祖實錄》卷六四）。

兩路大軍按照朱元璋的部署，開向四川。正如朱元璋所預料的，夏國果然以重兵扼守瞿塘關，先令莫仁壽以鐵索橫斷峽口，後又派戴壽、吳友仁、鄒興、飛天張前往增援。戴壽等派人鑿西岸崖壁，引鐵索架起三道飛橋，鋪上木板，置放炮石、木杆、鐵銃，並在飛橋兩岸架設大炮，層層設防。湯和、楊璟率領南路軍於閏三月進抵夔州大溪口（在今重慶奉節東南長江右岸）。楊璟分兵三路進攻瞿塘關，遭到阻擊後退回歸州。傅友德率領的北路軍卻進展非常順利。他遵照朱元璋的囑咐，選派 5000 精兵為前鋒，大軍繼後，揚言將出金牛，暗中卻攀緣山谷，直趨防守薄弱的陳倉（在今陝西寶雞東），於四月迭克階州、文州，進而攻下青川（今四川平武東）、杲陽（在青川南）、江油、彰明（在江油南）、龍州（今四川平武）、綿州（今四川綿陽），向漢州（今四川廣漢）逼近。為瓦解夏軍鬥志，傅友德命將士製作數千塊木牌，寫上攻克階州、文州、龍州、綿州等地的日期，投入江中，順流而下，「蜀守將見之，為之解體」（《平蜀記》）。戴壽見階、文失守，為保成都，令鄒興、飛天張留守瞿塘關，自己和吳友仁領兵還救漢州。六月，明軍在漢州城下擊敗從綿州潰退下來的夏將向大亨，接着又擊敗前來赴援的戴壽、吳友仁，一舉攻克漢州。戴壽與向大亨退守成都，吳友仁逃往古城，後又逃往保寧（今四川閬中）。

五月，湯和、周德興和廖永忠再次率南路軍自歸州進攻瞿塘，因江水暴漲，中途駐兵大溪口，擬待長江水落時再進軍。六月，朱元璋得到北路軍攻克龍州的捷報，敕諭湯和，說傅友德連克階、文、龍諸州及青川、杲陽等地，進入四川平原，敵人已無險可恃，「平蜀之機，正在今日。若俟水退然後進師，豈不失機誤事」（《明太祖實錄》卷六六）。在朱元璋的催促下，廖永忠馬上引兵出發。湯和還在猶豫，見到順江水漂來的傅友德部的木牌，才帶領軍士伐木開道，從山路向夔州挺進。廖永忠部於六月初先於湯和抵達舊夔州府，擊敗夏軍後，進兵瞿塘關。他到瞿塘關時，見山峻

水急，又有鐵索飛橋橫斷江上，明軍無法通過。於是選派數百精兵，攜帶乾糧水筒，抬着小舟逾山渡關，到達夏軍上游，在夜間駕小舟順流而下。自己則在下游率精銳出黑葉渡，兵分兩路，於五更之時殺向夏軍的陸寨和水寨。黎明時分，明軍攻破陸寨，而後又與從上游順流而下的精兵上下夾擊，攻破夏軍的水寨，射殺夏將鄒興，焚毀橫江的三道鐵索飛橋，攻破瞿塘關，佔領了夔州。翌日，湯和帶兵到達夔州，決定與廖永忠分道並進，約會於重慶。

六月十八，廖永忠率領舟師抵達重慶，次銅鑼峽。明升與右丞劉仁等大懼，劉仁勸明升逃奔成都。明升母彭氏認為即使逃往成都，也不過延命旦夕，「不如早降，以免生靈於鋒鏑」（《明太祖實錄》卷六六）。遂遣使至廖永忠軍營，獻城投降。廖永忠因湯和未到，沒有接受。二十二日，湯和率步騎兵到達重慶，與廖永忠會師，這才接受明升的投降。湯和、廖永忠禮待夏廷君臣，並安撫戴壽、向大亨的家屬。過了四天，永嘉侯朱亮祖也帶兵到達重慶。原來，在四月間朱元璋因湯和、傅友德等伐蜀已屆三月，未得捷報，又任命朱亮祖為右副將軍，帶兵入川增援。當他抵達重慶時，湯和、廖永忠早已引兵入城了。

七月，傅友德率兵圍攻成都，戴壽、向大亨等投降。接着，傅友德分兵會朱亮祖，攻取未附州縣。到八月，四川各地均被攻佔，但吳友仁仍據保寧頑抗。朱元璋遣使責問湯和等將領：「今全蜀已下，惟吳友仁尚據保寧，偷旦夕之命。乘機而取之，此破竹之勢，無不克者。將軍徘徊不進，何也？吾付將軍以大任，而臨事往往逗撓，如此何以總軍事、寄國命乎？」（《明太祖實錄》卷六七）湯和等聞詔，急忙派周德興會同傅友德率兵進攻保寧。不久，保寧城破，吳友仁被活捉，解送南京處死，蜀地悉平。後來，朱元璋獎賞平蜀將士，授予傅友德、廖永忠頭等獎賞，而未獎賞湯和。

明升在七月十五日被送到南京，朱元璋封其為歸義侯，並賜給一所第宅。第二年，下令將明升與陳理一起遷置高麗耽羅島，囑咐高麗國王善待他們。

明軍攻滅夏國，平定四川，為平定雲南提供了方便條件。

雲南在宋代為白族首領段氏建立的大理國所統治。元滅南宋之前，忽

必烈率蒙古軍攻入雲南，滅大理國。元朝建立後，元世祖忽必烈置雲南行中書省，立第五子忽哥赤為雲南王以鎮之，忽哥赤死後，又封其子松山為梁王，仍鎮雲南，同時設大理都元帥府，「仍錄段氏子姓，世守其土」（楊慎：《滇載記》）。故大理國王之子段實受命總管大理（沿今雲南大理西北）、善闡（治今雲南昆明市舊城南關外）、會川（治今四川會理南）、建昌（治今四川西昌）、永昌（治今雲南保山）、騰越（後改騰沖，今屬雲南）諸郡，是為第一代總管。元順帝至正年間，忽哥赤的後裔把匝剌瓦爾密襲封梁王，駐守中慶路（治今雲南昆明）滇中地區。他與統治大理一帶的段氏既存在矛盾，彼此征戰不已，又互相聯合，共同對抗農民起義軍。

洪武三年（1370 年），明軍取得應昌和定西戰役的勝利，朱元璋曾打算先攻雲南再取四川。他向明升提出假道夏國進兵雲南的請求，但遭拒絕，只好作罷。滅夏之後，同四川接壤的順元（治今貴州貴陽）宣慰和普定路（治今貴州安順）總管聞風歸附，雲南東、北兩面的障礙被掃除，統一雲南的時機已經成熟。但這時，朱元璋仍以雲南險阻，不擬使用武力，想以和平的方式解決雲南問題。洪武二年、三年，他曾兩次遣使至雲南招諭，皆未果。五年正月，北平守將俘獲梁王遣往漠北的使臣蘇成，朱元璋又派翰林待制王禕攜帶詔書，隨同蘇成前往雲南。六月，王禕抵達昆明，向梁王陳述明廷和平招降的方針，梁王頗有降意。第二年，愛猷識理答臘派使臣脫脫至雲南徵糧，在其脅迫之下，梁王殺掉了王禕。七年八月，朱元璋再遣故元威順王子伯伯賞詔往諭梁王，也遭拒絕。第二年九月，朱元璋第五次命湖廣行省參政吳雲出使雲南，令被徐達俘獲的梁王派往漠北聯絡的鐵知院等 20 餘人同行。行至雲南沙塘口，吳雲被鐵知院等人殺害。多次招降未成，朱元璋決定用武力平定雲南。但因忙於整治內部的軍國大事，此事拖至洪武十四年才付諸實施。

洪武十四年，朱元璋先命已經退休的湖廣布政使何真及其子何貴祖同往雲南，「規劃糧餉，開拓道路，置立驛站，集糧草，以候大軍征進」（《獻徵錄》卷一〇，黃佐：《何真傳》）。當年八月，又命諸將簡練軍士，準備出征。九月初一，任命潁川侯傅友德為征南將軍，永昌侯藍玉、西平侯沐英為左、右副將軍，率兵出征。出兵前，朱元璋仔細研究雲南地圖，

並向熟悉雲南的人了解當地山川形勢，制訂了一個周密的作戰計劃，對傅友德等將領說：「取之之計，當自永寧（治今四川敍永西南）。先遣驍將別率一軍以向烏撒（治今貴州威寧），大軍繼自辰、沅（治今湖南芷江），以入普定，分據要害，乃進兵曲靖。曲靖，雲南之喉襟，彼必並力於此，以拒我師。審察形勢，出奇取勝，正在於此。既下曲靖，三將軍以一人提勁兵趨烏撒，應永寧之師，大軍直搗雲南（昆明）。彼此牽制，使疲於奔命，破之必矣。雲南既克，宜分兵徑趨大理。先聲已振，勢將瓦解。其餘部落，可遣人招諭，不必苦煩兵也。」（《明太祖實錄》卷一三九）考慮到雲南多山，作戰多用戰騎，他又派人齎敕往諭播州（治今貴州遵義）宣慰使楊鏗，命其攜馬 3000 匹、率領土司兵 2 萬人充任先鋒，還命金竺（治今貴州廣順）長官密定獻馬 500 匹，以助征討。奉調出征雲南的隊伍不斷增加，總數達到 30 萬人。

按照朱元璋的部署，傅友德統率明軍於九月初從南京出發，溯江而上。到達湖廣後，他命郭英、胡海、陳桓等率兵 5 萬，往四川永寧趨烏撒，自己與藍玉、沐英率大軍由辰、沅趨貴州。十二月，傅友德攻佔普定、普安（治今貴州盤縣東），招撫當地羅羅（彝）、苗、仡佬各族，進兵曲靖。梁王得知明軍攻佔普安，派司徒平章達裏麻率精兵 10 萬駐屯曲靖，妄圖阻扼明軍。沐英徵得傅友德的同意，率軍倍道疾趨，向曲靖兼程急進。在距曲靖幾里之地，大霧四塞。明軍沖霧而行，進至白石江（今曲靖東之南盤江），阻水而止。不久，霧氣消散，達裏麻發現明軍逼近，驚異不已。明軍以主力整師臨流，佯作渡江之狀，迫使達裏麻在對岸列陣佈防；沐英另率數千人從下游潛渡，繞至敵後，鳴金鼓，樹旗幟。達裏麻急撤江邊守軍，準備掉頭對付背後的明軍。沐英乘敵混亂之際，督師渡江，破敵前軍。達裏麻後退數里布陣，傅友德揮師進擊，生擒達裏麻，攻佔曲靖。此役俘敵 2 萬，其中有不少是當地的白族和羅羅百姓，傅友德悉撫而縱之，使各歸業。接着，統率數萬大軍北上烏撒，接援郭英、胡海等部，藍玉、沐英率部分兵力直趨昆明。

梁王所據的雲南，曾在至正二十三年（1353 年）遭到夏軍的三路進攻，後依靠大理第九代總管段功出兵相助，才得以擊敗夏軍。夏軍撤退

後，梁王保奏段功為雲南行省平章，並把自己的女兒阿嫁其為妻，「倚其兵力」。後來，梁王對段功產生懷疑，把他殺掉。自此，梁王與大理失和，彼此攻戰不休。明軍攻入雲南，大理唯恐脣亡齒寒，曾率兵欲助達裏麻抵擋明軍，聞達裏麻慘敗，遂半途返回，從此不再出兵幫助梁王，使之陷入孤立無援的困境。洪武十五年（1382 年）正月，藍玉、沐英率明軍進抵昆明東郊金馬山，梁王走投無路，率家屬及親信逃往晉寧忽納寨，投滇池而死，右丞觀音保獻昆明城降。

佔領昆明後，藍玉派曹震、王弼、金朝興率領一支 23000 人的部隊，分道攻取臨安（治今雲南通海），沐英則率兵北上烏撒，接援傅友德。在這之前，郭英等率領北路明軍攻入烏撒，烏撒羅羅女首領實卜集兵赤水河以拒。及至傅友德的援軍到來，兩面夾攻，她遭到慘敗才落荒而逃。明軍進駐烏撒，進佔七星關（在今貴州畢節西南）以通畢節，又進至可渡河。「於是東川（治今雲南會澤）、芒部（治今雲南鎮雄北）諸蠻皆降，（沐）英等也降各路。」（《明史紀事本末》卷一二，《太祖平滇》）

洪武十五年正月和二月，朱元璋分別下令設立貴州和雲南兩個都指揮使司。二月，下令設雲南布政使司，改雲南路為中慶府，並令傅友德、藍玉、沐英等將烏撒、烏蒙（治今雲南昭通）、東川、芒部土酋悉送入朝，準備實行改土歸流。同時，還派官設置郵驛，令水西（治今貴州貴陽）、烏撒、烏蒙、東川、芒部、沾益（治今雲南宣威）等羅羅土司組織當地百姓，隨其疆界遠近，修築驛道，其廣 10 丈，準古法，每 60 里設一驛站。軍事要衝之地設立衛所，屯兵駐守，以確保糧運和交通系統的安全。因為雲南距內地遙遠，衣食不繼，又命戶部令商人往雲南納糧中鹽。一切安排停當後，朱元璋命令明軍向西進攻大理，並指示傅友德、藍玉和沐英：「朕觀自古雲南諸夷叛服不常，蓋以其地險而遠，其民富而狠也。馴服之道，必寬猛適宜。」強調「為今之計，非惟制其不叛，重在使其無叛耳」（《明太祖實錄》卷一四二）。閏二月，因擔心對烏撒諸部實行改土歸流會激起土酋的激烈反抗，影響對大理的攻取，又令傅友德等停止遣送土酋入朝。

大理的第十代總管段寶曾在洪武四年遣其叔段真入京奉表歸款，但他仍奉北元正朔，並未真正歸附明廷。洪武七年八月，朱元璋遣故元官吏趙

元祐等十餘人出使雲南，齎詔招諭段寶，表示如能真心歸附，將「依唐宋所封，以爾段氏為大理國王」（《明太祖集》卷二，《諭大理詔》）。但段寶置之不理。後來段寶死，其子段明於洪武十四年四月繼位，被梁王授為宣慰使。當年十二月，段明卒，由其叔段世繼位，仍然拒絕歸明。

洪武十五年正月明軍攻佔昆明，傅友德致書段世，勸其歸明。段世不僅不從，反而三下戰書，無視漢代中原王朝即在雲南施行政治建置的史實，說雲南根繫白爨故地，歷代所不能臣，要求明廷兌現洪武七年詔諭的承諾，敕封段氏為「雲南王」，讓大理享有獨立地位。傅友德斷然拒絕段世的要求，他回信指出，許諾敕封段氏為王的詔諭發佈於梁王滅亡之前，如果當時段氏能主動歸明，發兵助明共滅梁王，自可履行封王之諾，但段氏不僅沒有歸明，反而率兵幫助梁王抗明，當然不再存在履行諾言的問題。傅友德還派指揮何福回京，向朱元璋彙報雲南情況和他準備進攻大理的方略。

閏二月，朱元璋敕諭傅友德「雲南自漢以來服屬中國，惟宋不然，胡元則未有中國已下雲南」，明軍必須堅決統一之，絕不允許大理段氏據地自王，要求傅友德「出奇制勝，乘機進取，一舉而定」（《明太祖實錄》卷一四三）。

傅友德隨即按照朱元璋的敕諭，命藍玉、沐英等統率明軍進攻大理。大理城倚點蒼山，東臨洱海，北面和東南面有南詔修築的龍首、龍尾兩關，非常險要。段世列兵 5 萬，控扼下關即龍尾關。沐英領兵攻之不克，隨即令王弼帶領一支隊伍由洱水東趨上關即龍首關，以為掎角之勢，自己率兵進抵下關，製造攻城器具。夜半，他派胡海夜出石門，間道渡河，繞到點蒼山後，攀木援崖而上，佔據山頂。翌日拂曉，沐英身先士卒，策馬渡河，大隊人馬緊緊跟上，斬關而入。山上的明軍往下衝殺，上下夾攻，大敗敵眾，遂拔大理，俘獲段世。明軍乘勝攻取鶴慶、麗江、金齒（今雲南保山）等地。車裏（今雲南西雙版納一帶）、平緬（今雲南德宏一帶）等地皆望風歸附，雲南全境悉平。

洪武十五年三月，明廷改定雲南布政司所屬州縣，分為 52 府、63 州、54 縣。同時，令出征雲南的江西、浙江、湖廣、河南四都司兵留駐當

地，增置衛所，推行軍屯。並承認已經歸明的元朝所授的土司土官，讓他們入朝京師，聽從朝廷的指揮。十五年四月，烏撒、東川、芒部的土司發動叛亂。明軍平叛之後，明廷以烏撒、東川、芒部地近四川，令改隸四川布政司。為了防止叛亂再度發生，朱元璋令傅友德、藍玉繼續留鎮雲南，直到洪武十七年才班師回朝，並將段世遷往內地，使之失去割據立國的基礎。傅、藍班師後，朱元璋命其義子西平侯沐英留在雲南，統兵鎮守。沐氏子孫世代相繼，鎮守雲南 260 多年，竟與明朝相始終。

洪武十七年四月，傅友德率軍回朝後，朱元璋在前兩次封功（第二次封功在洪武十三年，詳見下節）的基礎上，進穎川侯傅友德為穎國公，並增加永昌侯藍玉、安慶侯仇成、定遠侯王弼的歲祿，許其「爵及子孫」。又封陳桓、胡海、郭英、張翼等四人為侯，賜鐵券，食祿有差。

第三節　經略西北，統一遼東，擊潰北元

從洪武五年（1372 年）年底對北元採取防禦方針之後，朱元璋除加緊統一長城以南地區以解除後顧之憂，還積極經營西北和東北，以壓迫北元的左右兩翼，為日後北征蒙古做準備。

朱元璋注意到，西北是西羌即西番的聚居地，他們在歷史上曾多次嚴重危及中原王朝的統治，「其散處河、湟、洮、岷者，為中國患尤劇」。漢代北方的匈奴曾一度攻佔河西，西控西域，臣服諸羌，對西漢王朝形成嚴重的威脅。後來，漢武帝決定「斷匈奴右臂」，發兵奪佔河西，西通西域，隔絕匈奴與羌人的聯繫，予匈奴以沉重打擊，然後出兵漠北，終於迫使匈奴向北逃遁，使為害百餘年的匈奴之患基本得到解除。

朱元璋借鑒漢武帝的歷史經驗，根據對付北元的需要和西北的地理環境，確定了「斷蒙古右臂」的戰略目標，決定首先集中力量經營河西，以此作為統一西北的基地，「北拒蒙古，南捍諸番，俾不得相合」（《明史》卷三三〇，《西域傳》），然後逐步向西推進。經營西北的方針確定後，朱元璋效法漢武帝創設河西四郡隔絕羌胡之策，加緊河西衛所的建設。此

前，明軍三次進軍西北，已先後在隴右、河西設置臨洮、鞏昌、平涼、蘭州、河州、朵甘、甘肅、莊浪等衛。從洪武六年起，又陸續設立西寧、涼州、岷州、碾北諸衛及西固城守禦千戶所。洪武七年七月，又在河州設立西安行都衛，下轄河州衛、朵甘行都衛與西藏的烏斯藏行都衛。翌年十月，西安行都衛改為陝西行都司。後來，隨着一批藏族僧俗首領被敕封為國師及宣慰司、招討司的土官，烏斯藏、朵甘與明廷的貢賜往來日益頻繁，河州的茶馬貿易日益興盛，藏區呈現一派安定的景象。洪武九年十二月，朱元璋下令罷撤陝西行都司，將甘青地區的衛所統統劃歸陝西都司管轄。

由於陝西都司的治所設在西安，距隴右、河西較遠，常有鞭長莫及之虞，西番的藏族和河西的番酋遂乘隙而起，塞外的北元勢力也不時南下騷擾。洪武十一年，西番發生叛亂。當年十一月，朱元璋命西平侯沐英為征西將軍，率都督王弼領兵前往鎮壓。第二年正月，洮州十八族首領汪舒朵兒、瘦嗦子烏都兒、阿卜商三副使也舉兵叛明。此時，明軍已打敗西番叛軍，朱元璋命沐英移師征討洮州，與曹國公李文忠會師，共同進兵平定三副使叛軍。他們進抵洮州舊城。時三副使已經逃遁，沐英率兵追擊，斬其酋長數名，在東籠山南川擇址另築新城，置兵戍守，「自是諸番震懾，不敢為寇」（《明史》卷三三〇，《西域傳》）。在平定西番的過程中，朱元璋還令李文忠往河州、岷州（今甘肅岷縣）、臨洮、鞏昌、梅川等地整修城池，並在洮州新城設衛。沐英的大軍回師後，朱元璋再次大封功臣，於洪武十二年十一月下令封仇成、藍玉、謝成、張龍、吳復、金朝興、曹興、葉升、曹震、張溫、周武、王弼等 12 人為侯，亦皆賜鐵券，食祿有差。

洪武十二年正月，朱元璋又下令在莊浪（今甘肅永登）重新恢復陝西行都司，進一步加強對河西和河湟地區的控制。陝西行都司的轄區，元代設有甘肅行省（河西地區）及吐蕃宣尉司（河州部分），但明代不再設置郡縣，而只設衛所，全部實行軍事化管理和「屯戍結合」的養兵用兵策略。明廷不僅在此地派駐大量軍隊，而且將大量歸附的西北少數民族安置於行都司之內，把他們變為世襲軍戶，以擴充明朝的軍事實力，並任命這些歸附的少數民族首領擔任衛所的武職，成為行都司的世襲土官，獲得長勛世祿的優厚待遇，利用他們繼續招徠少數民族的歸附者。

接着，明王朝便以河西為依託，積極向嘉峪關外擴展勢力。早在洪武三年，朱元璋曾遣使招諭駐守撒裏畏吾兒地區的故元宗室、寧王卜煙帖木兒。洪武七年，卜煙帖木兒遣使入貢，翌年又遣使請置安定、阿端二衛。洪武八年正月，朱元璋允其所請，敕封卜煙帖木兒為安定王，設立安定、阿瑞兩個羈縻衛所。洪武十三年二月，因北元國公脫火赤、樞密知院愛足擁眾駐屯應昌、和林，不時出沒塞下，朱元璋又命沐英率兵進討。三月，沐英師出靈州，渡黃河，越賀蘭山，穿過沙漠，至亦集乃路，擒脫火赤、愛足等，盡獲其部曲以歸。四月，在西涼（治今甘肅武威）練兵的都督濮英，又襲擊並俘獲北元柳城王等 22 人及其部眾 1300 餘人，遂「復請督兵略地，開哈梅里（今新疆哈密）之路，以通商旅」。

哈密地處西域要衝，元末為元宗室、肅王兀納失里所統治。朱元璋回敕說：「略地之請，聽爾便宜，但將以謀為勝，慎毋忽也。」（《明太祖實錄》卷一三一）濮英於是率軍西進，五月到達肅州西面百餘里、北通和林和亦集乃路的要衝之地白城子，又進至赤斤站（今甘肅嘉峪關外赤金堡北，玉門西北），擒獲北元闊王亦鄰真及其部屬 1400 人。七月再進兵苦峪（可能在今甘肅安西東布隆吉附近），俘獲北元省哥失里王、阿者失里王之母、妻及其家屬，並殺其部下 80 餘人。此後，濮英自苦峪還師肅州（今甘肅酒泉），所佔之地復為蒙古部人所據。這次軍事行動，使肅王兀納失里深感恐懼，他遣使向明廷納款，翌年五月又遣阿老丁入朝貢馬。朱元璋遂遣阿老丁前往畏兀兒（今維吾爾族）之地招諭諸番。這是明廷與西域具體接觸的開始。後來，朱元璋為加強對東北的經營，於洪武十四年將濮英東調，隨徐達出征全寧，對西域的經營暫告中止。

在經營西北壓制北元右翼的同時，朱元璋也抓緊經略東北地區，脅迫北元的左翼。

明朝初年，東北地區最大的一股割據勢力是元太尉、署丞相、開元王納哈出。他出身於一個顯赫的蒙古貴族世家，是木華黎的後裔，元末官至太平路萬戶。至正十五年（1355 年）被朱元璋俘虜，後釋放回家，仍仕於元，繼父祖鎮守遼東。他控制着從金山（在今內蒙古通遼東境西遼河南岸）到龍安（今吉林農安），包括一禿河（今伊通河）、跡迷河（今飲馬河）全

部流域到松花江以上的廣大地區，擁眾 20 餘萬，與元順帝的中路軍、擴廓帖木兒的西路軍遙相呼應，對明朝構成三路鉗制的威脅。明軍攻佔大都後，朱元璋考慮到過去對納哈出有不殺之恩，於洪武二、三年先後遣使致書納哈出，勸其歸附明廷，但納哈出皆不搭理。接着，朱元璋便着力招降東北的其他勢力，以孤立納哈出。三年九月，他乘元順帝已死，遼東北元部將震恐之機，派故元降臣黃儔前往遼陽等地進行招撫。洪武四年二月，北元遼陽行省平章劉益歸降，朱元璋下令設置遼東衛，以劉益為指揮同知，並在部分地區設置州縣。七月又置定遼都衛指揮使司，任命馬雲、葉旺為都指揮使，總轄遼東兵馬。馬雲等率部從山東登、萊渡海，駐兵金州（今遼寧大連金州區），進佔遼陽、瀋陽等地。接着，朱元璋又派都督僉事仇成鎮守遼東，並令靖海侯吳禎率舟師由山東登州往遼東運送糧餉，加強遼東的軍事力量。隨後，下令盡革遼東州縣，相繼設立定遼左、右、前、後衛，海州衛和蓋州衛，皆屬定遼都衛管轄。洪武八年十月，定遼都衛改為遼東都指揮使司，簡稱遼東都司，作為統一遼東的基地。

洪武十一年，愛猷識理答臘卒，其子脫古思帖木兒繼位。他駐牧於臚朐河中下游，仍控制着東自松花江、腦溫江（今嫩江），西至天山、衣烈河（今伊犁河）的廣大地區。但由於他手中缺乏一支足以威懾諸王、大臣的軍隊，擴廓帖木兒等有號召力的大臣已先後去世，哈剌章、蠻子、驢兒、納哈出等大臣又各自猜忌，擁兵自重，北元的統治日趨衰落。朱元璋抓住這個有利時機，加緊對遼東的經營。他於十二年六月命都督僉事馬雲統兵出征大寧。十四年四月又命徐達率湯和、傅友德、沐英等率兵出征全寧，「獲全寧四部以歸」（《明太祖實錄》卷一三七），清除了北平東北方接鄰地區的北元勢力。與此同時，朱元璋還積極招撫遼東東北面的女真諸部。洪武十四年二月，「故元鯨海千戶速哥帖木兒、木答哈千戶完者帖木兒、牙蘭千戶皂化，自女真來歸」，言「願往諭其民，使之來歸」。朱元璋「詔許之」（《明太祖實錄》卷一四二）。從洪武十六年起，又有一批女真頭領歸附，明廷隨即在遼東相繼設立南京、女真等五個千戶所，隸東寧衛。在明軍的步步進逼下，北元遼陽行省人心動搖，自洪武十三年起，每年都有大量軍民投附明朝。

　　到洪武十八年，由於休養生息政策的推行，明朝的經濟已從殘破凋敝的狀態中逐步恢復和發展起來，當年全國稅糧收入比元代全國歲入糧數增加了一半還多。加上雲南業已平定，不復有後顧之憂，朱元璋決計動用武力，討伐拒不降附的納哈出。八月，任命宋國公馮勝偕潁國公傅友德、永昌侯藍玉率京衛將士往北平，會諸道兵操練備邊。九月，令北平都司發步、騎兵 5 萬，山西、陝西二都司各 3 萬，從馮勝操練，以備北征。第二年四月，命都督僉事商暠往河南、山東二都司操練兵馬，遣赴遼東，聽從馮勝調遣。十二月，又命馮勝於大寧諸邊隘分兵置衛，切斷納哈出與北元中路的聯繫；同時令戶部出內庫鈔 1857500 錠，散給北平、山東、山西、河南以北的府州縣，徵發民伕 20 餘萬，運米 123 萬餘石，預送松亭關（在今河北遵化青峰口北）及大寧、會州、富峪（在今河北平泉北）四處，建立前線軍餉供應基地。

　　洪武二十年正月，朱元璋下詔，以馮勝為征虜大將軍，傅友德為左副將軍，藍玉為右副將軍，南雄侯趙庸、定遠侯王弼為左參將，東川侯胡海、武定侯郭英為右參將，前軍都督商暠參讚軍事，率師 20 萬北征納哈出。常遇春長子常茂、李文忠長子李景隆、鄧愈長子鄧鎮、吳良子吳高等隨軍出征。朱元璋指示馮勝：「虜情詭詐，未易得其虛實，汝等慎無輕進，且駐師通州，遣人覘其出沒。虜若在慶州，宜以輕騎掩其不備。若克慶州，則以全師徑搗金山。納哈出不意吾師之至，必可擒矣。」（《明太祖實錄》卷一八〇）二月，馮勝等率師到達通州，派游騎出松亭關偵察敵情。三月，馮勝等率軍出松亭關，築大寧、寬河（今河北寬城）、會州、富裕四城。後留兵 5 萬戍守大寧，大軍向金山挺進，至金山西側紮營駐屯。與此同時，朱元璋繼續對納哈出實行招撫之策，在命令馮勝出征詔書發佈不久，特派蠻子、張允恭等人，陪同在金州俘獲的乃剌吾，前往招諭。六月，乃剌吾到達松花河（今第二松花江）見到納哈出，述說朱元璋放其生還之恩，並遞上朱元璋的信件。納哈出因與明朝長期為敵，仍心存疑忌。乃剌吾遂轉而「備以朝廷撫恤之恩語其部眾，由是虜眾多有降意」（《明太祖實錄》卷一八二）。馮勝見納哈出猶豫不決，率師翻越金山，進駐金山東北。納哈出軍心動搖，部將全國公觀童出降。馮勝又派人招撫，納哈

出派使者到馮勝軍營，陽為納款，實則窺探明軍實情。馮勝派藍玉前往一禿河準備受降。納哈出的使者回去報告，說明軍兵力雄厚，軍容雄壯，納哈出這才帶領數百騎，親至藍玉軍營約降。納哈出的歸降，使遼東悉入版圖，東北地區已初步實現統一。

由於納哈出勢力的崩潰，北元失去東部屏障，汗廷直接暴露在明朝大寧諸衛的兵鋒之下。朱元璋決定出動大軍，掃盪漠北。洪武二十年九月，他下令設立大寧都司，作為北征的前進基地。接着，任命永昌侯藍玉為征虜大將軍，延安侯唐勝宗、武定侯郭英為左、右副將軍，都督僉事耿忠、孫恪為左、右參將，討伐北元。藍玉受命後，開始調集兵力。可是待部隊集結完畢，氣候已漸轉冷，經朱元璋同意，只得留下部分人馬戍守大寧、會州，將大軍撤回薊州（今天津薊縣）近城屯駐。

洪武二十一年三月，氣候已經轉暖，朱元璋遣使敕諭藍玉發兵，並令申國公鄧鎮、定遠侯王弼、南雄侯趙庸、東川侯胡海、鶴慶侯張翼、雄武侯周武、懷遠侯曹興往從藍玉北征。藍玉等率 15 萬大軍由大寧進至慶州，四月十二日晨進至捕魚兒海（今內蒙古呼倫貝爾的貝爾湖）東南哈剌哈河岸。藍玉偵知脫古思帖木兒的宮賬設在海東北 80 餘里處，令王弼率前鋒出擊，自率大軍繼後。王弼率輕騎啣枚疾進，到達哈剌哈河的北曲點，進逼脫古思帖木兒宮賬。當時正刮大風，沙塵蔽天，明軍突然發動進攻，北元太尉蠻子慌忙應戰，兵敗被殺，其眾悉降。脫古思帖木兒和太子天保奴、知院捏怯來、丞相失烈門等數十人上馬逃竄，藍玉率精騎追奔千餘里，不及而還。俞通海之弟俞通淵率領另一支明軍追至捕魚兒海西北的曲律蓮河（今克魯倫河），招降北元平章阿晚木等。此役明軍「不費寸兵以收奇功」，俘獲脫古思帖木兒次子地保奴、愛猷識理答臘妃及公主以下 100 餘人，又追獲吳王等 3000 餘人，軍士男女 77000 餘口，馬 47000 餘匹，駱駝48000 餘頭，牛羊 102000 餘隻。當月，藍玉還攻破北元將領哈剌章營地，獲其部下軍士 15800 餘人，馬駝 48000 餘匹。藍玉等班師還朝，朱元璋封孫恪為全寧侯，藍玉為涼國公。

脫古思帖木兒率領餘眾西逃，想回和林依附丞相咬住。他的部將也速迭兒，是元世祖忽必烈之弟阿里不哥的後裔。阿里不哥為爭奪汗位，曾與

忽必烈大戰於漠北，後兵敗西走，又與阿魯忽為爭奪察哈台而攻戰連年，最後兵敗，只得投降忽必烈。也速迭兒為雪此百年之恥，此時正引兵東進。走到土剌河，遇到西逃的脫古思帖木兒，便對他發動襲擊。脫古思帖木兒和知院捏怯來等16騎倉皇脫逃，道中遇到丞相咬住、太尉馬兒哈剌咱率3000名士卒前來迎接，便一同往依在宣光年間曾任中書省太師的闊闊帖木兒。也速迭兒再次派兵襲擊，脫古思帖木兒終被殺死。

脫古思帖木兒的覆亡，在蒙古草原引起很大的震動。北元部將頓時失去依靠，從洪武二十六年起，紛紛歸附明朝。當年十月，脫古思帖木兒的親信、北元國公老撒、知院捏怯來、丞相失烈門派人請降。十一月，北元遼王阿扎失里、惠王塔賓帖木兒也來降。朱元璋立即給予大量賞賜，並授予官職。洪武二十二年四月設立全寧衛，任命捏怯來為指揮使。五月，詔於潢水（今內蒙古西拉木倫河）之北兀良哈部聚居地設立泰寧、朵顏、福餘三衛，以阿扎失里為泰寧衛指揮使，塔賓帖木兒為朵顏衛指揮同知，海撒男答奚為福餘衛指揮同知，「各領所部，以安畜牧」（《明太祖實錄》卷一九六）。

但是，這些降明的北元部將有的是為形勢所迫，並非出於真心。當朱元璋派人攜帶官印去給捏怯來等人授職時，失烈門猶豫不決，不肯接受。這時，也速迭兒的僉樞密院事安答納哈出正向東北地區擴張勢力，兵鋒到達斡難河（今鄂嫩河）、臚朐河的下游地區。八月，失烈門暗中串聯塔失海牙等，帶着部眾投奔安答納哈出，並把捏怯來劫持到安答納哈出的領地加以殺害。此後，北元丞相咬住、太尉乃兒不花、知院阿魯帖木兒和遼王阿扎失里等，也紛紛背叛明朝。

洪武二十三年正月，朱元璋令晉王朱棡、燕王朱棣帶兵出征討伐咬住、乃兒不花等，並授潁國公傅友德為征虜前將軍，南雄侯趙庸、懷遠侯曹興為左、右副將軍，定遠侯王弼、全寧侯孫恪為左、右參將，赴北平訓練兵馬，聽燕王節制。後因聽說乃兒不花已經走遠，而太子朱標即將出巡，又令晉王停止出征，留在山西迎接朱標的視察。三月，燕王朱棣率傅友德、趙庸、曹興等出師古北口，冒雪至漠北南緣的迤都山（今蒙古國東南境內），直逼乃兒不花的營賬。在觀童的勸說下，乃兒不花與咬住、

忽哥赤、阿魯帖木兒等皆降明。朱元璋誇獎說：「肅清沙漠者，燕王也！」（《明史紀事本末》卷一○，《故元遺兵》），詔以乃兒不花為留守中衛指揮同知，阿魯帖木兒為燕山中護衛指揮同知，咬住為副都御史，忽哥赤為工部右侍郎。尋升乃兒不花、阿魯帖木兒為指揮使。第二年，又命傅友德率郭英等帶兵討伐阿扎失里，重新降服兀良哈三衛。洪武二十五年，又命北平都指揮使周興為總兵官，帶兵掃盪兀良哈三衛西面的安答納哈出。經過這次打擊，安答納哈出和也速迭兒「不敢近邊者十餘年」（《大明一統志》卷九○，《韃靼》）。洪武二十七年，已經歸明的野人女真首領西陽哈等入寇遼東。第二年，明廷派兵追擊。此後，女真各部相率歸服。遼東和漠南蒙古大部分地區，至此已被明朝基本統一。

脫古思帖木兒覆亡後，朱元璋利用明軍勝利的餘威，繼續加緊經營西北。為此，他從洪武二十二年之後，在河西陸續增設了一批衛所，並在洪武二十六年將陝西行都司的治所由莊浪移到甘州，下轄甘州五衛和永昌、莊浪、涼州、西寧、山丹、肅州、鎮番諸衛及鎮夷千戶所，基本完善了行都司的建置。同年，又命鎮守涼州的都督宋晟為總兵，都督劉真為副總兵，節制西涼、山丹諸衛軍馬。翌年正月，宋晟、劉真奉命他調，覆命曹國公李景隆佩平羌將軍印，充總兵官，鎮守甘肅，明代北方九邊重鎮之一的甘肅鎮由此開始形成。與此同時，朱元璋於洪武二十四年八月，命都督僉事劉真、宋晟率兵征伐拒不歸明、阻遏西域使者入貢的哈密。劉真等由涼州西入哈密之境，乘夜直抵城下，攻破哈密。鎮守哈密的北元肅王兀納失里突圍逃遁，翌年被迫貢馬謝罪，臣服明朝。中西交往的絲綢之路隨之打通。隨後，朱元璋還派藍玉率宋晟等征服青海東部的罕東諸番。洪武三十年，罕東番酋鎖南吉剌思遣使入貢，詔置罕東衛。在這前一年，明廷還恢復了因北元甘肅行省太尉朵兒只巴之亂而遭破壞的安定衛。這些羈縻衛所的建設，為絲綢之路的暢通提供了保障。

隨着軍事上的節節勝利，明王朝不僅統一了西北和東北的大部分地區，而且在兀良哈建立了三個羈縻衛所，邁出了實現蒙古與中原地區統一的第一步。與此同時，明廷還在北方建立了一套堅固的防禦體系。遼東平定後，朱元璋下令在大寧衛設大寧都司，洪武二十一年七月改為北平行都

司，東與遼陽的遼東都司、西與大同的山西行都司互相應援，構成北方邊防的三大要塞。從北平行都司向西，接連元上都的地方，置開平衛（治今內蒙古多倫），更西又設興和千戶所（治今河北張北），再往西，於河套東北角復置雲川衛（治今內蒙古和林格爾北）、東勝衛（治今內蒙古託克託），形成長城外的第一道防線。東起鴨綠江，西至嘉峪關外，沿長城一線附近則遍置衛所，分地守禦，構成一道保衛長城的軍事長城。此外，朱元璋還將許多兒子封在北方要地為王，以加強北方的軍事力量。繼洪武三年分封第一批親王之後，十一年、二十四年又分封第二批（第十一子至第十五子）和第三批（第十六子至第二十五子）親王。前後三次，共分封 24 個兒子和 1 個從孫。其中，有 12 個兒子封在北方邊塞（第十三子、十四子和十五子原封於內地，後來改封於北方邊地）。在洪武年間實際就藩並在邊塞開府的 9 人，他們被統稱為塞王。這些塞王，從東北到西北，沿長城一線，選擇險要之地，先後建立 9 個封國，分為內外二線。外線有廣寧（治今遼寧北鎮）的遼國、大寧的寧國、北平的燕國、宣府的谷國、大同的代國、寧夏（治今寧夏銀川）的慶國、甘州的肅國。內線有太原的晉國、西安的秦國。這 9 個塞王，「莫不傳險狹，控要害。佐以元侯宿將，權崇制命，勢匹撫軍。肅清沙漠，壘賑相望」（何喬遠：《名山藏》卷三六，《分藩記》），對控扼邊防、抵禦北元的侵擾，起了很大的作用。

由於屢遭明軍的打擊，北元可汗的權勢大為削弱，原為可汗藩臣的封建主乘機而起，逐漸形成一些各自為政的政治勢力。遊牧於漠北東部和遼東邊外的兀良哈早在洪武二十一年已歸附明朝，被編為朵顏、福餘、泰寧三個羈縻衛所，任命該部首領擔任衛所長官，但他們對明廷仍時叛時服。遊牧在甘青一帶的蒙古族，也有部分與當地的撒裏畏兀兒一起歸附明朝，被編入安定、阿端、曲先、罕東等羈縻衛所，至永樂年間（1403–1424 年）增至七衛，統稱為關西七衛。遊牧於天山南北的蒙古族，仍處於察哈台後王的統治下，明朝稱該地區為土魯番和別失八里。遊牧於漠北和漠南地區的東蒙古，其首領為元宗室後裔，故以蒙古正統自居。元順帝死後，傳位五代，至坤帖木兒，於永樂元年（1403 年）為非元室後裔的鬼力赤所殺。鬼力赤奪位後自稱可汗，明朝人從此稱東蒙古為韃靼。遊牧於漠西地區的

西蒙古，係蒙元時期的斡亦剌（又稱外剌），此時稱瓦剌。其首領為可汗的權臣，乘東蒙古被明朝打敗、汗權削弱之機，不斷擴展勢力，形成與韃靼對峙的局面。此後，東西蒙古互相攻殺，陷入封建割據的狀態，已無力同明朝對抗。加上明朝邊防的鞏固，北方邊境因此獲得了幾十年的安定。

第四節　「威德兼施」，德懷為主

我國自古是多民族的國家，從秦漢起以統一多民族國家屹立於世界。在我國境內，除了漢族之外，還存在眾多的少數民族。這些少數民族，大多聚居在邊疆地區。中原王朝採取何種政策來對待少數民族，對邊疆地區怎樣進行管轄和治理，就不僅關係到我國統一多民族國家的發展和鞏固，而且更是關係到王朝命運的重大問題。因此，在洪武建國之後，朱元璋在開展統一全國戰爭的同時，便着手制定其民族政策。

歷代王朝的民族政策，都是在民族觀的指導下制定出來的。朱元璋的民族觀比較龐雜，舉其大要有如下數端。一、「定天下於一」。朱元璋繼承儒家治國的大一統思想，極力維護我國多民族國家的統一。早在元末與羣雄逐鹿中原之時，朱元璋就與羣臣討論如何「定天下於一」的問題。他曾問國子博士許存仁等人：「孟子言，五百年必有王者興……天下紛紛，未定於一者，何也？」許存仁對曰：「稽之於曆，自宋太祖至今，當五百年之數，定天下於一，斯其時矣！」（《明太祖實錄》卷一九），此後，他即以「誓清四海，以同吾一家之安」（《明太祖實錄》卷九六）作為自己的奮鬥目標。登基稱帝後，仍念念不忘實現「天下一統」的大業。洪武十五年（1382 年）明軍消滅雲南故元梁王後，傅友德遣使招諭大理總管段世，段世三下戰書，聲稱雲南為「遐荒」之地，「歷代所不能臣」，朱元璋嚴加駁斥，指出「雲南自漢以來服屬中國，惟宋不然，胡元則未有中國已下雲南」，必須堅決進兵統一之。二、「內中國而外夷狄」。朱元璋沿襲歷代漢族王朝「內中國而外夷狄」的觀念，把少數民族視為「禽獸」「犬羊」「豺狼」（《明太祖集》卷一五，《解夷狄有君章說》），認為「非我族類，其心

必異」（《明太祖實錄》卷四一）。因此，「自古帝王臨御天下，中國居內以禦夷狄，夷狄居外以奉中國」（《皇明詔令》卷一，《諭中原檄》），否則就會釀成「禍亂」。三、「華夷無間」，「一視同仁」。在元末農民戰爭後期，為了爭取北方漢族地主階級的支持，朱元璋曾提出「驅逐胡虜，恢復中華」的口號，但登基稱帝後又遵循孔子「遠人不服，則修文德以來之」的思想，反覆申明：「朕既為天下主，華夷無間，姓氏雖異，撫字如一。」（《明太祖實錄》卷五三）「聖人之治天下，四海之內，皆為赤子，所以廣一視同仁之心。朕君主華夷，撫御之道，遠邇無間。」（《明太祖實錄》卷一三四）

在上述民族觀的指導下，朱元璋制定了「威德兼施」的民族政策，強調「治蠻夷之道，必威德兼施，使其畏感，不如此不可也」（《明太祖實錄》卷一四九）。「威」是指軍事上的征服、鎮壓，即所謂以威服之。「德」是指政治上的德懷、恩撫，即所謂以德懷之。在威與德的兩手之中，朱元璋更強調德的作用，說：「自古人君之得天下，不在地之大小，而在德之修否。」（《明太祖實錄》卷七六）

因此，朱元璋在進行統一戰爭和治理邊疆民族地區的過程中，側重於政治上的德懷和恩撫，力求以德懷之，不濫用武力或儘可能避免使用武力，只是當某些少數民族的上層分子拒絕歸附或者發動叛亂時，他才臨之以兵，以威服之，一旦他們放下武器，表示歸服，他又施以德懷和恩撫。所以，從總的傾向來看，朱元璋處理民族問題的政策，基本上是一種威德兼施、德懷為主的政策。

朱元璋這個威德兼施、德懷為主的政策，主要內容大體包含「克詰戎兵」「懷之以恩」「以夷治夷」「因俗而治」幾個方面。

「克詰戎兵」。朱元璋認為，「上世帝王創業之際，用武以安天下，守成之時，講武以威天下」（宋濂：《洪武聖政記·新舊俗》卷七），故「自古重邊防，邊境安則中國無事，四夷可以坐制」（《明太祖實錄》卷一〇三）。因此，他反覆強調：「當平康之時，克詰戎兵，內以安國家，外以制四夷。」（《明太祖實錄》卷六七）為此，明朝一建立，即在朱元璋原有武裝的基礎上進一步加強軍隊和邊防的建設。

　　洪武建國後，朱元璋在全國各地廣泛建立衞所。據洪武二十五年（1392 年）十二月的統計，這些衞所共有將士 121 萬餘人。根據「居重馭輕」的原則，這支軍隊的六分之一駐紮於京師，平時宿衞京城，戰時為出征主力。其他軍隊則分駐於各地的都司衞所。由於以蒙古貴族為首的北元勢力是明朝的最大勁敵，北方長城沿線成為明朝的邊防重點，明廷便從遼東到甘青一線的長城內外遍置衞所，並設立遼東都司、北平行都司、山西行都司、陝西行都司，部署了數量僅次於京師的重兵，分地守禦，構築一道防禦蒙古的防線。此外，在其他少數民族聚居地及其周圍也普遍設立衞所，對他們進行監視和防範，一旦少數民族的上層分子發動反對朝廷的叛亂，立即出兵加以鎮壓，以維護國家的統一。

　　「懷之以恩」。對歸附的北元宗戚、降官降將及少數民族首領厚加賞賜，量材擢用。如元順帝之孫買的里八剌被俘後，朱元璋沒有採用唐太宗對待王世充的辦法將其獻俘於廟，而是封其為崇禮侯，優給廩餼，後又遣歸漠北。元惠王伯都不花、儲王伯顏不花、宗王子蠻伯帖木兒等歸降後，都「命賜第宅、襲衣、什器等物，仍月給錢米有差」（《明史紀事本末》卷一〇，《故元遺兵》）。洪武二十一年納哈出率部歸降，朱元璋除賞給納哈出及其妻子大量財物，還賜給宗王先童、國公觀童等 10 人各文綺帛 2 匹、白銀 25 兩，又賜給將校男女 44179 人布 176716 匹、棉襖 27552 領、皮裘 5353 領、冬衣及各色絹衣 32240 餘襲，賜給納哈出等 318 人銀 23840 兩、文綺帛 2094 匹、鈔 12969 錠。不少故元官吏歸附後還在地方擔任知府、知縣，在中央做到侍郎、尚書。如脫因任廉州知府，忽哥赤任工部右侍郎，安童任刑部尚書。北元工部尚書醜驢歸降後賜姓名李賢，授燕王府紀善，後助燕王「靖難」有功，永樂朝累遷至都指揮同知，到洪熙朝更升至右都督。至於在軍隊裏任職的，數量就更多了。起初有的是由明朝給換印信，仍領舊部，原地屯戍，如北元參政脫火赤自忙忽灘來降，詔置軍民千戶所，隸綏德衞，以脫火赤為副千戶。有的則另授新職，遷入內地駐防。如北元惠王伯都不花及宗王子蠻蠻、赤斤帖木兒等降後，授為千百戶、鎮撫，令各領兵千人，往溫、台、明三州戍守；納哈出所部歸降後，隨傅友德出征雲南，官屬悉授以指揮、千百戶，「分隸雲南、兩廣、福建各都司

以處之」（《明太祖實錄》卷一八五）。在侍衛親軍中，甚至還有專由蒙古人組成的衛所，「以答失里為僉事」（《明太祖實錄》卷七一）。史載，「明興，諸番部懷太祖功德，多樂內附，賜姓名授職者不可勝紀」（《明史》卷一五六，《吳允誠傳》）。

　　邊疆少數民族地區的僧俗諸王、羈縻衛所長官和土司頭目，還可通過朝覲入貢，獲得朝廷的大量賞賜。朱元璋曾叮囑禮部大臣：「賚予之物宜厚，以示朝廷懷柔之意。」（《明太祖實錄》卷一五四）禮部據此定下了一個「厚往而薄來」的原則，對入貢者都賞給超過貢品價值數倍的回賜。入貢者有「敬上愛下」、效忠朝廷的突出表現，賞賜尤為優厚。貴州宣慰使靄翠是貴州較早歸附的一個土司，洪武六年詔其「位各宣慰之上」。靄翠每年進貢方物馬匹，朱元璋「賜錦綺、鈔幣有加」。洪武十四年靄翠年老，由其妻奢香代襲其位。奢香曾率境內士民修建兩條驛道，置龍場（在今貴州修文）九驛，並每年完成輸賦 3 萬石的任務。其子安的襲位後，也很效忠朝廷。洪武二十五年安的來朝，朱元璋便賜給三品服並襲衣金帶、白金 300 兩、鈔 50 錠。奢香隨後又遣其兒媳奢助及其部長入京貢馬 60 匹，朱元璋復詔賜奢香銀 400 兩和許多錦綺、鈔幣。「自是每歲貢獻不絕，報施之隆，亦非他土司所敢望也」（《明史》卷三一六，《貴州土司傳》）。另外，按照明廷的規定，入貢者除了得到優厚的賞賜，還可將隨身攜帶的方物在京師的會同館進行交易。由於有利可圖，許多少數民族的首領及僧俗官員都「修貢惟謹」，並且常常突破朝廷的規定，增加入貢的次數和人數。如貴州宣慰使靄翠、安的父子，貴州宣慰同知宋蒙古歹，思州宣慰使田仁厚、田弘正與田琛祖孫三代，播州宣慰使楊鏗、楊升父子，在洪武年間就連年入貢，有的竟一年兩次入貢。

　　朱元璋還積極發展漢藏茶馬貿易。藏族聚居的青藏高原，生產以畜牧業為主，農業以種植生長期短、耐寒抗旱的青稞為主，「其腥肉之物，非茶不消，青稞之熱，非茶不解」（《明經世文編》卷一四九，《王氏家藏集‧呈盛都憲公撫蜀七事》），人們的生活離不開內地出產的茶葉。而明朝對蒙古作戰，需要大量馬匹。因此，朱元璋除了大抓馬政建設外，便大力發展茶馬貿易，「以繫番人歸向之心」（《明經世文編》卷一〇六，《梁端

肅公奏議・議茶馬事宜疏》）。為此，明政府從洪武五年起陸續設立秦州（治今甘肅天水，洪武三十年改為西寧茶馬司，遷治於西寧）、河州、洮州、永寧［後廢，另設雅州（今四川雅安）碉門茶馬司代替］、巖州（治今四川松潘西北）等茶馬司，負責與藏民進行茶馬互市，以茶易馬。但互市必須雙方自願，所市之馬尚不能滿足明朝的需要。朱元璋於是又創建帶有強制性的「馬賦差發」。洪武十六年，他敕諭松州衛指揮僉事耿忠說：「西番之民歸附已久，而未嘗責其貢賦。聞其地多馬，宜計其地之多寡以出賦，如三千戶則三戶共出馬一匹，四千戶則四戶共出馬一匹，定為土賦，庶使其知尊君親上，奉朝廷之禮也。」（《明太祖實錄》卷一五一）。此令一下，當月到京師朝覲的各部首領都獻上所乘之馬，詔以鈔償之。後來，明廷將償鈔改為給茶。這個辦法實行後，有些官吏假朝命以濟私，加額多徵，擾害藏民。第二年，朱元璋又特製金牌信符，作為徵發馬賦差發的憑證，遣使到西涼、永昌、甘肅、山丹、西寧、臨洮、河州、洮州、岷州、鞏昌等地，發給藏族各部。每件金牌信符分為兩號，下號發給各部，上號藏於內府。規定每三年一次，由朝廷「欽遣近臣齎捧前來，公同鎮守三司等官，統領官軍，深入番境紮營，調聚番夷，比對金牌字號，收納差發馬匹，給與價茶」（《明經世文編》卷一一五，《楊石淙文集・為修復茶馬舊制以撫馭安靖地方事疏》）。金牌信符制的實行，使市馬的數量大增。洪武三十一年二月，曹國公李景隆自西番易馬歸來，報告他用茶 50 餘萬斤易馬13500 餘匹。

　　為了掌握大量的茶葉用於茶馬貿易，明政府對陝西漢中的漢茶、四川的巴茶、湖南的湖茶生產實行嚴格的控制。明代的茶戶專立戶籍，向朝廷交納茶課，而免除雜役。茶課採取計株納課的辦法，「每茶十株，官取其一，徵茶二兩」（《明太祖實錄》卷七二）。除了交納茶課，「民間蓄茶不得過一月之用」（《明史》卷八〇，《食貨志》），剩下的茶葉在漢中「官給直買之」（《明太祖實錄》卷七〇），其他地方則由商人收購。官府徵收的茶課和收購的茶葉，稱為官茶。陝西、四川、湖南的官茶，專用於茶馬貿易。

　　另有商茶，即由商人收購販賣的茶葉。明政府規定，商人到產茶區收購茶葉，必須向當地官府納錢申請茶引，「商茶每一百斤為一引，輸官錢

千文，其不及引者，納六百文，給由帖，帖六十斤，量地定程以賣」（傅維
麟：《明書》卷八二，《食貨》）。商人可將收購的茶葉運到官府指定的地
方出售，但需向那裏的宣課司交納「三十取一」的商稅（王圻：《續文獻
通考》卷二六，《徵榷考·榷茶》）。為了控制茶馬貿易，明政府嚴禁私茶
買賣。凡是「無由（帖）、（茶）引及茶、引相離者，人得告捕」。置茶局
（建於洪武五年，後廢）、批驗所，稱較茶引不相當，即為私茶（《明史》
卷八〇，《食貨志》）。《大明律》規定「凡犯私茶者，同私鹽法論罪」，即
杖一百，徒三年。

　　當然，有明一代官府統製茶業經濟的實施地區，主要包括今陝西、
甘肅、青海、四川、湖南等地，其他腹裏地區不在統制之列，正如梁材所
指出的：「洪武初例，民間蓄茶，不得過一月之用。……然未嘗禁腹裏之
民，使不得食茶也。」（《明經世文編》卷一〇六，《梁端肅公奏議·議茶
馬事宜疏》）。

　　鑒於邊疆少數民族地區生產方式比較落後，生產力水平低下，「民未
熟化」，朱元璋還提出一個安撫原則，叫作「嚴明以馭吏，寬裕以待民」
（《明太祖實錄》卷五四）。所謂「嚴明以馭吏」，就是要慎重選擇出征將
領或守邊官吏，對他們嚴加約束，令其撫輯百姓，以防滋擾。大將軍馮
勝出征納哈出，因馭軍失律，「多匿良馬，使閹者行酒於納哈出之妻求大
珠異寶，王子死二日強娶其女，失降附心」（《明史》卷一二九，《馮勝
傳》），班師後被收奪大將軍印，不予賞賜。藍玉率師北征，有人揭發他
「私元主妃，妃慚自經死」，朱元璋痛加斥責，「初帝欲封玉梁國公，以
過改為涼，仍鐫其過於券」（《明史》卷一三二，《藍玉傳》）。都督馬曄
「裸撻」貴州宣慰使奢香夫人，朱元璋即將其調回治罪。而撫民有方、政
績突出者，朱元璋則力加表彰。張紞任雲南布政使五年，「能撫綏夷人」，
「言出則諸蠻聽服，令布則四野歡欣」，秩滿入朝，朱元璋讚揚說「其功
出乎天下十二牧之首」，賜璽書嘉勞之，「覆命仍治黔南」（《明太祖實錄》
卷一八一）。所謂「寬裕以待民」，就是要體恤民情，減輕邊疆少數民族的
負擔。

　　洪武二十一年，戶部臣上奏貴州連年逋賦，朱元璋說：「蠻方僻遠，來

納租賦，是能遵聲教矣。逋負之故，必由水旱之災，宜行蠲免。自今定其數以為常，從寬減焉。」（《明史》卷三一六，《貴州土司傳》）根據「務從寬減」的原則，洪武年間西南少數民族地區賦役一般都定得較低，遇有自然災害或戰亂，則盡行蠲免。而且，這些地區的賦稅一般都讓繳納當地的土產。如麗江土民，原先按規定每歲輸白金 760 兩，而白金「皆麽些洞所產，民以馬易金，不諳真偽，請令以馬代輸」，朱元璋即「從之」（《明史》卷三一四，《雲南土司傳》）。

此外，朱元璋還大力發展邊疆少數民族地區的交通。到洪武二十七年修纂《寰宇通志》時，東到遼東，東北到三萬衛，西到四川松潘衛，西南到雲南金齒衛，南到廣東崖州（今海南崖城東北），東南到福建漳州府，北到北平大寧衛，西北到陝西、甘肅，均有驛道可通京師。明政府還大力興修水利，如在廣西整修興安靈渠，在雲南整治滇池，在寧夏修築漢唐古渠等。並在邊疆地區開設學校，發展教育，使「庠聲序音，重規疊矩，無間於下邑荒僥，山陬海涯」（《明史》卷六九，《選舉志》）。西南少數民族地區的教育，就是從明代起才有較大發展的。謝聖倫即謂：「滇南文明之象，至明始開。」（謝聖綸：《滇黔志略》卷六，《雲南‧學校‧明》）

「以夷治夷」。就是任命少數民族的首領擔任官職，統治本地的部民。明初的以夷治夷，視邊疆地區的不同情況採取不同的形式。在西北撒裏畏兀兒地區先後建立了安定、阿端、曲先、罕東四個羈縻衛所（永樂年間又建立沙州、赤斤、哈密等衛，總稱關西七衛），在西遼河一帶也建立兀良哈三個羈縻衛所。這些羈縻衛所，都是「因其部族，官其酋長為都督、都指揮、指揮、千百戶、鎮撫等職，給與印信，俾各仍舊俗，統其屬以時朝貢」（《大明一統志》卷八九，《女真》）。

這些少數民族的首領接受朝廷的誥命、印信及官服而成為朝廷的命官，「各統其官軍及其部落，以聽徵調、守衛、朝貢、保塞之令」（《明史》卷七二，《職官志》）。明廷在這些羈縻衛所不派官，不駐軍，對其內政概不干預，讓其享受高度的自治權力。但朝廷掌管着衛所官員的任命、升降、承襲的決定權及對衛所轄地範圍、變動和遷徙的批准權力，衛所之間的糾紛，也必須聽從朝廷的處理。

　　明軍在統一西南和南方一些少數民族地區的過程中，當地少數民族
酋長前來歸附即以元官授之，建立了眾多的土司。明代的土司制度襲自元
代，但又作了進一步的改進與完善。第一，確定土司的職稱和品秩，除將
元代置於邊境的宣慰使、宣撫使、安撫使、招討使和長官等職稱變為授予
武職土司的職稱外，又在少數民族地區的衛所參用土人為官，形成衛所土
司職稱。同時，還將唐宋以來封授少數民族頭目為府州縣土官的做法變為
定制，在少數民族地區設置土府、土州、土縣，形成文職土司的職稱。文
武職土司皆制定品秩，形成一套完備的土司職銜。第二，確定土司的隸屬
關係，洪武三十一年規定武職土司歸都司管轄，上隸兵部；文職土司歸布
政司管轄，上隸戶部。把土司機構納入國家機構的組織系統，便於朝廷控
制和差遣。第三，嚴格土司的承襲、貢賦、徵調、升遷和獎懲制度。土司
皆由朝廷頒給誥命、印信和官服，作為朝廷命官的憑信，允許世襲。但其
承襲，必須履行嚴格的手續，「務要（吏部）驗封司委官體勘，別無爭襲
之人，明白取具宗支圖本，並官吏人等結狀，呈部具奏」（《諸司職掌‧
吏戶部職掌‧司封部‧封爵》），方許承襲；而且「承襲必奉朝命」，中小
土司「雖在萬里外，皆赴闕受職」（《明史》卷三一〇，《土司傳》序），
只有一些大土司是由朝廷下詔就地襲職的。土司必須肩負起「附輯諸蠻，
謹守疆土，修職貢，供徵調」（《明史》卷七六，《職官志》）的職責，朝
廷則對他們的進貢給予豐厚的回賜。土司「積有年勞」，或「從征有功」
者，可提升官職，功勞大的還可授予流官職銜，或加授散階、勳級虛銜。
土司犯法，則改變元代「罰而不廢」（《元典章》卷三，《聖政‧霆恩宥》）
的做法，嚴加懲處。第四，在條件具備的地方，實行土流合治。一般在僻
遠和交通不便的地方，以土官為主，流官為輔；平壩地區和交通要道，則
以流官為主，土官為輔，土流合治，以流官監控土官。

　　在西藏和青海、甘肅、四川、雲南的一些藏族聚居區，洪武年間在遣
使招撫之後，設立了烏斯藏、朵甘、俺不羅行都司和俄力思軍民元帥府以
及所屬的各級機構。各級官員包括都指揮使在內，皆冊授歸附的當地僧俗
首領擔任，並保留他們內部的上下級關係。但官員的品秩和任免升遷，則
由朝廷直接掌握，使之服從朝廷的統一管轄。這些機構，有的屬於土官、

土司，有的則屬於羈縻衛所的性質。藏族地區盛行藏傳佛教，教派眾多，朱元璋沿用元代賜給僧徒封號的辦法，冊封藏傳佛教主要教派首領為國師、大國師，「俾轉相化導，以共尊中國」。明廷規定，藏區的各級僧俗官員均可入京朝貢，而朝廷對入貢者皆給予優厚回賜。藏區僧俗官員因而爭相入貢，「修貢惟謹」（《明史》卷三三一，《西域傳》）。

必須指出的是，明廷在冊封邊疆少數民族的首領時，都極力利用各族各部之間的矛盾，區別對待，使之互相掣肘，便於朝廷的控馭。如兀良哈三衛之建，就是為了在東北為明朝構築一道「藩籬」，以之「東捍女直（即女真），北捍蒙古」（《明世宗實錄》卷一四六）。關西羈縻衛所的設置，目的也是用以屏藩西陲，「北拒蒙古，南捍諸番，俾不得相合」（《明史》卷三三〇，《西域傳》）。在藏族地區，明初「以西番地廣，人獷悍」，乃「分其勢而殺其力」，使之彼此互相制約，「不為邊患」（《明史》卷三三一，《西域傳》）。因此，「以夷治夷」，也叫作「以夷制夷」。

「因俗而治」。指因襲、保留少數民族原有的政治制度、生產與生活方式、風俗習慣和宗教信仰不變。羈縻衛所、土司制度建立之後，其內部的統治體制都保留當地的原貌，只是由原先的效忠元廷改為效忠明廷而已。朱元璋還儘量照顧邊疆少數民族的生產和生活方式。對歸附的蒙古部落，一般都安置在邊地水草肥美之處遊牧。中書省臣對此提出異議，主張把他們遷入內地，朱元璋堅決否定這種做法，認為：「凡治胡虜，當順其性。胡人所居，習於苦寒。今遷之內地，必驅而南，去寒涼而即炎熱，失其本性，反易為亂。不若順而撫之，使其歸就邊地，擇水草孳牧，彼得遂其生，自然安矣。」（《明太祖實錄》卷五九）納哈出歸附後，朱元璋先後給馮勝發出兩個敕諭。第一個敕諭令馮勝將哈納出的部眾原地安置，「順水草以便牧放，擇膏腴之地以便屯種」（《明太祖實錄》卷一八二）。第二個敕諭着重指出，「胡虜生計，惟畜牧是賴，猶漢人資於樹藝也」，要他誡諭將士，不得「少有侵漁」（《明太祖實錄》卷一八三）。但敕諭還沒有到達遼東，馮勝已將納哈出的部眾全部遷移，朱元璋又趕忙派人對他們進行解釋，並賞給布匹等大量物資，以安定人心。後來，兀良哈部歸附，朱元璋於洪武二十二年五月即在其聚居地設立三個羈縻衛所，並告訴三衛首領：

「自古胡人無城郭，不屋居，行則車為室，止則氈為廬，順水草、便騎射為業。今一從本俗，俾遂其性，爾其安之。」（《明太祖實錄》卷一九六）第二年正月，北元平章把都帖木兒、知院籠禿兒、灰納納罕等派部將至西涼，表示願率蒙古部屬 5000 餘口歸降，朱元璋令他們「就水草便利之地居住」（《明太祖實錄》卷一九九）。在統一南方的過程中，中書省臣曾建議將廣西諸溪洞土民遷入內地，朱元璋也堅決反對，讓他們留居原地不動。朱元璋還強調，要尊重少數民族的風俗習慣和宗教信仰。許多蒙古、色目人入仕後，紛紛改用漢名漢姓，朱元璋「慮歲久，其子孫相傳，昧其本源」，下詔「禁蒙古、色目人更易姓氏」（《明太祖實錄》卷五一）。對回族信奉的伊斯蘭教、藏族信奉的藏傳佛教，明廷都採取寬待和扶持政策。他除御書《至聖百字讚》，還在南京、西安、滇南、閩粵等地為穆斯林敕建禮拜寺，並「允各省建造禮拜寺，歷代賜敕如例」（《天方至聖實錄》卷一九，《真教寺碑記》）。朱元璋還親自為西寧番僧三剌在南川建造的寺廟賜名曰「瞿曇寺」，為西寧衛鎮撫李喃哥等建造的佛剎賜名曰「寧番寺」，並皆賜敕護持。

作為王朝的統治者，朱元璋沒有也不可能真正擺脫「內中國而外夷狄」的大漢族主義的羈絆。他不僅有「非我族類，其心必異」之類的思想，並採取了不少歧視和防範少數民族的措施。但就當時的歷史條件來說，朱元璋的民族政策還是比較開明的。他不僅針對元末民族矛盾極其尖銳的狀況，提出「華夷無間」「撫字如一」的主張，而且非常重視懷柔手段的運用，能夠根據不同民族的具體情況，因時制宜，因俗而治，並輔之以其他羈縻和恩撫措施，從而使尖銳的民族矛盾得到緩和，把眾多的民族基本統一起來，置於一個強有力的中央政權的管轄之下。這不僅有利於明朝統治的鞏固，而且有助於各民族之間的政治、經濟、文化交流，起到了加強和鞏固國家統一的積極作用。

第八章

任用賢才與開通言路

第一節　行薦舉，辦學校，興科舉

　　登基稱帝後，朱元璋總結歷代王朝興亡的教訓，得出「致治之道，在於任賢」（《明太祖實錄》卷二○）的結論，認為「天下之務，非賢不治」，強調「人君之能致治者，為其有賢人而為之輔也」「天下非一人獨理，必選賢而後治」（《明太祖寶訓》卷五，《求賢》）。

　　明朝建立後，由起義軍高級將領轉變而來的文臣武將和在戰爭中前來投奔的儒士，如所謂 6 公 28 侯等，擔任了中央政府各個部門的要職，但就全國來說，上自中書省六部，下至府州縣，各級政權機構尚需補充大量的官吏。儘管朱元璋手下的百萬軍隊，有不少起自卒伍的將領，但他深知「承流宣化，綏輯一方之眾，此儒者之事，非武夫所能也」（《明太祖實錄》卷三一）。因此，登基伊始，他便廣闢才路學路，通過各種途徑，多方培養和招攬人才，從中選用官吏。

　　在元末農民戰爭中，朱元璋主要採用薦舉辦法來發掘人才，任用官吏。明朝建立後，他繼續使用這種薦舉制，頻繁下詔求賢。洪武元年（1368 年）徐達率北伐軍渡淮攻佔山東後，即奉朝廷之命，「命所在州郡，訪取賢材及嘗仕宦居閑者，舉赴京師」（《明太祖實錄》卷三一）。當年八月，朱元璋頒佈《大赦天下詔》，又重申：「懷才抱德之士，久困兵亂，潛避巖穴，所在官司，用心詢訪，具實申奏，以憑禮聘，共圖治效。」九月，再次下詔求賢，說現今天下剛剛平定，隱居巖穴之士，有能以賢輔我，以德濟民者，「有司禮遣之，朕將擢用焉」（《明太祖實錄》卷三五）。十一月，又派文原吉、詹同、魏觀、吳輔、趙壽等分赴各地訪求賢才，「各賜白金遣行」（《明太祖實錄》卷三六上）。此後，朱元璋幾乎每年都要發佈薦舉人才的詔令，洪武六年甚至下令暫停科舉，專行薦舉，

時間長達十年之久。重新恢復科舉之後，薦舉法仍然並行不廢。特別是在洪武十三年胡惟庸案發後，洪武十八年又發生郭桓案，纍計誅殺了六七萬人，官職大量空缺，薦舉人才的活動更加頻繁，往往前詔剛下，後詔又來。不僅朝廷內外的大小官吏都得薦舉，而且已被薦者又令轉薦，甚至「令凡軍民懷一材一藝者得以自效」（《明太祖實錄》卷二五二），就是讓軍民自己薦舉自己。

為了將有一才一藝的人才都薦舉上來，朱元璋設置了許多薦舉名目，有「聰明正直」「賢良方正」「孝弟力田」「博學老成」「學識篤行」「經明行修」「練達事務」「年高有義」「年高有德」「文學之士」「遺逸之士」「精通術數」「稅戶人才」「通聲律」「儒士」「孝廉」「秀才」「人才」「耆民」「義門」「隱士」等。薦舉的範圍非常廣泛，不僅有學有專長的文人學士和故元官吏，還包括僧徒、戍卒及富民。「富民」即富豪地主。洪武八年十月朱元璋說：「孟子曰：『有恆產者，有恆心。』今郡縣富民多有素行端潔、通達時務者，其令有司審擇之，以名進。」（《明太祖實錄》卷一〇一）三十年四月，他再次令戶部開列各地富民名單，戶部上報除雲南、兩廣、四川外，浙江等 9 布政司，直隸、應天 18 府州，擁有 7 頃以上田地的富民共計 14341 戶，列其名以進，「命藏於印綬監，以次召至，量才用之」（《明太祖實錄》卷二五二）。「稅戶人才」指的就是稅糧交得多的地主富戶。不過，薦舉數量最多的還是儒士，這也符合朱元璋的「承流宣化，綏輯一方之眾，此儒者之事」的認識。

為了確保薦舉的順利進行，保證人才的質量，朱元璋制定了一系列的政策和措施。第一，實行以禮敦遣的政策。洪武元年徐達下山東，朝廷命所在州郡訪取賢才及曾經仕元的閑居者，當地官吏嚴加催逼，只要是讀書人，都強迫他們赴京待聘，弄得人心惶惶。朱元璋聞訊，即令中書省在山東張貼榜文進行安撫，規定「所徵人材，有不願行者，有司不得驅迫，聽其自便」（《明太祖實錄》卷三一）。十三年又告諭吏部大臣：「求賢之道，非禮不行。故（商）湯致伊尹，由於三聘；漢（武帝）徵申（培）公，安車束帛。……爾吏部其以朕意再諭天下，有司盡心詢訪，必求真材，以禮敦遣。」（《明太祖寶訓》卷五，《求賢》）第二，執行德行第一的選

才標準。朱元璋強調:「察舉賢才,必以德行為本,而文藝次之。」(《明太祖實錄》卷七九)第三,實行考試選才與薦舉連帶責任制度。洪武初年的薦舉,有時也實行考試後再任用的辦法,如方克勤在洪武四年被徵至京師,「吏部試第二,特授濟寧知府」(《明史》卷二八一,《方克勤傳》)。但後來隨着薦舉制的大規模推行,這種做法並未長期堅持,往往是一經薦舉即加任用,因而魚龍混雜,出現了「所薦者多非其人」的現象。洪武十五年,根據監察御史趙仁的建議,令刑部尚書開濟等大臣制定出考試辦法,對薦舉赴京的秀才,分別以經明行修、工習文辭、通曉四書、人品俊秀、言有條理、曉達治道六科進行考核,「六科備者為上,三科以上為中,三科以下為下,六科俱無為不堪」,堪用者量才授職,不堪者遣還。薦舉人才的官員,「舉中者量加升擢,不當者罰及舉主」(《明太祖實錄》卷一四七)。洪武十七年,朱元璋還命吏部造冊登記全國朝覲官員所舉屬官及儒士人才,「俟其任滿,考其當否,並為黜陟」(《明太祖實錄》卷一六三)。

由於政策比較對頭,措施比較得當,大量被埋沒的人才被薦舉上來。薦舉的人數,一次少則十幾人,多的達到成百上千人。洪武十五年九月,吏部徵召各地推薦的經明行修之士入京,人數多達 3700 人。不少人一被擢舉,就被授以顯職。據《明太祖實錄》的記載統計,洪武年間由薦舉直接授官的,多達 2800 餘人。其中,有尚書 3 人,侍郎 5 人,四輔官 6 人,大學士 4 人,通政使 2 人,副都御史 2 人,僉都御史 4 人,翰林院官 8 人,東宮官 9 人,諫院官 4 人,布政使 20 人,參政 15 人,參議 28 人,僉事 534 人,監察御史 56 人。至於被薦舉後初授較低職務而後漸次升任顯職的,數量就更多了。據王圻《續文獻通考》卷四八《國初徵薦姓名》的記載,洪武年間由薦舉官至尚書者有 64 人,其中郭允道、趙翥、鄭沂是由薦舉直接出任尚書,其他人是在薦舉後初任較低職務後升至尚書的。

薦舉是洪武年間網羅選拔人才的主要途徑,但它遠遠滿足不了實際的需要。為了培養新的人才,也為了推行教化,振興傳統文化,朱元璋又大力興辦學校。

朱元璋反覆強調「治國之要,教化為先,教化之道,學校為本」「古

昔帝王育人材、正風俗，莫先於學校」（《明太祖實錄》卷四六）。因此，他把學校之設視為「國之首務」，將學校與農桑視為同等重要的「王政之本」。早在龍鳳五年（1539 年）正月，即在婺州開設郡學，十一年九月又在應天開設國子學。稱帝後，更是大力發展教育，從中央到地方，興辦了國學、郡學和社學三類學校。

國學是中央的國子學，為國家官辦的高等學府，前身是龍鳳十一年設於應天的國子學。它沿用元朝集慶路儒學的校址，處於市中心的繁華之區，靠近彈箏吹笛、緩舞長歌之地，缺乏理想的學習環境，而且校園不大，「規模結構僅足以容一郡俊髦」（黃佐：《南雍志》卷七，《規制考》）。隨着學生數量的不斷擴增，朱元璋曾於洪武元年（1368 年）、二年、六年三次下令增築齋舍、學舍，但仍不敷使用。十四年四月，朱元璋決定遷址重建。十五年三月，國子學改為國子監。五月新校舍在距離京城 7 里環境清幽的雞鳴山之陽落成，「凡為楹八百一十有奇，壯麗咸稱」（《明經世文編》卷五，《宋文恪集·大明敕建太學碑》），「仍以國子學（校舍）為應天府學」（《明太祖實錄》卷一四五）。

後來，由於國子監生員數量不斷增加，校舍多次擴建。另外，洪武八年三月還在中都鳳陽建立一所國子學，到洪武二十六年停辦，併入京師國子監。此時，京師國子監的生員包括邊疆少數民族上層的子弟和高麗、日本、琉球、安南、占城、暹羅等國的留學生，總數達到 8124 名，成為當時世界上規模最大的高等學府。

國子監設有祭酒、司業、監丞、博士、助教、學正、學錄等官。祭酒、司業相當於現今的正、副校長；監丞是教學管理人員，博士是主講教師，助教、學正、學錄是輔助教師和管理人員。吳元年（1367 年）定祭酒為正四品，洪武十五年改為從四品。

國子監的生員通稱監生，分為官生和民生兩大類。「官生取自上裁」，是由皇帝指派分撥的，包括品官子弟和土司子弟，以及高麗、安南、占城、日本、琉球、暹羅等國留學生。「民生則由科貢」（《南雍志》卷一五，《儲養考》），是由地方官（洪武十六年改由地方學校教官）依據歷史上地方官向朝廷「貢士」的成規，向朝廷保送的民間俊秀。民生又有貢

監和舉監之分，貢監指從府、州、縣學生員中選派的歲貢生員，舉監指保送入國子監補習的會試下第的舉人。

官民生的比例，最初定為二比一。後來，由於公侯子弟成年後可以直接襲爵做官，大官子弟也可從蔭官的門徑踏入仕途，而朝廷對官僚子弟入學又控制很嚴，非特奉旨，不得入太學，使入學的人數受到限制，再加上洪武十三年胡惟庸案發後，勛臣宿將及其子弟接連被殺，未被殺的子弟也因此不能入學，官生的數量逐年減少，民生的數量逐年上升。到洪武三十年，官生只有 3 名，民生卻有 1826 名，官生僅佔到總數的六百一十分之一。這樣，國子監就逐漸從教育貴族子弟的場所變成培養民間子弟做官的教育機構了。

國子監的功課，有四書、五經，御製《大誥》《大明律令》，及漢代劉向的《說苑》。除此之外，還有數（數學）和書（書法）。監生每月試經、書義各一道，從詔、誥、表、策、論、判（公家文書）中選兩道，每天習 20 餘字。讀書之餘，還須學習武藝。洪武二年，朱元璋特詔國子監生和郡縣生員「皆令習射」，二十三年還下令在國子監內「闢射圃」（《南雍志》卷一，《事紀》），為監生提供練習騎射的場所。

郡學又稱儒學，是由各府、州、縣官辦的中等學校。洪武二年十月，朱元璋詔令「天下郡縣並建學校」（《明太祖實錄》卷四六），各地開始普遍設立郡學。後來，他又令擇國子監生擔任北方和其他省份的郡學教官，使各地的郡學得到進一步發展。根據《大明一統志》的記載統計，洪武年間全國郡學共計 1311 所。郡學的生員，開始規定府學 40 人、州學 30 人、縣學 20 人，後來隨着郡學的發展，又命擴增生員，不限數額。

郡學的學官，府設教授，州設學正，縣設教諭，各一人，「掌教誨所屬生員」（《明史》卷七五，《職官志》）。另外，各府、州、縣郡學還設有數量不等的訓導，輔佐教授、學正、教諭教導生員。生員「專治一經，以禮、樂、射、御、書、數設科分教」（《明太祖實錄》卷四六），並學習御製《大誥》和《大明律令》。後來，由於朝廷規定科舉考試取四書、五經命題，郡學生員逐漸產生「非四書、五經不學」（嘉靖《惠安縣志》卷九，《學校》）的傾向。

此外，與府、州、縣儒學性質相近的，還有都司、衛所儒學（衛學）與土司儒學。據《大明一統志》的記載，隸屬陝西行都司的河州衛軍民指揮使司於洪武十七年將元朝所建的州學改為衛學，這是洪武年間由都司、衛所主辦的最早一所衛學。此後，這類衛學陸續出現於邊疆和少數民族地區，在洪武年間共有 26 所。土司儒學是由土司土官主辦的。

洪武二十八年六月，朱元璋諭部臣曰：「邊夷土官，皆世襲其職，鮮知禮義，治之則激，縱之則玩，不預教之，何由能化？其雲南、四川邊夷土官，皆設儒學，選其子孫弟姪之俊秀者以教之，使之知君臣父子之義，而無悖禮爭鬥之事，亦安邊之道也。」（《明太祖實錄》卷二三九）此後在雲南、四川等地，陸續出現了一些土司儒學。

社學屬於官督民辦的初級學校，始創於洪武八年正月，遍佈於各府、州、縣。後來，由於地方官藉此擾民，「有願讀書者，無錢不許入學。有三丁四丁不願讀書者，受財賣放，縱其愚頑，不令讀書。有父子二人，或農或商，本無讀書之暇，卻乃逼令入學。有錢者，又縱之；無錢者，雖不暇讀書，亦不肯放」，朱元璋「恐逼壞良民不暇讀書之家，一時住罷」（朱元璋：《大誥・社學第四十四》），下令停辦社學。洪武十六年十月，才又下詔恢復社學，令「民間自立社學，延師儒以教子弟，有司不得干預」（《明太祖實錄》卷一五七）。這樣，在官辦社學之外，又出現民辦社學，社學也以御製《大誥》和《大明律令》作為主要的必修課程。據統計，洪武年間各府、州、縣平均設有社學 61 所，數量相當可觀。

除上述幾類學校，還有為宗室子弟開設的宗學，為武官子弟開設的武學，民間私人開辦的私學（私塾），等等。

學校的儒生是封建官僚的後備隊伍，具有相當的社會影響，朱元璋對他們的控制極嚴。他為各級學校制訂了種種條規禁令，嚴格限制生員的言論行動。國子監的學規多達 56 條，規定監生必須「遵承師訓，循規蹈矩」，否則將受到嚴厲的懲處。監生除奔喪、完婚、父母年邁必須侍養或妻子死亡等情形外，不得請假休學；就是請假休學，也必須由皇帝親自批准才行。監生必須埋頭攻讀，不得同別的班級往來，不得議論他人長短，當然更不得議論國家大事。學規還規定：「敢有毀辱師長及生事告訐者，即

係干名犯義，有傷風化，定將犯人杖一百，發雲南地面充軍。」（《學校格式·學規》）監生對國子監的教學與生活發表意見，也以「干名犯義，有傷風化」的罪名嚴加懲處。有的監生，因為觸犯學規，被囚禁餓死，甚至自縊身亡。洪武二十七年，監生趙麟「貼沒頭帖子（匿名大字報）」，被加上「誹謗師長」的罪名，按學規的條文，應杖 100 後充軍，朱元璋為殺一儆百，竟下令在國子監前立一長竿，將他梟首示眾。洪武三十年七月十三日，又召集國子監祭酒、司業和教官及監生 1836 人在奉天門前訓話，惡狠狠地說：「今後學規嚴緊，若無籍之徒，敢有似前貼沒頭帖子，誹謗師長的，許諸人出首（告發），或綁縛將來，賞大銀兩個。若先前貼了票子，有知道的，或出首或綁縛將來呵，也一般賞他大銀兩個。將那犯人凌遲了，梟令在監前，全家抄沒，人口遷發煙瘴地面。」（《學校格式·敕諭》）對府、州、縣的郡學，也訂有禁例十二條，於洪武十五年八月頒行，鑴立臥碑，立於明倫堂之左。禁例嚴禁儒學生員妄言軍國重事：「軍民一切利病，並不許生員建言。」（萬曆《明會典》卷七八，《禮部·儒學》）洪武三十一年頒行的《教民榜文》特地規定：「各處教官訓導，遞年作表誹謗，大逆不臣。事發，杭州等學訓導景德輝等若干，俱已伏誅。今後天下教官人等，務要依先聖先賢格言，教誨後進，使之成材，以備任用。敢有不依聖賢格言，妄主異議，蠱惑後生，乖其良心者，誅其本身，全家遷發化外。」

為了加速教育事業的發展，朱元璋採取了許多重要措施。第一，考核官吏辦學成績。洪武五年敕諭中書省臣「令有司今後考課，必書農桑、學校之績，違者降罰」，所在地方學校「師不教導，生徒惰學者，皆論如律」（《明太祖集》卷一，《農桑學校詔》）。第二，優禮師儒。規定在學生員由官府供給廩糧，並可享受免役特權，除本人外，可免其家二丁差徭。學習成績優異，「歲貢者易得美官」。如果入學 10 年，學無所成及有大過者，「俱送吏部充吏，追奪廩糧」（《明史》卷六九，《選舉志》）。對教官，明令「禁有司不得差遣」，讓他們能「盡心教訓」（《明太祖實錄》卷一四〇）。洪武二十六年還頒佈教官考課法，考課內容包括所教生員中舉數量和通經的程度，中舉人數多而又通經者擢拔為給事、御史，中舉數量少及全無，又考不通經者，則黜降之。教官教學成績突出的，則被擢做中

央的部級大員或行省的布政使。第三，書籍筆墨免稅。

　　朱元璋的這些措施，有力地推動了教育的發展，明代教育之盛為「唐、宋以來所不及也」。各類學校培養造就了大批人才，特別是國子監，不僅為科舉提供了許多應試的士子，「歷科進士多出太學」（《明史》卷六九，《選舉志》），而且為明廷輸送了大批官員。明初的國子監生可以不由科舉直接任官。洪武二年十月，朱元璋即「擢國子生試用之，巡行列郡，舉其職者，竣事覆命，即擢行省左右參政，各道按察司僉事及知府等官」。此後，他經常直接任用國子監生做官，有的出任中央的部院官、監察官，有的出任地方的財政官、司法官、府州縣官和學校的教諭、訓導等，最高的做到從二品的布政使。其中，以洪武十九年任用人數最多，「擢監生千餘人送吏部，除授知州、知縣等職」，而以洪武二年和二十六年任職最高，洪武二年有許多監生「擢行省左右參政、各道按察司僉事及知府等官」，洪武二十六年除了「選監生年三十以上能文章者三百四十一人，命吏部除授教諭等官」外，還「盡擢監生劉政、龍鐔等六十四人為行省布政、按察兩使及參政、參議、副使、僉事等官」（《南雍志》卷一，《事紀》）。此外，還有大量的國子監生臨時受命出使，巡行郡縣，或被派往各地稽核百司案牘，丈量記錄土地面積、訂定糧額、清查黃冊、督修水利等。監生成為朱元璋選用官員的又一條途徑。

　　在大辦學校的同時，朱元璋又大興科舉。早在吳元年（1367 年）三月，他就下令設文武二科取士，命「有司預為勸諭民間秀士及智勇之人，以時勉學，俟開舉之歲，充貢京師」（《明太祖實錄》卷二二）。明朝建立後，洪武三年（1370 年）五月下詔正式建立科舉制度，「定於當年八月舉行科舉考試，果有才學出眾者，待以顯擢。使中外文臣，皆由科舉而選；非科舉者，毋得與官」（《明太祖實錄》卷五二）。翌年正月，又令各行省連試三年，以後三年一舉。當年，京師和行省都分別舉行鄉試。第二年舉行會試，朱元璋親制策問，試於奉天殿，錄取了吳伯宗等 120 人。從洪武四年起，連續舉行鄉試三年，因為官員缺額很多，考取的舉人都免於會試，赴京聽候選官。但連試三年後，朱元璋發現錄取的多係「後生少年」，文辭雖然寫得頭頭是道，試用後卻缺乏實際工作能力。洪武六年二

月令停止科舉，別令察舉賢才。但薦舉上來的人，濫竽充數的也不少，朱元璋又決定對被薦者實行考試，同時恢復科舉，於洪武十七年三月命禮部頒定科舉之式，遂為永制。

明代的科舉制度規定只有學校的生員才能參加科舉考試。考試專取生員所學的四書及《周易》《尚書》《詩經》《春秋》《禮記》五經命題，而且只能以指定的程朱一派注疏為依據。生員應試，「文略仿宋經義，然代古人語氣為之，體用排偶，謂之八股，通謂之制義」（《明史》卷七〇，《選舉志》）。也就是說，所有應試的生員，都必須寫八股文，就題命意，依法作解，並代聖人立意，用古人語氣行文。據說，這種制度是朱元璋和劉基制定的。但就八股文的文體來說，它的產生經過了漫長的歷史過程。歷代學者多數認為，它濫觴於北宋的經義。宋代科舉考試中的經義，以經書中的文句命題，由應試者作文闡明其中義理。它雖無固定的格式，也不要求文句的對仗排偶，但就代聖人立意這一點來說，已奠定了八股文的雛形。此後，經義又吸收了南宋以來散文和元曲的一些成分，至明初形成一種獨立的八股文體，成化以後逐漸形成比較嚴格的程式，演變成為一種固定的官僚式文體。因為它要求文章中必須有四段對偶排比的文字，一共八個部分，故稱為八股文。八股文的寫作，要求生員具有相當的寫作功力，諸如遣詞排句、段落呼應、音和韻諧、首尾一貫，並要求主題表達得精練詳明。因此，採用八股文考試，既可考查考生對儒家經典的領會程度，又可考查考生的文字寫作水平。這樣，就使科舉與學校教育銜接起來，並使科舉考試更趨標準化、規範化，更便於人才的培養和選拔。不足之處，是容易束縛士人的思想和創新能力。

明初的科舉考試，分鄉試、會試、殿試三級。鄉試為省級考試，又稱鄉闈，每三年舉行一次，於子、午、卯、酉年在直隸和各布政司治所所在地舉行，應試者必須到籍貫所在地的省城參加考試，直隸府、州、縣的考生則赴應天府應試。考試時間為八月，分為三場。洪武三年規定初場試本經一道，四書義一道；二場試禮、樂論一道，詔、誥、表、箋內選一道；三場試經、史、時務策一道。第三場考完後 10 天，再面試騎、射、書、算、律。洪武十七年三月頒佈科舉定式，又規定初場試四書義三道，經義

四道；二場試論一道，判五道，詔、誥、章、表內選一道；三場試經、史、策五道，取消了騎、射、書、算、律的面試。考生交卷後，試卷要經過彌封、謄錄、對讀等程序，再交給考官評閱，中試者稱為舉人。錄取名額開始定為 500 名，除直隸 100 名，廣西、廣東各 25 名外，其他行省各 40 名，「才多或不及者，不拘額數」。洪武十七年，詔「不拘額數，從實充貢」(《明史》卷七○，《選舉志》)。

會試是中央一級的考試，又稱禮闈，由禮部主持，在鄉試的第二年即辰、戌、醜、未年於京城舉行。參加會試的必須是鄉試中試的舉人。考試時間為八月，也分為三場，考試內容基本上和鄉試相同。錄取名額沒有固定，皆臨時奏請定奪。洪武十八年一次錄取多達 472 名，二十四年一次僅錄取 31 名。凡中試者皆稱貢士，可參加殿試。殿試是以皇帝名義主持的複試，考場設在殿廷，故又稱廷試。考試時間在三月，僅試時務策一道，分三甲錄取。一甲只取三名，稱狀元、榜眼、探花，賜進士及第出身；二甲若干名，賜進士出身；三甲若干名，賜同進士出身。當時士大夫稱鄉試第一名為解元，會試第一名為會元，二、三甲第一名為傳臚。解元、會元和狀元，合稱三元。洪武二十四年考中狀元的許觀，是明代連中三元的第一人，也是明代兩名連中三元者之一（另一名是成化年間的商輅）。明初的科舉，「鄉試難而會試易」，故有「金舉人，銀進士」之稱。

經過科舉考試，中進士者都給官做。狀元授翰林院修撰，榜眼、探花授翰林院編修，二、三甲考選為庶吉士的皆為翰林院官，其他或授給事、御史、主事、中書、行人、評事、太常、國子博士，或授府推官、知州、知縣等。舉人、貢生多次參加考試落第的，可以改入國子監，卒業後可擔任小京官，或做府佐和州縣正官，或做郡學的教官。洪武年間，科舉也成為選用官吏的一條途徑。這條途徑雖然遠不如薦舉和學校重要，不過通過科舉，明廷還是選拔了一些比較優秀的人才，其中有些人還成為後來永樂、洪熙（1425 年）、宣德（1426-1435 年）諸朝的重要輔臣，如蹇義、解縉、黃淮、楊士奇、胡廣、金幼孜、楊榮、胡儼等。因此，《明史》讚揚朱元璋「樹人之效，遠矣哉」(《明史》卷一四九，《蹇義傳》讚)。

第二節　人才的選用及其局限

朱元璋在廣開才路、學路的同時，還注意人才的識別、選拔和使用。他時常告誡臣下：「人才不絕於世，朕非患天下無賢，患知人之難矣。苟所舉非所用，為害甚大。」（《明太祖寶訓》卷五，《求賢》）他指出：「忠良者，國之寶；奸邪者，國之蠹。故忠良進，則國日治；奸邪用，則國日亂。觀唐太宗用房（玄齡）、杜（如晦），則致斗米三錢、外戶不閉之效，玄宗用楊（國忠）、李（林甫），則致安史之亂，有蒙塵播遷之禍，此可鑒矣。」（《明太祖實錄》卷一七四）

朱元璋借鑒歷史經驗，主張用人要注重德才，特別是像六部這種「總領天下之務」的重要部門，一定要由「學問博洽，才德兼美之士」來掌管（《明太祖實錄》卷四九）。為了選拔出才德兼美之士，朱元璋制定了一個「以德行為本」「惟才是與」的用人政策，並採取了一系列措施。

首先，不拘資格，不問親疏。在尊卑貴賤等級森嚴的封建社會，掌權者用人歷來注重資格。出身卑微者固然不得出任高官，資歷低淺的也不能驟升要職。出身微賤的朱元璋痛感此中之弊，認為人才不可一概而論，有許多賢明之士隱身佛道、卜巫、負販之中，就看當政者能不能賞識擢用。如果像元朝那樣，做官的都舉用世族，這些人雖然有志於從政，多數還是上不來的。他特地指示戶部臣曰：「資格為常流設耳，有才能者當不次用之。」（《明史》卷一三八，《楊思義傳附費震傳》）由於毋拘資格，許多有才之士便被破格擢用。如洪武十一年（1378 年），李煥文自西安知府、費震自寶鈔提舉被越級擢任戶部侍郎，費震隨後還晉升為戶部尚書，另有95 名低級官員被擢升為郎中、知府、知州等官。

在封建社會，任人唯親，裙帶之風盛行。元朝任官更是不問賢否，唯親是舉，「但貴本族，輕中國（這裏指漢族）之士，南人至不得入風憲」（《明太祖寶訓》卷三，《任官》）。朱元璋認為這種用人之策很不可取，「國家用人惟才是與，使苟賢無間於疏遠，使不肖何恤於親昵」（《明太祖實錄》卷四八）。「朕之用人，惟才是使，無間南北」（《明太祖寶訓》卷

三，《任官》）。正是從「惟才是與」「無間疏遠」的原則出發，朱元璋起用了大批有才能的故元官吏和同他長期對立的陳友諒、方國珍、張士誠、陳友定等人的部屬。元朝教官阮畯歸附後，洪武三年授太常司贊禮郎，五年轉為博士，升為丞，十二年遷少卿，十三年六月又升為吏部尚書。元樞密副使胡昱，歸降後於洪武十四年二月授為江西布政司右參議。元末集賢院學士世家寶，洪武元年在山東以所守城鎮降於徐達，被授為大理寺少卿，尋改禮部侍郎，二年又升為刑部尚書。元朝河南北道廉訪司僉事答祿與權，入明後被薦舉授為秦府紀善，尋改御史，後任翰林修撰。徐壽輝的平章周時中，率所部歸降後，累官至吏部尚書，後出任鎮江知府、福建鹽運司副使。徐壽輝、陳友諒部將元震頗能打仗，降後授為指揮副使。陳友諒的監察御史詹同、蔡哲，降後也分別授為國子博士、江西布政司理問。張士誠的司徒李伯升、平章潘元明，降後仍留任原職。李伯升後升中書平章、同知詹事府事，並曾出任征南右副將軍，與吳良一起帶兵出征。潘元明在雲南平定後也受命署布政司事。方國珍的長子方孔降後任廣洋衛指揮僉事，次子方關降後任虎賁衛千戶所鎮撫。陳友定的記室鄭定，在陳友定敗亡後坐船逃往交、廣間，後居福建長樂，也被薦舉任官，洪武末年做到國子監助教。

　　其次，棄短錄長，宥過而用。朱元璋對用人有樸素的辯證觀點，認為「人之才智或有長於彼而短於此者，若因其短而棄其長，則天下之才難矣」（《明太祖實錄》卷一〇一）。主張用人要取長棄短，因才授職，「毋求備於一人」（《明太祖實錄》卷二一〇）。他宣佈：「今令天下求才，其長於一藝者，皆在選列。」（《明太祖寶訓》卷五，《求賢》）「凡有一善可稱、一才可錄者，皆具實以聞，朕將隨其才以擢用之。」（《明太祖實錄》卷一四一）「凡軍民懷一材一藝者，得以自效。」「若其人雖不能文章而識見可取，許詣闕面陳其事，吾將試之。」（《明太祖實錄》卷一四）有一年，四明（浙江寧波府別稱）人王桓和兩位儒士應召入京，朱元璋親御奉天門面試，問他們在家從事什麼職業。一位儒士說在家業農。朱元璋問禾、麥之節有何區別，是什麼原因造成的。他回答說禾有三節，而麥四節，因為禾種於春，至秋而獲，經歷三個季節，故有三節；而麥子在冬天播種，要

到翌年秋天才能收穫，經歷四個季節，所以有四節。朱元璋認為他是個「能知稼穡之艱難者」，即擢任知州。另一位儒士說在家行醫，朱元璋問他是否知道蜂蜜有苦的，膽汁也有甜的。他回答說蜜蜂採集黃連花粉，釀出的蜜是苦的，猿猴吃的野果多，其膽汁是甜的。朱元璋認為此人是個「能格物者」，擢為太醫院院使。王桓說在家教兒童讀書，朱元璋問他喜歡什麼厭惡什麼，他回答說：「人之善者好之，其不善者惡之。」朱元璋認為他是個「能明理者」，即擢為國子助教（朱國禎：《湧幢小品》卷八，《召問命官》）。明代的軍戶是世襲的，只有做官做到兵部尚書，才能脫離軍籍。朱元璋因此曾有「凡選舉毋錄隸卒之徒」的規定（《明太祖實錄》卷二〇三）。但是當他發現隸卒有才可用時，又突破這條禁令加以擢用。如遼東開元衛軍士馬廣「讀書不輟」「能詩」，他詣闕上言五事，朱元璋「觀所言有可採者」，即令吏部破例錄用，擢為吉安泰和縣丞（《明太祖實錄》卷二二五）。潮州府學生員陳質，父親戍守大寧死，有司取其補伍，他請求准其讀完府學，以圖將來報效國家。朱元璋即敕諭兵部尚書沈溍：「國家得一卒易，得一材難。此生既有志於學，可削其兵籍，遣歸進學。」沈溍以「缺軍伍」為由表示反對，他開導說：「苟軍士缺伍，不過失一力士耳，若獎成一賢材以資任用，其繫豈不重乎？」（《明太祖實錄》卷一九九）

朱元璋還認為，天下沒有完人，「苟因一事之失而棄一人，則天下無全人矣」（《明太祖實錄》卷二二三）。主張看人要有發展的眼光，犯過錯誤的官吏，如果確有才德，只要改正了錯誤，就要重新起用。他一再告諭吏部大臣：「為國以任人為本，作奸者不以小才而貸之，果賢者不以小疵而棄之。奸者必懲，庶不廢法；宥過而用，則無棄人。」（《明太祖實錄》卷一八八）他屢次下令起用犯過錯誤而被罷免甚至判罪服刑的官吏。如洪武七年令中書省、御史台擇取在鳳陽屯田的年齡在 40 歲以上、才堪任用的，以及年齡在 40 歲以下原犯公罪和已經宥免的有罪官吏，「取至京師者凡一百四十九人，各授職有差」（《明太祖實錄》卷九四）。九年，又「起鳳陽屯田官吏梅珪等五百十八人赴京」，命中書省「量才用之」（《明太祖實錄》卷一〇三）。十七年，令吏部移文各布政司「凡罷免官通經術、有才幹者，悉起送京師」，於是「貫道等五十餘人至京，皆擢居顯職」（《明太

祖實錄》卷一五九）。洪武後期，由於整肅吏治和受到幾個大案的牽連，許多官吏被罷免、降職、判刑甚至誅殺，官員奇缺，更多次下詔錄用大批免職或被判刑的官吏。禮部郎中金潤有次在殿廷奏事，應對稱旨，很受朱元璋的賞識，後因事獲罪，被貶到都察院審案。洪武二十五年十二月，朱元璋忽然想起此人，問周圍大臣：過去有個戴方巾的官員，奏事頗有條理，這幾年一直沒見到他，現在何處？吏部臣說此人因為犯事，已貶到都察院去做審案工作。朱元璋說：「此人才可用。」遂「命復原職」（《明太祖實錄》卷二二三）。

再次，有才必舉，老少參用。朱元璋認為用人應不拘年齡，凡有才能者都要舉拔上來。有些大臣認為人到 60 歲，精力衰耗，難以勝任工作，見到歲數大的就棄置不用，任用的大多是些壯年英俊的後生。朱元璋就舉周文王任用呂尚而興、秦穆公不聽蹇叔而敗、伏生雖老猶能傳經的事例，指出：「古之老者，雖不任以政，至於諮詢謀謨，則老者閱歷多而見聞廣，達於人情，周於物理，有可資者。」（《明太祖實錄》卷一七八）。因此，朱元璋令臣民薦舉的對象，既有青壯年，也有耆民一類的老年人。他規定：「若年六十以上、七十以下者，當置翰林以備顧問；四十以上、六十以下者，則於六部及布政使司、按察司用之。」（《明太祖實錄》卷一七八）

洪武十五年十一月，禮部主事劉鏞推薦鮑恂、余詮、張長年、張紳四名耆儒。80 多歲的耆儒鮑恂和 70 多歲的余詮、張長年先至京師，朱元璋即命為文華殿大學士。鮑恂等推說老邁有病，力辭不就，朱元璋免其早朝，並規勸說：「以卿等年高，故授此職，煩輔導東宮（皇太子）耳，免卿早朝，日晏而入，從容侍對。不久當聽卿等致仕還鄉，以終餘年，庶不負卿等平生所學，而鄉里亦有光矣，卿何辭焉？」（《明太祖實錄》卷一五〇）鮑恂等人一再推辭，朱元璋只好放他們回家。張紳後至京師，被授為陝西鄠縣儒學教諭。

朱元璋還敕諭中書省臣：「宜令有司選民間俊秀年二十五以上、資性明敏、有學識才幹者，辟赴中書，與老者參用之。十年之後，老者休致，而少者已熟於事。如此則人才不乏，而官使得人。」（《明太祖實錄》卷一四）後來，他發現有些薦舉上來的是「未嘗歷練」的後生少年，則讓他

們入學讀書,「養其德性,變化氣質」,待學成後,再任以官職,以免他們「恃才輕忽,用其血氣之勇」「生事擾民」(《明太祖實錄》卷二○三)。

最後,嚴於簡擇,擢賢黜奸。朱元璋主張:「任人之道,當嚴於簡擇。」(《明太祖實錄》卷一七四)怎樣「簡擇」呢?他強調,第一,要堅持德才第一的標準。朱元璋指出,選用人才,要先看大節,「其廉讓也,可以知其仁;其善謀也,可以知其智;其果斷也,可以知其勇。若唯見其人之小節未睹其大端而輒置之,乃有天下無賢之歎,雖有稷、契之才,亦難見矣」(《明太祖實錄》卷一○一)。應先選用德才兼美的,其次是才不及德和才有餘而德不足的人,才德俱無的人不能任用,至於那種見風使舵、言是行非、飛揚跋扈、作威作福的小人,則堅決不用。第二,要出於公心,不存私意。朱元璋指出:「人君之於天下,當示人以至公,不可存一毫私意也。」他認為漢文帝「恭儉玄默則有之矣,至於用人蓋未盡其道」,例如,「有一賈誼而不能用,至使憂鬱憤懣而死;竇廣國賢,欲相之,以其皇后弟不可,曰恐天下以吾私廣國。夫以廣國之賢,其才可任為相,何避私嫌乎?此皆有未盡善」(《明太祖實錄》卷一七三)。第三,「當兼取於眾論」(《明太祖實錄》卷二五四)。

吏部大臣曾對朱元璋訴苦,說人之正邪實在很難辨別,朱元璋開導說:「眾人惡之,一人悅之,未必正也。眾人悅之,一人惡之,未必邪也。蓋出於眾人為公論,出於一人為私意。」(《明太祖實錄》卷一三五)當然,公眾的毀譽之言也有個辨別真偽的問題,因此朱元璋又強調:「人固有卓然自立不同於俗而得毀者,亦有諂媚狎昵同乎汙俗而得譽者。夫毀者未必真不賢,而譽之者未必真賢也,第所遇有幸不幸爾。人主能知其毀者果然為賢,則誣謗之言可息,而人亦不至於受抑矣,知其譽者果然不肖,則偏陂之私可絕,而人亦不至於倖進矣。」(《明太祖實錄》卷二三二)

朱元璋這些用人政策和措施實施之後,收到了一定的效果。《明史》說:「明始建國,首以人材為務,徵辟四方,宿儒羣集闕下,隨其所長而用之。自議禮定制外,或參列法從,或預直承明,而成均胄子之任尤多稱職,彬彬乎稱得人焉。」(《明史》卷一三七,《劉三吾傳》讚)這話雖不免有點溢美,但朱元璋在洪武年間確實培養、招攬和任用了許多人才,這

對於治國理政、澄清吏治、恢復與發展經濟，起到了重要的作用。

不過，作為封建社會後期的君主，朱元璋對人才的培養、使用帶有很大的局限性。同歷代的封建帝王一樣，他所培養和使用的人才，僅僅局限於地主階級及其知識分子的範圍之內。至於廣大的勞動人民，他們大多數沒有讀書學習的條件，更沒有當官從政的機會。所謂「毋拘資格」「惟才是與」「因才授職」等，對他們來說只是一紙空文。除了這種階級的局限性，朱元璋從洪武中期起大力強化封建專制主義的統治，對人才更是造成極大的壓制與摧殘，使他的「惟才是與」政策大打折扣。第一，隨着封建專制的高度發展，全國文武官員的任用大權集中到皇帝手裏。任何人只有絕對忠於朱元璋，並能為鞏固朱家王朝的統治效力，才可得到任用和提拔，否則，縱有滿腹匡時的謀略，渾身救弊的才幹，也不得進用，甚至會招來殺身之禍。不僅如此，由朱元璋個人來決定成千上萬個官員的任免升降，勢必導致「所學或非其所用，所用或非其所學」的局面。例如，有一年太常寺缺官，朱元璋召集諸儒面試。他深知，「必欲以言知其所以，何下數千萬言交接，而後知其人焉？若此，朕精神有限，對者詞多，豈能周遍而當乎？況特以言動其心者使應之，欲辨利鈍，凡此人多默然，其賢愚蓋不知矣，於是面選者多」，大多憑一面的印象，就以貌定奪了。江寧知縣高炳以通經被薦，被任為工部員外郎，當時也在這批待選的儒士之中。朱元璋見他雍容儒雅，像個老實人，認為「外貌若此，心必亦然」，就選入太常寺，擔任少卿。「未久，作故而歸」。過了五年，他又以通經被薦，任江寧知縣，但「到任未久，非公而事覺，罪犯徒年（判了一年徒刑）」（朱元璋：《大誥三編·作詩誹謗第十一》）。朱元璋注重德才的主張，往往就這樣被他自己的專制行為所否定，從而屢屢出現「進人不擇賢否，授職不量重輕」（《明史》卷一四七，《解縉傳》）的現象。

第二，在強化封建專制統治的過程中，朱元璋不斷對官僚機構進行清洗，迭興大案，使不少有用之才遭到無辜的殺害。例如，「一變元風，首開大雅」的詩人高啟，洪武二年被召參修《元史》，授翰林院國史編修官，復受命教授諸王。翌年秋，受朱元璋召見，被擢為戶部左侍郎，他力辭還鄉，授書自給。後應蘇州知府魏觀之聘，為郡學考訂經史。蘇州府的

治所，元末被張士誠用作王宮，而移府治於都水行司。魏觀因其地湫隘，又將治所遷回原址，重新進行修繕改建。不意，有人藉此誣告魏觀「興既滅之基」，致使魏觀被殺。高啟此前「嘗賦詩，有所諷刺，帝嗛之未發也」，此時朱元璋抓住他為魏觀作《郡治上梁文》，遂下令將他「腰斬於市」（《明史》卷二八五，《文苑傳》；卷一四〇，《魏觀傳》）。同高啟一起修纂《元史》的文人王彝、陶凱、高遜志、傅恕、張孟兼、張宣等也獲罪被殺或遭遣謫。與高啟並稱「吳下四傑」的著名詩人楊基、張羽、徐賁也遭到貶謫而不得善終。「淹貫經史百家言」的文人王行，因曾館於藍玉之家，並多次得藍玉之薦受到朱元璋的召見，藍玉案發後，其父子皆坐死。「詞采燦然」的詩人孫賁，嘗為藍玉題畫，也被論死。「工畫山水，兼善人物」的畫家王蒙，因嘗至胡惟庸家觀畫，胡惟庸案發後，亦坐事被逮，瘐死獄中。類似事例不勝枚舉。洪武十九年，漢中儒學教授方孝孺在致好友的信中，曾悲憤地寫道：「近時海內外知名之士，非貧困即死，不死即病。」（《遜志齋集》卷一〇，《與鄭叔度》）

第三，儒學的獨尊，實質就是文化專制主義。因此，隨着政治專制的強化，朱元璋也在逐步加強文化專制。他不僅一改建國初期所宣佈的「所徵人材，有不願行者，有司不得驅迫，聽其自便」和「以禮敦遣」的規定，於洪武十九年十月在《大誥三編·蘇州人才第十三》中公開宣佈：「古者士君子，其學既成，必君之用。……寰中士大夫不為君用，是外其教者，誅其身而沒其家，不為之過。」而且明令學校「一以孔子所定經書誨諸生」，所有生員只能埋頭攻讀四書、五經，「軍民一切利病，並不許生員建言」，科舉必須以八股文取士，專取四書、五經命題，並以程朱一派的注疏為準。這樣，士子只能尊孔讀經，不得妄議朝政，自然也就「知以摘經擬題為志，其所最切者唯《四書》一經之箋，是鑽是窺，餘則漫不知省。與之交談，兩目瞪然視，舌本強不能對。」（《宋濂全集》卷五三，《大明故中順大夫禮部侍郎曾公神道碑銘》），「自四書一經外，咸束高閣，雖圖史滿前，皆不暇目」（廖燕：《二十七松堂文集》卷一，《明太祖紀》）。這樣，思想必然受到嚴重束縛，聰明才智也被扼殺。結果，庸鄙之士日多，賢明之士日少。加上朱元璋多疑猜忌，刑罰殘酷，官員稍有過

錯，即濫加懲處，「洪武間秀才做官，吃多少辛苦，受多少驚怕，與朝廷出多少心力，到頭來小有過犯，輕則充軍，重則刑戮，善終者十二三耳」（何良俊：《四友齋叢說》卷九，《史》）。許多人做官消極怠工，但求無過，不求有功，甚至拒絕出仕，出現了「人多不樂仕進」（趙翼：《廿二史札記》卷三二，《明初文人多不仕》）的現象。有些人「家有好學之子，恐為郡縣所知，反督耕於田畝」（呂毖：《明朝小史》卷二，《士不樂仕》）。有的為免被強徵出仕，甚至自殘肢體，如福建沙縣羅輔等 13 人即私下議論說：「如今朝廷法度好生厲害，我每各斷了手指，便沒用了。」（朱元璋：《大誥續編・斷指誹謗第七十九》）朱元璋因此連聲哀歎：「朕自即位以來，雖求賢之詔屢下，而得賢之效未臻！」（《明太祖實錄》卷一三一）「朕臨御三十年矣，求賢之心夙夜孜孜，而鮮有能副朕望，任風憲者無激揚之風，為民牧者無撫字之實！」（《明太祖實錄》卷二二九）

　　一方面努力培養和重用人才，一方面又無情地摧殘和扼殺人才，這就是朱元璋用人政策的兩個方面。這兩個方面既互相矛盾又彼此統一。朱元璋的一切政策，是以鞏固封建統治特別是朱家王朝的專制統治為其出發點和歸宿的。他用人政策的這兩個方面就統一在維護和強化封建專制統治這一點上。為了強化封建專制統治，朱元璋需要培養和選拔大批人才供他使用，同時必須毫不留情地摧殘和扼殺有礙於此的人。這不是朱元璋個人言而無信、出爾反爾的品質問題，而是封建社會末期君主專制統治必然產生的社會問題。

第三節　納諫與拒諫

　　朱元璋認為：「人君統理天下，人情物理必在周知，然後臨事不惑。」（《明太祖實錄》卷八五）君主治理天下，只有深入了解各方面的情況，才不會被一些表面現象迷惑，避免或減少決策的失誤。然而，「凡人所為，不能無過舉」（《明太祖實錄》卷二五四），人非神仙，不可能不犯錯誤。特別是君主，高高在上，更容易「隔絕聰明，過而不聞其過，闕而不知其

闕」，這就需要有獻替之臣、忠諫之士隨侍左右，「以拾遺補闕」（《明太祖實錄》卷一〇〇）。因此，朱元璋一再強調：「人主治天下，進賢、納諫二者，真切要事也。」（《明太祖實錄》卷一二七）把納諫與進賢，視為治國成敗的兩個重要因素。

早在龍鳳二年（1356 年）七月，朱元璋任命俞中、郭士信、欒秉德為參謀時，即詢問道：「魏徵可復見乎？」俞中答曰：「若有唐太宗，魏徵見矣。」朱元璋連連點頭稱「善」（《明興野記》卷上）。龍鳳十年，朱元璋對左右大臣強調：「治國之道，必先通言路。」「諸公有所建明，當備陳之。」（《明太祖實錄》卷一五）登基之後，他一再詔求直言，要求百官訪察軍民利病，何事當興，何事當革，「俱為朕言」（《明太祖實錄》卷九二）。但是，儘管求言之詔屢下，卻應者寥寥。他曾感慨地對侍臣說：「朕樂聞嘉謨，屢敕廷臣直言無諱，至今少有以啟沃朕心者！」侍臣搪塞說：「陛下聰明天縱，孜孜為治，事無缺失，羣臣非不欲言，但無可言者。」（《明太祖實錄》卷一〇六）

為打破這種沉悶的局面，朱元璋反覆對眾臣闡明諫諍的意義，指出：「昏庸之主，吝一己之非，拒天下之善，全軀保祿之臣，或緘默而不言，或畏威而莫諫，塞其聰明，昧於治理，必至淪亡而後已。」（《明太祖寶訓》卷三，《納諫》）他再三鼓勵羣臣進諫說：「忠臣愛君，讜言為國。蓋愛君者，有過必諫，諫而不切者，非忠也；為國者，遇事必言，言而不直者，亦非忠也。」又說：「若君有過舉而臣不言，是臣負君；臣能直言而君不納，是君負臣。」（《明太祖寶訓》卷三，《求言》）「臣不諫君，是不能盡臣職；君不受諫，是不能盡君道。臣有不幸，言不見聽而反受其責，是雖得罪於昏君，然有功於社稷人民也！」（《明太祖寶訓》卷三，《納諫》）

為了鼓勵臣民進諫，朱元璋一再表示，要廣開言路，並採取一系列措施以推動臣民的諫諍。

第一，允許臣民直至御前奏聞。在封建社會，一般臣民不能直接同皇帝見面，有事要反映，只能寫成奏章，交給所在地方的官府，再層層向上轉達。由於當時的衙門官僚作風盛行，不僅傳遞速度緩慢，而且容易中途洩密，或者被有關官員攔截扣留，遭到打擊報復。為了防避這種狀況出

現，朱元璋於洪武六年（1373 年）在《祖訓錄》中特地規定：「今後大小官員並百工技藝之人，應有可言之事，許直至御前聞奏。其言當理，即付所司施行，諸衙門毋得阻滯，違者即同奸論。」後來，《祖訓錄》屢經修訂，定名《皇明祖訓》，這條規定始終保留不變。

第二，為言事者保密。能直至御前奏聞的臣民畢竟是少數，京師之外的臣民就沒有直至御前奏事的條件。所以，後來朱元璋還下令：「凡軍民利病，政事得失，條陳以進。下至編民卒伍，苟有所見，皆得盡言無諱。」（《明太祖實錄》卷一七一）為了解除言事者擔心泄密遭到打擊報復的顧慮，朱元璋專門下達命令：「天下臣民，凡言事者，實封直達御前。」（《明太祖實錄》卷一一三）這個措施當時確實起到保護言事者的作用，據記載，「洪武、永樂年間，實封皆自御前開拆，故奸臣有事即露，無倖免者」（陸容：《菽園雜記》卷九），不過，它亦有負面的作用，即容易被一些心術不正的人用來搞誣告，形成「訐告風熾」（《明史》卷一三九，《蕭岐傳》）的局面。

第三，言而有實則獎，言而無實不罪。朱元璋宣佈，臣民凡有諫諍，「有善者則獎而行之，言之非實亦不之罪，惟讒佞而諛者，決不可容也」（《明太祖實錄》卷一六一）。洪武年間，特別是洪武早期和晚期，有不少臣民響應號召上書言事，凡是可行的建言他即轉交有關部門施行，有些建議經再三斟酌，實在不可行的才擱置一旁。有的官吏因敢於直言，還受到朱元璋的嘉獎。洪武十四年二月，諫院右司諫石時中、判祿司左司副夏守中「公直敢言」，朱元璋即賜給他們每人鈔 10 錠。有的官吏勇於進諫，還被擢升官職。工部奏差張致中洪武十年上書，建議精擇「在朝老成諳諳之士或有司官屬公明廉正者」擔任監察御史；在各府州縣設常平倉，「每遇秋成，官出錢鈔收糴入倉，如遇歉歲，平價出糶」，以平抑物價；北方郡縣守令常責令里甲謊報墾田畝數，「罔上損民」，宜令各處農民「自實見墾畝數，以定稅糧」。朱元璋閱而嘉之，「擢張致中為宛平知縣」（《明太祖實錄》卷一一一）。鞏昌儒學訓導門克新，洪武二十六年秩滿入覲。朱元璋向入覲的學官詢問經史及民間政事得失，「在列者多應對不稱旨，獨克新敷奏亮直」（《明太祖實錄》卷二四六），敢於指陳時弊，因而受到朱

元璋的器重，被授為左春坊左讚善，「不數年，擢禮部尚書」（《明史》卷一三九，《蕭岐傳附門克新傳》）。

在朱元璋的倡導及其一系列措施的推動下，當時不少臣民上書言事，指陳時弊，倡議革新，被朱元璋採納。洪武七年七月，靖海侯吳禎奉命赴浙東收集方國珍台、溫、明三郡舊部，當地一些無賴惡少趁機誣指平民、富豪為方國珍舊部，鬧得人心惶惶，「瀕海大擾」。寧海知縣王士弘認為「誣良民為兵，此不可也」，於十二月向朝廷上了一個密封奏章。朱元璋讀後，「即日詔罷之，三郡之民賴以復安」，並擢王士弘為南雄府通判（《明太祖實錄》卷九五）。十三年六月，太原、大同二府上奏：「郡地舊以多城，民煮為鹽，自宋金以來輸課於官，凡大口月入米三升，小二升。國朝洪武三年始徵其課，而皆減米一升。洪武五年以二郡民貧地瘠，艱於輸米，悉免其徵。今已七年，而戶部復欲循舊例徵課，恐民力不堪。」朱元璋「是其言，命戶部即蠲之」（《明太祖實錄》卷一三二）。

十八年，國子監祭酒宋訥獻守邊策，建議效法漢朝趙充國屯田邊郡以制西羌的辦法，「選其有智謀勇略者數人，每將以東西五百里為制，隨其高下，立法分屯」，訓練將士，督令耕作，防敵入犯。朱元璋「嘉納之」（《明太祖實錄》卷一七一），將前已實行的軍屯大規模地推廣於沿邊各地。二十四年，嘉興府通制龐安破獲一個販賣私鹽的案件，將鹽販解送京師，並按《大明律》的規定將繳獲的私鹽賞給捉到罪犯的人。戶部認為龐安的處理違反了按照皇帝敕令所形成的「例」，下令將私鹽沒收入官，並責取罪狀。龐安不服，上書指出，律是萬世之常法，例為皇上一時之旨意，不可以一時之例破壞萬世之法。戶部要按例行事，與《大明律》「應捕人給賞」的規定相違背，是失信於天下。朱元璋認為他的話有道理，「詔論如律」（《明太祖實錄》卷二一二），維持了原判。三十年，行人高積奉命至陝西宣諭禁鬻私茶，回來後建議「一曰乞減內地巡茶關隘，二曰選老成練達兵務之將捍禦西陲，三曰民之逋糧宜從土地所宜折收」，朱元璋「並從其言」（《明太祖實錄》卷二五五）。類似事例，多不勝舉。

值得注意的是，當時有不少耿直之士，記取朱元璋「忠臣愛君，讜言為國」「言不見聽而反受其責，是雖得罪於昏君，然有功於社稷人民」的諭

旨，冒着觸犯龍鱗的風險，指出朱元璋的一些失誤，甚至不惜獻出性命。有一年，監察御史周觀政監守奉天門，宦官領着一班女樂要進宮，他出面阻攔，宦官說是奉皇上之命而來，他還是不讓進。宦官非常惱火，跨步衝入宮門，過一會兒出來對周觀政說：「御史且休，女樂已罷不用。」周觀政仍氣鼓鼓地說：「必面奉詔！」這話傳進宮裏，又過一會兒，朱元璋竟然走出宮門，對周觀政道：「宮中音樂廢缺，欲使內家肄習耳。朕已悔之，御史言是也！」左右大臣見皇上居然屈尊向臣下當面道歉，「無不驚異者」（《明史》卷一三九，《韓宜可傳附周觀政傳》）。

四川大寧（治今重慶巫溪北）人青文勝，洪武中期出任龍陽（治今湖南漢壽）典史。龍陽地處洞庭湖濱，連年遭受水災，賦額又重，每年徵收37000多石，百姓繳納不起，年年拖欠，纍計逋賦達數十萬石，官府屢屢派人催逼，「斃於敲撲者相踵」。青文勝到任後，又遇到水災歉收，發生饑荒。他到京師兩次詣闕上書，請求蠲恤，都沒有得到批准。青文勝感到回去無顏見江東父老，仰天長歎：「吾為民請命，百不得，明主可以死悟也？」於是又起草一份諫書，掖在袖子裏，前去敲響登聞鼓，然後在鼓下自殺。朱元璋聞訊大驚，「詔寬龍陽租二萬四千餘石，定以為額」（《罪惟錄》列傳卷一三上，《青文勝》；《明史》卷一四〇，《青文勝傳》）。

臣民的諫諍，多少減少或縮小朱元璋的失誤，匡正了某些時弊。此外，明初一些耿介之士，把諫諍看作臣民應盡的職責，是忠於社稷、忠於君主的義舉，即使以言罹禍，也視為分內之事。他們這種不怕坐牢、不怕殺頭，敢於直言進諫的精神，對後世產生了深遠的影響。在朱元璋之後，每當昏庸之君在位，常常有人冒着殺身之禍，犯顏直諫，而且往往是這個人剛剛被殺，另一個人又站出來繼續進諫。正如近代史學家孟森所指出的：「明一代雖有極黯之君，忠臣義士極慘之禍，而效忠者無世無之，氣節高於清世遠甚。」（《明清史講義》上冊，中華書局1981年版，第75頁）

當然，同歷史上任何封建君主一樣，朱元璋的納諫也是有限度的。洪武年間，就有不少臣民響應他的求言詔令上書進諫而遭到打擊，特別是那些對他強化封建專制統治的重大決策持有異議的諫諍者，更使朱元璋感到不快，非置之死地不可。

洪武九年閏九月，朱元璋因星變詔求羣臣言事。山西平遙訓導、浙江寧海人葉伯巨上萬言書，批評朱元璋「分封太侈」「用刑太繁」「求治太速」。他特別指出，朱元璋分封諸子為王，「恐數世之後，尾大不掉，然後削其地而奪之權，則起其怨，如漢之七國、晉之諸王；否則恃險爭衡，否則擁眾入朝，甚則緣間而起，防之無及也」（《明經世文編》卷八，《葉居升奏疏·萬言書》）。朱元璋看了奏疏大怒，認為葉伯巨挑撥他和子孫的骨肉關係，厲聲喝令左右：「速逮來，吾手射之！」（《明史》卷一三九，《葉伯巨傳》）葉伯巨被捕後，中書丞相乘朱元璋心情愉快之時，奏請將他關進刑部大牢，後死於獄中。

在葉伯巨上書的同一個月，懷慶知府方徵、寧海人鄭士利等紛紛上書。鄭士利的上書「言數事，而於空印事尤詳」。空印案發生於前一年即洪武八年，涉及全國各地的許多官吏，鄭士利之兄、湖廣按察司僉事鄭士元也因此案而被捕入獄。鄭士利洋洋數千言的上書詳辯此案之冤。朱元璋看了上書大怒，令丞相、御史追查幕後的主使者，鄭士利回答：「顧吾書足用否耳！吾業為國家言事，自分必死，誰為我謀？」結果，「與士元皆輸作江浦，而空印者竟多不免」（《明史》卷一三九，《鄭士利傳》）。懷慶知府方徵的上書，則批評朝廷賞罰不明，說「風憲官以激濁揚清為職。今不聞旌廉拔能，專務羅織人罪，多徵贓罰，此大患也。朝廷賞罰明信，乃能勸懲。去年各行省官吏以用空印罹重罪，而河南參政安然、山東參政朱芾俱有空印，反遷布政使，何以示勸懲？」朱元璋一看就發火，責問道：「羅織及多徵贓罰者為誰？」方徵答說，河南僉事彭京就幹過這種事。朱元璋還是不饒，把他「貶沁陽驛丞」，洪武十三年又「以事逮至京，卒」（《明史》卷一三九，《鄭士利傳附方徵傳》）。

隨後，在當年十二月，刑部主事茹太素又以五事上言，寫了洋洋17000字。朱元璋叫中書郎中王敏讀給他聽，唸到6370個字，才聽到「才能之士，數年以來倖存者百無一二，不過應答辦事」，「所任者，多半迂儒俗吏」的批評，尚未涉及所要談的五件事。朱元璋嫌他文字囉唆，氣不打一處來，就把茹太素找來，問道：你是刑部官員，刑部有200多號人，你能不能給我仔細分辨一下，哪幾個是迂儒，哪幾個是俗吏？茹太素沉默不

語，朱元璋大怒，把他斥責一頓，處以廷杖之刑，即令錦衣衛在殿廷之上把他痛打一頓。第二天深夜，準備就寢，又想起茹太素的上書，叫人再唸一遍，直到 16500 個字之後，才談到五件事，「其五事之字，止是五百有零」。朱元璋聽後，覺得所言五事有四件切實可行。第二天早朝，敕令中書省和御史台付諸實施，並下令釋放茹太素，表示：「今朕厭聽繁文而駁問忠臣，是朕之過，有臣如此，可謂忠矣。」隨後，他命中書省定出《建言格式》，親自作序，頒示全國，規定「若官民有言者，許陳實事，不許繁文」（《明太祖集》卷一五，《建言格式序》）。過了兩年，茹太素出任參政，後累官至戶部尚書，仍然抗直不屈，愛提意見，因而「累瀕於罪」。一天，朱元璋在便殿宴請茹太素，給他倒了一杯酒，吟詩道：「金盃同汝飲，白刃不相饒。」茹太素磕頭致謝，續韻吟道：「丹誠圖報國，不避聖心焦。」朱元璋聽了，不禁為之惻然。但不久還是找藉口把茹太素降職，甚至叫他與同僚一起戴上腳鐐辦公，最後又以事把他處死（《明史》卷一三九，《茹太素傳》）。

洪武十三年五月，謹身殿遭到雷擊，朱元璋認為是自己犯了錯誤，上天向他發出警告，除下詔蠲免當年全國的田租，還蠲免江西歷年積欠的田賦。不久，又以「國用不足」為由，派郎禮去江西追繳十分之三的逋賦。郎禮拒不奉詔，曰：「唯皇上毋失信於天下。」朱元璋嚴令督之，他仍不執行。又派人抄他的家，把他妻子捉來，強迫他執行命令。他硬是不幹，曰：「寧殺臣，臣不敢阿陛下，失信江西之民！」朱元璋拿他沒辦法，竟下令將他處死，「妻亦自縊死」（《罪惟錄》列傳卷一三上，《郎禮》）。

洪武十五年四月，朱元璋應僧人金碧峰之請，設置僧司機構，任命僧人充任官職。大理寺卿李仕魯認為這是棄聖學而騖外道，上書勸朱元璋崇儒辟佛。他連續上書 30 次，朱元璋都堅決不從；請求「還陛下笏，乞賜骸骨，歸田里」，也不批准。他一氣之下，把朝笏扔到地上，朱元璋大怒，「命武士捽搏之，立死階下」（《明史》卷一三九，《李仕魯傳》；《罪惟錄》列傳卷一〇，《李仕魯》）。禮科給事中陳汶輝也對設置僧錄司、道錄司的機構進行諫諍，朱元璋目以為迂，不予理睬。此後，陳汶輝改任大理寺丞、少卿，又多次為冤案申辯，並為李善長之獄喊冤。後來有個內

戚犯法，山東副使張甲未報請皇帝審批就鞭笞之。朱元璋擬將張甲處死，陳汶輝認為處刑過重，封還御旨。朱元璋發火，派御前指揮將他逮捕，押送刑部。行至金水橋，陳汶輝「投水死」（《罪惟錄》列傳卷一三上，《陳汶輝》）。

洪武十八年，同州（今陝西大荔）人王權考中進士，朱元璋見他性格耿直，為之改名王樸，授吏科給事中。不久，王樸以直諫忤旨被罷官。旋起為御史，陳時事數千言，未被採納。他幾次同朱元璋當面展開辯論，朱元璋氣極，下令將他斬首。但剛押到刑場，又派人將他召回，問道：「汝其改否？」他氣鼓鼓地回答說：「使臣無罪，安得戮之？有罪，又安用生之？臣今日願速死耳！」（《明史》卷一三九，《王樸傳》）朱元璋遂下令將他處死。事後，他還覺得不解氣，又特地將王樸作為誹謗罪的典型案例，寫進了御製《大誥》。

洪武二十一年，年僅 18 歲的江西才子解縉考中進士。解縉的父親解開曾擔任陳友諒的謀士，後勸說陳友諒的許多部將投奔朱元璋。洪武初年被薦，受到朱元璋的接見，「欲官之，固辭歸」（《罪惟錄》列傳卷二〇，《解縉》）。因為這層關係，朱元璋對解縉「甚見愛重」，授予中書庶吉士，讓他隨侍左右。當年四月的一天，他在大庖西室侍從朱元璋，朱元璋讓他「試舉今政所宜施者」（陳仁錫：《皇明世法錄》卷八五，《大學士解公傳》）。解縉當天就呈上萬餘言的密封奏章，批評皇上法令「數改」，用刑「太繁」「進人不擇於賢否，授職不量於重輕」「起科之輕重無別」「役重而民困」。但他把這些過錯都歸到大臣身上，說「天下皆謂陛下任意喜怒為生殺，而不知皆臣下之乏忠良也」（《明經世文編》卷一一，《解學士文集·大庖西封事》）。朱元璋讀了連稱「奇才」，未加問罪。接著，他又獻《太平十策》。洪武二十三年，解縉因闖入兵部索取皂隸，出言不遜，被兵部尚書瀋縉告了一狀，朱元璋認為他「冗散自恣逸」，將他改任江西道監察御史（《明史》卷一四七，《解縉傳》）。第二年，解縉又代郎中王國用起草上書，為被殺的李善長喊冤。接著又為同官夏長文起草彈劾左副都御史袁泰家人恣肆橫暴、多次違法的奏疏。朱元璋覺得解縉到處替人草擬奏疏，惹是生非，實在缺乏涵養，就召見他父親解開，說人才的培養很難，

而大器者往往晚成，讓解開把兒子帶回家，益進其學，並叮囑解縉道：「其歸，盡心於古人，後十年來朝，大用爾未晚也。」（《皇明通紀》，《皇明啟運錄》卷七）

除了直接拒絕臣民的諫諍，朱元璋從洪武中期起大力強化封建專制主義的統治，也使臣民的諫諍受到很大的限制。隨着封建專制的強化，朱元璋不但取消專職的諫官和給事中對上封駁的職權，而且集全國行政、軍事、司法監察大權於一身，壟斷了文武官員的任用大權，官員的一舉一動、一言一行都要瞻前顧後，生怕觸犯龍顏。同時，在強化封建專制的過程中，朱元璋又濫用嚴刑酷法，迭興大獄，弄得官員人心惶惶。許多人做官從政，只好不求有功，但求無過，甚至閉口不言朝政。這樣，全軀保祿之臣日多，切中時弊的諫諍日少。有時，朱元璋召見羣臣，徵詢政事得失，他們往往緘口不言，支吾了事。有次朱元璋召見全國學校的教官訓導，詢問民間疾苦，一個答說：「臣為學正，以教導為職業，民事無聞。」另一個答以：「臣守職常在學，未嘗出外，於民事無所知。」氣得他大罵「詐也」「竄之極邊」（《明太祖實錄》卷二一九）。所以，儘管朱元璋對諫諍有不少真知灼見，並且採取了一些相應的措施，但洪武年間的諫諍之風遠不如唐太宗時期那麼興盛，朱元璋的一些決策失誤也就未能及時得到制止和糾正，給後世留下了不少遺患。

朱元璋為什麼有時能虛懷納諫，有時卻又頑固地拒諫呢？朱元璋從投奔起義到建立大明王朝，幾乎沒有遭受過重大的挫折和失敗，因而逐漸形成了過分自信和固執的性格，這對於他接受不同意見多少會有些妨礙。然而他之所以厭惡與拒絕臣下的一些諫言，主要是因為這些諫言觸犯了朱家王朝的利益。朱元璋的納諫也同他的進賢一樣，是以鞏固封建統治，特別是朱家王朝的專制統治為出發點和歸宿的。符合維護和強化封建專制統治的諫言，他就採納；否則，即使意見再正確，他也不會接受。朱元璋的納諫與拒諫，同他對人才的使用與摧殘一樣，也是既相互矛盾而又彼此統一的，統一在維護朱家王朝的封建專制統治這一點上。

第九章

君主專制的高度發展

第一節　洪武初年動盪不安的政局

朱元璋登基之後，每天「昧爽臨朝，日晏忘餐」，勤奮理政，孜孜求治。然而，他所期盼的天下大治的局面遲遲沒能出現，洪武初年的社會一直處於動盪不安的狀態。

首先，廣大農民始終未曾停止對地主階級的反抗鬥爭。朱元璋轉化為地主階級的政治代表後，開始大力扶植地主經濟。元末農民戰爭過後，明朝地方官吏即根據「凡威取田宅者歸業主」的規定，支持地主奪取農民直接憑藉戰爭暴力耕佔的土地。逃亡地主紛紛重返故里，在官府的支持下向農民反攻倒算。如江蘇宜興地主強如心，在農民戰爭過後，即「復吾田宅」（《清江集》卷一七，《復初齋記》），重新奪回其失去的土地財產。浙江諸暨官宦的後裔趙淑，在東西吳交戰期間攜帶田契逃匿深山窮穀，田地大部分被他人耕佔，戰爭結束後「持田籍與辨，卒賴以完」（《宋濂全集》卷二〇，《周節婦傳》），也把田地倒算回去了。義烏地主王某，洪武初年在官府的支持下，把被農民剝奪的家產全部奪回，「積穀至數千斛」（王坤：《繼志齋集》卷下，《王處士傳》）。

地主階級的勢力迅速恢復壯大，各地出現了不少「有田連數萬畝」或「千畝之下至百十畝」的地主，如元末明初江南首富沈萬三的後裔「資巨萬萬，田產遍吳下」（《碧里雜存》卷上，《沈萬三秀》），丹徒曹定佔田「萬畝有巨」（朱元璋：《大誥・妄告水災第六十三》），義烏巨室樓士祥家產無數，食客多達幾十人。據洪武三年的調查，「以田稅之多寡較之，惟浙西多富民巨室。以蘇州一府計之，民輸糧一百石以上至四百石者四百九十戶，五百石至千石者五十六戶，千石至二千石者六戶，二千石至三千八百石者二戶，計五百五十四戶，歲輸糧十五萬一百八十四石」（《明太祖實

錄》卷四九）。洪武三十年再次調查，「浙江等九布政司（雲南、兩廣、四川除外）、直隸應天十八府州，田贏七頃者萬四千三百四十一戶」（《明太祖實錄》卷二五二）。

對皇親國戚及勛臣宿將等一批新生貴族，朱元璋則賜給他們大量田地和財物。洪武四年（1371 年）十月，據中書省報告，李善長等 6 國公和唐勝宗等 28 侯都擁有大量賜田，為他們耕作的佃戶合計多達 38194 戶。除了賜田，朱元璋還在洪武五年十一月下詔建公侯第宅於中都。其他公侯也各賜鈔一萬錠，讓他們還鄉營建府邸。此外，明廷還給這些官僚地主以優免徭役的特權，規定現任官員之家有田土者，除交納賦稅之外，悉免其徭役，退休官員也可免除全家的徭役。就連歲數大的富民，也賜給裏士、社士、鄉士的爵位，免其雜泛差役；敗落的紳衿貧戶，還可奏請豁免稅糧。

但是，新舊地主都不以此為滿足。他們的胃口由於受到宋元以來不斷發展的商品經濟的刺激，更加膨脹，對財富的追求更加瘋狂。奸頑豪富之家，用盡一切手段逃避國家的賦役，把負擔轉嫁到農民身上。兩浙的地主，經常把田產假寫到親鄰佃僕名下，叫作「鐵腳詭寄」，久之沿襲成風，鄉里欺騙州縣，州縣欺騙府，奸弊百出，稱為「通天詭寄」。他們還用包荒、灑派、移丘換段等手法，靠損小民。如丹徒曹定等人，就將 68 頃98 畝的熟地報作荒地，逃避稅糧。

那些上升為新貴族的勛臣宿將，「既享爵祿，猶且貪心不已」，更是越禮非分，誅求無度。他們拚命擴佔土地，私納奴婢，侵奪民財，驅役士卒，貪贓枉法，影蔽差徭。宰相胡惟庸收受四方賄賂的金帛、名馬、玩物多至「不可勝數」（《明史》卷三〇八，《胡惟庸傳》）。淮安侯華雲龍在北平佔用故元丞相脫脫的宅第，「凡元宮龍榻鳳褥及金玉寶器，非人臣可僭者，皆用之弗疑」，後又藉口「其第高曠，災害屢生」，復役戰疲之士、創殘之民，重新翻蓋，「奢麗過制特甚」（《宋濂全集》卷五三，《敕賜開國輔運推誠宣力武臣榮祿大夫柱國淮安侯華君神道碑銘》）。許多勛臣的親戚、家人甚至佃僕、火者，倚勢冒法，橫暴鄉里，欺壓百姓，諸勛臣聽之任之，不加禁止。如信國公湯和的姑父庸某，仗勢蔑視法紀，「隱瞞常州田土，不納稅糧」（《國初事跡》）。

衙門的許多官吏承襲元末官場腐敗之風，擅權枉法，貪汙受賄，巧取豪奪，蠹政害民。「中外貪墨所起，以六曹為罪魁」（《明史》卷九四，《刑法志》）。中央六部的官員，「臨政之時，袖手高坐，謀由吏出，並不周知」（《大誥‧胡元制治第三》），搞起貪汙卻精神百倍。如寶鈔提舉司與戶部相勾結，在洪武十八年二月至十二月印造鈔幣 6946599 錠，私藏 1437540 錠，分肥入己。刑部尚書開濟執法犯法，收受囚犯賄賂，以獄中死囚代而脫之。兵部侍郎王志藉勾補逃軍等事，收受賄賂 22 萬。其他中央官員的貪汙案件，也層出不窮。地方官吏更是紛起仿效，橫徵暴斂。蘇州知府陳寧督徵稅糧，令左右燒鐵烙人肌膚，人甚苦之，呼為「陳烙鐵」。浙江官府折收秋糧，按規定每米 1 石官折鈔 2 貫，但州縣官吏巧立名目，取要水腳錢 100 文，車腳錢 300 文，口食錢 100 文，庫子又要辦驗錢 100 文，蒲簍錢 100 文，竹簍錢 100 文，沿江神佛錢 100 文。百姓每折鈔 2 貫（2000 文）就要繳納 7 種附加稅計 900 文，高達應繳折鈔的 45%。嘉定縣糧長金仲芳等 3 人，巧立名目多徵錢糧，名目達 18 種之多。糧長邾阿仍與譚理、徐付六等人互相勾結，巧立缸水腳米、斛面米、裝糧飯米、車腳錢、脫夫米、造冊錢、糧局知房錢、看米樣中米、燈油錢、運黃糧脫夫米、均需錢、棕軟簍錢等 12 種名目，計徵收米 37000 石、鈔 11100 貫。除應徵收的田賦米一萬石外，多徵米 27000 石、鈔 11100 貫，裝入私囊。衛所官軍，也多貪汙官糧，擅科民財。如陳州衛指揮胡璉等 6 人、潁州衛指揮陳勝等 19 人，冒支官糧 38 萬石，私分入己。杭州右衛指揮陳祥藉追捕倭寇之機，勾結令史魏克銘，阻擋漁民船隻出海，勒索錢鈔，拒不繳納者，概不放行，共取鈔 1021 貫入己。

地主階級貪得無厭的榨取，使元末農民戰爭後緩和下來的階級矛盾又趨於激化。明朝建立後，不少農民不顧朱元璋多次下令脅迫或派兵圍剿，繼續屯聚山林，不入戶籍，不供賦役。陝西漢中一帶，直到洪武七年冬，農民猶多屯聚深山，誅茅為屋，焚翳下種，「所種山地皆深山窮谷，遷徙無常，故於賦稅，官不能必其盡實，遇有差徭，則鼠竄蛇匿」（《明太祖實錄》卷一〇〇）。在籍民戶也大批逃亡。洪武五年，太原府河曲等縣民多逃亡，拖久稅糧 2580 餘石。軍屯的士卒也紛紛逃亡。據大督府奏報，僅從

吳元年（1367 年）十月到洪武三年（1370 年）十一月，三年間全國逃亡軍士達 47986 名。

有些地方的農民還拿起武器，發動起義。由於明初在戰亂之後，中原草莽，人煙稀少，農民比較容易獲得土地，江南則無此曠土，土地兼併比較嚴重，而且明初的田賦負擔，江南又比北方為重。因此，這個時期農民的武裝鬥爭大多爆發於南方地區，遍及湖北、江西、浙江、福建、廣東、廣西、雲南、貴州、四川等地，尤以東南地區的起義最為頻繁。參加起義的有農民、士兵，有漢族，也有少數民族。很多起義者繼續利用白蓮教的組織，以「彌勒降生」「明王出世」相號召。另有一些起義者，則拋棄宗教外衣，提出了「鏟平」口號，要求鏟除人間的不平等現象。如洪武十五年十月，南雄侯趙庸鎮壓廣東一支數萬人的起義軍，其首領即號稱「鏟平王」（《明太祖實錄》卷一四九）。

其次，地主階級內部存在着尖銳的矛盾和鬥爭。明朝建立後，一些仕元的舊地主官僚仍然效忠元朝，不與朱元璋合作。他們採用各種手段，拒絕朱元璋的徵召，不肯為明朝效力。廣信府貴溪縣儒士夏伯啟叔姪，各截去左手大指，立誓不做明朝的官。朱元璋派人把他們逮至京師，責問道：「昔世亂，汝居何處？」回答說：「紅寇亂時，避兵於福建、江西兩界間。」朱元璋大怒：「朕知伯啟心懷忿怒，將以為朕取天下非其道也。」（《大誥三編・秀才剁指第十》）派人把他們押回原籍梟首示眾，籍沒全家。

蘇州人姚潤、王謨以儒學被薦，都躲藏起來，不肯出山，後來也皆被梟令，籍沒全家。揚州人李徵臣在元末做過翰林待詔，入明後拒不出仕，親屬被殺光，他仍不屈從，被謫戍寧夏。山陰人楊維楨在元泰定四年（1327 年）考中進士，做過元朝的小官，以詩歌創作聞名於世。洪武二年（1369 年）朱元璋派翰林詹同持幣造訪，召他參加修纂禮樂書的工作，他說：「豈有老婦將就木，而再理嫁者邪？」婉辭不就。翌年，朱元璋叫地方官催逼其上路，他又賦《老客婦謠》，並說：「皇帝竭吾之能，不強吾所不能則可，否則有蹈海死耳！」（《明史》卷二八五，《楊維楨傳》）朱元璋還是要他進京，說等擬就禮樂書的體例，放他還鄉。他到南京住了 110 天，果然就收拾行裝回家。回民巨商的後裔、詩人丁鶴年，自以家世仕

元，不忘故國，元順帝北逃後，飲泣賦詩，情詞淒惻。為逃避朱元璋的徵召，晚年學佛，廬居父墓，到永樂時去世。

浦江人戴良，朱元璋親征婺州時，與胡翰等 12 人同被徵召。翌年被授為學正。但他不忘故主，等朱元璋返回應天，就棄官逸去，投奔張士誠。張士誠行將垮臺時，又攜家潛回山東登、萊，想投奔擴廓帖木兒，因路途受阻，在昌樂住下。洪武六年舉家南還，改名換姓，隱居四明山。洪武十五年，朱元璋召他到南京，命居會同館，想讓他做大官。他以老疾固辭，翌年四月自殺身亡。江陰人王逢，張士誠據吳時，他獻策勸其弟降元以對抗朱元璋。朱元璋滅張士誠後，想起用他，他堅臥不起，隱居上海之烏涇，歌詠自適。

明朝統治階級內部也是矛盾重重。同朱元璋有着親密的鄉里、宗族關係的淮西將臣，隨着明朝的建立而成為新朝顯貴，執掌着軍政大權。這些勛臣宿將大部分出身農民，既缺乏文化及歷史知識的薰陶，又缺少傳統禮制和法律的教育，加上長期在農村生活，鄉土和宗族觀念很重，目光比較短淺，辦事往往只顧眼前利益而不顧其他。他們不僅互相勾結，一起排擠、打擊非淮西籍的大臣，以維護自己在政治上的壟斷地位；而且自恃勞苦功高，又是皇帝的同鄉，驕縱妄為，屢屢幹出越禮非分、違法亂紀的勾當，追逐更多的財富和更大的政治權力，從而導致統治集團內部尖銳的矛盾衝突。

此外，明朝還面臨着其他的一些社會矛盾。除北元勢力的騷擾外，亡命海上的張士誠、方國珍餘部仍然繼續與明朝為敵。他們有的結交明朝內部的農民起義隊伍，如吳元年（1367 年）四月張士誠故元帥府副使韓復春、施仁濟即與上海錢鶴皋聯合起兵，從事反明活動。有的還勾結他國的海上勢力，「東藉日本之諸島悍夷以為爪牙，而西南藉交趾（址）、占城、闍婆（今印度尼西亞爪哇島）、暹羅以為逋藪……而又內結山寇，以為腹心之援」（王世貞：《弇州山人四部稿》卷一一四，《策六》），甚至導倭入寇，騷擾沿海州縣。雲、貴、川、廣等地的少數民族上層分子也時服時叛，破壞國家的統一。元代以來不斷騷擾我國沿海的倭寇，也仍不時寇掠沿海地區，危害明朝的國家主權。

　　錯綜複雜的社會矛盾，使得明初的社會動盪不安，嚴重影響了明朝統治的穩固。這種狀況，引起了地主階級的極大憂慮。我國自宋代以來，地主土地所有制和租佃制得到普遍發展。在地主土地所有制和租佃制之下，地主對土地的佔有是不固定的，對佃農的控制也不穩定，同時地主本身又沒有親自掌握行政、司法和軍事權力，對佃農的超經濟強制相對削弱。但是，沒有超經濟強制，也就沒有封建剝削。這樣，就要有一套凌駕於整個社會之上的完整而複雜的官僚機構，來專門掌握行政、司法和軍事權力，代表地主階級的意志，對農民實行超經濟強制，以保證地主對農民剩餘勞動的榨取。因此，地主階級迫切希望明王朝能進一步加強專制主義的中央集權制度，以便鞏固封建統治，強化對農民的超經濟強制。

　　面對動盪不安的政治形勢，朱元璋更是如履淵冰，憂危積心。起義之前，三年多的流浪生活，使他多少沾染上一點遊民習氣，形成猜忌、殘忍的陰暗心理。戰爭期間，個別將領的背叛，又加重了他的猜忌心理。明朝建立後，農民的紛起反抗，臣僚的越禮非分，加上北元勢力的騷擾等，更使朱元璋的神經處於一種高度緊張的狀態，越發變得多疑和殘暴。他時刻擔心有人謀奪他的寶座，自己的子孫無法永坐江山，以至於每晚睡覺，經常「夜起竊聽，四外無人聲，方就安寢」（《明經世文編》卷八六，《林貞肅公集・慶幸討戮宦賊永綏福祚疏》）。為了明王朝的長治久安，他決心採取各種手段，不惜一切代價，擴充自己手中的權力，進一步強化君主專制的中央集權制度。

第二節　「躬覽庶政」，加強集權

　　朱元璋強化君主專制中央集權制度的關鍵步驟，是改革國家的政權體制，集軍、政、司法大權於一身，使皇權得到高度的擴張。

　　洪武初年的政權體制襲自小明王，而小明王的宋政權是按照元朝的體制建立起來的。元朝的政權體制，在中央設中書省總理全國政務，最高長官中書令是一個名義上的虛銜，中書令之下設左右丞相，為實任丞相，下

設平章政事、左右丞、參知政事，為副相。在地方設行中書省，作為中書省的分出機構，除部分地大事繁的行中書省有時也設丞相外，一般的行中書省不設丞相。其他的中書省官職，行中書省全都照設。中書省統軍政、民政、財政，行中書省也照樣管軍政、民政、財政，號稱「外政府」，職權極重。後期四處兵起，地方軍政首腦各自為政，往往擅權自專，不聽朝廷指揮，形成分裂割據的局面。朱元璋是從宋政權的行中書省平章政事起家的，他文檄用龍鳳年號，「然事皆不稟其節制」，做事從來不奏請小明王批准，行中書省儼然是個獨立王國。這正好為朱元璋藉小明王的旗號暗中發展自己勢力提供了便利，所以他對這種制度表示讚賞。但是，隨着軍事上的不斷勝利，他擔心部下效而仿之，鬧起獨立。果然，在朱元璋稱吳王前後，臣僚越禮非分的事時有發生，甚至還出現部將叛變投敵的事件。這不能不引起他的警惕和憂慮，同時也使他認識到這種體制的弊端，說：「元氏昏亂，紀綱不立，主荒臣專，威福下移，由是法度不行，人心渙散，遂致天下騷亂。」（《明太祖實錄》卷一四）不過，當時戰事頻繁，無暇進行改革。躋登寶位之後，臣僚越禮非分、違法逾制的事件層出不窮，朱元璋越來越感到改革的緊迫性。洪武三年（1370 年）十二月，儒士嚴禮等上言治道，提出臣民不得隔越中書省直接向皇帝奏事，朱元璋即指出：「夫元氏之有天下，固由世祖之雄武，而其亡也，由委任權臣，上下蒙蔽故也。今禮所言不得隔越中書奏事，此正元之大弊。人君不能躬覽庶政，故大臣得以專權自恣。」（《明太祖實錄》卷五九）強調君主必須「躬覽庶政」，認為這是實現天下大治的一個前提條件。所謂「躬覽庶政」，當然是指君主必須親預朝政，但更重要的是要求進一步擴大皇權，加強君主專制的中央集權，以確保君主能完全按自己的意志行事。此後，朱元璋悉心研究擴大君主權力、加強中央集權的途徑和辦法。到洪武九年考慮成熟了，便着手對國家機構進行大刀闊斧的改革。

改革首先從地方行政機構入手。洪武九年六月，朱元璋下令改行中書省為承宣佈政使司，簡稱布政司，廢除行省平章政事、左右丞等官職，改參知政事為布政使，秩正二品，以「掌一省之政」，主要是民政和財政。十三年，布政使秩降為正三品。十四年改設左、右布政使各一人，二十二

年俱秩從二品。布政使是朝廷派駐地方的使臣，朝廷的政策、法令和派給地方的多種任務，就是通過他們下達各府、州、縣的地方官執行的。全國除南京直轄區之外，分為浙江、江西、福建、北平、廣西、四川、山東、廣東、河南、陝西、湖廣、山西 12 布政司，洪武十五年增設雲南布政司，共有 13 布政司。各布政司的管轄範圍，大致同元朝的行中書省差不多，但不包括分散於其中的衛地。由於行中書省的名稱已經叫慣了，朝廷和民間仍把布政司叫作行省，簡稱為省。布政司不僅職權比過去的行中書省大大縮小，而且性質也發生了變化。行中書省是中書省在地方的分出機構，是中央分權於地方，而布政司則是朝廷的派出機構，凡事都要秉承朝廷的旨意，是地方集權於中央。在布政司之外，各省保留原設的提刑按察司，統稱為提刑按察使司，簡稱按察司，仍以按察使為長官，秩正三品，「掌一省刑名按劾之事」；還保留都指揮使司，簡稱都司，仍以都指揮使為長官，秩正二品，管轄所屬的衛地，「掌一方之軍政」。從東北到西北直到西南的少數民族聚居區，不設布政司，只設都指揮使司，實行軍政與民政合一的統治。都司、按察司同布政司一樣，都是朝廷的派出機構，合稱三司。三司互不統轄，均由皇帝直接指揮。凡遇重大政事，都要由三司會議，上報中央的部院。這樣，不僅地方機構的權力大大削弱，強化了中央集權，而且地方機構職權專一，又互相牽制，便於皇帝操控。布政司之下的地方政權機構也做了簡化，仍保持府（直隸州）、縣（府屬州）的二級建制不動。

　　稍晚又對中央機構進行改革。古代社會的丞相，既對皇帝起着助手作用，又限制皇權的過度膨脹。朱元璋認為丞相制度是妨礙君主「躬覽庶政」的一大障礙，說：「昔秦皇去封建，異三公，以天下諸國合為郡縣，朝廷設上、次二相，出納君命，總理百僚。當是時，設法制度，皆非先聖先賢之道。為此，設相之後，臣張君之威福，亂自秦起，宰相權重，指鹿為馬。自秦以下，人人君天下者，皆不鑒秦設相之患，相繼而命之，往往病及於君國者，其故在擅專威福而致是歟？」（《明太祖集》卷一〇，《敕問文學之士》）取消行中書省後，加強了中央對地方行政、財政、司法的控制，丞相的職權增大，和皇帝的衝突更加嚴重，朱元璋於是決心廢除丞相制度。洪武十三年正月，左丞相胡惟庸欲謀反而被誅殺，朱元璋即下令

廢除中書省和中書省的丞相，仿照周官六卿執政之制，把中書省的權力分屬吏、戶、禮、兵、刑、工六部。各部長官尚書由原先的正三品升為正二品，副長官侍郎由正四品升為正三品。這樣，六部便成為替皇帝總理政務的全國最高一級的行政機構。中國歷史上延續 1700 多年的丞相制度從此被廢除，丞相職權由皇帝兼使，皇權空前地加強。

丞相制度被廢除後，全國的重大政務都由皇帝親自處理，臣下唯面奏取旨而已。朱元璋儘管起早睡晚，克勤不怠，但還是忙不過來，遇到重大問題也無人商量。於是他除命翰林、春坊幫看諸司的奏章並兼司平駁之外，又於洪武十三年九月設置四輔官以協贊政事。但所用的四輔官都是來自鄉間的老儒，為人雖淳樸，卻無什麼專長，起不到作用，到洪武十五年七月又下令廢除。接着，在洪武十五年十一月又依照宋朝制度，以「輔導太子」的名義設置殿閣大學士，隨侍皇帝左右，以備顧問。這些大學士秩僅正五品，其職責實際上並未超出翰林官「以論思為職」（《明太祖實錄》卷二四九）的範圍，對軍國大事鮮所參決。後來，經過建文（1399–1402年）、永樂、洪熙、宣德諸朝（1399–1440）的發展，殿閣大學士的品秩不斷提高，職權日益擴大，逐漸形成獨具特色的內閣制度。不過，終明一代，內閣始終不是法定的中央一級的行政機構或決策機構，而僅是為皇帝提供顧問的內侍機構而已。

在廢除中書省的同時，朱元璋又撤銷大都督府，改設左、右、中、前、後五軍都督府。每個都督府皆以左、右都督為長官，秩正一品，各領所屬都司和衛所的軍隊，以分散中央軍事機構的權力。並規定五軍都督府管兵籍，掌軍政，但無調動軍隊之權，兵部掌軍官銓選和軍令，但無直接指揮軍隊之權，「征伐則（皇帝）命將充總兵官，調衛所軍領之；既旋則將上所佩印，官軍各回衛所」（《明史》卷八九，《兵志》），「兵部有出兵之令，而無統兵之權，五軍有統軍之權，而無出兵之令，……合之則呼吸相通，分之則犬牙相制」（《春明夢餘錄》卷三〇，《五軍都督府》）。這樣，既可防備將領擅調兵力發動叛亂，又使軍權集中到皇帝手中。

洪武十三年五月，還下令罷除御史台。十五年十月設立新的中央監察機構都察院，置監察都御史為長官，秩正七品。十六年改設左、右都御

史為長官，秩正四品，翌年升為正二品，與六部尚書品秩相同。都御史代表皇帝對行政和軍事系統實行監督，「職專糾劾百司，辨明冤枉，提督各道」，至凡「大臣奸邪，小人拘黨，作威作福者」「百官猥茸貪冒，壞官紀者」「學術不正，上書陳言變亂成憲，希進用者」，均可舉發彈劾，遇有朝覲、考察，還可「同吏部司賢否陟黜」（《明史》卷七三，《職官志》），職權極大。朱元璋說他「以六部為朕總理庶務，都察院為朕耳目」（余繼登：《典故紀聞》卷四）。台權與部權並重，故都御史與六部尚書合稱「七卿」。都察院與六科彼此分權，又互相制約。都察院之下，設 13 道監察御史。一布政司為一道，浙江、江西、河南、山東各 10 人，福建、廣東、廣西、四川、貴州各 7 人，陝西、湖廣、山西各 8 人，雲南 11 人，共 110人。這些監察御史品秩與外任知縣相同，只有七品，但權力不小，「主察糾內外百司之官邪，或露章面劾，或封章奏劾」，在京巡視京營，監臨鄉、會試及武舉，巡視倉場、內庫、皇城等，在外則巡按，清軍，提督學校，巡鹽、茶馬，巡漕，巡關，攢運，印馬，屯田，出征則監軍記功等。而巡按則「代天子巡狩」，凡政事得失、軍民利病皆可直言無避，「所按藩服大臣，府、州、縣官諸考察，舉劾尤專，大事奏裁，小事立斷」（《明史》卷七三，《職官志》），更是威權赫赫。必須指出的是，13 道監察御史並非都察院都御史的屬官，不僅彼此不相統轄，而且還可互相糾舉。另外，在洪武十四年還設置大理寺，以大理寺卿為長官，秩正三品，「掌審讞平反刑獄之政令」。刑部、都察院、五軍斷事官所推問的獄訟，均需經過大理寺的複審。大理寺與刑部、都察院合稱「三法司」。三個司法部門互相牽制，便於皇帝操控。

中國古代的監察制度，原來是既控下又監上的，上至最高君主，下至百官臣僚，都在監控的範圍之內。到宋代，台諫的職權趨於合一，御史台與諫院合稱「台諫」，但其監控的對象仍包括君主在內，規定諫官「凡朝政闕失」，大臣到百官任非其人，三省至百司事有違失，皆得諫正，給事中「若政令有失當，除授非其人，則論奏而駁正之」（脫脫等：《宋史》卷一六一，《職官志》）。吳元年（1367 年）設立的御史台，基本上是繼承宋代的「台諫」合一體制。洪武十三年（1380 年）五月罷除御史台後，曾一

度設置諫院官，但當年就廢除了。洪武十五年十月設立都察院後，十一月又設立諫院官，但不久又廢除，最後還是恢復台諫合一的體制。由於沒有專職的諫官，由監察御史一身兼掌言事與察事，職權混一，逐漸導致台權對諫權的吞併，使都察院變成純粹的天子的耳目之司了。所以，在洪武年間還有韓宜可、周觀政、王樸等監察御史直言諫諍之事，以後便很少見到這種現象。與此同時，朱元璋賦予六科給事中的職權，是專門封駁六部的章奏，稱作「科參」，而沒有封駁皇帝詔令之權。經過這番改革，監察機構就完全變成皇帝監控臣僚的工具，進而強化了君主的專制。

為了了解下情，朱元璋曾於洪武三年設察言司，尋罷。十年七月又設通政使司，以通政使為長官，秩正三品，「掌受內外章疏敷奏封駁之事」，並有參與大政之權，「凡議大政、大獄及會推文武大臣，必參預」（《明史》卷七三，《職官志》）。通政使居於七卿之下的最高位次，與六部、都察院之長和大理寺卿合稱「九卿」。

在機構的改革過程中，朱元璋對官吏的迴避制度做了適當的調整。洪武十三年正月，將洪武初年所定的南北更調法改為三大區域互調之法，「以北平、山西、陝西、河南、四川之人於浙江、江西、湖廣、直隸有司用之，浙江、江西、湖廣、直隸之人於北平、山東、山西、陝西、河南、四川、廣東、廣西、福建有司用之，廣西、廣東、福建之人亦於山東、山西、陝西、河南、四川有司用之」（《明太祖實錄》卷一二九）。洪武二十六年還規定，戶部的官員「不得用浙江、江西、蘇松人」（萬曆《明會典》卷五，《吏部‧選官》），戶部的吏員「不許用江浙、蘇松人」（萬曆《明會典》卷八，《吏部‧吏役參撥》）。對巡按御史，洪武二十六年也規定，不得到原籍及與自己有仇隙的地區出巡。

為了監視臣僚，朱元璋在明朝建立之前，就常派手下的親信利用特務手段搞偵察活動。他的親隨伴當從行小先鋒張煥，在龍鳳十二年（1366年）以後即常被派作特使，到前線軍中傳達政令和察事。明朝建立後，朱元璋又起用許多心腹充當檢校，察聽在京大小衙門官吏不公不法及風聞之事，「無不奏聞太祖知之」（《國初事跡》）。這些檢校既有文官，如高見賢、夏煜、楊憲、凌說等，也有禁衛軍官，如兵馬司指揮丁光眼、金吾後

衞知事靳謙、毛騏之子管軍千戶毛驤、耿忠等，還有和尚，如吳印、華克勤。檢校的足跡遍及大街小巷，勛臣小吏都在其伺察之中。有一次，檢校察聽將官家屬，發現有女僧引誘華高、胡大海妻敬奉藏僧，行「金天教法」，朱元璋下令將兩家的婦人及女僧統統投水淹死。京城各部皂隸原先都戴漆巾，諸司衙門原先都掛牌額，檢校派巡卒陰伺諸司得失，發現禮部皂隸白天睡覺，兵部晚上不設巡警，就把禮部皂隸的漆巾和兵部衙門前的牌額偷偷拿走，以示懲罰。禮部皂隸從此不戴漆巾，兵部衙門也無牌額，成了明代的典故。

老儒錢宰奉命編《孟子節文》，朝罷低吟：「四鼓鼕鼕起着衣，午門朝見尚嫌遲。何時得遂田園樂，睡到人間飯熟時？」檢校向朱元璋報告，第二天在文華殿宴畢，朱元璋召見諸儒，對錢宰說：「昨日好詩，然何嘗嫌汝，何不用憂字？」錢宰被嚇出一身冷汗，忙磕頭謝罪。不久，朱元璋便讓他退休，遣送他回老家（葉盛：《水東日記》卷四，《錢子予》）。國子監祭酒宋訥有一天獨坐生悶氣，面有怒色，檢校見了，偷偷給他畫了張像。第二天，朱元璋問宋訥昨日為何生氣，宋訥大吃一驚，說有個國子監生走路很快，摔了一跤，撞碎了茶具。我慚愧自己有失教誨，正在自責哩。但陛下怎麼會知道這事呢？朱元璋拿出畫像給他看，他恍然大悟，忙頓首謝罪。宋濂為人誠謹，朱元璋曾誇獎他「事朕十九年，未嘗有一言之偽，誚一人之短，始終無二，非止君子，抑可謂賢矣」（《明史》卷一二八，《宋濂傳》），但仍派人暗中察聽他的行動。有一天，宋濂與客人飲酒，第二天朱元璋問他：昨日喝酒沒有，座上客人是誰，吃了什麼菜？宋濂如實回答，朱元璋才笑着說：說得對，你沒騙我！

有時，朱元璋甚至換上老百姓的衣服，親自伺察大臣的活動。就連為人謙虛謹慎、安分守己，並為明王朝的創建立下蓋世之功的徐達，也受到朱元璋的猜忌。他在為徐達撰寫的神道碑中，就承認自己曾因所謂「太陰數犯上將」的星象而「惡之」，謂：「（洪武十七年甲子）太陰數犯上將，朕惡之，召罷北鎮，勞於家。」（《獻徵錄》卷五，御製《徐公達神道牌》）洪武十八年初，徐達背上生疽而臥牀，朱元璋仍不放心，又微服私訪其家。徐達從枕褥下抽出一把寶劍，對他說：「戒之戒之，若他人得，以戮

汝也。」（徐禎卿：《剪勝野聞》）此後，朱元璋再也未敢到勛臣之家微服私訪。

檢校橫行霸道，連開國元勛李善長等人都怕他們三分。朱元璋則對他們非常欣賞，說：「有此數人，譬如惡犬，則人怕。」（《國初事跡》）並給一些察聽有功的檢校升官，如毛驤以管軍千戶升為都督僉事，掌錦衣衛事，典詔獄；耿忠做到大同兵馬指揮使；楊憲做到中書省右丞、左丞。連和尚吳印、華克勤，也還俗做了大官。

檢校不隸屬於專門的機構，只能察聽而不能直接逮捕判刑。到洪武十五年（1382年）特設既能察聽又有逮捕判刑權力的專門機構錦衣衛。它的前身是龍鳳十年（1364年）三月仿元拱衛直而設的拱衛司，領校尉，上隸於都督府。不久，改名拱衛指揮使司，再改為都尉府。洪武二年（1369年）又定名為親軍都尉府，管領左、右、中、前、後五衛親軍，下設儀鸞司。十五年四月，罷府及司，設錦衣衛親軍指揮使司，以衛指揮為長官，秩從三品，十七年改為正三品。所隸有大漢將軍、力士、校尉，「掌直駕侍衛、巡察緝捕」。凡遇朝會或皇帝出巡，錦衣衛官得具鹵簿儀仗，率領大漢將軍1507人侍從扈行。平時，得派員輪流宿衛，保護皇帝的安全。還負責巡邏街塗溝洫，緝拿盜賊奸宄之徒。錦衣衛下設鎮撫司，掌本衛刑名，兼管軍匠，民間稱之為「詔獄」。洪武十五年增設北鎮撫司，專治詔獄，而將原設的鎮撫司改稱南鎮撫司，專理軍匠。「天下重罪逮至京者，收繫（錦衣衛）獄中，數更大獄，多使斷治，所誅殺為多」（《明史》卷九五，《刑法志》）。二十年正月，朱元璋得知詔獄「非法凌虐」囚犯的情況，說：「訊鞫者，法司事也。凡負重罪來者，或令錦衣衛審之，欲先付其情耳，豈令其鍛煉耶？而乃非法如是！」這時，胡惟庸早已被族誅，受牽連的案犯多已被殺，而三法司機構也已漸次健全，他便「命取其刑具悉焚之，以所繫囚送刑部審理」（《明太祖實錄》卷一八○）。

二十六年二月，藍玉又被族誅，可能對皇權構成威脅的功臣宿將已被屠戮殆盡，六月他下令禁止再設詔獄，規定錦衣衛不得刑審囚犯，將其羈押的囚犯移交司法部門處理。不過，到了永樂年間，明成祖朱棣因自己稱帝有篡奪之嫌，為了伺察臣民的動靜，又恢復錦衣衛詔獄，令其親信紀

綱領錦衣衞親兵，負責詔獄的工作。紀綱遂用其黨羽莊敬、張江、王謙、李春等，緣藉作奸數百千起，怨聲載道。永樂十八年（1420 年），明成祖又下令設立由宦官掌理的專門刺探外事的東廠，從此東廠與錦衣衞合稱廠衞，成為明史上臭名昭著、惡貫滿盈的特務機構。

　　隨着國家機構的改革，權力高度集中，皇權極度膨脹，朱元璋又對中央決策機制中的廷議制度加以完善。明朝建立後，為了集思廣益，避免決策失誤，朱元璋除了早朝和午朝（又稱晚朝），由百官就軍政事務進行面奏討論之外，凡遇軍國大事，還要召集有關大臣討論，然後再由自己權衡利弊得失，做出決定，交付實施。如洪武元年二月中書省臣李善長等進郊社宗廟議，朱元璋敕禮官、翰林院、太常諸儒臣：「卿等宜酌古今之宜，務在適中，定議以聞。」八月，又「詔中書省及台部集耆儒講議便民事宜」（黃光升：《昭代典則》卷五）。洪武二年，朱元璋「召諸老臣，問以建都之地」，老臣提出建都關中、洛陽、汴梁、北平等各種意見，朱元璋則認為「今建業長江天塹，龍蟠虎踞，江南形勝之地，真足以立國；臨濠則前江後淮，以險可恃，以水可漕，朕欲以為中都，何如？」結果「羣臣皆稱善」（《明太祖實錄》卷四五），於是命有司營建中都。洪武三、四年，「以中原田多蕪，命（中書）省臣議，計民授田」（《明史》卷七七，《食貨志》）。十五年七月，命羣臣「議屯田之法」（《昭代典則》卷九）。到二十四年，由於中央機構改革完成，朱元璋進一步規定：「今後在京衙門，有奉旨發放為格（指皇帝臨時頒佈的各種單行敕令、指示的彙編）為例（判案的成例，用以補充法律條文之不足），及緊要之事，須會多官計議停當，然後施行」（萬曆《明會典》卷八〇，《禮部·會議》）。

　　此後，朱元璋的幾代後繼者又陸續加以改進，廷議制度進一步得到完善，不僅擴大集議的內容，舉凡國家的典章制度、軍國大事，如立君立儲、繼嗣、建都、封爵、郊祀、宗廟、典禮、親藩、民政、漕運、賞功罰罪、邊政海防以及政區的變動、大臣的任命等，都在廷議之列，而且廷議的程序也更為規範。在宣德以前由皇帝親自主持，正統（1436–1449 年）以後，凡所議之事屬於某部，則由某部尚書主持。參加者包括閣臣、九卿、科道官及與所議內容有關的文武官員，人數自三四十人至百人不等。

廷議之後，主持者應將會議的各種意見上奏，由皇帝定奪。皇帝認為所議不合，可以發回重議，甚至加以否決，而徑自按己意發佈諭旨，交付施行。

高級官員的選任，是皇帝掌握的一項重要權力。明朝初期，高級官員有缺，皆由吏部推舉人選，報請皇帝親簡。後來，為了集思廣益，避免失誤，在宣德年間開始出現會舉制，改由吏部尚書會同內閣、各部、都察院、通政司、大理寺三品以上官員共同舉薦的任命方式，稱為會舉。至成化年間，會舉制廢止，為皇帝親簡或吏部推選所取代，形成了廷推與敕推兩種形式。兩京衙門的堂上官（指設有首領官之正官）有缺，由本部奏請，吏部尚書會各部、都察院、通政司、大理寺三品以上官推舉，叫作廷推。但內閣大學士及兵、吏兩部尚書有缺，則由皇帝敕令吏部會同九卿及科道掌印官推舉，叫作敕推。不論會舉、廷推還是敕推，都要提出正推與陪推的名單，供皇帝點選。皇帝可從中點用，也可全部否決而出特旨任命。

常朝與廷議、會舉、廷推、敕推制度，構成中央決策運行機制的重要組成部分，起到了集思廣益、減少失誤的作用。

此外，朱元璋還對洪武三年實行的分封制度做了某些改革。分封制度是與中央集權原則相違背的，洪武九年山西平遙訓導葉伯巨上書，即對此提出尖銳的批評，朱元璋拒絕接受。洪武十一年和二十四年，他又兩次將其他兒子分封為王。這樣，朱元璋的 26 個兒子，除長子朱標立為皇太子，第二十六子朱楠早死未及封王，第九子朱杞死於受封的次年，因無子嗣而除封之外，實際上分封了 23 個兒子和一個從孫，共 24 個親王。

不過，朱元璋儘管堅持分封制度，但他還是根據強化中央集權的原則，對諸王的政治權力做了某些限制和削弱。洪武九年取消了王傅府，只保留王相府，並規定王相府官員的職權只限於王府之內，不得干預地方事務。十三年又撤銷王相府，只保留王相府下屬的長史司，左、右長史的職權也只限於「掌王府之政令，輔相規諷以匡王失，率府僚各供乃事，而總其庶務焉」（《明史》卷七五，《職官志》）。十四年還規定，王府官員任滿黜陟，皆由皇帝親自定奪，從而將親王的行動置於皇帝親信的直接監視之下。

但是，為了使諸王能起到鎮撫地方、屏藩王室的作用，朱元璋繼續

加強諸王的軍事權力。洪武初年分封諸王時，護衞軍士人數並不很多，僅供侍從護衞而已。至洪武末年，各王府三護衞的建制已漸次健全，少者3000人，多者至19000人。封在內地的藩王，有的擁有護衞精卒16000餘人，牧馬數千匹。封在北方的塞王兵力更為雄厚，如封在大寧的寧王朱權，就擁有「帶甲八萬，革車六千」的護衞軍（《明史》卷一一七，《寧王傳》）。不僅如此，朱元璋還賦予諸王以監督地方守鎮兵的權力。《皇明祖訓》明確規定：「凡王國有守鎮兵，有護衞兵。其守鎮兵有常選指揮掌之，其護衞兵從王調遣。如本國是險要之地，遇有警急，其守鎮兵、護衞兵並從王調遣。」還規定：「凡朝廷調兵，須有御寶文書與王，並有御寶文書與守鎮官。守鎮官既得御寶文書，又得王令旨，方許發兵。無王令旨，不得發兵。」並規定，諸王有起兵幫助朝廷討伐奸臣的權力：「如朝無正臣，內有奸惡，則親王訓兵待命，天子密詔諸王統領鎮兵討平之。」這樣，諸王也就由皇帝在地方的政治代表演變為軍事代表。

隨着分封制度的改革，《祖訓錄》也不斷進行修改，並更名為《祖訓條章》，再更名為《皇明祖訓》，最後於洪武二十九年十二月形成定本而頒之天下諸司。

經過改革和整頓，封建專制主義的中央集權制度在唐、宋的基礎上大大發展了一步。行政、軍事、司法監察三大系統的機構互相獨立，三權分治而又彼此牽制，最後均直接歸屬皇帝操控，全國最高決策權力完全集中於君主一人之手。朱元璋對此非常滿意，洪武二十八年六月特敕諭文武大臣曰：「我朝罷相，設五府、六部、都察院、通政司、大理寺等衙門，分理天下庶務，彼此頡頏，不敢相壓，事皆朝廷總之，所以穩當。以後嗣君，並不許立丞相，臣下敢有奏請設立者，文武羣臣即時劾奏，處以重刑。」（《明太祖實錄》卷二三九）九月，命禮部頒行《祖訓條章》時，又特地規定：「後世敢有言改更祖法者，即以奸臣論，無赦。」（《明太祖實錄》卷二四一）

隨着國家機構的改革，朱元璋也對百官的俸祿制度進行了調整。攻佔應天後，由於戰爭還在進行，經濟尚待恢復，財政還很困難，朱元璋只能繼續沿用元朝的職田制度，「聽從武官開墾荒田，以為己業」，文官撥

典職田，召佃耕種，「送納子粒，以代俸祿」。到洪武四年，始令中書省與戶部共同擬定文武官員俸祿的文件。這個文件規定的百官歲祿比前代明顯偏低，它按官員品級的高下，定出正從九品共 18 級官員的歲祿為：「正一品九百石，從一品七百五十石；正二品六百石，從二品五百石；正三品四百石，從三品三百石；正四品二百七十石，從四品二百四十石；正五品一百八十石，從五品一百六十石；正六品一百石，從六品九十石；正七品八十石，從七品七十五石；正八品七十石，從八品六十五石；正九品六十石，從九品五十石。省部、府縣、衛所、台憲諸司官驗數月支。」（《明太祖實錄》卷六〇）不過，因為當時的經濟恢復剛起步，到處存在大量荒田，明政府仍繼續給公侯、武將及百官撥賜公田。僅洪武十年十月「制賜百官公田，以其租入充俸之數」，就頒賜「公侯、省府、台部、都司、內外衛官七百六十人，凡田四千六百八十八頃九十三畝，歲入米二十六萬七千七百八十石」（《明太祖實錄》卷一一五）。

由於洪武初年的田賦徵收，夏季以麥為主，秋季以米為主，稱為本色，所以官俸也都按月發米。從洪武三年起，田賦除徵收米麥外，還折收布絹等東西，稱為折色。如當年九月，戶部因官軍用布數量甚多，奏請令浙西四府徵收布 30 萬匹，朱元璋曰：「松江乃產布之地，止令一府輸納，以便其民。餘徵米如故。」（《明太祖實錄》卷五六）。六年九月，又「詔直隸府州及江西、浙江二行省今年秋糧，令以綿（棉）布代輸，以給邊戍」（《明太祖實錄》卷八五）。到九年四月，又「命戶部天下郡縣稅糧除詔免外，餘處令民以銀鈔錢絹代輸」。戶部奏：「每銀一兩、錢千文、鈔一貫折輸米一石，小麥則減直十之二，綿（棉）、苧布一匹，折米六斗、麥七斗，麻布一匹折米四斗、麥五斗，以絲絹代輸者，亦各以輕重損益。願入粟者，聽。」（《明太祖實錄》卷一〇五）。因此，朱元璋便在九年二月批准戶部的奏請：「文武官吏俸、軍士月糧，自九月為始，以米麥鈔兼給之。其陝西、山西、北平給米什之五，湖廣、浙江、河南、山東、江西、福建、兩廣、四川及蘇、松、湖、常等府給米什之七，餘悉以錢鈔準之，儲麥多者，則又於米內兼給。每錢一千、鈔一貫各抵米一石，麥減米價什之二。」（《明太祖實錄》卷一〇四）

　　從洪武九年起，朱元璋陸續進行地方和中央機構的改革。與此同時，社會經濟也逐步得到復甦和發展。明廷於是對俸祿制度進行了適當的調整。洪武十三年二月，頒佈敕令，將官員的薪俸分為祿米與俸鈔兩項，並相應提高了各級官員歲祿的數額，規定百官的歲祿為：「正一品祿米千石，從一品九百石；正二品八百石，從二品七百石；正三品六百石，從三品五百石；正四品四百石，從四品三百石。皆給與俸鈔三百貫。正五品二百二十石，從五品一百七十石，俸鈔皆一百五十貫。正六品一百二十石，從六品一百一十石，俸鈔皆九十貫。正七品百石，從七品九十石，俸鈔皆六十貫。正八品七十五石，從八品七十石，俸鈔皆四十五貫。正九品六十五石，從九品六十石，俸鈔皆三十貫。」當年三月，又制定吏員的月俸制度，規定「一品、二品衙門，提控、都吏月俸二石五斗，橡史、令史二石二斗，知印、承差、典吏一石二斗；三品、四品衙門，令史、書吏、司吏二石，承差、典吏一石；五品衙門，司吏一石二斗，典吏八斗；六品至雜職（衙門），司吏一石；光祿司等，典吏六斗」。

　　同時，還確定了教官、首領官、雜職官的俸祿，規定「教官之祿，州學正月米二石五斗，縣教諭月米二石，府、州、縣訓導月米二石。首領官之祿，凡內外衙門提控案牘、州吏目、縣典史，皆月米三石。雜職之祿，凡在京並各處倉庫、關場、司局、鐵冶，各處遞運、批驗所大使，月米三石，副使月米二石五斗，河泊所官月米二石，閘壩官月米一石五斗」（《明太祖實錄》卷一三〇）。

　　洪武四年和十三年所定的俸祿制度，都是按年定祿而按月支取，一年的俸祿按月一平均，不可避免地要出現升斗的零頭。朱元璋認為這種做法「甚非所以示朝廷忠信重祿之道」，於洪武二十年九月下令調整百官的俸祿，規定「自今百官月俸皆以石計，或止於鬥，毋得瑣碎」。戶部根據他的諭旨，將原先的祿米、俸鈔兩項，改為祿米一項，按月發放，奏定「正一品月俸米八十七石，從一品七十四石；正二品六十一石，從二品四十八石；正三品三十五石，從三品二十六石；正四品二十四石，從四品二十一石；正五品一十六石，從五品一十四石；正六品一十石，從六品八石；正七品七石五斗，從七品七石；正八品六石五斗，從八品六石；正九品五石

五斗，從九品五石」（《明太祖實錄》卷一八五）。這次調整，名義上是為了體現朝廷的「忠信重祿之道」，實際上除正一品（歲祿 1044 石）和正從八品（正八品歲祿 78 石，從八品歲祿 72 石）、正九品（歲祿 66 石）略有提高，從九品（歲祿 60 石）維持原定的數額外，其他品級都比以前減少。明代官俸的標準從此固定不變，「自後為永製」（《明史》卷八二，《食貨志》）。到洪武二十年八月，朱元璋又「令公、侯、伯皆給祿米，論功定數」，而讓他們「各歸舊賜田於官」（徐石麒：《官爵志》卷一，《公侯伯俸給》）。中國古代以職田充當俸祿的制度從此廢除，這是一個歷史的進步。

由於從洪武九年起田賦本色與折色兼收已成為一種常態，朱元璋在十八年十二月又敕令戶部：「凡天下有司官祿米，以鈔給之，每鈔二貫五百文代米一石。」（《明太祖實錄》卷一七六）《明史‧食貨志》更謂：「十八年，天下有司官祿米皆給鈔，二貫五百文準米一石。」但是，此項規定並未完全落實。因為直到洪武二十六年，朱元璋還「令凡在京府部等衙門官吏俸給，每歲於秋糧內起運，撥付各衙門收貯，按月造冊支給」（萬曆《明會典》卷三九，《戶部‧俸給》）說明當時俸祿的發放仍是本折兼支的。因此，洪武十年調整的俸祿制度雖將祿米、俸鈔兩項標準歸併為祿米一項，但實際支付時並不全部給米。《明史‧職官志》雖將此項更定百官祿米制度的年代誤記為洪武二十五年，但明確指出：發放時「俱米鈔兼支」。

洪武年間，社會經濟尚處於恢復與發展時期，人民的生活水平不高，朱元璋所定的俸祿標準並不算低。漢代的三公地位與明代正一品官員地位相當，東漢三公月俸 350 斛（古代一斛為 10 鬥，南宋末年改 1 斛為 5 鬥，2 斛為 1 石），明代正一品官員月俸 87 石，漢代比二百石官員地位與明代的從九品官員相當，東漢比二百石官員月俸 27 斛，明代從九品官員月俸 5 石，從表面來看，兩者相差四倍多。不過，我國古代的度量衡是隨着時代的不同而不斷變化的。僅以升為例，據吳承洛的研究，東漢一升合今 0.1981 市升，明代一升合今 1.0737 市升（《中國度量衡史》，商務印業館 1957 年修訂重印本）。據此推算，明代官員所得祿米數量要稍多於東漢的官員。問題在於，東漢官員在俸祿之外得到賞賜之類的其他收入要比明代官員多。同時更要看到，洪武初年俸祿全部給米，從洪武九年起雖改為米

鈔兼支，但本色即米所佔比重較大，而折色部分即鈔幣所佔比例較小，而且祿米折鈔還能隨鈔值的變化做出調整，如洪武九年規定「鈔一貫折輸米一石」，到洪武十八年因鈔值下跌又改為「每鈔二貫五百文代米一石」。所以當時官員的生活還較寬裕。不過官俸的本折兼支已成定制，到明中期折色部分在官俸中所佔比例越來越大，官員的俸祿便打了一個大折扣。加上洪武二十年所定的百官俸祿數額成為「永制」，此後明代的官俸雖然也有一些變動和調整，但品官薪俸之額基本維持洪武二十年所定之額，而沒有根據經濟的發展、人民生活水平的提高做出適當的調整，更突顯出百官俸薪的低薄。當時一個正一品的官員一年的俸祿 1044 石，「十石之米折銀僅三錢也」（顧炎武：《日知錄》卷一二，《俸祿》），全年俸祿折成銀子 300 餘兩，竟抵不上一個富家子弟日常的生活費用。職位卑微的官吏，本折兼支的結果，實際拿到的俸祿更少，甚至難以支付一家人日常的生活費用。因此，在明代的中後期，一些官吏便不顧國家的法紀，貪汙納賄，聚斂錢財，導致貪風的熾盛。高薪未必能夠養廉，但低薪肯定是難以養廉的，正如明末清初的思想家顧炎武所言：「今日貪取之風，所以膠固於人心而不可去也，以俸給之薄而無以贍其家也。」（《日知錄》卷一二，《俸祿》）此話不無道理。朱元璋要求他的後繼者遵守他制定的各種典章制度，不許改易，並大力懲治貪腐，以求吏治的清明。但他萬萬沒有想到，其子孫恪守其制定的俸祿制度而不變，卻導致他所不願看到的貪腐的重現。

在改革國家機構和分封制度，以強化君主專制中央集權的同時，朱元璋還開展戶口和土地的清查，編制黃冊和魚鱗圖冊，加強對人口和土地的控制，以穩定社會秩序，保證國家機器賴以存在的賦役收入。

早在明朝建立之前，朱元璋於龍鳳四年（1358 年）十一月親征婺州時即「命籍戶口」，並實行「給民戶由」的制度。明朝建國之初，他就決定沿用元代按照職業編制戶籍的制度，命令出征將領和地方官員注意蒐集元朝的戶口版籍，令全國百姓世襲承擔勞役，下令：「凡軍、民、醫、匠、陰陽諸色戶，許以原報抄籍為定，不許妄行變亂；違者治罪，仍從原籍。」並令戶部榜諭全國：「凡有未佔籍而不應役者，許自首，軍發衛所，民歸有司，匠隸工部。」（萬曆《明會典》卷一九，《戶部・戶口》）洪武三年

（1370 年）十一月，更令戶部清查全國戶口，編制戶籍和「由帖」即「戶帖」，各書其戶之鄉貫、丁口、名歲。合籍與帖，以字號編為勘合，鈐蓋戶部大印。戶籍存於戶部，作為徵派賦役的依據；戶帖發給戶主，作為人戶的戶籍證明。這次清查戶口，朱元璋還令百萬大軍下到各州縣去點戶比勘合，「比著的，便是好百姓，比不著的，便拿來做軍」，「有司官吏隱瞞了的，將那有司官吏處斬」（李詡：《戒庵老人漫筆》卷一，《半印勘合戶帖》）。此後，在洪武三四年，江南的湖州府吳興、烏程、長興、德清、安吉等縣，嘉興府海鹽縣，徽州府歙縣等地開始出現一種以里甲編制為官府催辦稅糧的黃冊制度。江南地區基層的稅糧，在宋代原本責之戶長、催頭等，南宋紹興年間（1131–1162 年）改行「甲首之法」，「以十戶為一甲，一甲之中，擇管額多者為首，承帖拘催」（胡太初：《晝簾緒論·催科篇第八》），即將十戶編為一甲，以所交稅糧最多的一戶充當甲首，負責催辦一甲的稅糧。這種紹興甲首之法，至洪武初年遂演變成里甲正役的小黃冊制度。其具體辦法，據《永樂大典》卷二二七七引《吳興續志》所記的吳興役法為：「黃冊、里長、甲首，洪武三年為始。編置小黃冊，每百家畫為一圖，內推丁力田糧近上者十名為里長，餘十名為甲首。每歲輪流，里長一名，管甲首十名，甲首一名，管人戶九名，催辦稅糧，以十年一周。」不過，《吳興續志》記述湖州府所轄烏程、長興、德清、安吉諸縣的役法時，卻說每百家設里長一名，而洪武三年敕撰成書的《大明集禮》和洪武七年已經成文的《大明律》也都記為每百戶設里長一名，可知說每百戶設里長十名應為一名之誤。由這些記載可知，這種小黃冊制度，是將每百家編為一圖，推舉丁力田糧最多的一戶擔任里長，另推十戶擔任甲首，每年由里長帶領一戶甲首及其所管領的九戶人手，負責催辦一里之內的稅糧，挨甲輪值，十年輪流當差一次。這就是明代徭役的一種，叫里甲正役。

洪武十四年正月，朱元璋在小黃冊的基礎上，又「命天下郡縣編賦役黃冊」，在全國進行大規模的人口普查，編造黃冊。在編制黃冊的過程中，朱元璋將始行於江南的里甲制度推向全國，規定「以一百一十戶為裏。一里之中，推丁糧多者十人為之長，餘百戶為十甲。甲凡十人。歲役里長一人，甲首十人，管攝一里之事。城中曰坊，近城曰廂，鄉都曰里。

凡十年一周，先後則各以丁糧多寡為次」（《明太祖實錄》卷一三五）。也就是說，每里由原先的 100 戶增至 110 戶，里長由 1 名增至 10 名，甲首由 10 名增至 100 名。每里分為 10 甲，每甲 11 戶。1 里長戶下轄 10 甲首戶，按照黃冊上編定的年份，挨甲輪差，十年一周。里甲的職責也比原先擴大了，要負責「管攝一里之事」，除追徵稅糧，還負責勾攝公事、祭祀鬼神、接應賓客以及應付官府的各種徵求，此外還要對全裏人戶進行管束，督促生產，裁決糾紛，等等。官府便通過里甲組織，以一家一戶為單位，填報「清冊供單」，分別列出戶主的鄉貫、姓名、年歲和全家的丁口、事產（包括田地山塘面積、應交夏稅秋糧數額、住宅間數、牲畜頭數）。每戶填好供單，交給甲首，甲首審核後匯交里長，里長審核後根據各戶供單攢造裏冊，一式四份，呈送到縣。縣、府、省各留下一份，另一份連同本縣、本府、本省的丁口、事產統計總冊一併上報戶部。戶部再類編全國人丁、事產的戶籍總冊，進呈皇帝御覽。我國古代稱幼兒為「黃」，從隋代開始「黃」字正式用於戶籍制度中，如隋制以「男女三歲已下為黃」，唐制以民「始生為黃」，宋制「諸男女三歲以下為黃」，金制「男女二歲以下為黃」，明代承此而來，就將這種戶口冊稱為「黃冊」，送交戶部的冊籍也以黃紙做封面，含有版籍與戶口之意，故明人丘浚云：「所謂版者，即前代之黃籍，今世之黃冊也。」（丘濬：《大學衍義補》卷三一，《制國用·傅算之籍》）黃冊不僅是登記戶口的冊籍，同時也是政府徵派賦稅徭役的依據，所以其正式名稱叫「賦役黃冊」，也叫民黃冊，每十年重編一次，以反映人丁和事產的變動情況。

在中國古代，「有身則有役」。元代更實行職業戶籍制度，全國的百姓都按照職業分為各種不同的戶籍，為官府服役。明朝沿襲這種做法，《大明律》規定「凡軍、民、驛、灶、醫、卜、工、樂諸色人戶，並以籍為定」（《大明律》卷四，《戶律·戶役》），以確保其所管轄的編戶齊民，能世代為官府服役。因此，除編制民黃冊外，其他各類人戶也都編制各種專職役戶冊籍，以便加強對他們的管控役使。其中，最重要的有軍戶的軍黃冊、匠戶的匠冊、灶戶的灶冊（又稱鹽冊）等。

通過清查戶口、編造黃冊，明政府將全國的民戶都編入里甲之中。

這種里甲，不僅是明王朝徵派賦役的基本單位，也是州縣以下最為廣泛的
基層組織，兼具基層政權的性質。里甲除了設里長、甲首，還設有老人一
職，與里長共主一里之政。里甲之內，必須「互相知丁，互知務業」，並
互相作保，實行連坐。發現逃亡的軍人、囚犯以及「強盜竊賊」「生事惡
人」，必須會集全裏之人「擒拿到官，違者治罪」（《教民榜文》）。軍民走
出百里之外，必須持有官府發給的路引，否則就要受到嚴厲的懲罰。通過
黃冊和里甲制度，明王朝就把全國的居民牢牢地束縛在固定的地域之內，
供其役使。廣大農民更是因此被束縛在土地之上，以保證地主對傭農剩餘
勞動的榨取，國家對賦役的徵派。

　　除了清查戶口，攢造賦役黃冊，朱元璋還重視田地的丈量，編制魚
鱗圖冊。明朝建立之前，朱元璋即在一些地區實行土地經理，編制圖籍。
如龍鳳四年（1358 年）在徽州令民「自實田」，九年又在徽州再次「令民
自實田，集為圖籍。」「集為圖籍」的「籍」，是南宋以來流行於江南地
區的一種土地簿籍。它記載每塊土地的畝數、土質、方圓四至以及田主姓
名等，並繪製成圖，因繪圖上的田地一塊挨着一塊，狀若魚鱗，故稱為魚
鱗圖冊或魚鱗冊。明朝建立後，朱元璋繼續實行土地經理，丈量土地，
攢造魚鱗圖冊，以定賦稅。洪武元年（1368 年）正月，派國子監生周鑄
等 164 人往浙西核實田畝，編制魚鱗圖冊。此後，攢造魚鱗圖冊的工作便
在兩浙地區陸續展開。除了兩浙，其他地區也由朝廷派人丈量土地，攢造
圖籍，或由地方官自行丈量，編制圖冊。除了丈量土地、編制魚鱗圖冊，
在洪武三年編制戶帖、十四年編造賦役黃冊時，還令逐戶登記田地、山塘
的畝數，並陸續頒佈一系列禁止隱瞞土地的法令。但是，許多府縣遲遲未
能完成清丈田畝、編制圖冊的工作，一些豪強富戶也競相欺隱田畝，規避
賦役。朱元璋於是在洪武十九年令戶部核實全國田畝。他派國子監生武淳
等分赴尚未完成清丈的郡縣，「隨其稅糧多寡，定為幾區。每區設糧長四
人（一正三副），使集里甲耆民，躬履田畝以度量之」（《明太祖實錄》卷
一八〇）。然後繪製土地總圖、分圖，編次字號，登記田主姓名和田地丈
尺四至，再編類成冊，上報戶部。這次丈量和造冊結束於洪武二十年。至
此，全國土地丈量和編制魚鱗冊的工作終告完成。此後土地買賣過割、父

子兄弟分家，都要到官府登記，並寫明魚鱗圖冊上的編號。

賦役黃冊與魚鱗圖冊編制完成後，兩者互相補充、彼此配合，黃冊「以戶為主，詳具舊管（上次登記的數額）、新收（上次登記後增加的數額）、開除（上次登記後減少的數額）、實在（現有的數額）之數為四柱式」，「賦役之法定焉」，稅不可逋；「魚鱗圖冊以土田為主，諸原（平原）、阪（山地）、墳（水涯之地）、衍（下平之地）、下（低下之田）、濕（新墾田地）、沃（肥沃田地）、瘠（貧瘠田地）、沙（沙荒地）、鹵（鹽鹼地）之別畢具」「土田之訟質焉」，業不可隱（《明史》卷七七，《食貨志》）。這樣，明政府就掌握了全國的人口、田地數量，既限制豪強富戶隱瞞丁口田產，逃避徭役稅糧，緩解貧富衝突，同時又直接控制了全國千百萬分散的個體農民，把他們束縛在固定的地域之上，從而大大加強了君主專制中央集權的統治。

第三節　《大明律》與御製《大誥》的頒行

朱元璋在加強封建統治的過程中，非常重視利用法律工具為強化君主專制的中央集權制度服務。朱元璋在他親撰的御製《大明律序》中說：「朕有天下，仿古為治，明禮以導民，定律以繩頑。」他強調，治天下者必禮法並用，才能建立起「上下相安、和氣充溢、天下清寧」的社會秩序（《明太祖實錄》卷二○二）。因此，他在制禮作樂的同時，也着手開展律法刑政的建設工作。

朱元璋主張，刑罰應該根據社會條件的變化而「世輕世重」（《明史》卷九三，《刑法志》）。元朝未曾編成像唐律那樣的刑法典，只「取所行一時之例為條格而已」（《明史》卷九三，《刑法志》）。所謂條格，就是皇帝臨時頒佈的各種單行敕令、指示的彙編，不僅內容繁雜重出，往往罪同罰異，官吏容易上下其手，而且也不適應元末明初已經變化的形勢。建國之前，朱元璋的主要精力忙於指揮其部攻城略地，未及制定律令，在其轄區只能以軍律用刑，將管理軍隊的軍規條例用以處理社會上的刑事案件，

這對一般百姓來說，刑罰過於嚴酷。龍鳳四年（1358年）三月，朱元璋命提刑按察司僉事分巡郡縣錄囚，令「凡笞罪者釋之，杖者減半，重囚杖七十，其有贓者免徵」。有的官員提出異議，認為「用法太寬」「法縱弛，無以為治」。朱元璋開導他們說：「百姓自兵亂以來，初離創殘，今歸於我，正當撫綏之，況其間有一時誤犯者，寧可盡法乎？大抵治獄以寬厚為本，少失寬厚，則流入苛刻矣。所謂治新國用輕典，刑得其當，則民自無冤抑，若執而不通，非合時宜也。」（《明太祖實錄》卷六）吳元年（1367年）十月，明朝即將建立的前夕，朱元璋即命左丞相李善長為總裁官，參知政事楊憲、傅瓛，御史中丞劉基，翰林學士陶安等28人為議律官，議定律令。並告諭他們：「立法貴在簡當，使言直理明，人人易曉。……務求適中，以去煩弊。夫網密則水無大魚，法密則國無全民。」（《明太祖實錄》卷二六）李善長等提出：「歷代之律，皆以漢《九章》為宗，至唐始集其成，今制宜遵唐舊。」（《明史》卷九三，《刑法志》）朱元璋贊同這個意見，並經常與議律官一起探討律義，審定律令的條文。十二月，律令編纂完畢，正式頒佈執行。它包括律和令兩個部分，律「準唐之舊而增損之」，共285條，為判刑的法律依據；令145條，以記載諸司制度為主，沒有具體的處刑規定。整部律令貫徹「刑新國用新典」「寬厚」「適中」的精神，去煩就簡，減重就輕者居多。但這部律令的制定僅歷時兩個月，過於匆促，尚有輕重失宜、有乖中典之處，明朝建立後朱元璋決定進行重修。洪武元年（1368年）八月，即命四名儒臣會同刑部大臣講解唐律，「日寫二十條取進，止擇其可者從之。其或輕重失宜，則親為損益，務求至當」（《明太祖實錄》卷三四）。經過幾年的修訂，於六年夏重新刊著《律令憲綱》，頒之諸司。閏十一月，又命刑部尚書劉惟謙詳加審定，並親自審閱，細加裁定。七年二月，正式編成《大明律》606條，分為30卷，頒行全國。九年十月，朱元璋仍然覺得律條「猶有擬議未當者」，令中書省右丞相胡惟庸、御史大夫汪廣洋等大臣「詳議更定，務合中正」（《明太祖實錄》卷一一〇）。胡惟庸、汪廣洋等大臣於是詳加考訂，釐正13條，編成一部446條的《大明律》。這部洪武九年律，便成為洪武年間定罪量刑最輕的一部法律。

就在洪武九年律編成的時候，明朝統治階級內部的鬥爭日趨激化，農民的反抗鬥爭也不時發生。在朱元璋看來，這是「亂世」的重現，決定實行重典政策，對所謂「情犯深重、灼然無疑」的「奸頑刁詐之徒」實行「法外加刑」（《明太祖實錄》卷二三九）。於是，從十八年起，便親自匯集一批法外加刑的案例，加上一些峻令和自己的訓話，編成御製《大誥》《大誥續編》《大誥三編》《大誥武臣》，相繼頒行於十八年十月、十九年三月和十二月、二十年十二月。四編大誥的量刑均較《大明律》大大加重，是《大明律》外的「法外之法」。二十二年八月，又下令重新修訂《大明律》，增加以鎮壓反對皇權和封建專制統治為核心的死罪條款，加重對「謀反」「謀大逆」「強盜」「官吏犯贓」等直接危害封建統治行為的懲處。

直到洪武二十六年藍玉黨案基本結束後，明朝的君主專制中央集權統治已經得到鞏固，朱元璋才又逐步減輕刑罰。二十八年六月，他宣佈，過去對「奸頑刁詐之徒」的法外加刑，是出於形勢需要的「權宜處置」「非守成之君所用常法」（《明太祖實錄》卷二三九）。翌年，皇太孫朱允炆建議修改過於苛重的律條，朱元璋即命改定畸重者73條，曰：「吾治亂世，刑不得不重；汝治平世，刑自當輕，所謂刑罰世輕世重也。」（《明史》卷九三，《刑法志》）三十年五月，朱元璋將改定後的《大明律》重新頒佈，並擇取《大誥》有關條目，與有關律文一起編成《欽定律誥》，附於《大明律》之後，規定「其遞年一切榜文禁例，盡行革去。今後法司只依律與大誥議罪」（朱元璋：《大明律序》）。這個重頒的《大明律》便成為明律的最後定型本，終明之世未再修訂。

《大明律》以唐律為模本，吸收了唐代以來特別是明初的統治經驗，無論體例結構和內容都比唐律有了進一步發展，富於革新精神和時代特色。在體例結構上，唐律繼承和發展隋律的篇章結構，分為12篇30卷。洪武七年編成的《大明律》沿用唐律篇目，但將唐律的末篇《名例》列為首篇，作為全律的總則，其下依次曰《禁衛》《職制》《戶婚》《廐庫》《擅興》《賊盜》《鬥訟》《詐偽》《雜律》《捕亡》《斷獄》。洪武二十二年修訂時，考慮到中書省和丞相已於洪武十三年廢除，由六部分掌中書省的職權，除首篇《名例律》，其他11篇歸併為6篇，依六部官制分為《吏律》《戶律》

《禮律》《兵律》《刑律》《工律》，合共 7 篇 30 卷。隋唐以來沿襲 800 多年的法律體例結構，至此面目一新，不僅分類更為合理，而且內容更加集中，條理更加分明，也更接近於近代按部門的分科立法。明律的這種體例結構，後來為清律所沿襲。在內容上，為了強化君主專制，《大明律》設立「奸黨」條，增加有關懲處思想言論犯罪的條款；並設立《受贓》的專卷，加重對官吏贓罪的懲罰。適應明初社會經濟發展的實際情況，《大明律》又增加經濟立法的比重，設立《戶律》和《工律》兩個專篇和《課程》《錢債》《市廛》等幾個專卷，新添了「匿稅」「舶商匿貨」「違禁取利」「費用受寄財產」「私充牙行埠頭」「市司評物價」「把持行市」「私造斛斗秤尺」「器用布絹不如法」，以及「鈔法」「錢法」「偽造寶鈔」「私鑄銅錢」等許多與商品貨幣有關的條款。隨着封建土地私有制的進一步發展，《大明律》還取消了唐律中有關「佔田過限」的條款。軍事內容的立法，《大明律》也有明顯的增加，除在《名例律》中增添「軍官有犯」等條款，還設立了《兵律》專篇。此外，有關行政管理、訴訟程序等方面的立法，《大明律》也比唐律更加完備。明律充分反映了明代統治階級的意志，是我國封建社會晚期高度成熟的一部法典。

清末的法制史專家薛允升在對比唐明律之後曾指出，明律貫穿着「重其重罪、輕其輕罪」的原則，「大抵事關典禮及風俗教化等事，唐律均較明律為重，盜賊及有關帑項錢糧等事，明律則又較唐律為重」（薛允升：《唐明律合編》卷九）。

事實確是如此。針對以父權、夫權為中心的宗法關係和倫理道德規範相對鬆弛的社會現實，《大明律》相對減輕了對觸犯封建宗法關係和倫理道德行為的懲處。如子孫告發祖父母、父母，妻妾告發丈夫和丈夫祖父母、父母，唐律定為絞罪，《大明律》定為徒罪；聞父母喪及夫喪匿不舉哀，唐律定為流罪，《大明律》定為徒罪；立嫡違法，祖父母、父母在而子孫別立戶籍分割財產，子孫違反祖父母、父母教令及奉養有缺，居父母喪及夫喪而身自嫁娶，祖父母、父母犯死罪被囚禁而子孫嫁娶，監臨官娶為事人妻妾及女為妻妾，妻無應出及義絕之狀而出之或犯義絕應離而不離，男女和姦，唐律定為徒罪，《大明律》定為杖罪；奴姦良人婦女，唐

律加良人犯姦罪二等，《大明律》加一等；祖父母、父母年高或篤疾而棄之赴任，悔婚及子弟在外自娶，以妻為妾或以妾為妻或有妻更娶妻，《大明律》的處刑均較唐律為輕。

《大明律》還適當放鬆對間接觸犯封建統治行為的懲處。比之於唐律，《大明律》對一般性侵犯皇帝尊嚴和在祭祀、儀制上虧禮廢節的不敬行為的懲處，都較唐律有所減輕。如和合御藥誤不按配方，造御膳誤犯食禁，製造御舟誤不堅固，唐律定為絞罪，《大明律》則定為笞、杖罪。明代之所以有許多嘲諷朱元璋和馬皇后的民間傳說，大概與此不無關係。此外，明律對違反戶籍和人口管理制度的行為，處罰也較唐律減輕。

但是，明律大大加重了對直接危害封建統治行為的鎮壓。皇權是封建專制中央集權制度的核心，皇帝是地主階級利益和意志的最高代表。明律首先用暴力手段嚴格保護皇權至高無上的權威和君主的絕對專制。《大明律》繼承唐律，在《名例律》首列「十惡」大罪，將反抗封建專制統治的行為定為「謀反」「謀大逆」之罪，一律按重罪加重的原則處刑，不在常赦之列。唐律規定，「謀反」或「謀大逆」，不論主犯或從犯皆斬，其父、子滿 16 歲以上者皆絞，15 歲以下及母、女、妻妾、祖、孫、伯叔父、兄弟之子及篤疾、廢疾者，可不處死。《大明律》則規定，不僅犯罪者本人不分主從均凌遲處死，其親族凡年滿 16 歲以上的男子，不限籍之異同，不論篤疾、廢疾，一律處斬，甚至連異姓同居之人如外祖父、岳父、女婿、女僕也同處斬刑。唐律對謀反罪的懲處，還注意區分情節的不同，如「詞理不能動眾、威力不足率人者」，本人處斬，父、子可不處死，祖、孫也不牽連。再如「口陳欲反之言，心無真實之計者」，亦可不處死刑，只流兩千里。《大明律》則完全沒有這種區別，只要犯有謀反罪，不論情節輕重，一律處死。往往一案株連，數族盡滅，鄉里為墟。此外，大誥還進一步加重對觸犯皇帝尊嚴、損害皇朝言行的懲處。中國古代很早立有「誹謗之法」，用以懲治所謂「誹謗朝廷」之罪。自漢文帝廢除之後，歷代未再採用。《大明律》亦無專治「誹謗罪」的條文，但大誥復立「誹謗之法」，用以懲處所謂「誹謗朝廷」之罪。福建沙縣羅輔等十三人說「如今朝廷法度好生厲害，我每各斷了手指，便沒用了」，就被扣上「捏詞上謗於朝廷」

的罪名，梟令於市，家中成丁男子悉被誅殺，婦女被遣發邊疆的不毛之處。江寧知縣高炳，也因「妄出謗言」而被殺。

為了保證皇權的高度集中，明律規定文武官員的任用權專屬皇帝。《大明律》規定，凡大臣專擅選用者，斬；大臣的親戚非奉特旨不得除授官職，違者處斬；大臣濫設官吏、擅勾屬官等，也嚴加治罪。守禦官軍的千戶、百戶、鎮撫有缺，「若先行委人權管，希望實授者，當該官吏各杖一百，罷職役充軍」（《大明律》卷二，《吏律·職制》）。臣下無條件服從君主意旨，聽從朝廷指揮，是確保皇帝行使專制權力的前提條件。《大明律》規定，在朝官員受皇帝差遣及調動職務而故不行，無故擅離職守，赴任無故過限，均治重罪。一切軍國大事，均需奏請皇帝裁決，「凡軍官犯罪，應請旨而不請旨，及論功應上議而不上議，當該官吏處絞。若文職有犯，應奏請而不奏請者，杖一百。有所規避，從重論。若軍務、錢糧、選法、制度、刑名、死罪、災異及事應奏而不奏者，杖八十；應申上而不申者，笞四十」（《大明律》卷三，《吏律·公式》）。

鑒於唐宋兩朝臣下結黨和內外官員互相勾結，危害皇權的教訓，朱元璋不僅實行官吏任用的迴避制度，還在《大明律》中特設懲治「奸黨」的條款，以禁「黨比之私」。《大明律》規定：「若在朝官員交結朋黨、紊亂朝政者，皆斬，妻子為奴，財產入官。」（《大明律》卷二，《吏律·職制》）並嚴禁內外官交結，違者犯人處斬，妻子流放兩千里之外安置。《大誥》的處刑更重，如李茂實、林賢被定為「胡惟庸同黨」，不僅本人被殺，而且連家中的幼小全部被殺。江浦知縣楊立因追徵李茂實鹽貨交結近侍官員，也被凌遲示眾。官員阿諛奉承、溜鬚拍馬，是搞宗派、結朋黨的重要途徑，明律也嚴加禁止。《大明律》規定，凡衙門官吏及百姓上言宰執大臣美德政績，即為朋黨，犯人處斬，妻子為奴，財產入官；宰執大臣如事先知道而不加制止，亦按同罪論處。就連衙門官吏出城迎送上司或上級派來的官員，也在禁止之列。

官吏貪汙受賄，直接損害到皇權利益，明律的懲處更為嚴厲。朱元璋曾下令：「官吏犯贓者罪毋貸。」（《明史》卷二，《太祖紀》）並敕諭刑部：「官吏受贓者，並罪通賄之人，徙其家於邊，著為令。」明廷還規

定：「凡官吏犯枉法贓者，不分南北，俱發北方邊衛充軍。」（《明史》卷九三，《刑法志》）「官贓至十六兩以上（按：據趙翼《廿二史札記》卷三三《重懲貪吏》的記載，應為六十兩以上），剝皮貫草」（屠叔方：《建文朝野彙編》卷一一，《大理寺少卿胡閏》附錄）。《大明律》還規定：凡官吏受財者計贓科斷。受財枉法者，1 貫以下杖 70，每 5 貫加一等，至 80 貫絞；受財不枉法者，1 貫以下杖 60，每 10 貫加一等，至 120 貫，罪止杖 100，流 3000 里；監守自盜倉庫錢、糧等物，不分首從，並贓論罪，在右小臂膊上刺「盜官錢（糧、物）」三字，1 貫以下杖 80，每 2 貫 500 文加一等，至 25 貫杖 100，流 3000 里，40 貫斬。至於私借官府錢糧和私借官物、挪移出納、冒支官糧、多收稅糧斛兩、隱瞞入官家產等，也都規定了很重的刑罰。就連因公乘坐官畜、車、船附載物超過規定重量者，也要處罰。《大誥》還規定，所有貪汙案件，都要層層追查，順藤摸瓜，直到全部弄清案情，將貪汙分子一網打盡為止。「如六部有犯贓罪，必究贓自何而至。若布政司賄於部，則拘布政司至，問斯贓爾自何得，必指於府。府亦拘至，問贓何來，必指於州。州亦拘至，必指於縣。縣亦拘至，必指於民。至此之際，害民之奸豈可隱乎？」（《大誥·問贓緣由第二十七》）此外，朱元璋還告諭中書省臣，遇到大赦令，「凡犯贓罪者，罪雖已赦，仍徵其贓」，絕不能讓他們在經濟上佔到便宜。刑部據此立下法令：「官吏受贓遇赦免，罪贓並追納；其在赦前犯贓事發，懼罪逃避及革後發落，依律追究。」（《明太祖實錄》卷七六）

對於封建專制中央集權制度賴以建立的經濟基礎，明律極力加以保護。封建國家和皇室、貴族、勛戚、官僚、地主的財產，都是神聖不可侵犯的。《大明律》規定，凡盜賣、換易、冒認及侵佔他人田宅者，田 1 畝、屋 1 間以下，笞 50；每田 5 畝、屋 3 間，加一等；屬於官府的田宅，各加二等。強佔官民山場、湖泊、茶園、蘆盪及金銀銅場、鐵冶者，杖 100，流 3000 里。對官僚、地主兼併土地，明律也適當加以限制。《大明律》無佔田數量的限制，但嚴厲禁止脫漏版籍、移丘換段、挪移等則、以高作下、詭寄影射等欺隱田糧的行為，禁止接受朦朧投獻，禁止官員在現任處所置買田宅。對於懲治竊盜和強盜行為，更被視為治國之急務。《大明律》

規定：「凡強盜已行而不得財者，皆杖一百，流三千里。但得財者，不分首從，皆斬。」（《大明律》卷一八，《刑律·賊盜》）

明律還進一步強化皇帝的審判權，加強朝廷對司法的控制。《大明律》規定，各府、州、縣只能決定徒、流刑以下的案件，死刑的案件在京需經監察御史，在各布政司要經按察司審核，提出處理意見後，呈送中央。中央的刑部、大理寺、都察院對案件做出判決後，需報請皇帝裁決。朱元璋還下令：「凡有大獄，當面訊，防構陷鍛煉之弊。」洪武年間的重大案件，大多由他親自審訊，「不委法司」（《明史》卷九四，《刑法志》）。就是一些本來應該由府、州、縣司法部門審理的一般民事、刑事案件，朱元璋也常越俎代庖，親自審問，而且量刑往往比《大明律》要重，常常出現輕罪重判的現象。有的按《大明律》的規定並不構成犯罪，也被判處酷刑。比如浙江會稽縣河泊所官吏張讓上交徵收的漁課鈔，將 6067 貫 200 文寫作「六百六萬七千二百文」，這只是使用了不同的計量單位，將一貫換算為一千文，就被朱元璋說成是「故生刁詐，廣衍數目，意在昏亂掌鈔者」，下令治以重罪，並警告說：「今後敢有如此者，同其罪而罪之。」（《大誥續編·錢鈔貫文第五十八》）朱元璋還撿起東漢光武帝、明帝和隋文帝、唐玄宗等人以及元朝使用過的廷杖之刑，在殿廷之上對大臣施行體罰，用暴力強迫臣下完全順從自己的意志。此外，由朱元璋親自指揮的錦衣衛還可直接參加審判，擁有比一般司法機構更大的權力，「天下重罪逮至京者，收繫（錦衣衛）獄中，數更大獄，多使斷治，所誅殺為多」（《明史》卷九五，《刑法志》）。

總而言之，明律針對明初的社會現實，適當減輕了對間接觸犯封建統治行為的懲治，而大大加重了對直接危害封建統治行為的鎮壓，使鎮壓與保護的對象更加集中，從而成為朱元璋強化君主專制中央集權統治的有力工具。

第十章

「鋤強扶弱」，安定民心

第一節 「安民為本」「鋤強扶弱」

　　明朝建立後，面對動盪不安的局勢，朱元璋在重建封建政權、強化君主專制中央集權統治的同時，也從地主階級的長遠利益出發，不斷地思考如何協調階級關係，緩和地主與農民的矛盾，穩定社會秩序的問題。

　　親身經歷過元末農民戰爭的朱元璋，不時反思和總結歷代王朝特別是元朝興亡的歷史教訓，深刻認識到起義農民的強大力量，驚呼「所畏者天，所懼者民。苟所為一有不當，上違天意，下失民心，馴致其極而天怒人怨，未有不危亡者矣」（《明太祖實錄》卷三二）。他一再引述儒家的名言說：「民猶水也，君猶舟也，水能載舟，亦能覆舟。」（《明太祖實錄》卷五一）強調民對君既有依存的一面也有制約的一面，指出君主不僅不能「輕民」，而且要「畏民」「敬民」，說：「朕則上畏天，下畏地，中畏人。」（《明太祖實錄》卷八〇）又說：「朕每觀《尚書》至敬授人時，嘗歎敬天之事，後世中主猶能知之，敬民之事，則鮮有知者。蓋彼自謂崇高，謂民皆事我者，分所當然，故威嚴日重，而恩禮寢薄。所以然者，只為視民輕也。視民輕，則與己不相干，而畔渙離散不難矣。惟能知民與己相資，則必無慢視之弊，故曰：『可愛非君，可畏非民。眾非元後何戴，後非眾罔與守邦。』古之帝王視民何嘗敢輕？故致天下長久者，以此而已。」（《明太祖實錄》卷一四六）基於這種認識，朱元璋提出了「安民為本」的主張，認為「凡為治以安民為本，民安則國安」（《明太祖實錄》卷一一三），要求得天下大治，防止「覆舟」之患，最根本的一條，就是要安定百姓，只有民心安定了，社會才能穩定，統治才能鞏固。

　　那麼，如何才能安民呢？古代中國以農立國，社會上存在「富者」即地主與「貧者」即農民兩大對立的階級。在朱元璋的心目中，理想的

社會，是「富者自安，貧者自存」「富者得以保其富，貧者得以全其生」（《明太祖實錄》卷四九），也就是說，地主階級能夠保有他們的財富，過着富裕的生活，而農民也具備進行簡單再生產的條件，能夠維持一家人的溫飽，可以繼續生存下去。要實現這個目標，自然必須加強封建專制的統治，恢復和發展百孔千瘡的經濟，並用法律手段來約束人們的行為，更重要的是要協調地主與農民這兩大對立階級的關係，使富與貧、強與弱雙方都能循分守法，和諧共存，不致激化矛盾，形成對抗，導致社會的分裂與動亂的發生。在農民戰爭結束之後，富者即富豪地主和強者即維護地主階級利益的各級官吏，掌握着主要的生產資料土地和國家的權力，處於強勢地位，是矛盾的主要方面。如無適當的限制和約束，聽任他們恣意妄為，肆意榨取和欺壓貧者和弱者，農民必然無法自存。

貧苦農民出身的朱元璋，對此有着深刻的認識。他深知，貧苦農民最為切齒痛恨的，就是土豪劣紳和貪官汙吏，他自己「於大姓兼併，貪吏漁取」也是「深惡疾之」（《天潢玉牒》）。因此，朱元璋為明王朝的長治久安着想，極力主張「鋤強扶弱」，一再告諭百官：「天生烝民，有慾無主乃亂。所以亂者，正謂人皆貪心不已，動輒互相兼併，以致強凌弱，眾暴寡。」他作為全國的最高君主，必須採取必要的手段和措施，鋤強扶弱，「使有力大的不敢殺了力小的，人多的不敢殺了人少的。縱有無眼的，聾啞的，他有好財寶、妻妾，人也不敢動他的。若強將了，以強盜論；暗將了，以竊盜論。因此這般，百姓方安」（《皇明詔令》卷二，《戒諭諸司敕》）。

明朝建立前夕，朱元璋在接見各郡新任的縣官時，即諭之曰：「自古生民之眾，必立之君長以統治之。不然，則強者愈強，弱者愈弱，紛紜吞噬，亂無寧日矣。然天下之大，人君不能獨治，必設置百官有司以分理之，鋤強扶弱，獎善去奸，使民得遂其所安，然後可以盡力田畝，足其衣食，輸租賦以資國用。」要求他們認真貫徹「鋤強扶弱」的政策，「勤於政事，盡心於民，民有詞訟，當為辨理曲直」（《明太祖實錄》卷二四）。清代官修《明史》，將朱元璋這個「鋤強扶弱」政策稱作「右貧抑富」，說：「（明太祖）懲元末豪強侮貧弱，立法多右貧抑富。」（《明史》卷

七七，《食貨志》）

根據「鋤強扶弱」的政策，朱元璋以法律的形式提高了勞動者的身份地位，加大了對地主官僚貪暴行為的防範與懲處。明初制定的《大明律》與《大誥》對農民的反抗活動做出了嚴厲的懲罰規定，同時也適當肯定農民戰爭的部分成果，相應地提高農民的身份地位。在唐律中，奴婢、部曲、雜戶、官戶的地位均低於良人，明代已不存在與良人不同的部曲，故明律未見有與此相應的條文。關於奴婢，《大明律》明確禁止庶民之家存養奴婢，禁止官民之家閹割役使「火者」，禁止將他人迷失子女賣為奴婢，禁止冒認良人為奴。洪武二十四年（1391 年），明廷還規定：「役使奴婢，公侯家不過二十人，一品不過十二人，二品不過十人，三品不過八人。」（龍文彬纂：《明會要》卷五二，《民政》）唐律中有關部曲的某些規定，《大明律》改為「僱工人」，但其法律地位高於部曲，介於良人與奴婢之間。佃農的身份地位也比元代大大提高。

在元代，佃農與地主是一種僕主關係，地主打死佃農，僅「杖一百七，徵燒埋銀五十兩」，便告了事。洪武五年，朱元璋下詔規定，佃戶見田主，不論齒序，行「以少事長之禮」，若在親屬，則不拘主佃，概以親屬之禮行之（《皇明詔令》卷二，《正禮儀風俗詔》）。明制父輩曰「尊」，兄輩曰「長」。佃戶與地主的關係，由僕主升為少長，佃戶雖然仍被置於地主的宗法統治之下，但比之往昔，身份地位畢竟有了提高。因此，《大明律》不僅取消了元代關於地主毆死佃戶僅科以杖 170、徵燒埋銀 50 兩了事的規定，而且在各地推行元代很少施行的鄉飲酒禮，規定舉行鄉飲酒禮時，「除乞丐外，其餘但係年老者，雖至貧，亦須上坐，少者雖至富，必序齒下坐」（萬曆《明會典》卷七九，《禮部·鄉飲酒禮》）。也就是說，舉行鄉飲酒禮時，不論貧富，一律按年齡的大小入座，即使是貧窮的佃農，年齡大的就坐上席，即使是富裕的地主，年齡小的就坐下席。農民的身份地位有了提高，其人身依附關係有所鬆弛，對他們的超經濟強制也就有所削弱。

與此同時，明律則降低了貴族官僚的特權地位。唐律規定，皇族、貴戚、達官均享有「八議」即八種減免刑罰的特權，除「謀反」「謀大逆」

等「十惡」重罪之外，其他罪行幾乎都可免受審判和刑罰。《大明律》則不然，只規定「凡八議者犯罪，實封奏聞取旨，不許擅自勾問，若奉旨推問者，開具所犯及應議之狀，先奏請議，議定奏聞，取自上裁。其犯十惡者，不用此律」（《大明律》卷一，《名例律·應議者犯罪》）。還規定，文武官員犯公罪，只有笞刑可以聽贖。如犯私罪，「笞四十以下，附過還職；五十，解見任別敘；杖六十，降一等；七十，降二等；八十，降三等；九十，降四等；俱解見任。流官於雜職內敘用。雜職於邊遠敘用。杖一百者，罷職不敘。若軍官有犯私罪，該笞者，附過收贖；杖罪，解見任，降等敘用；該罷職不敘者，降充總旗；該徒、流者，照依地里遠近，發各衛充軍」（《大明律》卷一，《名例律·文武官犯私罪》）。其餘所有特權，一律取消。明律還嚴禁公侯之家侵佔官民田地財產、接受投獻、影蔽賦役，禁止藩王侵佔民田。並嚴禁官豪勢要侵佔他人田宅以及欺隱自己田地糧差的行為，禁止官員在現任處所置買田宅。如有違反，處罰都極其嚴厲。

　　也正是基於「鋤強扶弱」的政策，「太祖之好用峻法，於約束勳貴官吏極嚴」，而「未嘗濫及平民，且多惟恐虐民」（孟森：《明清史講義》上冊，第70頁）。洪武年間興起的幾起大案，打擊的對象都是勳貴官吏，而沒有一起是針對平民百姓的。

　　根據「鋤強扶弱」政策，朱元璋還大力施行教化，移風易俗。朱元璋認為教化是治民之本，「不明教化之本，致風陵俗替，民不知趨善，流而為惡，國家欲長治久安，不可得也」（《明太祖寶訓》卷一，《論治道》）。「古者風俗淳厚，民相親睦，貧窮患難，親戚相救，婚姻死喪，鄰保相助。近世教化不明，風俗頹敝，鄉鄰親戚，不相周恤，甚者強凌弱，眾暴寡，富吞貧，大失忠厚之道」（《明太祖實錄》卷二三六）。為此，他除倡導尊孔崇儒、制禮作樂、興辦學校、推行科舉，還決心移風易俗，淳厚人情。他規定，基層的里甲組織，除了催徵稅糧、勾攝公事外，還需負起教化之責：「一里之間，有貧有富。凡遇婚姻死喪、疾病患難，富者助財，貧者助力，民豈有窮苦急迫之憂？又如春秋耕獲之時，一家無力，百家代之，推此以往，百姓寧有不親睦者乎？」（《明太祖實錄》卷二三六）他要求「每

村置鼓一面，凡遇農種時月，五更擂鼓，眾人聞鼓下田，該管老人點閘。若有懶惰不下田者，許老人責決」（《教民榜文》）。每日黃昏，還需「製木鐸，使人呼之於道路，曰：『孝順父母，恭敬長上，和睦鄉里，教訓子孫，各安生理，毋作非為』」（《碧里雜存》卷下）。朱元璋還下令，在全國遍設申明亭、旌善亭，以旌善懲惡。申明亭始建於洪武五年，除張貼法令文告外，「凡境內人民有犯，書其過名，榜於亭上，使人有所懲戒」（《明太祖實錄》卷七二）。後來，覺得將犯人所犯罪過不論大小，一律張榜公佈，會「使良善一時過誤者為終身之累，雖欲改過自新，其路無由爾」，在洪武十五年改為「自今犯十惡、奸盜、詐偽、幹犯名義、有傷風俗及犯贓至徒者，書於亭，以示懲戒。其餘雜犯公私過誤非幹風化者，一切除之」（《明太祖實錄》卷一四七）。旌善亭始建於何時，今已無考。但一些地方在洪武十六年已建有這類亭子。亭內既書「民之孝子順孫、義夫節婦及善行之人」，也錄「有司官善政著聞者」（嘉靖《象山縣志》卷一，《建置考·諸署》）。

朱元璋深知民間流行的詞曲、戲曲等通俗文藝，對民風民俗有潛移默化的巨大功能。他要求通俗文藝應該為宣揚儒家倫理道德、鼓吹神仙徵應服務。元末戲曲作家高明主張戲曲創作要有關風化，合乎禮教，他的傳奇作品《琵琶記》通過對蔡伯喈和趙貞女「子孝與妻賢」故事的敘寫，極力宣揚儒家倫理道德，希望通過戲曲的「動人」力量，讓觀眾受到教化。朱元璋對它讚賞有加，曰：「五經四書在民間，譬諸五穀，不可無。此《記》乃珍羞之屬，俎豆之間，亦不可少也。」（田藝衡：《留青日札》卷一九，《琵琶記》）朱元璋要求民間的戲曲仿效這種做法，大力播揚儒家的倫理道德，教化民間百姓。《大明律》嚴禁雜劇戲文「裝扮歷代帝王、后妃、忠臣、烈士、先聖、先賢、神像」的同時，極力鼓勵演出宣揚儒家倫理、「勸人為善」的雜劇戲文，以化民成俗，規定：「其神仙、道扮及義夫、節婦、孝子、順孫、勸人為善者，不在禁限。」（《大明律》卷二六，《刑律·雜犯》）

根據「鋤強扶弱」的政策，朱元璋還改革土地制度，推行墾荒屯田。貧苦農民出身的朱元璋深知，廣大農民之所以處於貧弱無告的困境，就是

因為他們很少甚至沒有最主要的生產資料土地。要「扶弱」就必須解決他們無地少地的問題。元代土地高度集中，除元政府控制着大量官田之外，蒙漢地主階級也大量兼併土地，特別是江南一帶，豪右之家更是連阡亙陌。經過長期的戰亂，不少地主或死或逃，原先為元政府控制的官田和蒙漢地主階級霸佔的田地部分為農民所耕墾，更多的則成為無主的荒地。洪武元年下詔規定：「各處人民，曩因兵燹拋下田土，已被有力之家開墾成熟者，聽為己業。」並鼓勵農民積極開墾無主的荒地，「各處荒閑田地，許令諸人開墾，永為己業，與免雜泛差役三年，後並依民田起課稅糧」（《皇明詔令》卷一，《大赦天下詔》）。洪武三年六月，又採納濟南知府陳修及司農官的建議，將北方郡縣近城荒地授予鄉民無田者耕種，「戶率十五畝，又給地二畝，與之種蔬，有餘力者不限頃畝，皆免三年租稅」，「若王國所在（指藩王的封地），近城存留五里，以備練兵牧馬，餘處悉令開墾」（《明太祖實錄》卷五三）。這種為無田鄉民授田的辦法也同樣推行於南方地區，但授田畝數則視各地人口疏密、荒地多寡而定，如蘇州府太倉「見丁授田一十六畝」（《明經世文編》卷二二，《王周二公疏·與行在戶部諸公疏》）。後來還多次下令「凡民間田土，許盡力開墾，有司毋得起科」，「但是荒田，俱繫在官之數，若有餘力，聽其再開」。洪武二十八年，明政府重新規定：「凡民間開墾荒田，從其首實，首實一年後官為收科。」（萬曆《明會典》卷一七，《戶部·田土》）這項規定，雖然取消了原先永不起科的規定，但農民通過向政府繳納賦稅，取得了所墾土地的所有權。明初土地制度的改革使廣大農民獲得了土地，自耕農的數量因此大增，佔到整個農村人口的多數，成為明初農業生產迅速恢復和發展、鄉村社會迅速趨於穩定的一個關鍵因素。

由於我國幅員遼闊，各地自然條件千差萬別，經濟發展狀況也參差不齊，人口分佈極不均勻。元末農民戰爭期間，各地遭受戰火的破壞又程度不一，中原諸州是當時主戰場，遭到的破壞最為嚴重，積骸成丘，居民鮮少，大多變成丁少田多的「寬鄉」。按規定數額分配土地，並鼓勵農民盡力墾闢之後，還閑置着大量荒地，而其他未曾遭受戰火或遭受戰火破壞較少的地方，人口較多，荒地較少，又成為田少丁多的「窄鄉」，土地不夠

分配。朱元璋於是下令「移民就寬鄉」，將無田或少田的農民從「窄鄉」移至「寬鄉」，由政府授予田地，「給牛、種、車、糧，以資遣之，三年不徵其稅」(《明史》卷七七，《食貨志》)。這些移民，後來也多變成擁有小塊土地的自耕農。

朱元璋還根據「鋤強扶弱」的政策，實行輕徭薄賦，減輕百姓負擔。朱元璋指出，元朝的統治，是由於「昏主恣意奢欲，使百姓困乏，至於亂亡」(《明太祖實錄》卷一七六)。所以統治者不能只顧眼前利益，竭澤而漁，不顧百姓的死活。「善治者，視民猶己，愛而勿傷。不善者，徵斂誅求，惟日不足。殊不知道君民一體，民既不能安其生，君亦豈能獨安厥位乎？譬之馭馬者，急銜勒，勵鞭策，求騁不已，鮮不顛蹶。馬既顛蹶，人獨能無傷乎？」(《明太祖實錄》卷七六)他對軍官的一番訓話，把這個意思表達得更加直截了當：「且如人家養個雞狗及豬羊，也等長成然後用。未長成，怎麼說道不餵食，不放？必要餵食看放有條理，這等禽獸畜生方可用。」(朱元璋：《大誥武臣》序)因此，他反覆告誡臣下：「夫步急則躓，弦急則絕，民急則亂。居上之道，正當用寬。」(《明太祖實錄》卷三八)強調要把眼前利益和長遠利益結合起來，對百姓「取之有制，用之有節」(《明太祖實錄》卷二七)，將賦役的徵派和國家的財政支出控制在一定限度之內。

按照「取之有制」的原則，朱元璋實行輕徭薄賦政策，他說：「夫善政在於養民，養民在於寬賦。」(《明太祖實錄》卷二九)明初的賦役法規定：「凡官田畝稅五升三合五勺，民田減二升。」(《明史》卷七七，《食貨志》)官田是地租和賦稅合併徵收，所以稅率較重。民田一般畝稅三升三合五勺，按當時畝產最低一石而論，為「三十稅一」。不論官田或民田，負擔都較元末大為減輕。

歷來人民負擔最重的是徭役，朱元璋也做了較大的改革。洪武初年的徭役分為三類。一類是均工夫役，按「驗田出夫」的原則僉派，規定直隸、應天等 18 府及江西九江、饒州、南康 3 府，「田一頃出丁夫一人，不及頃者以別田足之」(《明太祖實錄》卷三〇)，於每年農閒赴京應役，一月遣歸。其他地方僉派的徭役，也貫徹「驗田出夫」的原則。另一類

是雜役，也叫雜泛，名目繁多，或「驗民田糧出備」（《明太祖實錄》卷二九），或「以糧富丁多者充之」（《明太祖實錄》卷七六），按田糧或丁糧的多寡點差。第三類是里甲正役，洪武初年實行於江南地區，洪武十四年黃冊制度與里甲制度推向全國後，里甲正役便普遍推行於全國各地。十七年，朱元璋令戶部諭各府州縣：「凡賦役必驗民之丁糧多寡、產業厚薄以均其力。」（《明太祖實錄》卷一六三）第二年，明廷又令各府州縣將民戶分為上、中、下三等編制賦役黃冊，「凡遇徭役則發冊驗其輕重而役之」（《明太祖實錄》卷一七〇）。二十六年定制：「凡各處有司，十年一造黃冊，分豁上、中、下三等人戶，仍開軍、民、灶、匠等籍，除排年里甲依次充當外，其大小雜泛差役，各照所分上、中、下三等人戶點差。」（萬曆《明會典》卷二〇，《戶部·賦役》）。此後，均工夫役廢而不行，除里甲正役外，所有徭役便都統稱為雜役，按丁糧多寡僉派。

　　二十年，明政府在全國普遍丈量，編制魚鱗圖冊後，以魚鱗冊為經，黃冊為緯，「凡百差科，悉由此出，無復前代紛更之擾」（顧炎武：《天下郡國利病書》卷八七，《浙江》），使徵斂有了一個統一的標準。上述諸種徭役，均工夫役的「驗田出夫」，里甲正役與雜泛差役的「驗民之丁糧多寡」僉派，都是有利於無地或少地農民的。

　　為了減少田賦徵收中的舞弊現象，以減輕百姓的負擔，並保證國家的田賦收入，朱元璋還建立糧長制度。原先各地的田賦由郡縣官吏直接徵收，令納糧人戶親赴府、州、縣所在地繳納。郡縣官吏往往乘機舞弊，侵漁於民。有的納稅糧戶因為路途遙遠，就花一筆錢將稅糧委託攬納戶代為繳納稅糧。攬納戶往往和府、州、縣官吏互相勾結，從中貪汙，共同分贓。朱元璋召集大臣討論解決辦法，大臣們認為地方官都是外地人，不了解本地情況，容易被黠胥宿豪蒙蔽，民受其害，不如用有聲望的本地地主當糧長，由他們負責向納糧戶徵收田賦，解送官府。朱元璋接受這個建議，於洪武四年九月令戶部計算民田賦稅，大致以納糧1萬石劃為1區，選用佔地最多的地主擔任糧長，負責督徵稅糧，說：「此以良民治良民，必無侵漁之患矣。」（《明太祖實錄》卷六八）這個制度主要實行於稅糧數額較大的浙江、南直隸、江西、湖廣、福建等地。開始每區只設糧長一名，

由於糧長常常忙不過來，洪武十年增設副糧長一名，三十年七月又改為每區設正副糧長三名，「以區內丁糧多者為之，編定次序，輪流應役，周而復始」（《明太祖實錄》卷二五四）。糧長只是盡義務的雜役，為了鼓勵糧長做好工作，規定他們如有雜犯、死罪和徒流者，可以納銅贖罪，以示優待。糧長按期如數將稅糧解運京師的，朱元璋還親自召見，提拔他們做官。浙江烏程富戶嚴震直就是由糧長提拔至通政司做參議，再進為工部侍郎、都察院右僉都御史，最後升至工部尚書的。

此外，朱元璋還注意恤貧救災，對一些生活困難的貧民實行救濟。他不時根據各種情況詔免一些地方的賦稅。遇到嚴重的災荒，不僅下令蠲免夏、秋兩稅，還常下令給災民貸米，或賑濟糧食、布匹、錢鈔，幫助他們渡過難關。朱元璋還重視對孤寡老人的存恤。洪武元年八月的《大赦天下詔》宣佈：「民年七十以上者，許令一子侍養，免其差役。」同時宣佈：「鰥寡孤獨廢疾不能自養者，官為存恤。」（《明太祖實錄》卷三四）各地於是陸續設置養濟院，又稱孤老院，收養孤貧殘疾、無依無靠的老年人，由官府提供衣食及喪葬費用。十九年，又「詔有司，審耆老不繫隸卒倡優，年八十、九十，鄰里稱善者，備其年甲、行實，具狀奏聞，貧無產業者，八十以上，月給米五斗、肉五斤、酒三斗；九十以上，歲加給帛一匹、絮五斤；雖有田產僅足自贍者，所給酒、肉、絮、帛亦如之。其應順天、鳳陽二府富民，年八十以上賜爵里士，九十以上賜爵社士，皆與縣官平禮，並免雜差，正官歲一存問」，亦「詔所在鰥寡孤獨，取勘明白，田糧未曾除去差撥者，即與除去。並不能自養，每歲給米六石，其孤兒有田不能自立，既免差役，責令親戚收養，無親戚，鄰里養之；其無田者，一體給米六石，候出幼，開同名當差」（萬曆《明會典》卷八〇，《禮部·養老、恤孤貧》）。

在「取之有制」的同時，則是「用之有節」，盡量壓縮和減少政府的財政開支，以減輕百姓的負擔。朱元璋對羣臣說：「四民之業，莫勞於農。觀其終歲勤勞，少得休息。時和歲豐，數口之家，猶可足食。不幸水旱，年穀不登，則舉家饑困。朕一食一衣，則念稼穡機杼之勤。爾等居有廣廈，乘有肥馬，衣有文繡，食有膏粱，當念民勞。」（《明太祖實錄》卷

二五〇）因此，他比較體恤民情，惜用民力，不僅不建台榭苑囿，營建宮室不事華麗，而且對一些大規模的建築工程也盡量加以限制，「必度時量力順民情而後為之，時可為而財力不足不為也，財有餘而民不欲不為也」（《明太祖實錄》卷二三五）。並下令：「凡有勞民之事，必奏請而後行，毋擅役吾民。」（《明太祖實錄》卷一四五）一般的工程盡量安排在農閑時進行，不很急需的則緩建。洪武元年十一月，工部準備徵調蘇、松、嘉、湖四府的民工到京師修築城池，戶部侍郎杭棋上書表示反對，說各郡秋租尚未繳納，農民正在種麥，時不可違。況且現今北征軍士的戰襖還未備齊，也需要老百姓製作。他建議推遲京師城池的修築，以紓民力。朱元璋馬上採納，說古代役民用其一而緩其二，既徵其布帛，豈宜再勞以力役，下令免除四府人民的均工夫役，只令製辦戰襖。二年十一月，中書省奏請營建後堂，朱元璋說：土木工程，連年營建不休，能不病民嗎？待民力少紓，再動工不晚。十一年五月，浙江都司申請遷建台州衞所並重修台州城牆，他說：農事正忙，不可修城，待秋收以後再說。第二年，馮勝在開封府督建周王宮殿，準備在九月動工，朱元璋認為那時百姓正要種麥，是奪其時，下令放還民工，待農閑時再開工興建。十三年九月，山東都司請築德州城，也未批准。同年十月，已退休的兵部尚書單安仁建議疏浚儀真從南壩到樸樹灣的長江航道，他回答說：所言雖善，但恐此役一興，未免重勞百姓，姑且緩之。十七年正月，應天府因京師大中、升平、幕府、金川、百川、雲集六座橋樑年久失修，請求調集民工修治，朱元璋認為正值春耕，恐妨農務，令以輪作的罪徒赴工，官給其費。

朱元璋「鋤強扶弱」政策的種種措施實行二三十年之後，收到了良好的效果，加上他嚴懲貪官汙吏、打擊不法豪強（這也是「鋤強扶弱」的重要舉措），使社會矛盾得到了很大的緩和。特別是土地制度的改革，墾荒屯田的推行，使許多無地少地的農民獲得土地，自耕農數量大增，加上輕徭薄賦的施行，推進農業生產的恢復與發展，使廣大農民的生活得到改善，更是有力地緩解了當時主要的社會矛盾即階級矛盾，使農村的社會秩序逐漸趨於穩定，「山市晴，山鳥鳴，商旅行，農夫耕，老瓦盆中渌酒盈，呼囂隳突不聞聲」（朱彝尊輯：《明詩綜》卷一〇〇，《南豐歌》），呈

現一派國泰民安的祥和景象。民間甚至還流傳着「道不拾遺」的傳說，謂「聞之故老言，洪武紀年之末，庚辰（建文二年，1400 年）前後，人間道不拾遺，有見遺鈔於塗，拾起一視，恐汙踐，更置階圯高潔地，直不取也」（祝允明：《野記》二）。

第二節　整肅吏治，嚴懲貪腐

　　明朝建立之初，繼承的是元朝腐敗的吏治遺產。朱元璋登基不久，就敏銳地覺察到，「所任之人，不才者眾，往往蹈襲胡元之弊」（朱元璋：《大誥‧胡元制治第三》）。他們擅權枉法，蠹政厲民，「掌錢穀者盜錢穀，掌刑名者出入刑名」（《大誥‧諭官毋作非為第四十三》）。這種不法行為，不僅侵犯朝廷的經濟利益，妨礙國家機器的正常運轉，而且額外加重人民的負擔，激起農民的強烈不滿和反抗。明朝司法部門訊問江西贛州的「降寇」，他們即「咸言有司貪墨，守禦官軍擾害，以故逃竄山林，羣聚為盜」（《明太祖實錄》卷一九〇）。朱元璋聯繫到自己在元末目睹吏治腐敗的感受：「朕向在民間，嘗見縣官由儒者多迂而廢事，由吏者多奸而弄法，蠹政厲民，靡所不至，遂致君德不宣，政事日壞。加以凶荒，弱者不能聊生，強者去而為盜。」認識到「不禁貪暴，則民無以遂其生」（《明太祖實錄》卷二九），下決心整肅吏治，嚴懲貪腐。登基的次年，他即對百官宣佈：「但遇官吏貪汙，蠹害吾民者，罪之不恕，卿等當體朕言。若守己廉而奉法公，猶人行坦途，從容自適。苟貪賄罔法，猶行荊棘中，寸步不可移；縱得出，體無完膚矣。」（《明太祖實錄》卷三九）並開始採取一些措施，着手整肅吏治。但是經過一段時間的整頓，官場的腐敗不僅未能抑制，而且愈演愈烈。於是，朱元璋決定採取更加嚴厲的手段，來打擊貪官汙吏，刷新吏治。洪武十七年七月，他宣佈：「朕握乾符，撫蒸黎，於今十有八年矣。孜孜求賢，期於致治。然職任方隅者，無牧民之政，而有殃民之患，於是欲盡革其人而更張之，以措生民於治安。」（《明太祖實錄》卷一七四）大約從這一年起，整肅吏治的鬥爭開始進入高潮。

朱元璋整肅吏治、嚴懲貪腐的第一步，是建立嚴格的官吏考核制度。

要對官員進行考核，首先必須明確官員的職責。為此，朱元璋在洪武五年六月制定《六部職掌》，作為歲終考績黜陟的依據。後來，隨着行政機構的改革，又令吏部同翰林院的儒臣仿照《唐六典》之制，編纂《諸司職掌》，對中央自五府、六部、都察院以下諸司官職的設置及官員的職責做出詳細的規定，使任職的官吏知道具體的職責，於洪武二十六年三月正式頒行。此外，朱元璋還制定並頒佈了《祖訓錄》《洪武禮制》《孝慈錄》《禮儀定式》《稽古定制》《節行事例》《資世通訓》《學校格式》《武臣訓誡錄》《武臣保身敕》《昭鑒錄》《醒貪簡要錄》《永鑒錄》《世臣總錄》《皇明祖訓》《為政要錄》等條規敕令，對諸王和各級官吏所應遵守的事項做出了詳細的規定，使之有章可循，有法可依。

府、州、縣等地方官員，既是牧民之令，又是親民之官。朱元璋認為：「百姓安否在守令。」（《明太祖寶訓》卷三，《任官》）為此，他還在洪武初年特地為地方官制定了《授職到任須知》，將他們的政務概括為「祀神」「恤孤」「吏典」「獄囚」「田糧」等 31 項，逐項列出應負的具體職責。後來，他發現不少地方官員將這個文件視為具文，沒有認真執行，又在二十三年頒行《責任條例》，令各省、府、州、縣「刻而懸之，永為遵守」。條例規定，上級機構要對下級機構及其官員進行監督檢查，所有的官府衙門必須設置一個文簿，逐項記錄辦過的事情，每個季度送交上級機構查考。「布政司考府，府考州，州考縣，務從實效，毋得誑惑繁文，因而生事科擾。每歲進課之時，布政司將本司事跡，並府、州、縣各賫考過事跡文簿，赴京通考。敢有坐視不理，有違責任者，罪以重刑。」（萬曆《明會典》卷一二，《吏部‧責任條例》）

對官員吏的考核，主要採取考滿與考核兩種辦法，二者相輔而行。考滿是對任職達到規定年限的單個官吏包括京官、外官和吏員等政績的考核。其程序屢經調整、變動，洪武二十六年定制，規定京官（包括南京各衙門及應天府的官員）從任命下達之日始，以任職滿 36 或 37 個月（遇有閏月即為 37 個月）為一考，滿六年為再考、滿九年為通考。凡衙門的堂上官、佐貳官（副手和輔佐官員），包括六部、都察院四品以上官員，太僕

寺、光祿寺、通政司、大理寺、國子監、鴻臚寺、翰林院五品以上官員，太常寺、詹事府六品以上官員，以及應天府的府尹和府丞，逢三、六年考滿，引至御前，奏請復職，至九年任滿，奏請皇帝，由其決定黜陟。外官（包括除應天府之外各布政司、按察司、府、州、縣等行政機構以及行太僕寺等專務機構的官員）也都是任滿一考，六年再考，九年通考，到時除有特殊情況可奏請在任考核外，一般都需赴京接受考核。每次考核後，評語分為「稱職」「平常」「不稱職」三種，為上、中、下三等。最後根據三次考核的評語進行綜合評判：「二考稱職，一考平常，從稱職。二考稱職，一考不稱職；或二考平常，一考稱職；或稱職、平常、不稱職各一考者，俱從平常。二考平常，一考不稱職，從不稱職。」（萬曆《明會典》卷一二，《吏部·考核通例》）「稱職者升，平常者復職，不稱職者降。」（《明史》卷七一，《選舉志》）對吏員、承差、知印等政府機構中低級辦事人員的考滿及其黜陟，洪武二十六年也做了具體的規定。

考察是對官員群體的定期或不定期的考核，以查處其中的不勝任職務者，帶有監察的性質。考察的對象，只限於官員而不包括吏員。洪武年間，朱元璋常派官對全國或某個地區的官員進行考察，也就是巡視考察，這是不定期考察。定期考察始於洪武十一年，至十七年形成一種正式的制度。起初規定外官每年都需於十二月二十五日前攜帶功業文冊入京朝觀，唯路途遙遠的雲南官員可免朝觀。十八年改為三年一朝，並以辰、未、戌、醜年為朝觀之期，評語有「稱職」「平常」「不稱職」「貪汙」「闒茸（駑弱無能）」等幾種，「稱職者升，平常者復其職，不稱職者降，貪汙者付法司罪之，闒茸者免為民」（《明太祖實錄》卷一七〇）。凡在考察中受到處分者，永不敘用。至於京官的考察，洪武年間尚未實行。直到明中期，從明武宗正德四年（1509 年）起才逐步建立京官考察制度，稱為「京察」，而將外官的朝觀考察稱為「外察」。京察與外察通稱為「大計」。

官吏經過考核之後，如有好的表現、突出的政績，朱元璋就大力加以表彰。是否具有廉潔奉公的品質，這是朱元璋衡量官吏好壞最重要的標準。明朝建立之前與之後，他一再旌表清介自持、忠勤不貪的人物事跡，樹立正面的典型。早在龍鳳七年（1361 年）攻下婺州後，他不顧李善長、

李文忠等文武重臣的反對，派遣長期跟隨自己的隸僕出身卻廉勤能斷的王興宗出任金華知縣。王興宗任職三年，政績卓著，聲名遠播。朱元璋提升他為南昌通判，後改任嵩州知州，再遷懷慶知府。大計之年，朱元璋逐個考問入覲官員，輪到王興宗，說此人公勤不貪，不用問，又任命他為蘇州知府。到洪武十六年（1383年），更提拔他做河南布政使，使之躍升為地方大員。洪武十六年，國子監生陶垕仲被擢為監察御史，清介自持，糾彈不避權貴，曾聯合其他御史彈劾刑部尚書開濟的違法行為，使開濟伏法，直聲動天下。不久，升任福建按察使，又誅殺贓吏數十人，興學勸士，撫恤軍民，政績卓著，朱元璋下詔褒異。

袁州通判隋贇政簡刑清，州內流民歸業，田野墾闢，當地百姓曾為之立碑記功，朱元璋下令提拔他為廣東按察使。河南按察司僉事王平與書吏高源按臨孟津、宜陽，地方官吏送來賄賂，王平把他們逮捕，向上司告發。朱元璋嘉其「得憲臣體」，賜給王平文綺、襲衣和鈔100錠，賜給高源鈔50錠。後來，王平秩滿入覲，朱元璋認為他廉介明敏，為政有聲，又擢其為都察院左僉都御史。兵部吏員崔士先有才幹，做了十年小吏，未嘗有過，朱元璋破格提拔他做戶部主事，以激勸為吏者。當時曾有不少官吏，因為廉潔奉公，政績顯著，自下僚被不次擢用，如鄒俊自祥符縣丞擢為大理寺卿，李行素自芝陽縣令擢為刑部侍郎。

對官吏的表彰，朱元璋很注意聽取士民的意見。他立下一條法令：自布政司至府、州、縣的官吏，如非出自朝廷號令，私下巧立名目、害民取財，或者清廉直幹、撫民有方的，允許境內耆宿老人、遍處市井士君子等聯名赴京狀奏，作為官吏賞罰黜陟的參考，並特地指出，《大明律》關於士庶人等不得上言宰執大臣美政的條文，目的是為了警告在京官吏人等毋得結黨營私，紊亂朝政，在外諸司可不受這個律條的限制。

又規定，凡有耆民人等赴京面奏官吏品行政績者，雖無官府發給的文引，所在關津把隘去處問清緣由後即應放行，阻擋者按「邀截實封罪」論處，予以斬首。有不少清官循吏因微疵細過而下獄，由於百姓出面列舉其政績為之申訴而獲釋甚至得到提拔。如漢中府同知柴庸以事下刑部獄，他的僚屬和關在一起的案犯代為申訴，證明其「在官廉介」，朱元璋即令柴

庸復職，並將代為申冤的同獄案犯減罪一等。四川定遠知縣高鬥南才識精
敏，多有善政，洪武二十九年與永州知府余彥誠、齊東知縣鄭敏、儀真
知縣康彥民、岳池知縣王佐、安肅知縣范志遠、當塗知縣孟廉及懷寧縣丞
蘇億、休寧縣丞甘鏞、當塗縣丞趙森並坐事，先後被捕。所在府縣耆民奔
赴京師，上報他們的政績，代為申冤，朱元璋即賜給這幾位官員襲衣、
寶鈔，令官復原職，並賜給耆民路費。不久，高鬥南還被舉為廉吏，列
名《彰善榜》《聖政記》。九年考滿，政績為同僚之最，被擢為雲南新興知
州。旌表與懲治相結合，收到獎廉懲貪的效果，「由是長吏競勸，一時多
循吏之績焉」（《明史》卷二八一，《循吏傳》）。

對官吏玩忽職守、違法亂紀的行為，朱元璋則採取斷然措施，嚴厲
懲辦。洪武六年八月，御史大夫陳寧奉命祭奠孔子，丞相胡惟庸、誠意伯
劉基、參知政事馮冕等不陪祭而受胙（祭祀用過的酒肉等祭品），朱元璋
說：劉基等人學聖人之道而不陪祀，對不學聖人之道者何以示勸？既不預
祭而享其胙，於禮可乎？下令停發劉基、馮冕各一月的俸祿，陳寧因知情
不舉，亦停俸半月。洪武二十四年八月，禮部侍郎凌漢因不修職事，被降
為左僉都御史。洪武二十九年二月，監察御史辛彥德奏報江西彭澤歉收，
當地官員未及時存恤，至有鬻兒女者，朱元璋下令將彭澤縣令施以杖刑。
同月，禮部尚書任亨泰出使安南，市買人口為僕，被降為監察御史。

對於官吏的公務性過失，朱元璋大多採用罷官、貶官、調職等行政
處理辦法來處置，即使處刑，一般也都較輕，很少採用刑戮的手段。有
些官吏以事被捕待判，因為不是犯貪汙罪，朱元璋往往加以赦免。如洪武
二十七年九月，浙江右布政使楊允、左參政羅鐘、右參政李文華及湖州知
府王禎俱以事被逮，朱元璋因為他們不是犯貪汙罪，全部赦免，官復原職。

朱元璋認為：「吏治之弊，莫甚於貪墨，而庸鄙者次之。」（《明太祖
實錄》卷一四八）說：「朕於廉能之官，雖或有過，常加宥免，若貪虐之
徒，雖小罪亦不赦也。」（《明太祖實錄》卷七九）官吏犯贓罪者，他不
僅動用刑獄，嚴加懲治，而且往往法外加刑。罪行較輕的，被處以謫戍、
屯田、工役之刑。罪行較重的，則處以墨面文身、挑筋、挑膝蓋、剁指、
斷手、刖足（砍腳）、刷洗（將罪犯裸置鐵牀，澆上沸湯，用鐵刷刷去皮

肉）、稱竿（將罪犯縛置竿頂，懸石秤之）、抽腸（將罪犯掛於架上，以鐵鉤插入穀道鉤腸）、黥刺（在臉上刺字）、刖（削去膝蓋骨）、劓（削去鼻子）、閹割為奴、斬趾枷令（斬去腳趾，戴上枷鎖）、枷項遊歷（脖子上戴着枷鎖，游街示眾）、迫令自殺、梟首（砍頭）、凌遲（先將罪犯身上的肉一塊塊切割乾淨，再割去生殖器，扒出五臟六腑，使其死去，然後分解其骨）、免發廣西拿象（免去官職，押往廣西捉象）、全家抄沒發配遠方為奴、族誅（將罪犯家族全部誅殺）等各種非刑。

當時官吏貪贓 60 兩以上，均處梟首示眾、剝皮實草之刑。各府、州、縣和衛所衙門左首的土地廟，就是行刑的場所，叫作剝皮廟，也叫皮場廟。貪官被押到那裏，砍下腦袋，掛在旗杆上示眾，再剝下人皮，填充乾草，擺到衙門公座旁邊，用來警誡繼任的官員。後來，朱元璋見官吏犯贓罪的很多，說：「本欲除貪贓官吏，奈何朝殺而夕犯！」甚至下令：「今後犯贓者，不分輕重皆誅之！」（《國初事跡》）

對違法的官吏，除了平常隨時懲辦之外，還進行了幾次大規模的集中清洗，如洪武四年的錄（甄別）天下官吏、八年的空印案、十八年的郭桓案、十九年的逮官吏積年為民害者，聲勢都極浩大。其中，尤以空印案與郭桓案的規模最大，兩案連坐被殺的有七八萬人。

空印案發生在洪武八年。原來按照朝廷的規定，全國各布政司和府、州、縣，每年都需派計吏到戶部報告地方財政的收支賬目。所有錢糧、軍需等款項，府報布政司，布政司報部，層層上報，經過戶部審核，戶部掌握的數字必須與各布政司收支款項總和的數字完全符合，各布政司的數字也需與下轄各府收支款項總和的數字完全相符，才能結賬。否則就會被駁回，需要重造表冊。重造的表冊要加蓋原衙門的官印，布政司和府離京師遠的六七千里，近的也有三四千里，來回跑一趟得花上個把月甚至一年的時間，那就會錯過報賬的期限。為了減少麻煩，節省時間，各地的計吏都帶上已經蓋好官印的空白表冊，以備部駁時填用。這種空白表冊蓋的是騎縫印，除了向戶部報賬外，並不能做別的用途，誰也不認為這裏面有什麼問題，已經成了習慣。

洪武八年，朱元璋知道這件事，大發雷霆，說：「如此作弊瞞我，此

蓋（戶）部官容得，所以布政司敢將空印填寫。尚書與布政司官盡誅之。」
（《國初事跡》）於是戶部尚書周肅及行省大臣二十餘人，府、州、縣的
守、令署印者皆被處死刑，佐貳以下的官員被杖 100，免死謫戍邊遠衛所
充軍。

洪武十八年，御史余敏、丁廷告發北平布政司、按察司官吏李彧、趙
全德等與戶部右侍郎郭桓、胡益、王道亨等通同舞弊，侵盜官糧。朱元璋
下令將他們逮捕審訊，牽連到禮部尚書趙瑁、刑部尚書王惠迪、兵部侍郎
王志、工部侍郎麥至德等。三月，將趙瑁等人棄市，六部侍郎以下官員皆
處死，追贓糧 700 萬石。供詞牽連到各布政司的官吏，入獄被殺者又數萬
人，朱元璋御製《大誥》宣佈郭桓等人的罪狀說：「其所盜倉糧，以軍衛言
之，三年所積賣空。前者榜上若欲盡寫，恐民不信，但略寫七百萬（石）
耳。若將其餘倉分，並十二布政司通同盜賣見在倉糧……除盜庫見在寶
鈔、金、銀不算外，其賣在倉稅糧，及未上倉該收稅糧，及魚鹽諸色等項
課程，共折米算，所廢者二千四百餘萬（石）積糧。」

由於案件牽涉的人多，打擊面大，引起許多地主和官僚的不滿和恐
慌，他們紛紛攻擊告發審訊的御史和法官，並說朝廷罪人，玉石不分。為
了防止矛盾擴大，朱元璋一面手詔公佈郭桓等人的罪狀，一面將原審法官
右審刑吳庸等人處以磔刑，以平眾怨，並下令：「朕詔有司除奸，顧復生奸
擾吾民，今後有如此者，遇赦不宥！」（《明史》卷九四，《刑法志》）

對吏治的整肅，朱元璋還注意做到不避親故。皇親國戚、故舊勛臣違
法犯禁，他也毫不寬假，照樣處罰。淮安侯華雲龍在北平私據故元丞相脫
脫的大宅第，猶嫌不足，還私役士卒修大長公主府並僭用故元宮中器物，
朱元璋就撤了他的職，將他調回京師，華雲龍後來死於返京的途中。永嘉
侯朱亮祖出鎮廣東，收受賄賂，強行釋放被番禺知縣道同逮捕的犯法土豪
和親戚，並誣陷道同，使之含冤屈死。朱元璋查明真相後，於洪武十三年
九月下令將朱亮祖及其子、府軍衛指揮使朱暹一起鞭死。駙馬都尉歐陽倫
是馬皇后親生女兒安慶公主的夫婿，他不顧朝廷禁令，多次派家奴去陝西
偷運私茶到邊境販賣。家奴個個依仗權勢，驕橫暴虐。尤其是家奴周保，
更是隨意凌辱地方官吏，就連封疆大吏也怕他三分。洪武三十年四月，正

值春耕大忙季節，歐陽倫又強迫陝西布政司發文令下轄府、州、縣派車替他往河州運送私茶，共「索車五十輛」。走到蘭縣（治今甘肅蘭州）河橋巡檢司，周保肆意毆打巡檢司吏。小吏不堪忍受，向朝廷告發。朱元璋聞訊大怒，「以布政司官不言，並倫賜死，保等皆伏誅，茶貨沒入於官」（《剪勝野聞》），並寫了一通敕書，派人送到河橋巡檢司，表彰、慰問那個不畏權貴的小吏。

明初整肅吏治的鬥爭前後延續了二三十年的時間，在洪武十八年至二十八年達到高潮。這場鬥爭，是在強化封建專制統治的背景下進行的，因而帶有特別殘暴的特點。朱元璋的性格猜忌多疑，剛愎自用，又求治心切，恨不得一個早上就掃除官場的腐敗現象。洪武建國前，他曾強調「刑新國用輕典」，據此制定的吳元年律令和建國後洪武七年、九年兩次修律，都貫穿着慎用刑罰、刑當其罪的「適中」精神。後來見官吏的違法行為層出不窮，便大搞法外用刑，「施五刑而不拘常憲」（《大誥三編·庫官收金第三十五》），相繼頒行御製《大誥》四編，並在洪武二十二年重修《大明律》，對官吏違法行為的懲處量刑大大加重，用刑手段也更加殘暴。僅《大誥》四編所列的案件，凌遲、梟令、族誅者就有千百起，棄市以下也有一萬多起。同時，隨着皇權的不斷擴張，朱元璋常越俎代庖，直接參與刑獄的審決，並追求刑獄的深刻。許多司法官員在辦案中便「務求深刻，以趨上意」（《明經世文編》卷八，《葉居升奏疏·萬言書》），對案犯大搞逼供信，處刑也儘可能從重從嚴。因此便難以避免「不分臧否」的濫殺現象，出現了一些冤假錯案。如空印案明顯是一個定性錯誤的冤案。案發時，湖廣按察司僉事鄭士元受到牽連，其弟鄭士利曾上書指出：「夫文移必完印乃可，今考校書策，乃合兩縫印，非一印一紙比。縱得之，亦不能行，況不可得乎？……且國家立法，必先明示天下而後罪犯法者，以其故犯也。自立國至今，未嘗有空印之律。有司相承，不知其罪。今一旦誅之，何以使受誅者無詞？」朱元璋硬是不聽，把他和鄭士元都罰到江浦去做苦工，「而空印者竟多不免」（《明史》卷一三九，《鄭士利傳》）。再如洪武三十年的南北榜（又稱春秋榜）案件，顯然也是一個冤案。當年春，由翰林學士、湖南茶陵人劉三吾等主持會試，錄取 51 名，全是南方人，秋

天舉行廷試，頭三名自然也都是南方的士子。落榜的北方舉人紛紛上告，說劉三吾等主考官是南方人，偏袒同鄉。朱元璋很生氣，叫侍讀張信等人檢查落榜的考卷，每人評閱十份卷子，結果沒有一份及格。北方舉人又告狀，說張信等人受劉三吾的囑託，故意拿不及格的卷子評閱。朱元璋更加生氣，親自出題重考，錄取了 61 名，全都是北方士子。考官張信等人被處死；劉三吾已 85 歲，免死充軍邊境；陳、劉諤被充軍，後來也均被殺。其實，當時北方經過長期戰爭的破壞，經濟和文化教育水平都遠遠落後於南方，北方舉人在某次會試中無人中舉，並不奇怪，況且這次會試結束後，所有考卷都需彌封，閱卷人看的是重新謄錄的卷子，根本無從得知考生的姓名和籍貫，也無從作弊。要說作弊的話，朱元璋主持重考錄取的全是北方人，才是貨真價實的作弊。即便是郭桓案，儘管定性正確，但「詞連直省諸官吏，繫死者數萬人」（《明史》卷九四，《刑法志》），追贓又牽涉各地的許多地主富豪，搞得他們傾家盪產，顯然也存在牽連過多的問題。

由於打擊面過大，一些沒有重大過失的官吏，包括不少清官循吏與有用之才，遭到了錯殺和冤殺。如方克勤自奉簡樸，一件布袍穿了十年沒有換新的，一天只吃一餐帶肉的菜，但撫民有方，擔任濟寧知府三年，「吏不得為奸，野以日闢」「戶口增數倍，一郡饒足」「又立社學數百區」，大興教化，老百姓歌頌他是「我民父母」，最後因受空印案的牽連而「逮死」（《明史》卷二八一，《循吏傳》）。鄧士元剛直有才華，任職期間，荊襄衛所擄掠婦女，官吏都不敢過問，他找到衛所軍官，叫他們把擄來的婦女全部釋放；安陸有冤獄，他冒着觸怒御史台的風險，上書為之平反。這兩名能幹的清官，也因為受空印案牽連的兄長鄭士元鳴冤，而與其一起被罰做苦工。有的官吏僅僅因為朱元璋看不慣，便被找碴兒處死。如以博學著稱的陶凱，洪武初年被薦參加《元史》的修纂，書成後授翰林應奉，一時詔令、封冊、頌詞、碑誌多出其手，升禮部尚書，又參與軍禮和科舉制度的制定，後歷任湖廣參政、國子祭酒、晉王府左相，未曾有任何過失，只因他起個「耐久道人」的別號，朱元璋聞而惡之，就找了個藉口把他殺掉，並親撰《設大官卑職館閣山林辨》，歷數其「輕君爵而美山野」（《明太祖集》卷一六）等罪。由於誅戮過甚，兩浙、江西、湖廣、福建的行政官

員，從洪武元年到十九年春，竟沒有一個做到任期滿的，往往來不及終考便遭到貶黜或殺頭。有些衙門，因為官吏被殺太多，沒人辦公，朱元璋不得不實行「戴斬、絞、徒、流罪還職」的辦法，叫判刑後的犯罪官吏戴着銬鐐回到衙門辦公。

在職官吏，更是人人自危。據說當時的京官，每天清早入朝，必與妻子訣別，到晚上平安回家，便闔家慶賀，慶幸又活了一天。為了保全性命，許多人做官不求有功，但求無過，唯唯諾諾，無所作為。有的甚至裝瘋賣傻，以求退隱。這也是導致一些士子「多不樂仕進」的原因之一。所有這些，都大大挫傷了官吏的積極性和上進心，妨礙行政效率的提高。

不過還應該看到，朱元璋對吏治的整頓，儘管存在着偏差和失誤，付出了沉重的代價，但仍然取得了很大的成效，起到「整頓一代之作用」（《廿二史札記》卷三二，《明祖晚年去嚴刑》）。在嚴刑酷法之前，大多數官吏還是重足而立，不敢恣肆妄為。經過長期的堅決鬥爭，一大批腐敗的官吏遭到懲處和打擊，官場的風氣逐漸發生變化，吏治日趨清明。《明史·循吏傳》說：「一時守令畏法，潔己愛民，以當上指，吏治煥然丕變矣。下逮仁、宣，撫循休息，民人安樂，吏治澄清者百餘年。」嘉靖、萬曆年間的著名清官海瑞也讚揚說：「我太祖視民如傷，執《周書》『如保赤子』之義，毫髮侵漁者加慘刑。數十年民得安生樂業，千載一時之盛也。」（《海瑞集》下編，《贈趙三山德政序》）

第三節　抑制與打擊不法豪強

地主階級是封建專制政權的統治基礎，朱元璋極力保護他們的利益。不僅幫助他們恢復遭到農民起義打擊的經濟勢力，而且提拔他們到各級政權做官，或者在基層擔任里長和糧長，希望他們能與自己通力合作，奉君守法，共同維護和加強明王朝的統治。洪武三年（1370 年）二月，他特地令戶部召集各郡富民至京，親自接見，語重心長地告諭他們：「汝等居田裏，安享富稅者，汝知之乎？古人有言：『民生有欲，無主乃亂。』使天

下一日無主，則強凌弱，眾暴寡，富者不得自安，貧者不能自存矣。今朕為爾主，立法定制，使富者得以保其富，貧者得以全其生。爾等當循分守法，能守法則能保身矣。毋凌弱，毋吞貧，毋虐小，毋欺老，孝敬父兄，和睦親族，周給貧乏，遜順鄉里，如此則為良民。若效昔之所為，非良民矣。」與此同時，朱元璋又清醒地意識到：「富民多豪強，故元時此輩欺凌小民，武斷鄉曲，人受其害。」（《明太祖實錄》卷四九）果不其然，明朝建立後這些地主階級雖然是支持和擁護朱元璋的政權，但由於貪婪的本性，往往不顧朝廷的禁令，拚命擴佔土地和勞力。他們不僅欺凌小民，武斷鄉曲，殘暴地壓榨農民，埋下社會動亂的禍根，而且有田而不輸租，有丁而不應役，千方百計地逃避王朝的賦稅和徭役，直接侵害到朝廷的利益。於是，朱元璋又秉承「鋤強扶弱」的原則，採取各種措施，對豪強勢族進行限制和打擊。

明朝初年，朱元璋在支持逃亡地主重返家園、恢復產業的同時，為避免社會矛盾的激化，又實行抑制兼併的政策，限制地主經濟勢力的過分擴張。他規定「凡威取田宅者歸業主」，農民直接藉助戰爭的暴力剝奪的地主田宅，必須退還原主；但是，如果地主自己逃亡拋荒的土地，已被農民墾為熟田的，便歸農民所有，「其田主還鄉，仰有司於附近荒田內，驗數撥付耕種」（《皇明詔令》卷一，《大赦天下詔》）。由於經過長期的戰爭，地主死的死，逃的逃，出現大片荒閑的無主田地。明廷大力獎勵墾荒，並鼓勵公侯大官和地主盡力開墾。地主往往利用他們雄厚的財力，乘機多犁多佔，兼併土地。洪武四年三月，朱元璋發現臨濠地多閑棄，有力者遂得兼併的狀況，指示中書省：「今臨濠之田連疆接壤，耕者亦宜驗其丁力，計畝給之，使貧者有所資，富者不得兼併。若兼併之徒多佔田以為己業，而轉令貧者佃種者，罪之。」（《明太祖實錄》卷六二）五年五月，他將這種「驗其丁力，計畝給之」的辦法推向全國，規定凡在戰爭期間逃離故土，戰爭停止後再返鄉者，「中間若有丁力少而舊田多，不許依然佔護，只許盡力耕到頃畝，以為己業。若有去時丁少、歸則丁多而舊產少者，許令於附近荒田內，官為驗其丁力，撥付耕種。敢有以舊業多餘佔護者，論罪如律」（《皇明詔令》卷二，《正禮義風俗詔》）。這種抑制兼併的政策，使明初大

土地所有制的發展受到了一定的抑制。

朱元璋還通過清查戶口和丈量土地，查出地主隱瞞的丁口和田地，編制賦役黃冊和魚鱗圖冊，作為徵派賦役的依據。同時，又陸續頒佈一系列法令，嚴禁脫漏戶口、隱瞞土地的行為，規定：「凡一戶全不附籍，有賦役者，家長杖一百；無賦役者，杖八十，附籍當差。若將他人隱蔽在戶不報，及相冒合戶附籍，有賦役者，亦杖一百；無賦役者，亦杖八十。若將另居親屬隱蔽在戶不報，及相冒合戶附籍者，各減二等。所隱之人，並與同罪，改正立戶，別籍當差」；人戶以籍為定，「若詐冒脫免，避重就輕者，杖八十。其官司妄准脫戶，及變亂板籍者，罪同」（《大明律》卷四，《戶律・戶役》）；「諸人不得於諸王、駙馬、功勳大臣及各衙門，妄獻田土、山場、窯冶，遺害於民，違者治罪」；「各處奸頑之徒，將田地詭寄他人名下者，許受寄之家首告，就賞為業」；「將自己田地移丘換段、詭寄他人及灑派等項，事發到官，全家抄沒」（萬曆《明會典》卷一七，《戶部・田土》）；典賣田宅必須過割，「不過割者，一畝至五畝，笞四十，每五畝加一等，罪止杖一百，其田入官」（《大明律》卷五，《戶律・田宅》）。當時，全國的田賦以浙江、江西和蘇、松最多，因「恐飛灑為奸」，朱元璋還在洪武二十六年立下一條法令，規定浙江、江西和蘇、松之人不得擔任戶部官員，江浙和蘇、松之人不得擔任戶部吏員。

對於那些不遵守朝廷法令，欺凌小民，損害皇朝利益的豪強勢族，朱元璋則進行無情的打擊。當時的江南地區是地主經濟最為發達的地區，豪強的勢力最為強大，朱元璋對他們的打擊也最為嚴厲。他頒行的《大明律》和《大誥》，不僅殘酷鎮壓敢於反抗的農民羣眾，打擊蠹政害民的貪官汙吏，同時也嚴厲懲處違法犯禁的豪強勢族。明初派到各地的官吏有一部分酷吏，就是這種政策的堅決執行者。如薛巖守鎮江，執法極嚴，「豪強為之屏跡」（乾隆《江南通志》卷一四，《職官志・名宦》），不敢恣肆妄為。蘇州太守王觀，因當地拖欠稅糧，就把全府的富豪都叫到府衙，命令他們拿出家中的儲積代為賠償。朱元璋還藉一些重大案件，牽連誅殺了許多豪強勢家。洪武年間的四大案即空印案、郭桓案、胡惟庸案和藍玉案，都有不少地主豪強受到誅殺，特別是胡、藍兩案，江南的豪強地主受到的株連

更多，僅吳江一縣，罹禍的就有張琦、莫禮、張瑾、李鼎、崔齡、徐衍等不下千家。富土鎮的顧學文是元末明初江南首富沈萬三的女婿，因受藍玉黨案的牽連而被滅族，並「盡洗富土之民，而夷其室廬」（同治《蘇州府志》卷一四六，《雜記》）。此外，洪武三十年發生「南北榜」事件，朱元璋也藉這場科場案誅殺江南的豪強勢族。他「以江南大家為窩主，許相訐告」（王錡：《寓圃雜記》卷七，《都文信代死》）。一些江南巨族遭到牽連而罹禍，如吳縣名族都文信，見其岳父徐佑之被告發，冒名代其抵罪，至南京下刑部獄，大病一場，出獄即死。這些豪強勢族在政治上遭到打擊，他們的家產往往即被抄沒入官，在經濟上陷於破產。朱元璋規定：「凡民間有犯法律，該籍沒其家者，田土合拘收入官，戶部書填勘合，頒行各布政司、府、州、縣，將犯人戶丁、田土、房屋，召人佃賃，照依沒官則例收科。」（朱彝尊：《靜志居詩話》卷四，《沈夢麟》）吳江莫禮曾任禮部侍郎，洪武末年受到黨案的牽連，死於京師，舉族被謫戍邊地，第宅蕭然。由於大批豪強地主的私田被沒收，明初江南的官田數量因而激增，田賦收入也大量增加。蘇州府在元末延祐四年（1317 年）徵收秋糧 882100 石，明初一躍而增至 290 餘萬石，松江府也從 66 萬餘石驟增至 140 萬餘石。

　　除了誅殺，朱元璋還將許多豪強劣紳遷離故土，徙置他鄉。明朝建立前後，他就開始執行這一政策，將張士誠、方國珍、陳友諒和元朝的孤臣孽子以及依附於他們的江南地主遷離故土。張士誠集團的僚屬如余饒臣、楊基、徐賁等 500 家先後被遷徙臨濠；方國珍的官屬劉庸等 200 餘人被徙居濠州；元朝的遺老，如松江謝伯禮、華亭洪允誠、蕭山戴起之、崑山顧得輝父子等，被徙居濠梁；富民豪族，如蘇州鬱瑜「家素饒於財」，被徙置臨淮；松江朱孟聞「家饒於資」，被徙置濠梁；松江上海黃黻「以農起家致巨富」，被徙居潁上。另外，朱元璋還仿效劉邦徙天下富民以實關中的做法，遷徙各地的富戶以實中都和京師。早在吳元年（1367 年）十月，他就下令徙蘇州富民實濠州。洪武二十四年（1391 年）又對工部大臣說：「昔漢高祖徙天下富豪於關中，朕初不取。今思之，京師天下根本，乃知事有當然，不得不爾。朕今亦欲令富民入居京師，卿其令有司驗丁產殷富者，分遣其來。」（《明太祖實錄》卷二一〇）工部按照這個指示，把各地

的富民 5300 戶遷到了南京。為了防止這些富戶逃回原籍，明廷還頒佈法令，規定「富民私歸者有重罪」（顧公燮：《消夏閑記摘抄》上）。

朱元璋遷徙富民的目的，一方面是想利用他們的力量來發展京師的經濟，安定人心，「以壯京畿」，藉以鞏固封建專制中央集權的統治，正如隆慶年間內閣大學士高拱所說的：「夫至尊所居，根本之地，必使百姓富庶，人心乃安，而緩急亦有可賴，祖宗取天下富室填實京師，蓋為此也。」（余繼登：《典故紀聞》卷一八）另一方面，則是為了限制地主豪強勢力過分膨脹，因為他們一遷離故土，喪失其原有的田地，就無法再橫行鄉里，欺壓百姓，侵犯皇朝的利益，危害明王朝的統治。

朱元璋的這些措施，使豪強勢族受到了沉重的打擊。《明史》說，郭桓案「核贓所寄遍天下，民中人之家大抵皆破」。方克勤之子、洪武年間的漢中儒學教授、建文年間的文學博士方孝孺，談及明初對豪強地主的打擊時說：「太祖高皇帝以神武雄斷治海內，疾兼併之俗，在位三十年間，大家富民多以逾制失道亡其宗。」（《遜志齋集》卷二二，《參議鄭公墓表》）弘治年間（1488–1505 年）的禮部尚書吳寬說他的家鄉長洲（治今江蘇蘇州）在洪武之世，「鄉人多被謫徙，或死於刑，鄰里殆空」（吳寬：《匏翁家藏集》卷五七，《先世事略》），並談及三吳地區的情況「皇明受命，政令一新，豪民巨族，鏟削殆盡」，「一時富室或徙或死，聲銷景滅，盪然無存」（《匏翁家藏集》卷五八，《莫處士傳》；卷五一，《跋桃源雅集記》）。洪武初年的國子助教貝瓊也說，當時三吳巨姓「既盈而覆，或死或徙，無一存者。」（《清江集》卷一九，《橫塘農詩序》）這些說法，當然有些誇張，因為一方面，朱元璋限制和打擊的對象只限於那些違法犯禁的豪強勢族，對那些遵紀守法的地主則是採取保護和依靠的政策，並非不分青紅皂白濫加誅殺。例如貝瓊一家，即以「業農獨全。歲給貢賦外，則擊鮮釀酒，合族人鄉黨酌而相勞，榮辱得喪，舉不得撓吾中矣」（《清江集》卷一九，《橫塘農詩序》）。吳寬的先祖「每戒家人閉門，勿預外事」，歷洪武之世，「獨能保全無事」（《匏翁家藏集》卷五七，《先世事略》）。另一方面，還有些地主大族採取散發家財、攀附軍籍或外出逃亡等手段，躲過了明政府的打擊。如吳江莫處士在胡惟庸案發後，「以嘗附尺籍（軍籍）

免」（《匏翁家藏集》卷五八，《莫處士傳》）；無錫華宗壽「家故多田，富甲邑中，至國初悉散所積以免禍」（《匏翁家藏集》卷七三，《怡隱處士墓表》）；長洲朱士清入贅烏溪大姓趙惠卿為婿，「趙以富豪於一方」，朱士清預料會出事，「出居於外以避之，後竟保其家」（《匏翁家藏集》卷七四，《山西提刑按察副使致仕朱公墓表》）。不過，在朱元璋的打擊之下，一批欺凌小民、武斷鄉曲的豪強劣紳被消滅，則是無可置疑的事實。這對於明初階級矛盾的緩和、社會秩序的穩定、經濟的恢復和發展，顯然有着積極的作用。

第十一章

統治階級內部的鬥爭

第一節　對淮西將臣的重用與抑制

　　朱元璋「龍飛淮甸」，最早參加他隊伍的，不論是主動投奔的「從軍」者，還是從其他隊伍前來投奔或歸降的「歸附」者，都是淮西人。淮西指的是皖北、豫東淮河北岸一帶，就明代而言，淮西的皖北，大致包括鳳陽府和滁州（洪武七年至二十二年正月曾隸屬於鳳陽府）所轄諸縣。

　　農民出身的朱元璋，也同其他古代農民一樣，有着濃厚的鄉土、宗族觀念。最早投奔朱元璋的這批淮西人，同他有着密切的鄉土、宗族關係，朱元璋對他們十分信任，極力加以扶植，讓他們充當領兵作戰的將帥和幕府的臣僚，成為軍中的骨幹。隨着朱元璋勢力的發展，這批淮西將臣的地位也不斷提高。到龍鳳二年（1356 年）朱元璋渡江攻佔集慶後，宋小明王提升他為江南等處行書省平章，同時任命李善長為左右司郎中，「以下諸將俱升元帥」（《明興野記》卷上），淮西將臣的地位已經相當顯赫。貝瓊的一首《秋思》詩寫道：「兩河兵合盡紅巾，豈有桃源可避秦？馬上短衣多楚客，城中高髻半淮人。」兩河指的是黃河與淮河，淮河流域在春秋時期是楚國的一部分，所謂「楚客」「淮人」指的都是朱元璋隊伍中的淮西人。

　　後來，儘管朱元璋的勢力不斷擴大，江北歸附者和渡江後的歸附者數量迅速增加，非淮西籍將臣的人數也日益增多，但淮西將臣仍然最受朱元璋的信任和倚重，是他隊伍的核心骨幹。在朱元璋西征東討、南征北伐、推翻元朝、統一全國的過程中，這批淮西將臣為大明王朝的創建立下汗馬功勞，成為功勛卓著的開國元勛，同時也以鄉土、宗族觀念為紐帶，結成了生死與共、血肉相連的利益共同體——淮西勛貴集團，成為明初政治舞臺一股特殊的政治勢力。

　　朱元璋是依靠這批淮西將臣奪取天下、登上帝位的，他當然也亟盼能

同他們一起同心協力，勵精圖治，求得明朝的江山永固，共享安樂。登基踐祚後，他下令在自己的家鄉鳳陽營建中都，準備將來把都城遷到那裏，與淮西將臣一起「榮歸故里」，依靠他們來維護和鞏固明王朝的統治。因此，他對這些淮西將臣採取優待、重用的政策，不僅賜予大量土地和財物，而且不斷給他們加官晉爵。在稱帝之前的吳元年（1367年）九月，當平定張士誠的大軍凱旋時，還是吳王的朱元璋論功行賞，即宣佈李善長為宣國公，徐達為信國公，常遇春為鄂國公。洪武元年（1368年）正月，他登寶位，又任命李善長、徐達為中書省左、右丞相，位列文武百官之首，湯和、鄧愈為御史台左、右御史大夫，並以李善長兼太子少師，徐達兼太子少傅，常遇春兼太子少保，「諸功臣進爵秩有差」（《明太祖實錄》卷二九）。洪武三年十一月大封功臣，封公者6人，皆為淮西籍渡江舊人；封侯者28人，有14人是淮西籍渡江舊人，有13人是非淮西籍，另有1人籍貫不詳；封伯者2人，為非淮西籍。淮西籍的渡江舊人佔到多數，不僅壟斷公的爵位，而且佔據了侯爵的前14位。朱元璋還通過聯姻方式，來籠絡淮西將臣。除娶郭英之妹為寧妃，又聘常遇春之女為皇太子妃，謝成之女為晉王妃，鄧愈之女為秦王次妃，徐達之長女為燕王妃，馮勝之女為吳王妃，王弼之女為楚王妃，還將自己的大女兒臨安公主下嫁給李善長的長子李祺為妻。此外，朱元璋還賞賜淮西將臣大量土地和財富。僅土地一項，洪武三年十二月即「賜魏國公徐達以下勳臣田有差」（《明太祖實錄》卷五九）。這些淮西將臣不僅由昔日的農民武夫變成擁有大量土地和佃戶的貴族地主，而且成為執掌軍政大權的上層勳貴。

　　不過，朱元璋的性格具有猜忌多疑的特點，他對淮西將臣並不完全放心。特別是在龍鳳八年（1362年）淮西驍將中書平章邵榮與參政趙繼祖謀叛之後，九年四月又發生了樞密院判謝再興叛變事件。謝再興是淮西舊將朱元璋親姪朱文正的岳父，當時正坐鎮諸暨。他的兩個心腹左總管、糜萬戶曾派人攜帶違禁物品到張士誠控制的揚州販賣。朱元璋擔心泄露軍事機密，下令將左、糜處死，砍下腦袋掛到謝再興的辦事廳，以示警告。朱元璋還自己做主，將謝再興的次女嫁給徐達。隨後將謝再興調回應天，另派參軍李夢庚節制諸暨，令謝再興返諸暨聽從其調遣。謝再興返回諸暨，

「愧無權勢」，口出怨言：「女嫁不令我知，有同給配，又着我聽人節制！」（《國初事跡》）遂與諸暨知府樂鳳密謀，執殺參軍李夢庚、元帥王玉、陳剛，在陳友諒進圍洪都的第三天，跑到紹興投降張士誠部將呂珍。

邵榮與謝再興兩起淮西驍將背叛事件，更在朱元璋心中投下濃重的陰影，使他變得更加猜忌。而隨着明王朝的建立，朱元璋由一方首領變成最高君主，與淮西將臣的關係發生了根本的變化，過去生死與共的患難夥伴被一道不可逾越的鴻溝隔開了，一邊是稱孤道寡，另一邊是俯首稱臣。此時如何提高皇權，以保證朱家子孫能長坐江山，便成為朱元璋考慮問題的焦點。未登帝位之前，他就開始思考防範淮西功臣的問題。龍鳳十一年八月，朱元璋閱讀《宋史》，當讀到趙普建議宋太祖收奪諸將兵權時，即對起居注詹同說：趙普實在是位賢相，假如諸將不早日解除兵權，那麼宋代的天下未必不會重現五代的分裂局面。「史稱趙普多忌刻，只此一事，功施社稷，澤被生民，豈可以忌刻少（貶低）之！」（《明太祖寶訓》卷四，《評古》）

明朝建立後，朱元璋在優待、重用開國功臣特別是淮西勛臣的同時，也對他們採取了許多防範措施。除了利用檢校和錦衣衛監視淮西將臣的活動外，其措施主要有以下兩項。

首先，運用禮制和法令來約束淮西將臣的行為。除了構建各種禮制，頒佈《大明律》，朱元璋還特地製作鐵榜申誡公侯，規定「凡內外各指揮、千戶、百戶、鎮撫並總旗、小旗等，不得私受公侯金帛、衣服、錢物」；「凡公侯等官非奉特旨，不得私役官軍」；「凡公侯之家」不得「強佔官民山場、湖泊、茶園、蘆盪及金銀銅場、鐵冶」；「凡內外各衛官軍，非當出征之時，不得輒於公侯門首侍立聽候」；「凡功臣之家管莊人等，不得倚勢在鄉欺毆人民」；「凡功臣之家屯田佃戶、管莊幹辦、火者奴僕及其親屬人等」，不得「倚勢凌民、侵奪田產財物」；「凡公侯之家，除賜定儀仗戶及佃田人戶已有名額報籍在官」，不得「私託門下，影蔽差徭」；「凡公侯之家」，不得「倚恃權豪，欺壓良善，虛錢實契，侵奪人田地、房屋、孳畜」；「凡功臣之家，不得受諸人田土及朦朧投獻物業」。並對違反上述規定的行為，規定了處罰與用刑的辦法。其中，凡公侯家人倚勢凌人，侵奪田產、財物和私託門下、影蔽差徭等行為，都處以斬刑（《明太祖實錄》卷七四）。

其次，在中書省和六部安排非淮西籍官員，以摻沙子。從洪武二、三年起，在中書省任命非淮西籍的胡美、王溥、楊憲、汪廣洋、丁玉、蔡哲、馮冕、殷哲、陳寧擔任平章政事、左右丞和參知政事等官職，汪廣洋還一度出任右丞相。在六部，各部的尚書更以非淮西籍為主。這樣做，既可團結地主階級的各派勢力，又可藉各派勢力來牽制、監視淮西勛貴。

但是，朱元璋的這些措施，並沒有真正起到約束淮西勛貴的作用。淮西勛貴雖然大部分由農民起義將領轉化為貴族地主，但都不例外地暴露出當時地主階級所固有的腐朽性和貪婪性。這些人大部分出身農民，沒有什麼文化，李善長、馮國用、馮勝等少數地主出身者，雖然讀過書，但文化水平也不很高，如李善長只是「粗持文墨」而已，連個舉人都不是。他們既缺少文化及歷史知識的訓練，又缺少禮制和法律的教育，加上長期生活在農村，鄉土和宗族觀念很重，眼界一般比較狹小，目光也較短淺，做事往往只顧眼前利益而不顧其餘。驕縱妄為、違法亂紀的現象屢屢發生。如洪武二年一月，奉命鎮守慶陽的馮勝，見徐達、湯和被召回京師議功賞，生怕自己被落下，竟私自引兵還京。又如湯和嗜酒妄殺；郭興不奉主帥之命，不守紀律；薛顯出征晉、陝，回師之際，妄殺胥吏，殺獸醫，殺火者，殺馬軍，為了搶奪天長衛千戶吳富繳獲的牲口，還動手殺了吳富。到洪武三年，「武臣恃功驕恣，得罪者漸眾」（《明通鑒》卷三）。朱元璋一再警告這些功臣宿將：「今卿等功成名立，保守晚節，正當留意。」（《明太祖寶訓》卷五，《保全功臣》）但是，他們仍然我行我素，毫無收斂。如徐達、李文忠總兵塞上，手下的偏裨將校日務羣飲，「濟寧侯顧時、六安侯王志酣飲終日，不出會議軍事」，都督藍玉更是「昏酣悖慢尤甚」（《明太祖實錄》卷九六）。謝成在山西擅奪民利。周德興恃帝故人，營建第宅逾制。馮勝也未改其急功近利之本性，洪武五年率西路出征甘肅，不僅私藏繳獲的駝馬，還因恨陝西都指揮濮英搜其僕妾金珠，誣告濮英「守陝西有不法者數事」，使之降為陝西前衛指揮使。洪武十一年，他因派人向陝西行都司索馬未遂，又誣告都指揮使寧正「不以國法為重，不善治西番，致有叛」（《明興野記》卷下），使之降為歸德州守禦千戶。功臣宿將的家人、莊佃，也「多倚勢冒法，凌暴鄉里」（《明太祖寶訓》卷五，《保全

功臣》)。

　　為了維護自己在政治上的壟斷地位，淮西勛貴還互相勾結，一起排斥、打擊非淮西籍的大臣。洪武初年，淮西勛貴集團的核心人物是李善長。早在至正十四年（1354年），他即投奔朱元璋，留掌書記，從下滁州，「為參謀，預機畫，主饋餉，甚見親信」（《明史》卷一二七，《李善長傳》）。郭子興到滁州後，想把李善長調到自己身邊，他堅辭不從，表現出對朱元璋的耿耿忠心。此後，他歷任元帥府都事、參議、參知政事、右相國、左相國，明朝建立後為左丞相，在朝廷位列第一。他退休後，定遠人胡惟庸繼任丞相。在兩人掌控中書省的17年中，淮西勛貴集團竭力排擠、打擊非淮西人，圖謀獨攬朝政。

　　最先與淮西勛貴集團發生衝突的是楊憲。楊憲初名慈，字希武，山西陽曲人，小時候隨其父宦寓江南。龍鳳二年（1356年）朱元璋初據應天，他同儒士夏煜、孫炎進見，深受器重，留居幕府。他「美姿容，通經史，有才辨」，受命出使張士誠，「還稱旨」，被擢為江南行省都事。當時戰爭頻繁，「徵調日發，文書填委，憲裁次明敏，人服其能」（《明太祖實錄》卷五四）。後累官至中書省參議，並兼任檢校。他對淮西勛貴炙手可熱的權勢既羨慕又忌恨。吳元年（1367年）年末，朱元璋準備登基稱帝，正在考慮丞相人選。時任左相國的李善長，自然是他優先考慮的人選。但李善長雖然長期在朱元璋身邊擔任要職，卻「有心計而無遠識」（朱國禎：《皇明開國臣傳》卷二，《韓國李公》），除初見朱元璋時勸其仿效漢高祖劉邦「豁達大度，知人善任，不嗜殺人」外，未再貢獻過什麼重大計策，而且為人「外寬和，內多忮刻」（《明史》卷一二七，《李善長傳》），不利於協調各個派系將臣的關係。如果說在攻佔應天之前，朱元璋的隊伍數量不多，控制的地域較小，戰爭的規模不是很大，他多少還起過參謀作用的話，那麼在攻佔應天之後，隨着一大批富於謀略的大儒歸附並逐漸擔負起謀士的職責，李善長主要是充當大管家的角色。因此，儘管李善長對朱元璋十分忠心，但是否讓他出任新朝的丞相，朱元璋還是拿不定主意。恰在此時，李善長因事惹惱了朱元璋，朱元璋「以事責丞相（相國）李善長」（黃柏生：《故誠意伯劉公行狀》，《誠意伯文集》卷一）。楊憲便抓住這個機

會，聯合凌說、高見賢、夏煜等四個檢校合力攻擊李善長，說「李善長無宰相才」。朱元璋徵求劉基的意見，劉基還是認為「李公勳舊，且能輯和諸將」。朱元璋最後表示：「善長雖無相才，與我同里，我自起兵，事我涉歷艱難，勤勞簿書，功亦多矣。我既為家主，善長當相我，蓋用勳舊也，今後勿言。」（《國初事跡》）洪武元年（1368 年）正月就帝位後，還是任命李善長為左丞相。

李善長出任大明王朝左丞相後，仍未改其「忮刻」的本性。「參議李飲冰、楊希聖稍侵善長權，即按其罪奏黜之」，而且「富貴極，意稍驕」（《明史》卷一二七，《李善長傳》），引起朱元璋的不滿。洪武三年上半年，李善長病倒，左丞相徐達又長期在外征戰，中書省無人主持政務，朱元璋又動了換相的念頭，「欲相楊憲」。楊憲時任中書省右丞，朱元璋認為他有才幹，想以他為相，徵求劉基的意見。劉基雖然「與憲素厚」，但仍以為不可，說：「憲有相才，無相器。夫宰相者，持心如水，以義理為權衡，而己無與焉者也。今憲不然，能無敗者乎？」朱元璋又問中書省左丞汪廣洋如何，劉基也未表贊同，認為「此人褊淺，觀其人可知」。

朱元璋再問中書省參知政事胡惟庸如何，劉基更堅決表示反對，說：「此小犢，將僨轅破犁矣。」朱元璋的三個丞相候選人被逐一否定，生氣地說：「吾之相無逾先生乎？」劉基忙回答：「臣嫉惡太甚，又不耐繁劇，為之且孤大恩。天下何患無才？願明主悉心求之，如目前諸人，臣誠未見其可也。」（《誠意伯劉公行狀》，《誠意伯文集》卷一）

面對楊憲的進攻，淮西勳臣極力進行反擊。聽說朱元璋想以楊憲為相，胡惟庸就對李善長說：「楊憲為相，我等淮人不得為大官矣。」（《國初事跡》）他們決心尋找機會，置楊憲於死地。楊憲在明朝建國前夕，由中書省參知政事出為山西行省參知政事，又入為司農卿，不久改任中書省參政，尋改河南行省參政，洪武二年改調山西，當年九月調中書省升任右丞。朱元璋欣賞他的才幹，洪武三年正月賜其名華。楊憲在朱元璋身邊工作的時間一長，受到器重，便假寵市權，藐視同列，誰也不敢同他抗衡。升任中書省右丞後，盡變中書省事，將舊吏全部調走，換上自己的親信。對非自己派係的人，楊憲都加以傾陷、打擊。

洪武三年，高郵人汪廣洋由陝西參政調任中書省左丞，位居楊憲之上，他對楊憲百依百順，楊憲還是不容，嗾使侍御史劉炳等人彈劾汪廣洋「奉母不孝」，使之被革職遣還高郵老家。洪武三年七月楊憲升為左丞後，又彈劾汪廣洋「不公不法」，並叫劉炳奏請將他謫徙海南。這就被李善長抓住了把柄，他即奏劾楊憲「排陷大臣，放肆為奸等事」（《國初事跡》）。朱元璋遂將劉炳抓入大牢訊問，劉炳盡吐其實。朱元璋大怒，令群臣按問楊憲，「憲辭伏，遂與炳等人皆伏誅」（《明太祖實錄》卷五四）。凌說、高見賢、夏煜等檢校也先後被處死。汪廣洋被調回，進封忠賢伯。

清除楊憲之後，淮西勛貴的勢力更加膨脹，又把矛頭指向劉基。

劉基和宋濂、葉琛、章溢、胡深、王禕等一批浙東籍的儒士，都有較高的文化素養，知兵識禮，富於謀略。他們在龍鳳四年（1358年）朱元璋進軍浙東時先後歸附，不僅使浙東地區迅速平定，而且此後全力輔佐朱元璋，為大明王朝的締造做出了突出貢獻。劉基擔任朱元璋的主要謀士，朱元璋「察其至誠，任以心膂。每召基，輒屏人密語移時。基也自謂不世遇，知無不言。遇急難，勇氣奮發、計劃立定，人莫能測。暇則敷陳王道，帝每恭己以聽，常呼為老先生而不名」。他為消滅陳友諒和張士誠提供過很好的計策，被朱元璋譽為「吾子房（張良）也」（《明史》卷一二八，《劉基傳》）。章溢、葉琛、胡深等人也多有功績，葉、胡二人還先後歿於戰陣。宋濂、王禕等人則為大明王朝創設典章制度、主持文化教育，成績斐然。這批浙東儒士「或以功業定亂，或以文章讚化，卒能合四海於分裂之餘，不越十年，遂致乎治」（《遜志齋集》卷一九，《華川王先生像序讚》），因而也成為明朝的開國功臣，深得朱元璋的器重。這就引起淮西勛貴之忌恨，生怕他們會取代自己，成為朝廷倚靠的重臣。

在這些浙東的功臣中，以劉基、宋濂、葉琛、章溢四人「尤為傑出」（《明史》卷一二八，《劉基傳》讚）。葉琛在龍鳳八年（1362年）為祝宗、康泰的叛軍所執，不屈而死，章溢也於洪武三年（1370年）五月病逝，宋濂為人小心謹慎，凡事與世無爭，淮西勛貴便把攻擊的矛頭集中到劉基身上。

雖然隨着張士誠的消滅，朱元璋在即將命將北伐、推翻元朝、創建

新朝之時，又重拾「忠君」思想以為維護新朝統治的武器，對曾經仕元的劉基不再重用，改命其為太史令，尋拜御史中丞兼太史令，不復充任謀士顧問，參與國家大事的決策，只能做些諸如入宅相土、營建都城、清理獄囚、制定律令、編纂曆書等具體工作，但李善長仍不放過他。吳元年（1367 年）當朱元璋就是否任命李善長為明朝丞相問題徵求劉基意見時，劉基就說李善長是有功之臣，能夠調和諸將，朱元璋說：「是數欲害汝，汝乃為之地耶！汝之忠勤，足以任此。」（《誠意伯劉公行狀》）說明此前李善長曾多次加害劉基而未得逞。

洪武元年五月至七月，朱元璋赴汴梁，對徐達部署攻取大都之策，命劉基與左相國李善長留守應天。劉基認為元朝以寬縱失天下，現今當嚴肅紀綱，令御史糾劾無所避，宿衛宦侍如有過失，皆奏請皇太子依法懲處。中書省都事李彬貪縱犯法，他是李善長的親信，李善長為之求情，劉基沒有同意，主張依法懲處。雙方爭執不下，劉基派人報告朱元璋，得到批准，即予處斬。「由是與善長忤」（《明史》卷一二八，《劉基傳》），更加深李善長的仇恨。閏七月朱元璋返回應天後，李善長便向他進讒，「訴其（劉基）專（權）」（《國榷》卷三）。到八月，因應天自夏至秋不雨，有司求神祈雨不果，朱元璋認為這是「在京法司及在外巡按御史、按察司冤枉人」所致，派人將京畿巡按御史何士弘等人捆綁於馬坊，並令中書省、御史台及都督府發表意見。第二天，劉基上言停辦三件事，「一曰出征陣亡、病故軍妻數萬，盡令寡婦營居住，陰氣鬱結；二曰工役人死，暴露屍骸不收；三曰張士誠投降頭目不合充軍」。劉基要求停辦的三件事，有的是朱元璋出的主意，有的是由他批准施行的，這自然引起朱元璋的不滿，但為求雨，他還是下令：「寡婦聽其嫁人，不願者送還鄉里依親；工役人釋放寧家；投降頭目免充軍役。」過了十天，仍不見下雨，朱元璋非常生氣，加上聽了李善長的讒言，便令「劉基還鄉為民」（《國初事跡》）。到了十一月底，朱元璋火氣已消，才又將劉基召回，恢復其御史中丞之職。三年四月置弘文館，又命劉基兼弘文館學士。

洪武三年五月，明軍攻佔應昌，逐走元嗣君愛猷識理答臘。六月，捷報傳到京師，百官相繼拜賀，朱元璋又令禮部榜示「嘗仕元者不許稱賀」

（《明太祖實錄》卷五三）。當年七八月間，朱元璋又免去劉基的御史中丞官職，只保留弘文館學士的虛銜。當年十一月大封功臣時，只封劉基為誠意伯，歲祿 240 石，同李善長歲祿 4000 石的韓國公爵位簡直無法相比。劉基看到自己在朝廷不再擔任具體職事，加以上半年朱元璋徵求宰相人選時，他又得罪了胡惟庸。四年正月，劉基又對中都的營建提出反對意見，說「中都曼衍，非天子居也」，更引起亟盼衣錦還鄉的淮西勳貴的不滿。於是便急流勇退，多次上書請求告老還鄉。洪武四年三月，朱元璋賜予其返歸故里，並密旨「令察其鄉有利病於民社者潛入奏」（《野記》一）。回到南田老家後，他謝絕同地方官府的一切往來，整天飲酒下棋，讀書吟詩，口不言功。洪武四年正月，李善長病癒，朱元璋令其致仕，擢升汪廣洋為右丞相，胡惟庸為左丞。

　　六年正月，汪廣洋被貶為廣東行省左丞，朱元璋一時沒有合適的丞相人選，胡惟庸遂以左丞身份獨專省事，他便「挾前憾」，藉談洋事件向劉基發起攻擊。談洋地處甌閩交界之處，「元末頑民負販私鹽，因挾方（國珍）寇以致亂，累年民受其害」，至明初「遺俗猶未革」。洪武四年劉基致仕前，建議「談巡檢司守之」，被朱元璋採納。但巡檢司設立後，「頑民以其地係私產，且屬溫州界，抗拒不服。適茗洋逃軍周廣三反，溫、處舊吏持府縣事，匿不以聞」。劉基致仕後聞訊，依據朱元璋的密旨，令其長子劉璉赴京上奏，「徑詣上前而不先白中書省」。臣民不得隔絕中書省奏事，是元朝遺留下來的體制。胡惟庸便唆使刑部尚書吳雲威脅利誘一名老吏上書彈劾劉基，說他「謀求談洋為墓地，民弗與，則建立（巡檢）司之策以逐其家」（《故誠意伯劉公行狀》），並誣陷劉基之所以爭奪談洋之地是因為「劉基善相地，以此地據山面海，有王氣」（《野記》一），懷有不可告人的政治野心。中書省隨即請求逮捕劉璉。但是，不得隔越中書省奏事，正是朱元璋準備革除的弊政，因此在洪武初年他是默許臣民越過中書省向他遞過密疏的，而且在劉基致仕時還給他下過「察其鄉有利病於民社者潛入奏」的密旨，所以他並未下令逮捕劉璉。不過，劉基還是在三年七月入朝「引咎自責」（《故誠意伯劉公行狀》）。朱元璋置先前的密旨於不顧，表示：「若明以憲章，則輕重有不可恕；若論相從之始，則國有八議。故不

奪其名，而奪其祿。」（朱元璋：《詔書》，《誠意伯文集》卷一）意思是按國法，劉基罪不可恕，但按八議，仍保留誠意伯的名位而削奪其俸祿。

就在劉基入朝之時，朱元璋於洪武六年七月任命胡惟庸為右丞相，劉基悲憤長歎：「使吾言不驗，蒼生之福也！言而驗者，其如蒼生何？」後憂憤成疾，一病不起。八年正月，朱元璋叫胡惟庸派醫生診視。劉基服下這個醫生開的藥，「有物積腹中如拳石」，病情加重。三月，朱元璋派人護送他回老家養病，過一個月便死了。劉基死後，長子劉璉亦「為惟庸黨所脅，墮井死」（《明史》卷一二八，《劉基傳附劉璉傳》）。

胡惟庸案發被誅後，朱元璋曾多次召見劉基次子劉璟，回憶說：「我到婺州時，得了處州。他那裏東邊有方穀（國）珍，南邊有陳友諒，西邊有張家（士誠）。劉伯溫那時挺身來隨着我。他的天文別人看不着，他只把秀才的理來斷，到（倒）強如他那等。鄱陽湖裏到處廝殺，他都有功。後來胡家結黨，他吃他下的蠱（毒），只見一日來和我說：『上位，臣如今肚內一塊硬結怛，諒着不好。』我派人送他回去，家裏死了。後來宣得他兒子來問，說肚脹起來鼓鼓的，後來瀉得瘰瘰的，卻死了。這正是着了蠱。」（劉璟：《遇恩錄》）此時，朱元璋想起劉基生前的許多諫言後來都得到事實的驗證，覺得他確是一位難得的功臣，乃命其子孫世襲誠意伯的爵位。

劉基被毒死，浙東官僚的勢力已被清除殆盡。剩下的非淮西籍官僚，權小勢孤，對淮西勛貴集團構不成威脅。淮西勛貴集團的權勢達到了頂峰。

第二節　胡惟庸黨案

隨着淮西勛貴權勢的不斷膨脹，朱元璋同他們之間的矛盾也日益加深，特別是胡惟庸晉升相位、專恣擅權之後，相權對皇權構成嚴重威脅，更使雙方的矛盾發展到不可調和的地步。

胡惟庸是淮西勛貴集團的重要人物。他是定遠人，「為人雄爽有大略，而陰刻險鷙，眾多畏之」（《獻徵錄》卷一一，王世貞：《胡惟庸》）。早年曾做過元朝的小官，龍鳳元年（1355 年）在和州投奔朱元璋，任元

帥府奏差，尋轉宣使。三年除寧國主簿，尋升知縣，七年遷吉安府通判，十二年擢湖廣按察僉事，整整做了十年的地方官。吳元年（1367年），經大同鄉李善長推薦，擢升為太常司少卿，尋轉為太常司卿，成為一名中央大員。據後來李善長家奴盧仲謙等人揭發，為了報答李善長的推薦，「惟庸以黃金三百兩謝之」（《明太祖實錄》卷二○二）。而「按據《昭示奸黨錄》所載招辭，有雲龍鳳年間，舉薦惟庸為太常司丞，以銀一千兩、金三百兩為謝者。此太師火者不花之招也」（錢謙益：《太祖實錄辨證》卷四）。到洪武三年（1370年），他升任中書省參知政事，跨入權力中樞的門檻。洪武四年正月，左丞相李善長退休，右丞相徐達以大將軍身份備邊北平，不與省事，朱元璋遂以汪廣洋為右丞相，胡惟庸為右丞。十二月，徐達從北平還京，不再任右丞相。

洪武六年正月，汪廣洋因整天喝酒，「浮沉守位」「無所建白」，以「怠職」被貶為廣東行省參政，胡惟庸以右丞身份獨專中書省事。他使盡渾身解數，極力逢迎巴結朱元璋，「晨朝舉止便辟（逢迎諂媚），即上所問，能強記專對，少所遺，上遂大幸愛之」（《獻徵錄》卷一一，王世貞：《胡惟庸》），於當年七月被擢任右丞相，十年九月又升為左丞相。在胡惟庸升為左丞相的同時，汪廣洋雖然恢復了左丞相的官職，但位居胡惟庸之下，唯浮沉守位而已。

隨着權勢的擴張，胡惟庸結黨營私，排斥異己。胡惟庸的鄉土觀念極重，他本來是利用鄉土關係給李善長行賄而由外放調任京官的，獨專省事乃至任相之後，更利用鄉土關係巴結拉攏淮西將臣。他不僅將自己的姪女嫁給李善長的姪子李佑，同李善長結成親戚，還力圖與另一同鄉徐達結好。徐達鄙薄他的為人，未予理睬，他又賄賂徐達的看門人福壽，「使為間以圖達」。這個看門人向徐達告發，「達亦不問，惟時時為上言惟庸不可過委，過委必敗」（黃金：《皇明開國功臣錄》卷一，《徐達》）。有些淮西武將違法亂紀，受到朱元璋的懲處，胡惟庸便乘機拉攏，結為死黨。濠州人、吉安侯陸仲亨自陝西返回京城，擅用驛馬，被罰到山西代縣捕「盜」；五河人、平涼侯費聚奉命撫治蘇州軍民，沉溺酒色，被罰到西北招降蒙古部落，又無功績，受到朱元璋的嚴厲切責。胡惟庸遂「陰以權利脅誘

二人。二人素戀勇，見惟庸用事，密相往來」（《明史》卷三〇八，《胡惟庸傳》）。

　　對於非淮西籍的臣僚，胡惟庸也設法加以籠絡，拉到自己一邊。高郵人汪廣洋與胡惟庸在中書省同事多年，後來又同居相位，即受胡惟庸拉攏而成為他的同黨。錢謙益的《太祖實錄辨證》即指出「據《昭示奸黨錄》諸招，廣洋實與惟庸合謀為逆」，但由於《昭示奸黨錄》今已不存，其結黨細節今已無法弄清。湖廣茶陵人陳寧，元末做過鎮江小吏，後投奔朱元璋，累官至中書省參知政事。洪武二年坐事出知蘇州。此人有些才氣，但性特嚴酷，人稱「陳烙鐵」。尋改任浙江行省參政，未行，經胡惟庸推薦，召為御史中丞。後升任右御史大夫、左御史大夫。及居憲台，益尚嚴酷，「上切責之，不改。其子孟麟，亦數以諫，寧怒，杖之數百至死。上深惡其不情，嘗曰：『寧於其子如此，奚有於君父耶！』寧聞之懼，遂與惟庸通謀」（《明太祖實錄》卷一二九）。陳寧從此成為胡惟庸幫派的一名核心骨幹，並拉了同在御史台共事的中丞涂節入夥。對於不肯附己的非淮西人，胡惟庸則極力加以排擠和打擊。江西金溪人吳伯宗洪武四年廷試第一，中進士，朱元璋特賜袍笏，授禮部員外郎，與修《大明日曆》。胡惟庸派人拉攏，欲其附己，「伯宗不為屈，惟庸銜之，坐事謫居鳳陽」。後來吳伯宗上書論時政，「因言惟庸專恣不法，不宜獨任，久之必為國患」（《明史》卷一三七，《吳伯宗傳》），才被朱元璋召回。

　　胡惟庸還大肆貪汙受賄。吳元年之前，他在地方任職，先是做了七年的正七品知縣，再做了二年的正六品通判，而後做了一年正五品的按察僉事。當時由於戰事頻繁，經濟凋敝，財政十分困難，國家根本發不出官俸。在攻佔應天之後，文官撥付職田，召佃耕種，收取田租作為俸祿。估計從職田上收取的租米除維持一家人的溫飽外，僅有不多的盈餘。他能一下子拿出「銀一千兩、金三百兩」或「黃金三百兩」這樣一筆巨款向李善長行賄，表明他為官並不清廉，不是向百姓橫徵暴斂，就是貪汙公帑，收受賄賂。獨專中書省事後，各地想升官發財的官吏和失職的功臣武夫紛紛投靠胡惟庸，爭相給他送金帛、名馬、玩好，多至「不可勝數」（《明史》卷三〇八，《胡惟庸傳》）。後來胡惟庸案發後，有人告發他「贓貪淫亂，

甚非寡欲」，說「前犯罪人某被遷，將起，其左相（胡惟庸）猶取本人山水圖一軸，名曰夏珪《長江萬里圖》」，朱元璋命人查驗，果然在胡惟庸的贓物中找到了這幅《長江萬里圖》（《明太祖集》卷一六，《跋夏珪〈長江萬里圖〉》）。

胡惟庸獨相數年，利用鄉土關係拉攏淮西勛貴，和他的門下故舊僚佐結成一個小幫派，仗恃李善長的支持，驕橫跋扈，專恣擅權，「生殺黜陟，或不奏徑行。內外諸司上封事，必先取閱，害己者輒匿不以聞」（《明史》卷三〇八，《胡惟庸傳》），甚至「僭用黃羅賬幔，飾以金龍鳳文」（《明太祖實錄》卷二四三）。在明代，龍鳳紋飾屬皇帝專用，玄、黃、紫三色也為皇家專用，官吏軍民的衣服賬幔均不得使用。「凡賬幔，洪武元年，令（官民）並不許用赭黃龍鳳文」（萬曆《明會典》卷六二，《禮部·房屋器用等第》）。胡惟庸這一舉措，表明其政治野心已膨脹到了極點。

胡惟庸的所作所為，顯然已突破當時禮法制度的底線，這是任何一個封建君主都不能容忍的。他的末日，很快就到來了。

朱元璋原先鄉土觀念也極為濃厚，他不僅主要依靠淮西將臣打天下，還想依靠淮西將臣治天下，故而有中都的營建。但是洪武八年中都營建工匠的「厭鎮」事件發生後，他即決定拋棄鄉土觀念，從倚重淮西鄉黨逐步轉向任用五湖四海之能士。與此同時，隨着自己逐漸坐穩龍椅，朱元璋開始思謀改革國家機構，以便擴張皇權，強化專制集權，「躬覽庶政」。

洪武九年六月，朱元璋下令撤銷行中書省，改置布政司、都司和按察司，將地方的行政、軍政和司法大權集中到中央，中書省的權限因而擴大，相權和君權的矛盾更加突出。接着，他便採取一系列措施來限制和削弱中書省的權力。當年閏九月，下令取消中書省的平章政事和參知政事，「惟李伯升（平章政事）、王溥（右丞）等以平章政事奉朝請者（只參加朝會而不署事，因為李是投降的張士誠部將，王是投降的陳友諒部將，奉朝請是給他們的一種榮譽待遇）仍其舊」（《明太祖實錄》卷一〇九）。這樣，中書省就只留下左丞相胡惟庸和右丞丁玉，而丁玉已在當年正月率兵至延安備邊，到七月才返回京師，中書省實際上只留胡惟庸在唱獨角戲。

第二年五月，又令李善長與朱元璋的親外甥李文忠共議軍國重事，

「凡中書省、都督府、御史台悉總之，議事允當，然後奏聞行之」（《明太祖實錄》卷一一二），又「命政事啟皇太子裁決奏聞」。九月，擢升胡惟庸為左丞相，命汪廣洋為右丞相，又將丁玉調任御史大夫，將中書省的佐理官員全部調空。十一年三月，更下令「奏事毋關白中書省」（《明史》卷二，《太祖紀》），徹底切斷中書省與中央六部和地方諸司的聯繫，使中書省變成一個空架子。下一步，便是選擇適當的時機撤銷中書省，以便獨攬大權，「躬覽庶政」了。為防止突然事件的發生，十二年七月，朱元璋還將李文忠從陝西調回京師，提督大都督府事，以加強對軍隊的控制。

胡惟庸眼看自己的權勢受到抑制和削弱，深感焦慮和不安。他知道，如果中書省被撤銷，丞相的官職也將被廢除，他苦心經營的一切都將盡付東流。於是，便與御史大夫陳寧、中丞涂節等密謀造反。據《明太祖實錄》卷一二九洪武十三年正月甲午條的記載：

> （吉安侯陸仲亨、平涼侯費聚）嘗過惟庸家飲酒。酒酣，屏去左右，因言：「吾等所為多不法，一旦事覺，如何？」二人惶懼，計無所出。惟庸乃告以己意，且令其在外收輯軍馬以俟。二人從之。又與陳寧坐省中，閱天下軍馬籍。令都督（僉事）毛驤取衛士劉遇寶及亡命魏文進等為心膂，曰：「吾有用爾也。」

根據這段史料，胡惟庸除了讓陸仲亨、費聚「在外收輯軍馬以俟」，叫毛驤「取衛士劉遇寶及亡命之徒魏文進等為心膂」，還與陳寧在中書省偷閱「天下軍馬籍」。明初的軍隊冊籍是歸大都督府（洪武十三年正月析為五軍都督府）掌握，其他衙門包括中書省都不能過問。史載：「祖制五府軍，外人不得預聞，惟掌印都督司其籍。前兵部尚書鄺野向恭順侯吳某（即吳克忠）索名冊稽考，吳按例上聞。鄺惶恐疏謝。」（陳衍：《槎上老舌》）鄺野是在明英宗正統年間擔任兵部尚書的。可見在明前期，連主管軍政的兵部尚書都不許查閱軍隊冊籍。胡惟庸卻不顧禁令，將大都督府掌管的軍隊冊籍弄到中書省，與陳寧一起查閱，為調動軍隊做準備。

不僅如此，胡惟庸還力圖勸說李善長同他一道謀反。朱元璋雖然不滿

意李善長的丞相工作，洪武四年讓其退休，但並未完全失去對他的信任。翌年李善長病癒，仍命其督建中都宮殿，洪武七年覆命督遷江南 14 萬人至鳳陽屯田，並擢其弟李存義為太僕寺丞，李存義子李伸、李佑為羣牧所官。洪武九年，又將臨安公主嫁給其子李祺，拜為駙馬都尉，與其結為親戚。雖然公主下嫁僅一個月，有人上告：「善長狃寵自恣，陛下病不視朝幾及旬，不問候。駙馬都尉祺六日不朝，宣至殿前，又不引罪，大不敬。」（《明史》卷一二七，《李善長傳》）但朱元璋只削減李善長歲祿 1800 石，尋又命與李文忠總中書省、大都督府、御史台，同議軍國重事，督建圜丘。由於李善長在明初政壇的重要地位和影響，胡惟庸久「謀善長為己用」，於十年九月將反謀密告李存義，讓他陰說李善長參與，「善長中坐默然而不答」。過了十天，胡惟庸命其故舊楊文裕再去勸說李善長，「許以淮西地封王」，李善長說「這事九族皆滅」，沒有答應。到十一月，胡惟庸又親自往說李善長，李善長「猶趑趄未許」。洪武十二年八月，李存義又再三勸說，李善長乃云：「我老了，你每（們）等我死時自去做。」（《太祖實錄辨證》卷四）

不久，胡惟庸的兒子在市街上策馬狂奔，撞到一輛大車，身受重傷，不治而亡。胡惟庸不分青紅皂白，一怒之下命人殺了馬車伕。朱元璋大怒，要他償命。胡惟庸眼看大禍臨頭，即刻派人「陰告四方及武臣從己者」（《明太祖實錄》卷一二九），準備起事謀反。

胡惟庸的陰謀正在緊鑼密鼓地進行。不料，洪武十二年九月，占城使臣陽須文旦入明朝貢，中書省未及時引見，被值門內使告發。朱元璋敕責中書省臣，胡惟庸與汪廣洋等叩頭謝罪，而「微委其咎於禮部，部臣又委之中書」。朱元璋益怒，「盡囚諸臣，窮詰主者」（《明史》卷三〇八，《胡惟庸傳》），胡惟庸、汪廣洋等皆下獄，嚴加追查。十二月，御史中丞涂節和已謫為中書省吏的原御史中丞商皓都告發胡惟庸謀反。涂節揭發胡惟庸毒死劉基之事，並說「廣洋宜知其狀」。朱元璋審問汪廣洋，汪廣洋回答說沒有此事，被貶海南。舟次太平，朱元璋又追究其往昔擔任江西行省參政時曲庇朱文正，後又未曾獻一謀劃進一賢才，未能揭發楊憲的罪責，「特賜敕以刑之」，「以歸冥冥」（《明太祖集》卷七，《廢丞相汪廣洋》）。

　　汪廣洋被殺後，他的小妾跟着自殺，朱元璋查明此妾是被籍沒入官的陳姓知縣的女兒，大怒曰：「凡沒官婦人女子，止配功臣為奴，不曾與文官。」因勒法司取勘，遂「出胡惟庸等並六部官擅自分給，皆處以重罪」（《國初事跡》）。翌年即十三年正月初六，朱元璋下令處死胡惟庸、陳寧。兩人被押往玄津橋斬首，埋進一個丈餘深的大坑，第二天又將屍首挖出，「支解於市，縱犬食之」，兩人的家財全都沒收入官，「妻子分配軍士，子弟悉斬之」（《明興野記》卷下）。廷臣認為「涂節本為惟庸謀主，見事不成，始上變告，不誅無以戒人臣之奸宄者」，於是「乃並誅節，餘黨皆連坐」。大都督府左都督丁玉即「坐黨論死」（《皇明開國功臣錄》卷一六，《丁玉》）翌日，朱元璋召集文武百官，宣佈胡惟庸的罪狀是：「竊取國柄，枉法誣賢，操不軌之心，肆奸欺之蔽，嘉言結於眾舌，朋比逞於羣邪，蠹害政治，謀危社稷，譬堤防之將決，烈火之將燃，有滔天燎原之勢。」（《明太祖實錄》卷一二九）。

　　接着，朱元璋下令撤銷中書省，廢除丞相，由自己直接掌管國家大事。從此，「勳臣不預政事」（《明史》卷一三○，《郭英傳》），淮西勳貴除繼續領兵作戰外，一般不再擔任行政職務。從洪武十三年至三十年，除李善長在十三年當過十二個月的都御史，臨淮人郁新在二十六年至三十年當過戶部尚書，虹縣人康鐸在十三年至十五年、二十一年至二十二年當過兵部尚書，十八年至二十二年當過刑部尚書，懷遠人湯友恭在十一年至二十一年當過右都御史外，七卿之職大多由非淮西籍大臣擔任。朱元璋殺掉胡惟庸後，又進一步擴大與開國武將的聯姻，以固結肺腑。此前，在洪武三年五月，朱元璋曾明令規定「天子並親王后妃宮嬪等，必慎選良家子而聘焉，戒勿受大臣所進」（《明太祖實錄》卷五二）。他自己卻置此令於不顧，從十五年起，又決定聘徐達次女為代王妃、三女為安王妃，湯和長女與次女為魯王妃，吳復之女為齊王妃，鄧愈之女為秦王妃，於顯之女為潭王妃，吳忠（吳禎之子）之女為湘王妃，藍玉之女為蜀王妃，傅友德之女為晉世子妃，並將第五女嫁給陸仲亨之子陸賢，第八女嫁給張龍之子張麟，第九女嫁給傅友德之子傅忠，第十一女嫁給胡海次子胡觀，第十二女嫁給郭英之子郭鎮。這樣，通過血緣關係，把一批武臣聯結成一個以皇帝

為中心的姻婭集團，以達到拱衛皇權的目的。

此後，朱元璋以胡案為武器，抓住一些淮西勛臣的違法事件，搞擴大化，對淮西勛貴及其子弟展開大規模的誅殺。他採取捕風捉影的手段，不斷擴大胡惟庸的罪狀。當時由於倭寇問題與日本交涉未果，明廷斷絕與日本的外交關係。洪武十九年十月，朱元璋將胡惟庸的罪名升級為私通日本，說他曾與明州衛指揮林賢密謀，授意林賢故意犯法，將其貶往日本，三年後借日本精兵 400，藏在日本貢使如瑤的貢舶之內，藉朝貢之名，入明助胡惟庸作亂。又先後將一批心懷怨望，驕橫跋扈，可能對皇權構成威脅的文武官員都牽連進胡案，處以死刑，並誅殺了一些江南的豪強勢族。洪武年間，蒙古為明朝勁敵。二十三年五月，朱元璋又將胡惟庸的罪名升級為私通蒙古，說胡惟庸當初準備謀反時，曾私派封績前往漠北，帶信給北元，「着發兵擾邊」（《昭示奸黨錄》，轉引自《太祖實錄辨證》卷四）。後來，胡惟庸案發，封績不敢回來，二十一年藍玉北征，在捕魚兒海將其俘獲，押解回國，李善長又以不奏。至二十三年五月，「事發，捕績下吏，訊得其狀，逆謀益大著」（《明史》卷三〇八，《胡惟庸傳》）。最後，朱元璋還給胡惟庸加上勾結李善長謀反的罪名。

洪武十三年胡案初發時，李善長並未受到觸動，當年五月御史台左中丞安然告老還鄉，還命其「理台事」（《明太祖實錄》卷一三一）。十八年有人告發李善長弟李存義「實惟庸黨者」，詔免死，安置崇明。「善長不謝，帝銜之」（《明史》卷一二七，《李善長傳》）。二十三年，李善長已年屆 77 歲高齡，卻「耄不能檢飭其下」，又要營建第宅，向湯和「假衛卒三百人役」，湯和攘臂曰：「太師敢擅發兵耶？」並「密以聞」（《獻徵錄》卷一一，王世貞：《中書省左丞相太師韓國公李公善長傳》）。四月，京民有坐罪應徙邊者，李善長又奏請免其兩個姐姐及私親丁斌。朱元璋大怒，下令逮捕丁斌，嚴加審訊。丁斌供出李存義父子往時交通胡惟庸之事。李存義及其子李伸、其弟李存賢及其子李仁皆遭逮捕，他們的供詞牽涉李善長。閏四月，李善長及其家人全被下獄，他的家奴盧仲謙等人又供出其「與惟庸往來狀」（《太祖實錄辨證》卷四）。五月，朱元璋便以「心謀不軌，黨比胡、陳」（《野記》一）的罪名，藉口有星變需殺大臣消災，下令

將李善長及其妻女弟姪家口 70 餘人全部誅殺，抄沒家產，「籍沒六萬金」
（《國榷》卷九）。陸仲亨、唐勝宗及費聚等同時坐胡黨被誅。應天府所屬
上元、江寧兩縣，許多豪強地主被指為胡黨，也遭到屠戮。

　　胡惟庸黨案前後延續十幾年，僅公、侯一級被列入胡黨名單的就有 22
人，其中淮西籍的公、侯多達 12 人，佔到一多半，先後誅殺了 3 萬多人。
就連「屢推為開國文臣之首」（《明史》卷一二八，《宋濂傳》）的宋濂，
在退休之後，因其長孫宋慎涉胡黨之案，他舉家連坐被刑，宋慎及其父宋
璲坐法死，宋濂緣皇太子與馬皇后力救，於十三年九月被貶謫茂州（治今
四川茂汶）。第二年五月，宋濂以 72 歲高齡走到夔州，憂憤成疾，「不食
二十日。晨起索紙筆書《觀化帖》，端坐而逝」（孫鏼：《潛溪錄》卷三，
鄭楷：《翰林學士承旨宋公墓志》）。

　　一案株連如此之廣，自然要引起臣民的懷疑和議論。朱元璋於是特
命刑部尚書楊靖將案犯的供狀輯成《昭示奸黨錄》三編，冠以朱元璋將近
四千言的手詔，陸續予以公佈，算是為胡案畫上一個句號。

　　由於朱元璋嚴酷的專制統治，胡案事發後，時人大多不敢加以記載，
而輯錄案犯供狀的《昭示奸黨錄》後來又佚失不存，僅在個別史著如錢謙
益的《太祖實錄辨證》中抄錄了個別段落，難以窺其全貌。時過境遷之
後，史實的真相已經模糊不清，許多史書只能根據某些史籍一鱗半爪的記
載，加上自己的揣測，來加以敘述。於是便出現了歧異迭出、真假混淆的
諸多記述，令人莫衷一是。比如，雷禮在《國朝列卿記》卷一《胡惟庸傳》
中引《國琛錄》的記載云：「太監雲奇，南粵人，守西華門，邇胡惟庸第，
刺知其逆謀。胡詒言所居井湧醴泉，請太祖往視。鑾輿西出，雲慮必與
禍，急走沖蹕，勒馬銜言狀。氣方勃窣，舌不能達。太祖怒其犯蹕，左右
撾捶亂下，雲垂斃，右臂將摺，猶奮指賊臣第。太祖乃悟，登城眺顧，見
其壯士披甲伏屏帷間數匝，亟返棕殿，罪人就擒。」將胡惟庸罪行的揭發
歸功於所謂雲奇告變，與《明史》所記涂節、商皓告發迥異。

　　類似彼此相左的記載，不勝枚舉。因此，明清以來不少史學家不斷蒐
集史料，排比考訂，力圖弄清事實的真相。明末清初的錢謙益、潘檉章分
別撰有《太祖實錄辨證》《國史考異》，對胡案做過深入的考辨，指出雲奇

告變是「鑿空說鬼」、《明太祖實錄》所載李善長罪狀「不勝舛誤」。

1934 年 6 月，吳晗在《燕京學報》發表《胡惟庸黨案考》一文，在前人研究成果的基礎上，進一步指出所謂雲奇告變、如瑤貢舶、封績使元以及胡惟庸勾結李善長通倭款虜諸事純係向壁虛構，可謂確論。但吳晗的翻案有點過頭，他連胡惟庸毒死劉基、貪汙受賄、朋比為奸特別是謀反的罪行也一併推翻，把整個胡惟庸黨案都說成是徹頭徹尾的大冤案。此後有不少學者沿襲這種說法，進而認定胡惟庸謀反的故事是編造的。這種說法有悖於史實，顯然無助於人們對明初歷史的了解，也無助於對胡案的作用和影響做出全面、客觀的評價。

胡惟庸毒死劉基、貪汙受賄、朋比為奸的具體史實，前面已經講述，此不復贅。這裏着重談談吳晗否定胡惟庸謀反的問題。《胡惟庸黨案考》一文，先是否定胡惟庸決心起事謀反的動機。文中列舉史籍關於胡惟庸案發前決心謀反的兩種記載，一是《明史·胡惟庸傳》：「會惟庸子馳馬於市，墜死車下，惟庸殺輓車者。帝怒，命償其死。惟庸請以金帛給其家，不許。惟庸懼，與御史大夫陳寧、中丞涂節等謀起事，陰告四方及武臣從己者。」一是《獻徵錄》卷一一所錄王世貞撰《胡惟庸》：「會其家人為奸利事，道關榜辱關吏。吏奏之，上怒，殺家人，切責，丞相謝不知乃已。又以中書違慢，數詰問所由。惟庸懼，乃計曰：『主上魚肉勳舊臣，何有我耶！死等耳，寧先發，毋為人束，死寂寂。』」然後寫道：「同樣地在敘述同一事件，並且用同一筆法，但所敘的事卻全不相符，一個說是惟庸子死，一個說是惟庸家人被誅。」吳晗未明言何種說法對，何種說法錯，或者二說皆錯，但言外之意非常明確，那就是二說既然不相符合，就都不可信。因為緊接着，他這樣寫道：「根據當時的公私記載，……在胡案初起時胡氏的罪狀只是擅權植黨。」「我們找不出有『謀反』和『通倭』『通虜』的具體記載。……到了洪武二十三年後胡惟庸的謀反便成鐵案。」意思是說，在洪武十二年九月胡惟庸被捕入獄直至十三年正月被殺，朱元璋並沒有給他加上謀反的罪名，後來編造「通倭」「通虜」的罪狀，直到洪武二十三年後才將胡惟庸的謀反弄成鐵案。這種說法，與史實並不相符。因為洪武十三年正月胡惟庸被殺後，第二天朱元璋對文武大臣宣佈胡惟庸的

諸多罪狀，其中就有「謀危社稷」四個字。「謀危社稷」指的就是謀反，屬於不可赦免的十惡大罪之首。《大明律》的《名例律》及《刑律》，對十惡大罪中的謀反罪，都明確註明：「謂謀危社稷。」吳晗的論文雖然也徵引了朱元璋對文武大臣宣佈胡惟庸罪狀的這段諭詞，遺憾的是他沒有弄清「謀危社稷」一詞在明代法律中的真正含義，卻說找不出當時有說胡惟庸謀反的具體記載。

胡惟庸黨案是明初皇權與相權矛盾衝突的產物。胡惟庸獨專省事，任相之後，不僅在經濟上貪汙受賄，而且在政治上拉幫結派，打擊異己，飛揚跋扈，擅專黜陟，藏匿於己不利的奏章，侵犯了皇權，最後發展到策劃謀反，他的被殺是罪有應得，咎由自取。而朱元璋大興黨獄，是為了加強君主專制的中央集權。胡案一發生，他就乘機搞擴大化，「餘黨皆連坐」，這些被株連的「餘黨」有的是冤死鬼。此後，他將罪名步步升級，用以打擊一部分恃功驕橫、飛揚跋扈的功臣，這些則純粹是冤假錯案了。因此，就整個案件來說，是真真假假，有真有假，真假混淆。我們必須進行細緻的辨析，分清哪部分是真案，哪部分是假案。只有這樣，我們才能對整個案件的作用和影響做出正確的評價，既看到朱元璋通過此案清除部分驕橫跋扈的勛臣，產生了促進社會安定、經濟恢復與發展的積極作用，又看到朱元璋所製造的大量冤假錯案，冤殺了大批無辜的將臣，造成政治的恐怖，出現人人自危，「多不樂仕進」的消極影響（參看拙作《胡惟庸黨案再考》，《明清論叢》第10輯）。

第三節　藍玉黨案

胡惟庸黨案結束後，相權與皇權的矛盾消除了，但軍權與皇權的矛盾又突出地顯露出來。

經過胡惟庸黨案的誅殺，淮西勛貴的核心人物已被基本鏟除，只剩下為數不多的開國武將仍在邊防要地擔任軍事職務。朱元璋除通過分封在各地的藩王，對他們進行嚴密的監視和節制，還在洪武二十年（1377

年）十二月頒佈《大誥武臣》，使知守紀律，撫軍士，立勛業，保爵位。翌年，又相繼頒佈《御製諭武臣敕》《武臣保身敕》，以訓誡武臣。二十二年二月，又下令禁止武臣預民事，規定民間詞訟，雖事涉軍務，「均歸有司申理，（武臣）毋得干預」（《明通鑒》卷九）。二十三年誅殺李善長之前，還以「諸將老矣，令其還鄉」為名，詔遣武臣中的 6 公 10 侯還鄉，誅殺李善長後，又於當年六月把遣送還鄉的武將名單擴大到 7 公 24 侯，並為原先賜給他們作為侍從的奴軍「各設百戶一人，統率其軍以護之，給屯戍之印，俾其自耕食，復賜鐵冊」（《明太祖實錄》卷二〇二），以護其家，實際上是專責對其進行監視。

但是，開國武將違法亂紀的現象仍時有發生，如會寧侯張溫「居室器用僭上」（《明史》卷一三二，《藍玉傳附張溫傳》），而表現最為嚴重的要算淮西勛貴涼國公藍玉。

藍玉，定遠人，是開平王常遇春的小舅子。他生得高大威武，面頰紅紫。投奔朱元璋隊伍後，初隸常遇春賬下，臨敵勇敢，所向克捷，常遇春多次對朱元璋誇獎其戰功，他因此由管軍鎮撫升至大都督府僉事。洪武四年從傅友德入川，討伐明升夏政權，攻克階州。翌年從徐達北征，先出雁門，敗元兵於土剌河。七年率師攻拔興和，俘獲北元國公帖裏密赤等 59人。十一年，同西平侯沐英一起征討西番洮州等處少數民族的叛亂，擒其首領三副使。翌年班師，被封為永昌侯，歲祿 2500 石。十四年，以征南副將軍從傅友德出征雲南，擒平章達裏麻於曲靖，元梁王把匝剌瓦爾密投滇池而死。「滇地悉平，玉功為多」（《明史》卷一三二，《藍玉傳》），朱元璋下令增其歲祿 500 石，並冊封其女為蜀王妃。藍玉從此跨進了皇親國戚的行列，備受朱元璋器重。常遇春、徐達死後，他數總大軍，屢立戰功。

洪武二十年，藍玉以征虜副將軍從大將軍馮勝出征納哈出，駐師通州。聞知有支元兵駐屯慶州，藍玉在大雪的掩護下，親率輕騎襲破之，殺死北元平章果來，擒其子不蘭溪而還。尋會大軍進至金山。納哈出迫於大軍壓境，接受明廷的招撫，親至藍玉軍營約降。藍玉設宴招待，親自向他敬酒。納哈出一飲而盡，又酌酒回敬藍玉，藍玉卻脫下自己身上的漢族服裝，對納哈出說：「請服此而後飲。」納哈出認為這是對他的侮辱，拒不

接受，藍玉也不喝他回敬的酒。雙方爭執不下，納哈出把酒潑到地上，用蒙古語指示隨行部下，準備脫身離去。在座的鄭國公常茂抽刀砍傷了納哈出的臂膀。都督耿忠一看大事不妙，忙招呼身邊的士兵，簇擁着納哈出去見馮勝。納哈出的部眾紛紛潰散。馮勝「以禮遇納哈出，復加慰諭，令耿忠與同寢食」（《明太祖實錄》卷一八二），並派人招撫其潰散的部眾，然後下令班師。此役馮勝收降有功，但有人告發他「竊取虜騎」「娶虜有喪之女」（《明太祖實錄》卷一八四），加上指揮失當，班師途中丟失了殿後的都督濮英三千人馬，被收奪大將軍印。儘管藍玉在接待納哈出時違反朱元璋「因俗而治」的民族政策，朱元璋還是「命玉行總兵官事，尋即軍中拜玉為大將軍，移屯薊州」。二十一年受命為征虜大將軍，統率 15 萬大軍北征，「以清沙漠」，直至捕魚兒海，大獲全勝。朱元璋得到報捷大喜，賜敕褒勞，「比之衛青、李靖」（《明史》卷一三二，《藍玉傳》）。班師還朝後，封其為涼國公。藍玉一生的事業，至此達到輝煌的頂點。

洪武二十二年，藍玉奉命至四川督修城池。翌年，率師赴湖廣、貴州，平定幾個少數民族土司的叛亂，朱元璋增其歲祿 500 石，詔令還鄉。二十五年三月，又命赴西北，督理蘭州、涼州、莊浪、西寧、甘州、肅州諸衛軍務。四月，為追捕逃寇祁者孫，藍玉未經朝廷准許，擅自率兵出征罕東的西番（藏族）諸部。就在這個月，四川建昌衛指揮使、故元降將月魯帖木兒發動叛亂，朱元璋命藍玉移師往討，但考慮到他遠在甘肅，路途遙遠，又命都督僉事聶緯權代總兵官，義子、中軍僉都督徐司馬和四川都指揮使瞿能為左、右副手，率所部及陝西步騎兵先行征討，待藍玉到達後，聶緯、徐司馬與瞿能皆為之副。五月初，藍玉抵達罕東，部將建議：「莫若緩以綏之，遣將招諭，宣上威德，令彼以馬來獻，因撫其部落，全師而歸。」藍玉不聽，派都督宋晟等率兵徇阿真川，番酋哈咎等逃遁。追襲祁者孫，也不及而還。不久，接到朱元璋命其移師討伐月魯帖木兒的詔令，他還想深入西番之地，取道松疊前往建昌（今四川西昌）。「會霖雨積旬，河水迅急，玉悉驅將士渡河，麾下知非上意，多相率道亡。」（《明太祖實錄》卷二一七）藍玉不得已，才由隴石前往建昌。六月，待他抵達建昌，月魯帖木兒已被瞿能擊敗，逃往柏興州。十一月，藍玉進次柏興州，

遣百戶毛海以計誘擒月魯帖木兒及其子，盡降其眾。藍玉派人將月魯帖木兒解送京師伏誅，因奏「四川之境，地曠山險，控扼西番。連歲蠻夷梗化，蓋由軍衛少而備禦寡也」，建議增置屯衛，籍民為軍守之，並請求移兵討伐長河西朵甘百夷。朱元璋沒有同意，他認為「其民連年供輸煩擾，又以壯者為兵，其何以堪」，不可再籍兵以困邊民；藍玉所率部隊「兵久在外，不可重勞」，況且往征長河西朵甘百夷，「此非四十萬眾不行」。他命令藍玉：「今爾所統之兵，選留守禦，餘令回衛。爾即還京。」（《明太祖實錄》卷二二二）藍玉只得下令班師。

藍玉為明王朝的建立和鞏固立下了赫赫戰功，但是這個粗鄙的武夫也因此逐漸滋長居功自傲的思想，貪財嗜利，驕淫奢靡，違法亂紀，逾禮犯分，無所不為。史載：「（洪武二十一年八月）丁卯，征虜大將軍、永昌侯藍玉等還朝，上謂玉曰：『爾率將士北征，功最大。然虜主妃來降，不能遇之以禮，乃縱慾汙亂。又嘗恃勞遣人入朝，覘伺動靜，此豈人臣之道哉？」（《明太祖實錄》卷一九三）「玉素不學，性復狠愎，見上待之厚，又自恃攻伐，專恣暴橫。畜莊奴假子數千人，出入乘勢漁獵。嘗佔東昌民田，民訟之，御史按問，玉捶逐御史。及征北還，私其駝馬珍寶無算。夜度喜峰關，關吏以夜不即納，玉大怒，縱兵毀關而入。上聞之不樂。會有發其私元主妃者，上切責之。玉漫不省，嘗見上命坐，或侍宴飲，玉動止傲悖，無人臣禮。及總兵在外，擅升降將校，黥刺軍士，甚至違詔出師，恣作威福，以脅制其下。」（《明太祖實錄》卷二二五）「上謂翰林學士劉三吾等曰：『……邇者逆賊藍玉越禮犯分，牀賬、護膝皆飾金龍，又鑄金爵以為飲器，家奴至於數百，馬坊、廊房悉用九五間數。』」（《明太祖實錄》卷二四三）「甚者無如藍玉越禮犯分，其房屋家奴至於數百，馬坊、廊房皆用九五間數，又於本家牆垣內起蓋店舍，招集百工技藝之人在內居住，與民交易。」（朱元璋：《稽古定制序》）「藍玉令家人中到雲南鹽一萬餘引，倚勢兌支。」（《國初事跡》）

李贄曾指出，藍玉「私元主后」是「罪當死」，「常佔東昌民田，民訟之，御史為置獄。玉執御史笞而逐之」，也是「罪當死」的行為（李贄：《續藏書》卷四，《開國功臣·藍玉》）。那麼，他僭用皇帝專用的金

龍紋飾、九五間數，就更是包藏政治野心、圖謀不軌的行為了。聯想到過去胡惟庸案發時，曾發現藍玉「嘗與其謀」，當時「以開平之功及親親之故」，即照顧到藍玉為開平王常遇春之妻弟，常遇春之女為懿文太子朱標之妃，藍玉之女為蜀王妃，對藍玉之罪「宥而不問」（《明太祖實錄》卷二二五），朱元璋對藍玉不能不高度警惕。洪武二十一年北征歸來，朱元璋原擬封其為梁國公，「以過改為涼，仍鐫其過於券」（《明史》卷一三二，《藍玉傳》）。但是，藍玉仍然我行我素，不僅沒有悔改之意，而且變本加厲，竟然「擅升降將校，黥刺軍士，甚至違詔出師」，未經朝廷准許，擅自率兵攻打罕東的藏族聚居地。

洪武二十五年九月，因皇太子朱標在四月間去世，朱元璋立朱標次子朱允炆為皇太孫。十一月，藍玉由建昌進至柏興州，最後平定月魯帖木兒之叛，奏請朝廷允其率兵前往長河西朵甘百夷，想以更多的戰功謀求太子太師職銜。但朱元璋未批准，而是令其班師。藍玉悶悶不樂地率部回到成都，想起其親家靖寧侯葉升於八月間坐交通胡惟庸被殺，懷疑是葉升的口供裏指認他為胡黨，故而引起朱元璋的猜忌，他奏辦的幾件事皇上都不從，遂下決心謀反。十二月二十八，朱元璋下詔以宋國公馮勝、潁國公傅友德兼太子太師，曹國公李景隆、涼國公藍玉兼太子太傅，開國公常升、全寧侯孫恪兼太子太保，詹徽為太子少保兼兵部尚書，茹瑺為太子少保兼兵部尚書（《明太祖實錄》卷二二三）。藍玉的太子太師夢破滅，隨即加緊了謀反的策劃活動。閏十二月初一，他備酒席宴請前來成都接他回京的中軍都督僉事謝熊、隨同征討月魯帖木兒的副手徐司馬和右軍都督聶緯以及四川徐都督、周都指揮，陝西王都指揮，隨征西安右衛朝指揮、西安左衛蔣鎮撫、西安前衛趙指揮、西安後衛向指揮、華山衛張指揮和徐指揮、秦山衛朱指揮等將領，進一步商議謀反之事。同時，派部將聯絡陝西衛所的將領，讓他們收集人馬，準備接應他的謀反（《逆臣錄》卷一）。

閏十二月底，藍玉與謝熊離開成都，順長江東下，沿途又在武昌、九江、安慶聯絡當地的一些衛所將領，佈置接應其謀反之事（《逆臣錄》卷五）。洪武二十六年正月初十前後，藍玉回到南京。此時，朱元璋因受不住皇太子朱標病逝的打擊，患「熱癥，幾將去世」（朱元璋：《周顛仙人

傳》）。藍玉認為「天下兵馬都是我總着」，正是下手的好機會，於是密遣親信，暗中聯絡景川侯曹震、鶴慶侯張翼、舳艫侯朱壽、東莞伯何榮、左軍都督府同知黃輅、後軍都督府同知祝哲、中軍都督府同知汪信、吏部尚書詹徽、戶部侍郎傅友文等和自己過去的老部下，把他們分別召至自己的私宅密謀策劃。在夜闌酒酣之際，藍玉煽動說：「如今天下太平，不用老功臣似以前，我每一般老公、侯都做了反的，也都無了，只剩得我每幾個沒來由只管做甚的，幾時是了？」（《逆臣錄》卷一）諸將於是分頭搜羅士卒和馬匹、武器，最後定在當年二月十五朱元璋外出耕籍田時起事。

正月二十八，藍玉派人去找準備擔任謀反主力的府軍前衛步軍百戶李成。二月初一，李成匆匆趕到藍玉私宅，藍玉對他下達了起事命令：「我想二月十五日上位出正陽門外勸農時，是一個好機會。我計算你一衛裏有五千在上人馬，我和景川侯兩家收拾伴當家人，有二三百貼身好漢，早晚又有幾個頭目來，將帶些伴當，都是能廝殺的人，也有二三百都通些，這些人馬盡勾（夠）用了。你眾官人好生在意，休要走透了消息。定在這一日下手。」（《逆臣錄》卷二）

藍玉的密謀，早被錦衣衛的特務察覺。就在正月初一李成趕到藍玉私邸聽取藍玉下達起事命令之前，錦衣衛指揮蔣獻已向朱元璋告發了。據尚寶少卿、何榮之弟何宏事後招供稱：「至二月初一日早朝，退至長安西門，有詹尚書（徽）對宏言說，前日涼國公謀的事，上位知覺了。」（《逆臣錄》卷一）可見在二月初一之前，朱元璋已經知道藍玉的密謀。此時朱元璋已屆 65 歲的高齡，而皇太孫朱允炆虛歲只有 16 歲，他擔心自己百年之後，這個年輕的接班人控制不住局面。儘管經過自己的一番改革，全國最高的行政、軍事和司法大權都已集中到君主手裏，但皇太孫畢竟缺少治國理政的經驗，而且性格仁柔寬厚，心慈手軟，能否對付得了驕蹇自恣、進止自專的藍玉等高級將領，實在令他擔心。鑒於明朝的勁敵北元經過明軍的多次打擊，已被擊潰，陷於分裂的狀態，北部邊防比較鞏固，朱元璋決定再次大開殺戒，徹底鏟除那些可能對朱家天下構成嚴重威脅的開國老將，為皇太孫留下一個穩固的寶座。二月初二，他將馮勝、傅友德、常升、王弼、孫恪等從山西、河南召回京師。二月初八，藍玉入朝，即下令

將其逮捕，第二天投入錦衣詔獄，第三天即以「謀反」的罪名將其處死，夷滅三族。

朱元璋隨即乘機搞擴大化，以藍黨的罪名，將一大批功臣宿將及其子弟加以牽連誅殺。三月，令翰林院官員將刑訊逼供得出的口供輯成《逆臣錄》，公佈於眾。至九月，為了安定人心，宣佈赦免胡、藍餘黨。事實上，赦免令頒佈後，誅殺仍在進行。整個藍玉黨案，總共大約殺了 1.5 萬人，包括 1 公、13 侯、2 伯。航海侯張赫已死，也追坐藍黨，革除爵位。過了一年，潁國公傅友德、定遠侯王弼也追坐逆黨被賜死。又過一年，宋國公馮勝也以藍黨罪名被殺。「及洪武末年，諸公、侯且盡，存者惟（長興侯耿）炳文及武定侯郭英。」（《明史》卷一三〇，《耿炳文傳》）經過胡、藍兩案的大規模誅殺，開國功臣已被基本鏟除，只有少數善於揣摩朱元璋心理的功臣宿將，主動交出軍權和多佔的莊田及佃戶，僥倖地逃脫了被殺的厄運。

信國公湯和是朱元璋的同鄉，還是他投奔起義的指路人，後來隨朱元璋南征北戰，屢立戰功，至開國前夕已是僅次於徐達、常遇春、鄧愈的第四位大將。洪武十九年他隨楚王朱楨鎮壓湖廣五開（今貴州黎平）吳勉起義歸來，想到常遇春早已戰死，鄧愈也已病逝，李文忠又因勸朱元璋裁減宦官，其門客全被朱元璋殺掉，於洪武十七年受到驚嚇，「得疾暴卒」（《弇山堂別集》卷二〇，《史乘考誤》），不能不為自己的未來感到擔憂。他看出朱元璋春秋漸高，「念天下承平無事，不欲諸大將屢典兵」（《皇明世法錄》卷八四，《東甌王世家》），對皇上說：「臣犬馬齒長，不堪復任驅策，願得歸故鄉，為容棺之墟，以待骸骨。」（《明史》卷一二六，《湯和傳》）朱元璋大喜，立刻賜給寶鈔 5 萬錠，在鳳陽為他修建了一座豪華宏偉的大宅第。洪武二十一年六月，湯和在福建完成築城禦倭的任務後，朱元境就送他還鄉養老，並賜給他夫婦一大堆金銀彩幣。湯和晚年中風，不能說話，也不能行走，不再對朱元璋構成威脅，故得以善終。二十八年八月病逝，享年 70 歲，朱元璋還追封他為東甌王。崇山侯李新，看到許多功臣宿將被牽連到黨案被殺，向朝廷建議：「公、侯家人及儀從戶各有常數，餘者宜歸有司。」朱元璋非常高興，下令叫公、侯之家將超過規定的

人戶「悉發鳳陽隸籍為民」(《明史》卷一三二,《李新傳》)。並令禮部編纂《稽制錄》,於二十六年三月頒賜功臣,以防公、侯奢侈逾制。武定侯郭英趕緊歸還佃戶,依法納稅,湯和急忙歸還儀從戶,曹國公李景隆也交出莊田6所,計有田地、山塘、池盪200多頃。郭英、李景隆也和湯和一樣,在洪武朝均未出事。

驍騎舍人郭德成,兩個哥哥郭興和郭英都封侯,妹妹為郭寧妃,但他看出朱元璋猜忌功臣,整天喝酒,明哲保身。朱元璋擬授以都督之職,他堅辭不受。朱元璋作色道:我念你跟隨了我這麼長時間,既親且舊,你兄弟都躋登列侯,只有你沒做大官,所以授你這個官職,讓你享享太平盛世的福,你怎麼還推辭?郭德成免冠泣拜曰:聖恩如天,臣非草木、瓦礫,豈能不知!但臣秉性狂愚懶散,耽酒嗜臥,不識事體。倘若居高位,享厚祿,陛下必然要交給我具體的職事,一旦工作沒做好,你就會把我殺了。人之所樂,不過是多得錢,飲美酒,隨意自適,則足了此一生矣。朱元璋於是寫了一通敕書,賜給他100瓶美酒和一批金帛。

後來有一天,他陪皇上在後苑喝酒,醉了趴在地上,脫冠謝恩。朱元璋見他腦袋上頭髮快掉光了,笑問道:酒瘋漢,你頭上只剩幾根毛髮,是不是酒喝得太多了?他仰起頭說:這幾根我還嫌多了,想剃個精光哩!朱元璋一聽就沉下臉,默然不語。郭德成酒醒之後,想起朱元璋當過和尚,剃過光頭,擔心自己的話犯了禁忌,索性剃光頭髮,披上袈裟,狂呼唱佛,裝成瘋子。朱元璋信以為真,不再注意,對郭寧妃說:我過去還以為你哥哥是鬧着玩的,現在果真如此,確實是個瘋子!胡、藍黨案發生後,許多人牽連被殺,「德成竟得免」(《明史》卷一三一,《郭興傳》)。

藍玉黨案結束後,為了安撫那些已對朱元璋構不成威脅的尚存武將,他特於洪武二十九年九月,將已退休的武臣2500餘人召至京師,每人賞給一大堆銀子鈔幣,讓他們「還家撫教子孫,以終天年」(《明太祖實錄》卷二四七)。十月,又給他們各進秩一級。

如同胡惟庸黨案一樣,史學界對藍玉黨案也存在爭議。明末清初的潘檉章肯定藍玉謀反的事實。他在《國史考異》卷三中以《逆臣錄》所載的案犯供狀,補《明太祖實錄》所載之疏略,並不否定藍玉謀反的事實,但

他認為《逆臣錄》中「所載番僧、內豎、豪民、賤隸纍纍至數千人，其間豈無詿誤、羅織不能自解者？翰林所輯要，亦未足盡信也」（《國史考異》卷三之八）。這就是說，他認為《逆臣錄》輯錄的供狀有真有假，藍玉黨案也是真假混淆的。

談遷則否認藍玉謀反之事，他在《國榷》卷一〇中記述藍玉黨案之後，加一按語說：「藍涼公非反也。虎將粗暴，不善為容，彼猶沾沾一太師，何有他望！」但他並沒有說明藍玉密令曹震、張翼、朱壽、何榮、黃輅、汪信等分頭搜羅士卒和馬匹、武器，準備在朱元璋出外勸農時舉事為何不是謀反行動。談遷的《國榷》隻字沒有提到《逆臣錄》，估計他沒有見到過《逆臣錄》，因而未曾針對該書輯錄的案犯供狀來評說藍案的真假問題。首次依據《逆臣錄》的供狀推定該案全部是假案的，是呂景琳。20世紀90年代，呂景琳發表《藍玉黨案考》（《東嶽論叢》1994年第5期）一文，認為藍玉黨案「是完完全全的一個假案，不但牽連而死的一兩萬人是無辜的，就是藍玉本人也沒有謀反的行動和策劃」。他的理由主要有以下五條：一、《逆臣錄》沒有本案首魁藍玉和二號人物的口供，表明兩名主犯根本沒有招供；二、謀反的時間眾說紛紜，口徑不一；三、說藍玉曾參與胡惟庸、李善長謀反，純屬胡亂編造；四、藍玉被捕前二十八天，先後接待千餘人，門庭若市，不可思議；五、說藍玉選擇在皇帝耕籍田之日動手謀反，是根本不可能的。所以，他認為「藍玉案是完完全全的一個假案」。呂景琳雖然提出了藍玉沒有謀反的理由，可惜這些理由都經不起仔細推敲，因而也難以服人。

呂景琳所說的前四條，確實存在。第一條所說的《逆臣錄》沒有本案兩名主犯的供狀，確是它的一個重大缺陷。但是案件的判決，取決於證據而不是口供，所以此條尚不足以構成推翻本案的充足理由。至於第二、三、四條所說問題的出現，則是由《逆臣錄》的性質所決定的。朱元璋的《御製〈逆臣錄〉序》即已明確指出，這部《逆臣錄》是「特敕翰林，將逆黨情詞輯錄成書」的，它既然是案犯口供的彙編，供詞中出現口徑不一、互相矛盾乃至荒唐怪誕的現象，也就不足為怪了。何況，這些口供又是在刑訊逼供的情況下取得的，並經過翰林院官員的加工整理，表述的自然不

全是客觀的真實情況。也因此，書中的許多供詞，既有歧異迭出、互相矛盾的一面，又有大同小異、千篇一律的一面。所以，根據這幾條，可以斷定受到牽連而被殺的一兩萬人是無辜的，卻不足以否定藍玉本人及其幾個核心骨幹的謀反罪行。

呂景琳所說的第五條，被認為是否定藍玉謀反罪行最有力的證據。呂景琳認為，按照明代的禮制，皇帝耕籍田的日子雖定在仲春二月，至於二月的哪一天，要由欽天監臨時「擇日」，選擇晴好的日子進行。即使擇定了日期，朱元璋也未必親自前往，他可以派官員代行，「去不去的隨意性很強」。朱元璋「諸事慎之又慎，行蹤詭祕」，即使決定前往南郊祭祀或躬耕，也「不可能提前廣為宣泄」，「一般人決無可能較早知道享先農耕籍田的日期，更不可能預測朱元璋今年去不去躬耕籍田」。因此，「具體謀反日期露出了馬腳」，「這件最確鑿的事實卻恰恰成了藍玉案中的最大漏洞和最有力的反證」。

然而這條理由也似是而非，站不住腳。明代耕籍田的具體日期雖由欽天監擇定，但絕非臨時擇定，而是提前一段時間擇定，因為耕籍田並非只是皇帝本人或委派代行官員的個人行動，而是牽涉一大批公侯百官耆宿的集體行動。「其耕籍儀：祀先農畢，太常卿奏請詣耕籍位，皇帝至位，南向立，公、侯以下及應從耕者各就耕位。戶部尚書北向進耒，太常卿導引皇帝秉耒三推，戶部尚書跪受耒。太常卿奏請復位，南面坐，三公五推，尚書、九卿九推，各退就位。太常卿奏禮畢。太常卿導引皇帝還大次，應天府尹及上元、江寧兩縣令率庶人終畝。是日宴勞百官耆宿於壇所。」（《明太祖實錄》卷三九）參加耕籍田的，不僅有皇帝（或皇帝委派的代行官員），還有三公九卿、太常卿和應天府尹、上元及江寧縣令，此外還有耆宿庶民等。這樣一個大規模的祀禮，顯然需要提前進行認真細緻的籌備。所以耕籍田的日期絕非臨時擇定，而須提前擇定，並事先通知參與耕籍田的各位官員耆宿。而提前預測短期的天氣變化，就當時的科學水平來說，是可以辦到的。吳元年（1367 年）十一月十二，朱元璋半推半就地接受文武百官的奉表勸進，決定登基即位，建立大明王朝後，開始着手進行各項籌備工作。登基的具體日期，是朱元璋與劉基商量後決定的。劉基精

通象緯之學，當時任太史令之職，主持曆法的制定工作。他預測來年的正月初四是個大晴天，是朱元璋登基的吉日。十二月二十二，朱元璋專就這個日期祭告上帝皇祇。在舉行這個祭告儀式的前兩天，應天連降雨雪，但到來年的正月初一，大雪卻突然停止，初四果然是個大晴天。我們無法確定，劉基是在什麼時候預測到來年的正月初四是個大晴天的，但應該不會早於吳元年十一月十二，晚於十二月二十二，如果是前者則預測到 50 天後的天氣，如果是後者也預測到 11 天後的天氣變化。據《逆臣錄》的記載，揭發藍玉定於二月十五耕籍田之日動手謀反的案犯中，蘇慶、王遜、陳繼、吳貳、湯泉和王德交代是在「洪武二十六年正月內失記的日」得知這個具體日期的（《逆臣錄》卷二、三），馬聚、戴成和陳貴交代是在當年正月十二（《逆臣錄》卷二），張仁交代是在當年正月十四（《逆臣錄》卷四），潘福榮、陳銘、魏再興和魏迪交代是在當年正月二十五（《逆臣錄》卷三），單慶和李成等人交代是在當年二月初一（《逆臣錄》卷二）。其中，能明確說出得知耕籍田的具體日期的，最早是當年正月十二，從這一天到二月十五為 33 天，最晚則在當年二月初一，從這一天到二月十五為 14 天，在當時的條件下，專掌氣候觀測曆法制定工作的欽天監，是完全能夠辦到的。

　　耕籍田在以農立國的中國古代社會，是國家的重大典禮之一。耕籍田的日期確定後，朱元璋是親自前往還是遣官代行，這要看皇帝政務是否繁忙、身體健康狀況如何而定，而不是隨心所欲，想去就去，不想去就臨時遣官代行。而且在皇帝親往躬耕抑或遣官代行之事決定之後，還須及時通知掌管操辦耕籍田祀典的太常卿，以便就相關禮儀是否變動（如遣官代行，「太常卿奏請詣耕籍位，皇帝至位，南向立」，「戶部尚書北向進耒，太常卿導引皇帝秉耒三推，戶部尚書跪受耒。太常卿奏請復位，南面坐」，「太常卿奏禮畢，太常卿導引皇帝還大次」，這一系列禮儀就須做相應的改動，因為代行禮儀的官員是不能「南向立」「南面坐」「還大次」的，戶部尚書也不必「跪受耒」），安全保衛是否應該加強（如皇帝親往，不僅必須提前清道，而且要加強沿途及先農壇周邊的警衛和保衛力量）做出決定和安排。

耕籍田的具體日期以及是皇帝親往或遣官代行之事，當然是「不可能提前廣為宣泄」的，一般人確實無法預先得知。但藍黨的骨幹詹徽是吏部尚書，作為必須參加耕籍典禮的九卿之一，他當然能事先知道耕籍田的日期並得知皇帝將親往躬耕，會將消息告訴藍玉，所以藍玉選擇在皇帝耕籍田之日動手，並不是什麼奇怪的事。明代的禮制是在洪武年間制定的，許多翰林院的官員曾參與禮制的制定與禮書的編撰，對《逆臣錄》進行加工整理的翰林院官員當不至於弄出違反禮制常識的大笑話，否則讓人一眼就能看穿，何至於明清的史學家竟無一人看出這個「最大漏洞」，豈非咄咄怪事！耕籍田的日期既然不是臨時而是事先擇定的，後來朱元璋果然在這一天親往先農壇，「躬耕籍田」（《明太祖實錄》卷二二五）。因此，許多案犯所交代的「具體謀反日期」，不是藍玉黨案的「最有力的反證」，相反，恰是它的最有力的鐵證。

藍玉黨案是明初皇權與軍權矛盾衝突的產物。朱元璋為了使自己及其子孫能「躬覽庶政」，拚命擴張皇權，不僅把軍權集中到君主手裏，而且要求所有武臣都「事君以忠」，絕對服從君主的調遣與指揮。但是，一批開國功臣特別是淮西勳臣「身處富貴，志驕氣溢，近之則以驕恣啟危機，遠之則以怨望扞文網」（《明史》卷一三二，《藍玉傳》），最後竟圖謀造反，導致藍玉黨案的爆發。同胡惟庸黨案一樣，藍玉黨案也是有真有假，真假混淆的，我們同樣也必須進行認真辨析。

就藍玉串通幾個武將，策劃在朱元璋耕籍田之日謀反之事來說，迄今為止，尚無人能夠拿出有力的證據來加以否定，表明這是真案。但整個案件誅殺了大約 2 萬人，他們則大多是冤死鬼，這些又是冤假錯案。朱元璋通過此案，打擊了一部分驕橫跋扈的功臣，自然有其積極的意義，但大規模的誅殺，又必然造成大量的冤獄，以至「勇力武健之士芟夷略盡，罕有存者」（《明史》卷一三二，《藍玉傳》），其消極影響也不容忽視。朱元璋死後，燕王朱棣起兵「靖難」，建文帝朱允炆無將可用，先後起用年邁的老將耿炳文和沒有作戰經驗的膏粱子弟李景隆為大將軍，率師北上討伐，結果均遭敗績，就是一個突出的例證（參看拙作《藍玉黨案再考》，《明清論叢》第 15 輯）。

第四節　所謂文字獄

　　中國新史學誕生之後，從 20 世紀 30 年代起，就有顧頡剛等一批學者相繼撰文論述朱元璋的「文字獄」。此後面世的諸多朱元璋傳記，大多也以一定的篇幅來記述朱元璋的文字獄。如先後做過四次修訂、流傳極為廣泛的吳晗《朱元璋傳》，不論是哪個版本，都闢有《文字獄》的專節詳加論述。隨着這些論著的發表，特別是《朱元璋傳》的廣泛流傳，朱元璋大搞文字獄、殘暴誅戮文人學士之說幾乎成為定論。

　　細查這些研究明初文字獄的論著和朱元璋傳記，其所據以記述的資料，大多出自清中葉趙翼所撰的《廿二史札記》一書。趙翼的《廿二史札記》，正如王樹民所指出的：「粗率疏闊，多具體性謬誤，成為其書的嚴重缺點。」（《〈廿二史札記校證〉前言》）比如該書卷三一《明史立傳多存大體》云：「《明史》立傳多存大體，不參校他書，不知修史者斟酌之苦心也。如《龍興慈記》，徐達病疽，帝賜以蒸鵝，疽最忌鵝，達流涕食之，遂卒。是達幾不得其死，此固傳聞無稽之談。然解縉疏有劉基、徐達見忌之語（《縉傳》），李仕魯亦謂，徐達、劉基之見猜，幾等於蕭何、韓信（《仕魯傳》）。此二疏係奏帝御覽，必係當日實情，則帝於達、基二人疑忌可知也。今《明史》達、基二傳則帝始終恩禮，毫無纖芥，蓋就大段言之，而平時偶有嫌猜之處，固可略而不論。且其時功臣多不保全，如達、基之令終已屬僅事，故不復著微詞也。」這段記述，短短不到 250 個字，就有幾個明顯的錯誤。劉基、徐達之見忌，不見於《明史》的《解縉傳》節錄之疏文，徐達、劉基之見猜，也非出自李仕魯之疏，而是出自陳汶輝之疏，錄載於《李仕魯傳附陳汶輝傳》。說朱元璋賜徐達食蒸鵝，也不見於王文祿的《龍興慈記》，而徐禎卿《剪勝野聞》卻說徐達病疽稍愈後，朱元璋「忽賜膳」（未言膳食的質材），梁億《皇明傳信錄》又說是朱元璋賜食，「有馬肉焉」，徐達食後背疽復發而死。

　　好在趙翼頭腦還較清醒，他明確指出，朱元璋雖然猜忌劉基、徐達，但並未對他們二人下過毒手，說所謂賜徐達食蒸鵝是「傳聞無稽之談」，

「達、基之令終已屬僅事」,徐達是獲終天年,而不是被朱元璋毒死的。但是,不知是什麼原因,儘管趙翼明確指出所謂朱元璋賜徐達食蒸鵝而死之說是「傳聞無稽之談」,但他書中記載的這則傳聞,卻被後世的許多明史論著和朱元璋傳記輾轉引用,幾成不刊之論。而《廿二史札記》卷三二《明初文字之禍》,又輯錄《朝野異聞錄》及黃溥《閑中今古錄》所載因表箋文字詿誤及詩詞觸犯禁忌而被殺的傳聞,陳述洪武年間的一系列文字獄案。對賜徐達食蒸鵝之傳聞,趙翼尚斥之為「無稽之談」,但對這些所謂的文字獄案的傳聞不僅未做此種指斥,且以朱元璋「其初學問未深,往往以文字疑誤殺人」,來解釋其以表箋詩詞詿誤屠殺儒臣的原因。後來的許多明史論著和朱元璋傳記,更把這些傳聞作為信史加以徵引,藉以批判朱元璋的文化專制主義。

那麼,趙翼徵引的這些文字獄案的傳聞是否可信呢?20世紀50年代初,已有港臺及海外學者著文對此進行辨析,質疑過此。20世紀七八十年代,美籍華裔學者陳學霖先後發表《徐一夔刑死辨誣兼論洪武文字獄案》(《史林漫識》,中國友誼出版公司2001年版)、《明太祖文字獄案考疑》(《明史研究論叢》第5輯,原載《中央研究院國際漢學會議論文集》第2冊,臺北:中央研究院1981年版)兩篇長文,進行細緻的考辨。作者指出,《廿二史札記》卷三二所載文字獄案資料言明出自《朝野異聞錄》及《閑中今古錄》。《朝野異聞錄》今已不存,《閑中今古錄》今存摘錄抄本,趙翼所引的資料,大多未見於這個摘錄本。不過,趙翼引用的這些傳聞故事,可以在徐禎卿《剪勝野聞》(刊於1500年前後)、梁億《皇明傳信錄》(刊於1520年前後)、郎瑛《七修類稿》(成書於1566年前後)、田汝成《西湖遊覽志餘》(刊於1584年)、鄧球《皇明泳化類編》(刊於1570年)等野史稗乘中找到。這些野史稗乘包括黃溥的《閑中今古錄》在內,成書於弘治至萬曆年間(1488-1620年),距朱元璋在位時間已有一二百年,所載的這些文字獄案又都不見於官修史書的記載,而且彼此牴牾,荒唐可笑,甚至違背基本的歷史常識,因而是不可信的,不可視為史實。

例如《廿二史札記》的《明初文字之禍》云:「按是時文字之禍起於一言。時帝意右文,諸勛臣不平,上語之曰:『世亂用武,世治宜文,非偏

也。』諸臣曰：『但文人善譏訕。如張九四（張士誠小名九四）厚禮文儒，及請撰名，則曰士誠。』上曰：『此名亦美。』曰：『《孟子》有士誠小人也之句，彼安知之？』上由此覽天下章奏，動生疑忌，而文字之禍起云。」這則資料，本於《閑中今古錄》。今存《閑中今古錄摘抄》保留了這段記載，原文為：

> 蔣景（清）高，象山人，元末遺儒也。內附後仕本縣教諭，罹表箋禍。赴京師，斬於市。斯禍也，起於左右一言。初洪武甲子（十七年）開科取士，向意右文，諸勛臣不平。上語以故，曰：「世亂則用武，世治宜用文，非偏也。」諸勛進曰：「是，固然。但此輩善譏訕，初不自覺。且如張九四，厚禮文儒，及請其名，則曰『士誠』。」上曰：「此名甚美。」答曰：「《孟子》有『士誠小人也』之句，彼安知之？」上由此覽天下所進表箋，而禍起矣。

按照這段文字的記載，表箋之禍起於洪武十七年（1384年）。所謂表箋之禍，是指內外文武諸司在正旦、冬至、萬壽聖節，上皇太後、太皇太後尊號與冊立東宮等節日之時所上表（進上位之祝文）、箋（上東宮之祝文）觸犯文字格式和忌諱而遭殺戮的獄案。但朱元璋從洪武六年九月起曾先後五次頒定奏牘與表箋成式，並規定「若有御名、廟諱，合依古二名不偏諱，嫌名不諱。若有二字相連者，必須迴避」（《洪武禮制·進賀禮儀》）。起草表箋的儒官對此不可能罔無所知，故意觸犯禁忌。再說，在二十八年到三十年，朝鮮遣使入貢，「表文語慢」，「表涉譏訕」，朱元璋僅對貢使進行「詰責」（《明史》卷三二一，《朝鮮傳》），並未處以極刑。而蔣清高本人，據民國《象山縣志》卷二三《蔣清高傳》所錄的蔣氏譜牒，繫於洪武九年卒於本縣儒學教諭的任所，亦非於十七年被斬於京師，可知其死與所謂表箋詿誤實不相涉。至於說朱元璋因武臣引《孟子》「士誠小人也」之句而興表箋之獄，更不可信。《孟子》的這句話，應讀作「士，誠小人也」，武臣讀作「士誠小人也」，顯然是割裂原文，斷章取義。而洪

武十七年的朱元璋，已非「學問未深」之人，他不僅熟習經史，而且擅長
文字，親自批答奏章，撰寫詩文，因而絕不可能為武臣故作曲說的小伎倆
所矇騙而大興表箋之獄的。

又如《明初文字之禍》引述《朝野異聞錄》記述明初十幾個儒官因表
箋詿誤被殺的一段資料。《朝野異聞錄》今已不存。陳學霖查檢現存之野史
稗乘，認為這十幾起刑獄的最早記錄似係梁億的《皇明傳信錄》，該書收
入朱當編纂的《國朝謨烈》輯遺。《皇明傳信錄》記述這十幾個儒官所犯的
文字忌諱，並說明其被誅的理由是：

> 以今觀之，諸臣之以「為則」「作則」「儀則」等字而被誅
> 者，以「則」字與「賊」字音相近也。以用「生知」等字而被
> 誅者，「生」字以「僧」字音相似也。以用「法坤」字被誅者，
> 以其字與「發髡」相似也。用「藻飾太平」字被誅者，以其音
> 與「早失」相似，又以「妝飾太平」意思也。其餘有所犯而誅之
> 者，則未知聖意所在。或者以「秋」為蕭殺之時，「雷」為搏擊
> 之物。「黃扉」之「扉」字音與「非」同。「取法象魏」為「去髮
> 則類鬼」。而「貳君父以頒爵祿」與「拜望青門」，為其語太重
> 而無父子尊卑之別故耶。然凡為臣子，受君父之爵祿以榮其身，
> 以顯其親，以飽暖其妻子。苟有人心者弗能招稱萬一，已足慚
> 恨，矧譏議君父耶。意者諸臣之在當時不學無術，罔識忌諱，遂
> 用此字音以取殺身之禍，蓋皆出於不幸耳。不然，則雖萬死不足
> 以贖其罪，尚足惜乎哉。

但是，從朱元璋所頒表箋成式來看，他的旨意在於振興古文，要求辭
藻典雅，廢除四六駢儷，所有名諱皆依古禮，「二名不偏諱，嫌名不諱」，
除兇惡字樣外，並沒有其他應避之忌諱，何以會因為使用「作則」「生知」
「法坤」諸詞而誅殺儒官呢？說「作則」音近「作賊」，是影射他朱元璋參
加過農民起義，故而誅之，恐怕不符合歷史事實。朱元璋稱吳王、完成封
建化的過程後，雖然視劉福通、小明王的北方紅巾軍和彭瑩玉、徐壽輝的

南方紅巾軍為「盜賊」，極力抹殺自己曾臣服於小明王、使用龍鳳年號的史實，但在他的心目中，郭子興率領的紅巾軍卻是「王者之師」，從不諱言他參加這支隊伍之事，在《紀夢》一文中即詳細記述自己投奔這支隊伍的過程。

說「生知」「法坤」與「僧知」「髮髡」聲音相近，有譏訕主上之嫌，故而殺之，更是無稽之談。因為朱元璋從不諱言自己當過和尚，《皇陵碑》《紀夢》都講過自己早年寄身釋門的經歷，登基之後又大力崇佛，並寫過《三教論》《官釋論》《修教論》等闡述佛教教義的文章。至於其他表箋文字觸犯禁忌的說法，更可謂瞎人摸象，跡近胡說。難怪王世貞會說《皇明傳信錄》「大抵出梁億筲人語，不足存也」（《弇山堂別集》卷二二，《史乘考誤》），沈德符會譏諷梁億「乃不自揆，僭稱傳信。……庸妄人自名為信，他人何嘗信之？」（《萬曆野獲編》卷一，《建文君出亡》）

又如《明初文字之禍》引《閑中今古錄》載：「杭州教授徐一夔賀表有『光天之下，天生聖人，為世作則』等語，帝覽之大怒，曰：『生者僧也，以我嘗為僧也。光則剃髮也，則字音近賊也。』遂斬之。」此則記載未見於現存的《閑中今古錄摘抄》，不過《剪勝野聞》及《西湖遊覽志餘》皆有錄載，可見它流傳甚廣。但據光緒年間丁丙編校、徐一夔著作《始豐稿》跋文的考證，徐一夔實際死於建文初年，並非因上表犯忌而遭朱元璋殺害。徐一夔晚年撰寫的《故文林郎湖廣房縣知縣齊公墓志銘》，稱齊莊卿「其生也，元至元丁卯。其卒也，明洪武戊寅。以明年祔葬考墓左」（徐一夔：《始豐稿·補遺》）。洪武戊寅為三十一年，明年即為建文元年（1399年），當時徐一夔已年逾八十。這篇墓志銘的撰定，亦成為徐一夔活到建文初年，並非死於朱元璋誅殺的一個有力的旁證。再說徐一夔是《大明集禮》的主要修纂之一，不可能不懂避諱，也不可能不知道朱元璋幾次頒行的表箋格式，他本人同明王朝又不存在任何矛盾，怎麼會寫出犯忌的表箋而自招滅頂之災呢？可見徐一夔獄案的佚聞雖然流傳甚廣，卻並非信史。

《明初文字之禍》還引《閑中今古錄》的記載，稱高僧來復作《謝賜宴詩》，有「殊域」及「自慚無德頌陶唐」之句，朱元璋閱後大為惱火，曰：「汝用『殊』字，是謂我歹朱也。又言『無德頌陶唐』，是謂我無德，

雖欲以陶唐頌我而不能也。」遂斬之。此則傳聞，也未見於今存之《閑中今古錄摘抄》，卻見之於郎瑛《七修類稿》、鄧球《皇明泳化類編》諸書。不過，據釋明河《補續高僧傳》及釋元賢《繼燈錄》的記載，來復是在洪武二十四年涉嫌胡惟庸黨案被殺，而非觸犯文字禁忌而被殺的。後來，王春瑜又作《明初二高僧史跡考析》一文（《明清史散論》，東方出版中心 1996 年版），考證明中後期野史稗乘所載明初二高僧史跡之謬誤。郎瑛《七修類稿》卷三四《二僧詩累》載：

> 元末高僧，四明守仁字一初，錢塘德祥字止庵，皆有志事業者也，遭時不偶，遂髡首而肆力於詩云……入國朝，皆被詔至京，後官僧司。一初《題翡翠》云：「見說炎州進翠衣，網羅一日偏東西；羽毛亦足為身累，那得秋林靜處棲？」止庵有《夏日西園》詩：「新築西園小草堂，熱時無處可乘涼。池塘六月由來淺，林木三年未得長。欲淨身心頻掃地，愛開窗戶不燒香。晚風只有溪南柳，又畏蟬聲鬧夕陽。」皆為太祖見之，謂守仁曰：「汝不欲仕我，謂我法網密耶？」謂德祥曰：「汝詩熱時無處乘涼，以我刑法太嚴耶？」又謂：「『六月由淺』『三年未長』，謂我立國規模小而不能興禮樂耶？『頻掃地，不燒香』，是言我恐人議而肆殺，卻不肯為善耶？」皆罪之而不善終。

王春瑜經考證指出，守仁著有《夢觀集》，《四庫全書總目》及其他重要書目均未載該書，未知尚存天壤否？但清代朱彝尊讀過這部詩集，發現集中根本沒有《題翡翠》，說：「此詩不載集中，當出好事者附會。使誠有之，必不敢進呈也。」（《明詩綜》卷九〇）而錢謙益在《夢觀法師仁公》小傳中又記其生平說：「守仁……洪武十五年徵授僧錄司右講經，甚見尊禮，三考升右善世。母歿，奉旨奔喪，賜鏹殯殮。洪武二十四年主天禧，示寂於寺。」（《列朝詩集小傳》閏集）說明守仁同朱元璋關係良好，最後圓寂於天禧寺，是善終天年的。德祥著有《峒嶼集》，載入《四庫全書總目》卷一七五，錢謙益曾讀過這部詩集，謂：「《西園》詩今載集中，

不知所謂忤上者何語？野史流傳不足信也。」他還考述德祥的生平說，德祥「洪武初住持徑山，臨終倚座曰：『一隊瞳糟漢，我爭如爾何？』談笑而逝。……公生元季，至永樂中尚在也。有和御製賜赤腳僧詩，又《句容道中》詩云：『十年三度上京華』，則洪武中應召浮屠也」（《列朝詩集小傳》閏集）。說明德祥與朱元璋關係也良好，曾得到朱元璋的御賜詩，十年之中三上京師，與縉紳往來密切，且活到永樂中期，才「談笑而逝」，亦得善終。因此，說兩位高僧因詩獲罪而不善終，亦屬無稽之談。

　　陳學霖、王春瑜還指出，明朝開國以後，朱元璋雖極垂意史事，設有記注官並開局修史，纂成《元史》、日曆及其他政書，但獨缺起居注一類記錄。朱元璋為加強專制主義集權，又大興獄案，厲行文化專制主義，私家著述不僅數量很少，而且諱言國初史事。《明太祖實錄》經建文、永樂兩朝三次修纂，又多迴避、竄改之處。這一切，更導致了明初史事的諸多闕略與模糊不清。到了明中後期，隨着商品貨幣經濟的發展，封建統治的鬆弛，逐漸興起反君權的思潮。此時的朱元璋，按「新鬼大，舊鬼小」的世俗原則，已成為無害的聖像，人們把抨擊的矛頭集中到他身上，藉他這個靶子來發泄對當朝君主和封建專制的不滿。於是，便出現許多記載朱元璋暴政穢行的野史稗乘。

　　而明中期以後科舉考試制度的推廣，地方教育的普及，書籍印刷行業的發展，士紳與庶民文化水平的提高以及江南市鎮的勃興，又使這些野史稗乘得以廣泛流傳。但是，此時距龍興已逾百年之久，這些採錄閭巷傳聞的野史稗乘所記載的明初史跡，自然不可能全部真實可靠，而是有真有假，真真假假，混沌不清。如果要研究明中後期民間對明初史事包括對朱元璋的認識與評騭，這些野史稗乘無疑是絕好的第一手資料，但如果用來研究明初史事包括朱元璋的生平事跡，則必須先做一番去偽存真的考訂工作，否則就會謬之千里，是不可能得出客觀、正確的結論的。

第十二章

休養生息，發展生產

第一節　休養生息，振興農業

　　明王朝建立之後，到處是戰爭的廢墟，呈現一派人口銳減、田疇荒蕪的凋敝景象。往昔的繁華勝地揚州，元末為地主武裝青軍元帥張明鑒所據，其部眾暴悍，專事剽劫，「人皆苦之」。到龍鳳三年（1357年）被朱元璋部將繆大亨攻克時，「城中居民僅餘十八家」（《明太祖實錄》卷五）。素稱繁盛的蘇州，也是「邑裏蕭然，生計鮮薄」（《寓圃雜記》卷五，《吳中近年之盛》）。湖廣澧州慈利縣，「流亡者眾，田多荒蕪」（《明太祖實錄》卷六一）。常德府武陵等十縣「土曠人稀，耕種者少，荒蕪者多」（《明太祖實錄》卷二五〇）。雲南「土地甚廣，而荒蕪居多」（《明太祖實錄》卷一七九）。四川所轄州縣「居民鮮少」，成都故田數萬畝「皆荒蕪不治」（《明太祖實錄》卷一八一）。西北不少地方，更是「城邑空虛，人骨山積」（《明太祖實錄》卷五六）。中原諸州，「元末戰爭受禍最慘，積骸成丘，居民鮮少」（《明太祖實錄》卷一七六）。洪武元年（1368年）閏七月，徐達從汴梁率師北伐，「徇取河北州縣，時兵革連年，道路皆榛塞，人煙斷絕」（《明太祖實錄》卷三三）。山東也是殘破不堪。洪武三年六月，濟南知府陳修和司農官上奏：「近城之地多荒蕪。」（《明太祖實錄》卷五三）兗州府定陶縣「井田鞠為草莽，獸蹄鳥跡交於其中，人行終日，目無煙火」（乾隆《定陶縣志》卷九）。河南、兩淮也好不了多少。衛輝府獲嘉縣，洪武三年縣太爺上任時，「口，土著不滿百，井閭蕭然」（萬曆《獲嘉縣志》卷五，《官師志・宦績》）。穎州地區，「民多逃亡，城野空虛」（《明太祖實錄》卷三六下）。

　　直到洪武十五年九月，致仕晉府長史桂彥良上《太平治要十二條》，還說：「中原為天下腹心，號膏腴之地，因人力不至，久致荒蕪。」（《明

經世文編》卷七，《桂正字集·上太平治要十二條》）人民力竭財盡，百姓生活極端困苦，地主貴族難以榨取到地租，國家的稅源近於枯竭。各地的官府和衞所不斷傳來「累年租稅不入」，「積年逋賦」（《明太祖實錄》卷六一、二五五）。許多府州縣，因戶、糧不及數只得降格，如開封由上府降為下府，萊州由上府降為中府。洪武十年，河南、四川布政司由州改為縣者 12 個，縣合併者 60 個。十七年，全國因民戶不及 3000 人、由州改為縣者多達 37 個。明初的經濟，已經陷於破產的境地。

　　元末農民戰爭結束之後，民心思治，廣大農民都亟盼社會能夠安定下來，讓他們回到土地上進行生產，生活得到改善。而作為新王朝的最高君主，朱元璋也清醒地認識到，「民富則親，民貧則離，國家休戚係焉」，並提出「藏富於民」的主張，說：「保國之道，藏富於民。」（《明太祖實錄》卷一七六）他指出「民貧則國不至獨富，民富則國不能獨貧」，「大抵百姓足而後國富，百姓逸而後國安，未有民困窮而國獨富安者」（《明太祖實錄》卷二五三、二五〇）。他決定順應民心思治的歷史潮流，實行「休養生息」的政策，恢復與發展生產。登基前夕，朱元璋向山東派遣一批府州縣官員，便特地叮囑他們：「今山東郡縣新附之民，望治猶負疾者之望良醫。醫之為術者，有攻治，有保養。攻治者，伐外邪，保養者，扶元氣。今民出喪亂，是外邪去矣，所望休養生息耳。休養生息，即扶元氣之謂也。汝等今有守令之寄，當體予意，以撫字為心，毋重困之。」（《明太祖實錄》卷二八下）登基即位的當月，他又鄭重告諭入京朝覲的各府州縣官員：「天下初定，百姓財力俱困，譬猶初飛之鳥不可拔其羽，新植之木不可搖其根，要在安養生息之！」（《明太祖實錄》卷二九）

　　農業是我國封建社會最主要的生產部門，朱元璋的休養生息政策，重點就放在農業上面。他反覆告諭羣臣「農為國本，百需皆其所出」（《明太祖實錄》卷四二），要求各級官員把「田野闢，戶口增」作為治國之急務，並採取一系列措施，落實休養生息政策，促進農業生產的恢復和發展。除前面提到的調整土地配置、提高勞動者地位、減輕賦役徵派、節省國家開支、慎重使用民力、注意恤貧賑災之外，還有限制僧道數量、實行移民、墾荒屯田、獎勵農桑、興修水利等重大舉措。

　　元朝的殘暴統治、元末的天災和戰亂的破壞，使全國人口大量減少，造成農村勞動力極端缺乏。為了解決勞動力的嚴重不足，使大量的荒地得到耕墾，朱元璋在提倡佛教、道教的同時，嚴格限制僧道的數量。洪武六年八月，禮部報告全國共有僧尼道士 96328 人，朱元璋認為人數太多，安坐而食，蠹財害民，於十二月下令：「府州縣止存大寺觀一所，並其徒而處之，擇有戒行者領其事；若請給度牒，必考試，精通經典者方許。」又以民家多以女子為尼姑、女冠，規定：「自今四十以上者聽，未及者不許。」（《明太祖實錄》卷八四、八六）十七年閏七月，又採納禮部官員趙瑁的建議，規定每三年發放度牒一次，只有考試合格者才能領取。二十年八月，又做出更加嚴格的規定：「民年二十以上者不許落髮為僧，年二十以下來請度牒者，俱令於在京諸寺試事三年，考其廉潔無過者，始度為僧。」（《明太祖實錄》卷一八四）從二十四年六月起，還多次下令清理全國的佛、道，並規定：「僧道有妻妾者，諸人許捶逐，相容隱者罪之，願還俗者聽。亦不許收民兒童為僧，違者並兒童父母皆坐以罪。年二十以上願為僧者，亦須父母具告有司奏聞方許，三年後赴京考試，通經典者始給度牒，不通者杖為民。」（《明太祖實錄》卷二三一）。二十八年，因全國僧道數量還是太多，又令 60 歲以下僧道一律赴京考試，不通經典者均予開除。這些規定，一步比一步嚴格，使不事生產的僧道人數比元代大為減少，也相應地增加了農業生產的勞動力。

　　元末農民戰爭結束後，一些起義農民繼續屯聚山林，不登戶籍，打官劫舍，既威脅到明王朝的統治，也減少了農村的勞動力。洪武元年十月，朱元璋頒發《克復北平詔》，宣佈他們只要回鄉參加生產，一律不予追究。詔書規定：「避兵人民，團結山寨，詔旨到日，並聽各還本業。若有負固執迷者，罪在不原。」（《皇明詔令》卷一）。這實際上是一次大赦。它的實行使許多逃戶回村投入生產，對安定社會、發展生產很有好處。到洪武後期，朱元璋甚至允許不願回鄉的逸戶流民就地落籍耕種。二十四年三月，太原代州繁峙縣上奏，說該縣有逃民 300 戶連年招撫不還，請求派衛所軍隊追捕。朱元璋諭戶部臣曰：「今逃移之民，不出吾疆域之外，但使有田可耕，足以自贍，是亦國家之民也。即聽其隨地佔籍，令有司善撫之。

若有不務耕種，專事末作者，則逮捕之。」（《明太祖實錄》卷二○八）

要發展農業生產，光有勞動力還不行，還得讓耕者有其田。為此，朱元璋稱帝後，就大力調整土地配置，實行計民授田，並鼓勵有餘力者盡力耕墾。但是，由於荒地太多，仍有許多土地閑置荒廢，無人耕墾。朱元璋又繼承歷代王朝一些成功的經驗，在全國範圍內，開展大規模的移民屯墾和軍隊屯田。

移民屯墾即民屯，在明朝建立之前即已開始。吳元年（1367 年）十月，朱元璋命大將軍徐達率師北伐的同時，下令移蘇州富民實濠州，十二月又徙方國珍官屬居濠州。明朝建立後，移民屯墾全面展開，制度也不斷完善。

明初的民屯，按移民的不同來源分為三種形式：「移民就寬鄉，或召募，或罪徙者。」（《明史》卷七七，《食貨志》）其中，最主要的一種形式是「移民就寬鄉」，即把無田或少田的農民從人多田少的窄鄉移至人少田多的寬鄉屯田。移民的對象有兩類，一類是丁多田少的人戶，按一定的比例分丁遷移。如洪武二十八年二月，山東布政司奏請將青、兗、登、萊、濟南五府民「五丁田不及一頃、十丁以上田不及二頃、十五丁以上田不及三頃並小民無田耕者，皆令分丁就東昌開墾閑田」，至七月共起赴東昌編籍屯田者「凡一千五十一戶、四千六百六十六口」（《明太祖實錄》卷二三六、二三九）。三十年二月，命戶部遣官至江西，移民至湖南常德府武陵等十縣屯種，其中也有一部分屬於「丁多人民」，即丁多田少的人戶。另一類是「無田者」「無恆產者」，不論多少人丁，全家遷移。如洪武三年六月，「上諭中書省臣曰：蘇、松、嘉、湖、杭五郡地狹民眾，細民無田以耕……宜令五郡民無田產者往臨濠開種」，「於是徙者凡四千餘戶」（《明太祖實錄》卷五三）。「移民就寬鄉」是明初民屯的主要形式，也是效果最為顯著的一種。

民屯的另一種形式是招募民人屯田，招募的對象主要是「流移未入籍之民」，即流民。洪武二十二年九月，「上以山西地狹民稠，下令許其民分丁於北平、山東、河南曠土耕種」。「山西沁州民張從整等一百一十六戶，告願應募屯田」，「命賞從整等鈔錠」，「分田給之」（《明太祖實

錄》卷一九七）。三十年五月，戶部尚書郁新的奏書又提到「山西狹鄉無田之民募至山東東昌高塘境內屯種給食，已及三年」（《明太祖實錄》卷二五三）。不過，洪武年間招募的次數不多，規模也不大。

民屯的又一種形式是所謂「罪徙」，即遷徙敵對勢力屯田。遷徙的對象包括故元官吏和將士、塞外邊民、周邊少數民族的降民和降卒、江南豪強勢族、羣雄殘餘勢力及罪犯。這種民屯，帶有明顯的政治意圖，但拓墾荒地仍是重要目的。故元官吏及周邊少數民族的降民降卒大多遷入內地屯田，其中有一部分遷至鳳陽屯種。如徐達僅在洪武四年，就徙山後順寧、宜興州沿邊之民 9 萬餘人於北平州縣屯戍，另有 19 萬餘人散處衛府屯戍，又徙沙漠遺民 32860 戶於北平府管內之地屯田（《明太祖實錄》卷六二、六六），三次移民總計 45 萬人左右。洪武六年，「上以山西弘州、蔚州、定安、武、朔、天城、白登、東勝、豐州、雲內等州縣北邊沙漠，屢為胡虜寇掠，乃命指揮江文徙其民居於中立府，凡八千二百三十八戶，計口三萬九千三百四十九」（《明太祖實錄》卷八五）。對罪犯，洪武四年以前多謫往兩廣充軍，五年正月，朱元璋「詔今後犯罪當謫兩廣充軍者，俱發臨濠屯田」（《明太祖實錄》卷七一）。二十年三月，又採納四川漢州德陽縣知縣郭叔文的建議，以遷謫之人屯種「成都故田數萬畝」（《明太祖實錄》卷一八一）。

民屯的移民，除政治性移民之外，主要來自人口比較稠密的山西和江西，其次是江南蘇、松諸府和徽州、北平的真定、湖北的黃州以及山東東部。他們先是集中到附近的某個地點，然後再成羣結隊地往外遷徙，從而形成若干個較大的移民集散地。其中，尤以山西平陽府洪洞縣大槐樹（今洪洞縣舊城北一公里的賈村西側）、江西饒州府鄱陽縣瓦屑壩（今江西鄱陽瓦燮坽村）、直隸蘇州府城的西門閶門、湖廣黃州府麻城縣孝感鄉、山東兗州府滋陽縣棗林莊（今山東兗州安丘府村）最為有名。這些移民的後代，年代久遠之後，忘記了他們的祖籍所在地，往往把他們當年祖輩外遷的集散地作為家鄉的代名詞，自稱是洪洞大槐樹人、鄱陽瓦屑壩人、蘇州閶門人、麻城孝感人、兗州棗林莊人，等等。

這些移民，除了招募的一小部分是出於自願以外，大部分是由官府強

制遷徙的。即使是家無恆產的農民，他們安土重遷的觀念極為濃厚，也不怎麼願意遠離家園到偏遠的荒地去屯田。因此，官府往往採用法律或軍事手段強迫他們遷徙。例如洪武八年春，「有旨遣（江南）貧民無田者至中都鳳陽養之，遣之者不以道，械繫相疾視，皆有難色」（《明史》卷七七，《食貨志》）。據民間傳說，山西在移民之初，官府先是在三晉遍貼告示：「不願遷徙者，到洪洞大槐樹下集合，限三天趕到。願遷徙者，可在家等候。」那些不願遷徙的鄉民，紛紛攜兒挈女，從各地趕到洪洞來。三天之內，在大槐樹下集結了十萬之眾。大批官兵忽然蜂擁而至，把他們包圍起來，用繩索將每戶的一家老小拴在一起，強行遷徙。為了防止他們半道逃跑，官兵還在每人的小腳趾上劃了一刀，使之呈現兩瓣趾甲的形狀。山東就有民謠唱道：「誰的小腳指甲兩瓣瓣，誰就是大槐樹底下的孩。」在遷徙中，每個移民都是雙手反剪到背後，用繩索拴起來。這些移民也就形成揹着雙手走路的習慣。移民在路上想大小便，要向押送的解差報告：老爺，請解開手，我要小便（大便）。經歷的次數多了，後來就簡化成：老爺，解手。於是，解手便成為大小便的代名詞。說小腳指甲呈複瓣狀是大槐樹移民的後代，顯然缺乏科學根據，因為後天造成的肢體傷害並不帶有遺傳性。但關於揹着雙手走路和解手一詞由來的說法，聽起來也能自圓其說。這些民間傳說，反映了當時官府的殘暴和移民的無奈與辛酸。

移民到達屯墾地區後，都編成里甲，即所謂「遷民分屯之地，以屯分里甲」（《明史》卷七七，《食貨志》）。一屯就是一里，下分 10 甲，共 110 戶，由主管屯田的官員監督進行生產。20 世紀 50 年代曾在汲縣（今河南衛輝）郭全屯發現一塊明初遷民碑，碑上記載了洪武二十四年從山西澤州建興鄉遷到河南汲縣雙蘭屯的 110 戶民屯戶主的名單，有當年輪值擔任里長、甲長的戶主和其他戶主的姓名，排列得十分規範整齊。

屯田的移民，由官府授予土地屯種，「永為己業」。具體的授田數額沒有統一規定，大致是「驗其丁力，計畝給之」（《明史》卷七七，《食貨志》）。北方地區大抵是「戶率十五畝，又給地二畝，與之種蔬」；南方地區大抵是「見丁授田十六畝」，荒地多的，則任其開墾，不限頃畝。除在遷徙時發給移民一些路費、衣糧，官府一般還在屯區發給他們耕牛、農具

和種子。移民屯墾之後，可免除三年賦稅。滿三年後，必須向官府繳納賦稅，稅率各地參差不齊，有的是「中分收」（《明太祖實錄》卷五〇），有的是「什一取稅」（《明太祖實錄》卷八一），洪武二十六年才改為「俱照民田起科」（萬曆《明會典》卷一七，《戶部・田上》），即按畝稅三升三合五勺的則例徵收。

當時移民的流向十分廣泛，「東自遼左，北抵宣、大，西至甘肅，南盡滇、蜀，極於交址。中原則大河南北，在在興屯」（《明史》卷七七，《食貨志》）。其中，尤以遷至山東西部、河南及北平的移民數量最多，其次為南京、鳳陽和泗州等地。移民的數量相當龐大。有學者統計，洪武一朝有數字可考的移民數量為 160 多萬人，實際數字可能是此數的一倍甚至還多。這些移民，後來都變成了自耕農。明初小自耕農的數量大增，這也是原因之一。如此大規模的移民屯墾，在一定程度上調整了全國不同地區勞動力和土地配置的疏密程度，使許多荒無人煙的草莽之地得到了開發。長江流域相當一部分地區和華北平原的大部分地區，就是在洪武朝由移民開墾出來的。這兩個地區，在明代便構成中國最基本的經濟區域。

明代的軍屯，最早可追溯到明朝建立之前朱元璋隊伍的屯田。當時為了解決軍糧不足的問題，朱元璋曾令將士在龍江等處分軍屯田。龍鳳九年（1363 年），重申屯田之令，令「將士屯田，且耕且戰」。擊滅張士誠後，又令鄧愈在襄陽領兵屯種。不過，這種由將士「且耕且戰」的屯田，實際上是營田，不是嚴格意義上的屯田。明朝建立後，繼續推行軍屯，但改變了以前那種「且耕且戰」的做法，令部分將士專事守禦，部分將士專事屯種，實行名副其實的屯田。洪武元年（1368 年），朱元璋令諸將分軍屯種濠州、和州、瀘州和鳳陽，開立屯所。又置北平都司於北平，復置大寧都司於兀良哈，分軍屯種。三年，鄭州知州蘇琦上書，建議在與蒙古接鄰之地「屯田積粟，以示長久之規」（《明太祖實錄》卷五〇）。朱元璋命中書省臣參酌行之。於是，諸將開始在邊地募伍屯田。到第二年十一月，中書省奏報，河南、山東、北平、陝西、山西及直隸、淮安等地，均已推行軍屯。二十一年，朱元璋又「令天下衛所督兵屯種」（《明太祖實錄》卷一九三）。二十六年更下達聖旨：「那北邊衛分都一般叫他屯種，守城軍的

月糧，就屯種子粒內支。」（《明經世文編》卷一九八，《潘簡肅公文集‧請復軍屯疏》引明太祖聖旨）要求北邊衛所全部實現屯田自給。此後，全國各地特別是邊疆的衛所普遍實行大規模的屯田。

當時的軍屯，以「屯」為單位。洪武二十八年規定「一百戶為一屯」（《明太祖實錄》卷二三六），設立「屯田百戶所」，即屯所。軍士屯守的比例，開始沒有統一的規定，至二十五年「命天下衛所軍卒，自今以十之七屯種，十之三城守」（《明太祖實錄》卷二一六）。不過，各個衛所具體的執行情況千差萬別，萬曆《明會典》概括洪武年間軍屯的比例說：「軍士三分守城，七分屯種，又有二八、四六、一九、中半等例。」遼東則是全部屯田自給。

屯田的軍士，由官府發給一定數量的屯地，稱為「分」，一分的畝數，視各地的情況而別。一般來說，江南較少，江北較多，邊疆更多，大體上是「每軍種田五十畝為一分。又或百畝，或七十畝，或三十畝、二十畝不等」（萬曆《明會典》卷一八，《戶部‧屯田》）。由於戰亂之後荒地較多，朝廷鼓勵軍士多開多種，個別地方也有多到 500 畝的。按照明朝的制度，每一軍戶出正軍一名，每一正軍攜帶戶下餘丁一名，隨營生產，以佐正軍。正軍和餘丁都攜帶家口。正軍下屯，餘丁和家屬一般就協助他進行屯種。有些地區，餘丁也和正軍一樣，自己領種一分屯地。除撥給屯地，官府還發給屯軍農具、耕畜和種子。官府撥給的屯地屬於官田，發給的農具、耕畜等屬於國家財產，軍士只有使用權，沒有所有權，不准轉移、買賣，屯軍改調、老疾、事故不能耕種者，須交還官府。撥屯之初，免徵屯糧，但適當減少月糧供應，「其城守兵月給米一石，屯田者減半，在邊地者月減三斗」（《明太祖實錄》卷五六）。到洪武七年開始徵收屯糧，稱為「屯田子粒」，具體徵收辦法因地而異，一般比民田畝稅三升三合五勺要高，這是由於官田的稅是租稅合一，既包含賦稅又包含地租。後來在建文四年（1402 年）重定科則，規定「每軍田一分，『正糧』十二石，收貯屯倉，聽本軍支用，『餘糧』十二石，給本衛官軍俸糧」（萬曆《明會典》卷一八，《戶部‧屯田》）。

軍屯制度是一種殘暴的農奴制度，屯軍是強制僉配的，必須世代應

役，沒有人身自由。宣德以後，它便逐步遭到破壞，不能長久推行。但在明初經濟殘破、人民流離的狀況下，軍屯的施行，對經濟的恢復、土地的墾殖，特別是邊疆土地的開發、軍糧的供應還是起到一定的積極作用。洪武末年，全國軍屯的具體屯墾土地數字史無明載，有學者估計達到 70 多萬頃，有學者認為少於 50 萬頃，但數額很大是沒有疑問的。所以，朱元璋曾誇口說：「吾京師養兵百萬，要令不費百姓一粒米。」（陸深：《儼山外集》卷三四，《同異錄》）

民屯和軍屯之外，還有商屯。商屯是一種特殊的民屯，也是軍屯的補充。明代的食鹽由國家壟斷經營，實行「開中法」。當時在邊境駐有大量軍隊，他們的戰守任務繁重，屯田產量又不高，糧餉難以完全自給，從內地往邊疆運送糧食，運費既高，又因交通不便容易違期誤事。於是規定商人把糧食運到邊疆衛所，可換取鹽引到產鹽地支兌食鹽，運到指定的地區銷售牟利。後來，商人乾脆在邊境地區募民屯墾，就地用糧食換取鹽引，以減省運費。於是便出現了商屯。可惜，由於資料的匱乏，明初各地商屯開展的具體情況，現今已無從知曉。

在墾荒屯田的同時，朱元璋還大力獎勵農桑。為了促使全國上下重視農業生產，朱元璋在洪武五年年底敕諭中書省，令今後有司考課官吏，必書農桑、學校治績，否則，「論擬違制，杖降罰，歷三年後，注以吏事出身」（《明太祖集》卷一，《農桑學校詔》）。地方官對農業的發展做出成績的，就加以擢升。如太平知府范常，大力募民墾耕，貸民穀種數千石，秋天獲得大豐收，「私庾既實，官廩亦充」，加上辦學成績突出，被召為侍儀。朱元璋的《農桑學校詔》還規定：「民有不奉天時而負地利者，如律究焉。」他還命令所有的村莊皆置大鼓一面，到耕種季節，清晨鳴鼓集眾。鼓聲一響，全村人丁都要會集田野，及時耕作。「其怠惰者，里老人督責之。里老縱其怠惰不勸督者有罰。」（《明太祖實錄》卷二五五）洪武二十八年，他還採納應天府上元縣典史隋吉的建議，「命鄉里小民或二十家，或四五十家，團為一社。每遇農急之時，有疾病則一社協力助其耕耘，庶田不荒蕪，民無饑饉」（《明太祖實錄》卷二三六）。朱元璋還頒詔，規定農具等物免稅。

　　朱元璋積極提倡桑麻、棉花等經濟作物的種植。早在明朝建立前，他即於龍鳳十一年（1365 年），令各地農民廣泛栽種桑、麻、木綿（棉花）等經濟作物。「有司親臨督勸，惰不如令者有罰，不種桑使出絹一匹，不種麻及木綿使出麻布、綿布各一匹。」明朝建立後，他又重申此令，並命五軍都督府令屯田軍士「人樹桑、棗百株，柿、栗、胡桃之類隨地所宜植之」（《明太祖實錄》卷二一五）。並命工部令民間「但有隙地，皆令種植桑、棗」，工部於是規定，每戶初年種 200 株，次年 400 株，三年 600 株，「栽種過數目，造冊回報，違者全家發遣充軍」（何孟春：《餘冬序錄》外篇；談遷：《棗林雜俎》智集，《課栽桑棗》）。到洪武二十八年，湖廣布政司奏報所屬郡縣，栽種的桑、棗、栗、胡桃等果樹多達 8439 萬株，全國估計 10 億株以上。經濟作物的大量種植，使荒田隙地得到充分利用，既增加農民的收入，也為手工業的發展提供了更多原料，尤其是棉花種植業成就更為突出，意義也更加重大。在宋、元時代，棉花的種植主要集中在南方的局部地區。經過朱元璋的推廣，植棉從此成為全國性的事業，特別是北方，地廣人稀，氣候又適宜棉花的生長，河南、河北、山東、山西逐漸發展成為棉花的主要產地，成為日後江南棉紡織業的原料供應基地。

　　水利是農業的命脈，朱元璋對此非常重視。明朝建立後，他即下令：「所在有司，民以水利條上者，即陳奏。」後又諭工部：「陂塘湖堰可蓄泄以備旱潦者，皆因其地勢修治之。」（《明史》卷八八，《河渠志》）洪武年間，明朝官府曾組織大批人力物力，修建了許多大規模的水利工程。如洪武三年，寧正（即韋正）授河州衛指揮使，兼領寧夏衛事，組織人力「修築漢、唐舊渠，引河水灌田，開屯數萬頃，兵食饒足」（《明史》卷一三四，《寧正傳》）。八年，長興侯耿炳文疏浚陝西涇陽洪渠堰，「由是涇陽、高陵等五縣之田大獲其利」，三十一年他再修洪渠堰，又疏浚堰渠 103668 丈，「民皆利焉」（《明太祖實錄》卷一〇一、二五六）。二十九年修廣西興安縣靈渠 36 陡，「可溉田萬頃，亦可通小舟」（《明太祖實錄》卷二四七）。除了大型水利工程，朱元璋還督促各地的官員組織勞力，利用農閒，大力修建中小型的水利設施。如洪武二十七年派遣國子監生分赴各地，督促吏民興修水利。到第二年年底，全國即修治塘堰 40987 處，

河流 4162 處，陂塘堤岸 5048 處。此外，朱元璋還注意水利設施的保護，《大明律》規定：「凡盜決河防者杖一百，徒三年；盜決圩岸、陂塘者，杖八十。」提調官吏不修河防、圩岸或修而失時者，也要處刑。

休養生息政策的推行，使殘破不堪的農業生產迅速得到恢復和發展。全國的耕地面積大量增加。洪武二十六年三月修成的《諸司職掌》記載：「十二布政司並直隸府州田土，總計八百四十九萬六千五百二十三頃零。」並逐一開列十二布政司及直隸府州之田土數字。這個 849 萬餘頃的數字，顯然不是十二布政司和直隸府州的田土數字，因為據《明太祖實錄》的記載，在大造黃冊的洪武十四年和二十四年，「天下官民田地數」分別是 3667715 頃 49 畝、3874746 頃 73 畝，二十六年的數字不可能比二十四年增加一倍。顧誠《明前期耕地數新探》一文（《中國社會科學》1986 年第 4 期）指出，《明實錄》所載數字為行政系統所轄的 12 布政司和直隸府州數字，而《諸司職掌》所載數字為行政系統所轄田土和軍事系統所轄都司、衛、所田土的總和，由於明初對衛所軍數、屯田數字保密，所以將軍事系統所轄田土分散掛到幾個布政司的名下，稱為「十二布政司並直隸府、州」的田土了。後來的正德《明會典》照抄《諸司職掌》的數字，但其所開列的 12 布政司和直隸府州縣數字中，直隸安慶府比《諸司職掌》多了 1 萬多頃。萬曆年間重修《明會典》，照錄了《諸司職掌》12 布政司和直隸府州的田土數字，但將直隸安慶府的數字按正德《明會典》校正的數字改正過來，加上改正匯總時微小的誤差，將明初田土數字改成「洪武二十六年十二布政司和直隸府州田土總計八百五十萬七千六百二十三頃六十八畝零」。清修《明史》，在《食貨志》中就照抄這個數字，稱：「二十六年核天下田土，總八百五十萬七千六百二十三頃，蓋駸駸無棄土矣。」這個數字，比北宋最高的耕地數字、天禧五年（1021 年）的 584 萬頃（馬端臨：《文獻通考》卷四，《田賦考》），多了 326 萬餘頃（元代沒有全國耕地數字可供比較）。全國的戶口也迅速增長，洪武二十六年《諸司職掌》所公佈的數字為 10652870 戶、60545821 口。這兩個數字僅是戶部綜合各州、縣管轄的戶、口數，不包括衛所轄區內的戶、口數，顯然低於實際的戶、口數。

中外學者對洪武高峰時期的人口數字做過大量研究，由於研究方法

和掌握資料的差異，結論並不一致，估算數字最大的在 1 億口以上，最小的也要超過 6500 萬口。即使以《諸司職掌》所公佈的人口數字，也比《元史‧世祖紀》所載元代最高的人口數字、至元二十八年（1291 年）的 59848964 口（未包括 429118 口游食者），增加了近 70 萬口，而與《宋史‧地理志》所載北宋人口高峰期的宋徽宗大觀四年（1110 年）的 46734784 口相比，增加了 381 萬餘口。國家的賦稅收入也隨之增加。洪武二十六年計徵稅糧 32789800 餘石，鈔 4124000 餘錠，布帛 512002 匹，金 200 兩，銀 20500 餘兩，絲綿、茶、鉛、鐵、硝礬、水銀、硃砂諸物 3654000 餘斤，鹽 1318000 餘引、海貝 310060 餘索（《明太祖實錄》卷二三〇），僅稅糧收入一項，即比元代歲入 12114708 石（《元史》卷九三，《食貨志》）增加了近兩倍。隨着農業生產的發展，「四民各有定業，百姓安於農畝，無有他志，官府亦驅之就農，不加煩擾，故家給人足，樂於為農」（《古今圖書集成‧職方典》卷六九六，《松江府志》）。在洪武年間奠定的基礎上，社會生產在此後的永樂、洪熙、宣德三朝繼續向前發展，「宇內富庶，賦入盈羨」（《明史》卷七七，《食貨志》序），形成明前期的盛世局面，從而為明中期商品貨幣經濟的發展繁榮準備了物質條件。

第二節　手工業的復甦

　　朱元璋對手工業十分重視。為了促進手工業的恢復和發展，他對匠戶制度進行了某些改革。

　　洪武初年，明廷沿用元朝的匠戶制度，將有技藝的工匠編為匠戶，另立戶籍，專為官府服工役。匠戶的人身依附關係很強，社會地位很低，而且世代不得脫籍，自然難有勞動積極性和技術創造性。後來，為了調動他們的積極性，朱元璋逐步實行了改革。當時的匠戶大部分歸工部管轄，他們分散在全國各個省府，根據官府工役的需要，隨時應召入京服役。洪武十九年（1386 年）之前，工部曾建議對各地赴京服役的匠戶實行輪班制，但議而未行。十九年四月，經過工部侍郎秦逵的建議，朱元璋批准執行。

從此，各地匠戶每三年只須到京服役三個月，還可免除家裏的其他徭役，
「工匠便之」（《明太祖實錄》卷一七七）。不過，這種辦法過於死板，往
往與京師工役的需要互相脫節，以致有些工匠按期趕到南京，卻又無工可
役。二十六年十月，按照工部的建議，根據各部門工役的實際需要和行業
的不同，確定五年一班、四年一班、三年一班、二年一班、一年一班等五
種輪班制，給 62 種行業的 232089 名工匠重新頒發勘合，匠戶由免其家他
役改為「與免二丁，餘丁一體當差」（萬曆《明會典》卷一八九，《工部·
工匠》）。除了輪班匠，當時還有住坐匠。洪武十一年，「在京工匠凡五千
餘人」（《明太祖實錄》卷一一八），他們就是坐匠。洪武十三年，明政府
「起取蘇浙等處上戶四萬五千餘家填實京師，壯丁發給各監局充匠，餘為
編戶，置都城之內外，爰有坊廂」（顧炎武：《天下郡國利病書》卷一四，
《江南》）。這些撥給各監局充匠的壯丁，實際上也是住坐匠。只是當時尚
無住坐匠的稱呼，住坐匠的名稱是永樂年間才正式出現的。他們包括固定
在京師服工役的匠戶和在各地都司衛所製造軍裝、武器的軍匠。十一年，
朱元璋「命工部凡在京工匠赴工者，月給薪米鹽蔬，休工者停給，聽其營
生勿拘」（《明太祖實錄》卷一一八），匠戶不僅在服役期間可以得到夥食
津貼，而且可在休工期間自由營業。二十四年又實行計日給鈔，「量其勞
力，日給鈔貫」，二十六年更進一步確定住坐匠的服役期限：「例應一月
上工一十日，歇二十日，若工少人多，量加歇役。」（萬曆《明會典》卷
一八九，《工部·工匠》）

匠戶制度的改革調動了手工業者的積極性，再加上人口的增長提供了
更多的勞動力，桑、麻、棉花等作物的普遍種植提供了更多的原料，而整
個社會經濟的發展又提供了廣闊的市場，明初的手工業如紡織、礦冶、陶
瓷、造船、漆器、製茶、製鹽等，便逐步復甦和發展起來。

明初的手工業，以棉紡織業的發展最為突出。在江南的某些地區興
起了絲綢織染業。明清兩代蜚聲中外的蘇州絲織印染中心，就是在洪武年
間創辦起來的，文徵明說：「蘇郡織染之設，肇建於洪武，鼎新於洪熙。」
（洪煥椿主編：《明清蘇州工商業碑刻集》第 1 頁，江蘇人民出版社 1981 年
版）棉紡織業在元代基礎上又有顯著的發展。江南地區如江蘇、浙江、福

建、廣東、江西、安徽的農村婦女，都普遍參加紡織，就連一些地主家庭的婦女，也以紡紗織布為副業，「諸婦每歲公堂於九月俵散木棉，使成布匹，限以次年八月交收，通賣錢物，以給一歲衣資之用」（鄭濤：《旌義編》）。崛起於元代的松江，仍是全國的棉紡織業中心，「其布之密麗，他方莫並」（王象晉：《羣芳譜》），產品暢銷全國，有「衣被天下」之稱。北方的河北、河南、山東、山西等地，由於棉花的普遍種植，棉紡織業也同江南地區一樣，逐漸成為廣大農村婦女的一種家庭副業。洪武九年正月，明廷曾令山東運棉布 20 萬匹以給遼東軍士；二十二年正月，命山東、北平、山西、陝西四布政司運棉布 134 萬匹赴遼東賜給軍士；二十九年二月，令山東布政司以所徵收的棉布 60 萬匹給北平都司、55 萬匹給遼東都司，山西布政司以所徵棉布 50 萬匹給山西都司，河南布政司以所徵棉布 50 萬匹給陝西都司（《明太祖實錄》卷一〇三、一九五、二四四）。這說明，北方地區的棉布產量已經相當可觀了。

由於棉紡織業的迅速發展，棉布產量急劇增長，國家的賦稅收入也大為增加。以賦稅形式繳給國庫的大量棉布，成為供給軍隊的一宗重要物資。如洪武四年八月賜在京將士 190400 餘人棉布，人各二匹；又賜長淮衛軍士棉布，人各二匹；並詔中書省：「自今凡賞賜軍士，無妻子者給戰襖一襲（套），有妻子者給綿（棉）布二匹。」（《明太祖實錄》卷六七）此後，明廷每年都賜給軍士大量棉布或戰襖，特別是洪武的最後幾年，賜給軍士的棉布、戰襖數量更多。如洪武二十九年，除二月令山東、山西、河南運布 215 萬匹給北平、遼東、山西、陝西都司軍士外，七月又賜給旗手等衛軍士棉布 398000 餘匹，八月復賜 641000 餘匹；十二月，再賜定遼左衛並廣寧三護衛等軍士凡 341000 餘匹（《明太祖實錄》卷二四六、二四八）。由於國庫貯存的棉布很多，明廷有時還用來交換糧食或馬匹。

隨着棉紡織業的發展，紡織技術不斷提高，到明中葉以後，棉布成為人們衣着的普通衣料，人不分貴賤，地無分南北，人人都以棉花、棉布製作禦寒的衣服。在明代以前，棉花的種植不夠普遍，棉布被視為一種珍貴的物品，只有富貴人家才穿得起。直至元代，元世祖以縑素木棉縫製的衣服，穿破了還「重加補綴」，不忍捨棄（《元史》卷二八，《英宗紀》）。

至於老百姓穿的所謂布衣，則是用麻布做成的。到了明代，所謂布衣，才指的是棉布縫製的衣服。

礦冶業有官營和民營兩種。官營的礦冶由朝廷派官直接經營管理，勞動力主要是由民間徵調來的坑冶戶，還有匠戶、軍戶和犯罪判刑的囚犯。朱元璋對官營礦冶採取慎重的態度，注意不專擅利，不重勞民力，一般以足夠供應朝廷營建和軍器製造之用為限，不許多開多採。洪武十五年五月，廣平府吏王允道說磁州臨水鎮產鐵，元朝曾設 8 冶，役使爐丁15000 戶，每年收鐵 100 餘萬斤，建議重新開採。朱元璋說：「朕聞治世天下無遺賢，不聞天下無遺利。且利不在官則在民，民得其利，則利源通而有益於官，官專其利，則利源塞而必損於民。今各冶鐵數尚多，軍需不乏，而民生業已定，若復設此，必重擾之，是又欲驅萬五千家於鐵冶之中也。」（《明太祖實錄》卷一四五），下令將王允道打了一頓，流放海外。整個洪武年間，官營的金銀銅鉛等礦產量不多。銀礦以洪武十九年設置的福建龍溪銀屏山銀場規模最大，「置爐冶四十有二座，置爐首二人，歲辦銀二千一百兩。洪武二十年增其額，並閏月銀一百八十五兩，二十一年、二十二年又增額銀一十兩」，到二十三年所收銀課凡 2295 兩（《明太祖實錄》卷二○六）。此外，在陝西商縣有鳳凰山銀坑八所，在浙江溫州、處州、麗水、平陽等七縣也設有場局。全國的金、銀礦課，據洪武二十三年統計，計有「黃金二百兩，白金（銀）二萬九千八百三十餘兩」（《明太祖實錄》卷二○六）。銅礦有池州府的銅場，洪武五年收銅課 18 萬斤（《明太祖實錄》卷七七）。鉛礦有濟南、青州、萊州三府的鉛場，每年採鉛323400 餘斤，洪武十五年十二月以後罷採（《明太祖實錄》卷一五○）。

洪武年間的官營礦業，以鐵礦的規模最大。洪武五年已有湖廣、廣西、江西、山東、陝西、山西、河南七省鐵冶，當年收入鐵課 8056405 斤（《明太祖實錄》卷七七）。第二年九月，工部又奏：「今年各省鐵冶之數凡八百五十萬三千八百二十斤有奇。」（《明太祖實錄》卷八五）七年四月，設立管理鐵礦、鐵場、鐵廠及負責徵收鐵課的鐵冶所，計有江西南昌府的進賢冶、臨江府的新喻（今江西新餘）冶、袁州府的分宜冶，湖廣的興國冶、蘄州府的黃梅冶，山東濟南府的萊蕪冶，廣東廣州府的陽山冶，陝西

的鞏昌冶，山西平陽府的富國冶和豐國冶、太原府的大通冶（在今山西交城縣）、潞州府的潤國冶、澤州的益國冶等 13 所，歲煉鐵 8052987 斤（《明太祖實錄》卷八八）。後來，河南、四川也設立鐵冶所。十二年又增置湖廣茶陵鐵冶所。十八年二月，朱元璋以採鐵勞民，詔罷各處鐵冶所，聽民自採。二十年三月，工部上奏：「山西交城產雲子鐵，舊貢十萬斤，繕治兵器，他處無有。」（《明史》卷八一，《食貨志》）乃復開大通冶。二十七年正月，因營建益廣，用鐵頗多，又陸續恢復各處的鐵冶所。到二十八年閏九月，內庫貯鐵 3743 萬餘斤，朱元璋認為已足夠軍需、營建之用，又令罷各處鐵冶，令民得自採煉而歲輸鐵課，「每三十分取其二」（《明太祖實錄》卷二四二）。三十一年正月，因工部擔心庫存貯鐵不敷營建之用，又暫開一年鐵冶而復罷。

據萬曆《明會典》記載，「國初定各處爐冶該鐵一千八百四十七萬五千二十六斤」。從二十七年正月復開鐵冶至次年九月內庫貯鐵 3743 萬餘斤的情況來看，這個數字當係洪武末年的鐵課數字。它比洪武五年到七年每年輸鐵數字翻了一番還多。也就是說，洪武末年官營鐵礦的產量比前期增長了一倍多。

洪武年間民營的礦業，只限於開採金銀等貴金屬以外的礦藏，而且必須取得官府的批准，繳納一定的礦稅。不過，朱元璋對民間經營的礦冶採取鼓勵的態度，對官礦適當加以限制，對某些礦藏如鐵礦允許「民得自採煉」，稅率也較低，為三十分取其二，課稅為產量的十五分之一，所以民營礦冶也呈現逐步發展的狀態。但由於資料的缺乏，洪武年間民礦冶的開採情況，目前尚不清楚。

瓷器製造業在元代的基礎上又有新的發展。江西浮梁縣景德鎮是全國製瓷業的中心，那裏既設官窯，也有民窯。洪武二年在珠山之麓開始設置官窯，有大龍缸窯、青窯、色窯、風火窯、匣窯、爁窯等共 20 座（藍浦：《景德鎮陶錄》卷五，《景德鎮歷代窯考》）。這些官窯佔有最熟練的工匠，並獨佔景德鎮的優質瓷土和製作青花瓷所必需的青料，產品也最為精美。青花瓷是當時官窯生產的主流。1964 年在南京明故宮遺址出土了一批洪武時期生產的瓷器，其中就有青花雲龍紋盤和青花纏枝蓮碗各一件。

青花雲龍紋盤的裝飾紋樣繼承元代青花瓷的裝飾手段，外壁青花繪畫，裏壁陽模印花，兩面同是雲龍紋飾，但畫法已有變化，雲彩的雲腳比元瓷畫得短，龍的形象也不像元瓷畫得那麼兇猛。國內外傳世的一批元末明初青花瓷器，據有關專家研究，認為有部分似應屬於洪武時期的官窯產品，其共同特徵是青花色澤一般偏於暗黑（可能是由於戰爭環境中斷青料進口而改用國產青料的緣故），繪畫裝飾開始改變元瓷繪畫層次多、花紋滿的風格，而趨向於多留空白地。除了青花瓷，景德鎮官窯還燒製釉裏紅、釉上彩、單色釉如醬色釉、藍釉等多種瓷器。現存的一件洪武釉裏紅雲龍環耳瓶，胎、釉潔白細膩，紋飾精緻，造型優美，色彩絢麗，極為難得。1964年南京明故宮遺址出土的一件洪武白釉紅彩雲龍紋盤，盤壁表裏各繪有兩條五爪紅龍和兩朵雲彩，燈光透映，兩面花紋疊合為一，反映了當時釉上彩製作的高超水平（南京博物院：《南京明故宮出土洪武時期瓷器》，《文物》1976年第8期）。成書於洪武二十年的《格古要論》，提到洪武時的官窯廠產有「青花及五色花」瓷器（曹昭：《格古要論》卷下，《古窯器論》）。這件白釉紅彩雲龍紋盤的發現，表明洪武時期景德鎮官窯的釉上彩繪技術已經達到成熟階段，《格古要論》的記載是可信的。

景德鎮的官窯「製陶（瓷）供上方」，不僅質量高，而且產量大，一部分供宮廷生活之用，另一部分作為祭器用於祭祀，還有一部分用於宮廷的對外賞賜和交換。洪武七年十二月，朱元璋遣刑部侍郎李浩等帶着大批文綺、陶器、鐵器等物品出使琉球，賞賜中山王察度，並就其國市馬。洪武九年夏，李浩歸國後，反映琉球「不貴紈綺，惟貴磁（瓷）器、鐵釜」，此後明廷對琉球的賞賜便多用瓷器和鐵釜（《明史》卷三二三，《琉球傳》）。十六年，朱元璋又遣使賞賜占城、暹羅、真臘國王大批禮物，其中有瓷器各19000件（《明太祖實錄》卷一五六）。

景德鎮民窯，生產民間日常使用的器皿。洪武二十六年，明廷曾對日用器皿做出嚴格的規定，除了為數不多的公、侯和一、二品官員允許使用金銀器，三品以下官員和庶民之家，酒注及酒盞以外的所有器皿，一律只許使用瓷器和漆器。因此，民用瓷器的需求量很大。景德鎮民窯就是在這種歷史背景下得到恢復和發展的。1964年南京明故宮遺址出土的洪武時期

瓷器，即有大量景德鎮民窯的產品，包括青花瓷、青白釉等品種，而以青花瓷器的數量最多。這些青花瓷器的選料、製坯雖不及官窯產品細緻，裝飾藝術也不及官窯產品精美，但繪畫技法獨特新穎，用筆簡練純熟，表現力很強，首開明代早期青花瓷「一筆點畫」的風氣。除了景德鎮，民窯還廣泛分佈於山西、河南、江西、浙江、廣東、廣西、福建等地，其中浙江的龍泉、福建的德化，都是著名的瓷器產地。

　　造船業也是明初最發達的官營手工業之一。洪武元年，明朝一建立即「命（湯）和造舟明州，運糧輸直沽」（乾隆敕撰：《續文獻通考》卷三一，《國用考》）。此後，明廷出於漕運和防倭的需要，在江蘇、浙江、福建、廣東、山東等地設立船廠造船，官營造船業迅速發展。洪武初年設置的福州造船廠，主要生產防倭船隻。洪武五年設於江蘇太倉小北門外的蘇州府船廠，所造大船「可載重幾萬斛，載人上千」（弘治《太倉州志》卷二）。洪武年間設於南京城西北隅龍江關的龍江船廠，是當時規模最大、設備最齊全的造船廠。它上隸工部，洪武至永樂年間擁有從浙江、江西、湖廣、福建、直隸濱江府縣徵調來的熟練造船匠戶 400 戶，按專業編為四廂，「一廂出船木梭櫓、索匠；二廂出船木、鐵、纜匠；三廂出艌匠；四廂出棕蓬匠。廂分十甲，甲有長，擇其丁力之優者充之。長統十戶，每廂輪長一人，在廠給役，季一更之」（李昭祥：《龍江船廠志》卷三，《官司志·提舉·雜役》）。廠內設有細木作坊、油漆作坊、艌作坊、鐵作坊、蓬作坊、索作坊、纜作坊等七個作坊，不僅能夠製造或修理各種用途的船隻，而且產量很大。當時從山東到遼東海上運糧的船隻，即由龍江船廠建造。其間，從直隸太倉運糧至遼東牛家莊，使用的船隻動計數千艘（嘉靖《全遼志》卷一，《海道》；卷六，《外志》）。後來永樂年間鄭和下西洋所用的大型寶船，有很大部分也是由這個船廠建造的。

　　明代的製鹽業也同歷代王朝一樣，由官府直接控制和壟斷。早在龍鳳十二年（1366 年）二月，朱元璋就在兩淮設置都轉運鹽使司，次年二月在兩浙也設都轉運鹽使司。明朝建立後，在全國各鹽產地遍設都轉運鹽使司（簡稱轉運司、運鹽司或鹽司）和鹽課提舉司，直轄戶部，負責掌管各地的鹽務。其中，兩淮、兩浙、長蘆、山東、福建五個轉運司和廣東、海北

兩個鹽課提舉司，共管轄沿海 144 個鹽場；河東轉運司和四川、雲南黑鹽井、白鹽井、安寧鹽井、五井鹽課提舉司及陝西靈州鹽課司則管轄內地的一大批鹽井和鹽池（《明史》卷八〇，《食貨志》）。製鹽的勞動力主要是灶戶，還有罪犯。灶戶有的地方亦稱「鹽戶」，或沿襲宋元之舊稱為「亭戶」。他們被登記為灶籍，世代以煮鹽為業，不得脫籍。灶戶中的成丁男子（從 16 歲到 60 歲）稱為壯丁，都須承擔定額的鹽課。官府把歲辦鹽課的定額落實到每個鹽灶，撥給一塊草場，供其樵採煮鹽之燃料，並免除灶戶的雜泛差役。灶丁每煮鹽一大引，付給工本米一石。洪武十七年改發工本鈔，規定兩淮、兩浙每引鹽給鈔 2 貫 500 文，其他各處一律每引鹽給鈔 2 貫（《明史》卷八〇，《食貨志》）。灶丁繳足規定的鹽課之後，多餘的鹽必須全部由官府給價徵購，「二百斤為一引，給米一石」（乾隆敕撰：《續文獻通考》卷二〇，《徵榷考》）。全國每年的鹽課約共 1148718 大引，即 2297436 小引（據萬曆《明會典》卷三二、三三所載數字統計），成為明王朝一項重要的財政收入。

此外，洪武年間的火器製造業也有很大的發展，不僅使我國的火器生產保持世界領先的地位，而且也為此後永樂年間建立專門的火器部隊——神機營奠定了基礎。

第三節　商業的逐步繁榮與大明寶鈔的發行

朱元璋的休養生息政策，貫穿着「重本抑末」的總原則，以維護「農不廢耕，女不廢織」（《明太祖實錄》卷一七七）的自給自足的自然經濟。在中國古代的傳統觀念裏，「本」是指農業，「末」是指工商業，漢代以後則多指商業。但農業、手工業和商業並非絕對對立，自然經濟也不完全排斥商業，無論是地主、農民或其他社會階層，他們所必需的生產資料和生活資料，都不可能做到全部自給自足。朱元璋深明此理，說：商賈可以「通有無」（《典故紀聞》卷四），「古者日中而市，是皆不可無也」（《明太祖集》卷一〇，《敕問之士》第十二問）。因此，他對商業也頗為重視。

　　為了推動商業的復甦與繁榮，朱元璋採取了一些重大的措施。首先，實行較低的商業稅率，並將定額制改為實徵制。明朝建立後，繼續維持建國前實行的「三十稅一」的商業稅率。有些官吏超額徵課，朱元璋即嚴加訓斥懲處。彰德稅課司對境內流通的貨物逐一徵稅，就連蔬菜瓜果、飲料食品和牲畜等物都要徵稅，朱元璋聞而黜之。廣東南雄商人運貨入京出售，到長准關，「關吏留而稅之，既閱月而貨不售」，商人向官府告狀，刑部「議吏罪當紀過」，朱元璋「命杖其吏，追其俸以償商人」（《明太祖實錄》卷九八）。洪武初年，各地稅課司局徵稅的數額，皆以司局設置第一年所徵的稅額為準，固定不變。後來，解縉進《太平十策》，對此提出異議，認為「今稅有定額，民必受害。宜令各處稅課隨時多少，從實徵收」（《解文毅公集》卷一，《太平十策》）。二十年（1387 年）九月，朱元璋採納這個建議，將商稅的徵收由定額制改為實徵制。

　　其次，裁減稅課司局，減少徵稅品種。洪武十三年，朱元璋下令裁撤稅收額米不足 500 石的稅課司局 364 個（《明史》卷八一，《食貨志》）。同年，他諭戶部臣曰：「曩者奸臣聚斂，深為民害，稅及天下纖悉之物，朕甚恥焉。」除過去規定的書籍、農具免稅之外，又下令：「自今如軍民嫁娶喪祭之物，舟車絲布之類，皆勿稅。」（《明太祖實錄》卷一三二）

　　最後，加強市場管理，淨化交易環境。洪武元年，朱元璋詔中書省：「命在京兵馬指揮司並管市司，三日一次校勘市斛、鬥、秤、尺，稽考牙儈（經紀人）姓名，平其物價。在外府州各城門兵馬，一體兼領市司。」（《明太祖實錄》卷三七）由負責治安的京師五城兵馬司和各府州縣的兵馬司兼管城鎮的商業活動，包括校勘度量衡、稽考牙儈和評定物價等。商人外出經商，「必先赴所司起關券」（丘浚：《大學衍義補》卷三〇，《徵榷之稅》）。所謂關券，就是商引，也稱路引、物引，上載商人所攜錢、貨及其所經路途。商人持引外出，住進客店，必須詳細登記，以便官府核查。他們必須按規定繳納商稅，「凡客商匿稅，及賣酒醋之家不納課程者，笞五十，物貨、酒醋一半入官」（《大明律》卷八，《戶律·課程》）。市場使用的度量衡，由工部統一標準，「凡度量衡，（工部）謹其校勘而頒之，懸式於市，而罪其不中度者」（《明史》卷七二，《職官志》）。如有私造斛、

鬥、秤、尺，把持行市、哄抬物價的，都要治罪。有些牙儈操縱市場、盤剝商人，洪武十九年曾下令禁止牙儈，規定全國府州縣鎮店，不許有官牙、私牙存在。一切客商應有貨物，照例納稅之後，聽從發賣。不過，到洪武末年又恢復官牙的設置，但仍禁止私牙。

在農業和手工業發展的基礎上，農產品和手工業產品越來越多地投向市場，因元末的長期戰亂而陷於停滯的商品貨幣關係，開始緩慢地復甦。加上朱元璋所採取的輕稅、保護的政策措施，商業逐步繁榮起來了。城市成為商品的生產和銷售中心，設有許多手工業作坊和批發商號，集中了大量的手工業工人和商人，人口急劇增長，呈現一派欣欣向榮的景象。

首都南京，洪武十一年改稱京師，轄有上元、江寧二縣。由於這裏地理條件十分優越，素有「龍盤虎踞」之稱，早在 2500 多年以前的春秋末期，即已有了城市的建設。後來東吳、東晉、宋、齊、梁、陳和南唐等朝先後在此建都，使之逐漸發展成為一座繁華的大城市。但是，在龍鳳二年（1356 年）三月朱元璋攻佔這座城市後，李善長「籍軍民凡五十萬」（鄭曉：《吾學編》名宦記卷三，《太師丞相韓國李公》），其中的軍士後來隨着朱元璋隊伍南征北戰而遠走四方，其餘的土著人口大多也在洪武建國之後徙置雲南，因此洪武初年南京的人口數量不是很大。據統計，洪武四年（1371 年）關廂的軍民官吏有「二萬七千一百五十九」戶（《明太祖實錄》卷六三），大約 10 萬人，另有在京駐軍 143200 餘人（《明太祖實錄》卷六一），總人口約有 25 萬人。此後，除淮西勳貴及其家屬入住京城，朱元璋又下令從各地調入吏員、軍士、力士、富戶、倉腳夫和工匠，京師的人口不斷增加。到二十四年，上元已有「戶三萬八千九百有奇、口二十五萬三千二百有奇」，江寧已有「戶二萬七千有奇、口二十二萬有奇」（顧起元：《客座贅語》卷二，《戶口》），合計有 66900 餘戶、473000 餘口，加上京師駐軍，當有 65 萬人左右，如再加上國子監生、輪班工匠和來京商人等非常住人口，人口總數可能達到八九十萬人。後來，京師人口陸續膨脹，達到「比舍無隙地」的地步。

京師的手工業非常發達，紡織業、造船業、印刷業尤為有名，金銀首飾、銅鐵器、樂器、弓箭、鞍轡等製作也有較高的水平。官營手工業作坊

的規模很大，除有大批終身服役的住坐匠之外，還有大量從各地輪流赴京服役的輪班匠，據洪武二十六年的規定，當時全國 232000 餘名輪班匠，就有 129900 餘人在京師上班服役（萬曆《明會典》卷一八九，《工部・工匠》）。除了官營手工業作坊，京師還有許多民營的手工業作坊和店舖。「百工貨物買賣，各有區肆」，如銅鐵器在鐵作坊；皮市在笪橋南；鼓舖在三山街口、大內西門之南；履鞋在轎伕營；簾箔在武定橋東；傘在應天府街西；弓箭在弓箭坊；木器南在鈔庫街，北在木匠營。除固定的店舖之外，還有許多小商小販，在鬧市的路旁搭棚披廈，進行各種貿易活動。此外，在人煙稠密的鬧市區和各地商人經常出入的各座城門之外，還設有十幾個市集。如大市在舊天界寺門外的大市街，百貨齊集；大中街市在大中橋西，三山街市在三山門內斗門橋左右，時果所聚；新橋市在新橋南北，魚菜所聚；來賓街市在聚寶門外，竹木柴蔬等物所聚；龍江市在金川門外，柴炭等物所聚；江東市多聚客商船隻米麥貨物；北門橋市在洪武門街口，多售雞鵝魚菜等物；長安市在大中街東，內橋市在舊內府西，聚賣羊只牲口；六畜場，在江東門外，買賣馬、牛、驢、騾、豬、羊、雞、鴨等畜禽；上、中、下塌房在清涼門外，聚賣緞匹、布帛、茶、紙、蠟等貨物；草鞋夾在鳳儀門外江邊，屯集栿門。為了便利各地客商，官府還在京師的長安街口、竹橋北、通濟街西和江東門內南北街各開設一處客店，供商人住宿；在通政司、鼓樓、應天府、安德門外和太平門外各設一處郵舖，便於商人與外界聯絡；在三山門等門外瀕水之處蓋了幾十座房子作為塌房，供商人存放貨物。同時，還建有 16 座歌妓酒樓和富樂院，供商賈消遣娛樂。所有這一切，使京師顯得異常繁榮。

除了京師，北平、蘇州、松江、鎮江、淮安、常州、揚州、儀真、杭州、嘉興、湖州、福州、建寧、武昌、荊州、南昌、吉安、臨江、清江、廣州、開封、濟南、濟寧、德州、臨清、桂林、太原、平陽、蒲州、成都、重慶、瀘州等地，也是明初著名的工商業城市。此外，各地區還興起一批小市鎮，如吳江縣的平望鎮，明初已有「居民千百家，百貨貿易如小邑」，嚴墓市「明初以村名，時已有邸肆」（乾隆《震澤縣志》卷四，《鎮市村》），它們到明代中後期都發展成為商業繁盛的市鎮。

在海外貿易方面，洪武初年存在私人和官方兩種不同的渠道。明朝初建之時，便有一些外國商人梯山航海，來到中國做生意。如洪武元年正月，朱元璋就帝位不久，即有「賈胡浮海適至，聞上即位，以美玉來獻」（《明太祖實錄》卷二九）。二年五月，朱元璋的一道諭旨也提到：「福建地瀕大海，民物富庶，番舶往來，私交者眾。」（《明太祖實錄》卷四二）我國沿海一帶，由於人稠地狹，手工業和商業又較發達，許多人出海從事海外貿易，甚至有些衛所官吏，也常「遣人出海行賈」（《明史》卷三二四，《占城傳》）。三年八月，就發生「瓊州海商以香貨入京，道溺死」的事件（《明太祖實錄》卷六五）。與私人海外貿易相伴而行的，還有官方的朝貢貿易。明朝建立後，朱元璋即遣使攜帶禮品出訪高麗、安南、占城、日本、爪哇、西洋、真臘、暹羅、渤泥、三佛齊等國。隨後，占城、安南、高麗、爪哇、西洋、三佛齊、渤泥、暹羅、真臘等國先後遣使入明朝貢，並附帶物貨，進行貿易，朝貢貿易逐漸興盛起來。為了管理海外貿易，並對往來商船徵稅，吳元年（1367年）身為吳王的朱元璋「仿宋元遺制」，在太倉黃渡設立市舶提舉司，以浙東按察使陳寧為提舉。洪武三年（1370年），以「太倉地近京師，外夷狡詐」為由撤銷黃渡市舶司，「凡番舶至太倉者，令軍衛、有司封籍其數，送赴京師」（《明太祖實錄》卷四九）。不久，又設寧波、泉州和廣州三個市舶司。市舶司對進出商船徵稅，徵稅採取抽分制，「凡泛海客商，舶船到岸，即將物貨盡實報官抽分。若停塌沿港土商牙儈之家不報者，杖一百；雖供報而不盡者，罪亦如之。物貨併入官。停藏之人同罪。告獲者，官給賞銀二十兩。」（《大明律》卷八，《戶律·課程》）

但是，私人的海外貿易，不久即遭禁止。這是因為張士誠、方國珍勢力敗亡後，「諸賊豪強者悉航海，糾島倭入寇」（張瀚：《松窗夢語》卷三，《東倭記》）；而元代即已存在的倭寇，在元末明初又乘中國戰亂之機，「率以零服寇掠沿海」。朱元璋以海道可通外邦，於洪武四年十二月宣佈「禁瀕海民不得私出海」（《明太祖實錄》卷二〇）。同時，在七年九月，下令取消三個市舶司，不久恢復，後又復廢。對官方的朝貢貿易，控制也日趨嚴密。由於明廷對朝貢採取「厚往薄來」的原則，賞給外國的

物品，數量和價值總是超過他們的貢品。貢使在所獻方物之外附帶的番貨，由明廷收購十分之六，剩下十分之四還可拿到會同館與中國商人進行交易。因為有利可圖，各國便頻繁地遣使入貢。十六年，朱元璋遂實行勘合制，命禮部頒發給朝貢國家一定數量的勘合，規定各國使臣入貢，必須持有明朝頒發的勘合和本國的表文，到所經過的布政司交驗，方許放行。從此，「有貢舶即有互市，非入貢即不許互市」（王圻：《續文獻通考》卷三一，《市舶互市》），不僅將海外諸國朝貢的人次控制在規定的數量之內，而且徹底切斷海外商人私自來華貿易的途徑，使外交與貿易完全合一，海外各國只有與明朝建立外交關係，才能與明朝進行朝貢貿易。這樣，海禁政策與朝貢貿易，就成為明初海外經濟關係的兩大支柱。

海禁政策與勘合制度的頒行，是與明初封建專制中央集權高度強化的發展趨勢相適應的。雖然引起朱元璋實行海禁政策與勘合制度的具體誘因各不相同，但它們體現的都是朱元璋強化君主專制中央集權的意志。海禁政策實際上是朱元璋對內加強專制統治的延伸，禁止百姓出海貿易，以防他們與敵對勢力及倭寇互相勾結，威脅明王朝的統治，並保證官方朝貢貿易的順利開展；勘合制度，則是朱元璋強化中央集權在外交上的具體體現，由朝廷全面壟斷海外貿易，以對海外諸國實行有效羈縻，以防「釁隙」的發生，確保朝貢體制的穩固和世界秩序的和平安定。

以往有些學者認為明初的海禁是一種閉關鎖國的政策，這是不確切的。因為明初的海禁，只是禁止民間私人的海外貿易，並不禁止外國來華貿易，只是外國的來華貿易必須在官府的控制下進行，因而它是一種由官府壟斷海外貿易的政策，而非閉關鎖國的政策。

朱元璋在恢復和發展社會生產、整頓工商業的同時，還進行貨幣改革。洪武建國之前，朱元璋在其佔領區曾下令「歷代銅錢與金銀相兼行使」（《國初事跡》）。但民間除使用銅錢、金銀外，還繼續使用元朝鈔幣。龍鳳七年（1361年），朱元璋下令在應天設置寶源局，鑄造「大中通寶」錢，代替不斷貶值的元朝鈔幣，與歷代銅錢及金、銀並用。平陳友諒後，又命江西行省設立泉貨局，頒大中通寶錢大小五等錢式，繼續鑄造大通中寶錢。明朝正式建立後，又於洪武元年（1368年）鑄造「洪武通寶」錢，

「其制凡五等：曰『當十』『當五』『當三』『當二』『當一』。『當十』錢重
一兩，餘遞降至重一錢止」（《明史》卷八一，《食貨志》）。各行省也設寶
泉局，與京師的寶源局共同鑄錢。各地所鑄的銅錢，都在背面鑄明產地，
如京師鑄的「京」字，各行省鑄的「豫」「浙」「福」等字。後來，京師寶
源局鑄錢，大多不再鑄「京」字，民間以為無「京」字的是私鑄的錢，不
肯使用。洪武四年，又下令改鑄大中、洪武通寶大錢為小錢。六年，禁止
民間私自鑄錢，「凡私鑄者，許作廢銅送官，每斤給官錢一百九十文。諸
稅課內如有私錢，亦為更鑄」（萬曆《明會典》卷三一，《戶部・錢法》）。

　　鑄錢需要用銅，洪武年間銅礦開採不多，銅較缺乏。儘管官府時常
責令百姓交銅，迫使他們砸毀銅器交給官府鑄錢，但數額畢竟有限，所
鑄銅錢數量不多，無法滿足流通的需要。一些不法奸民遂私自鑄錢，擾亂
市場。而且銅錢分量重，幣值低，不便攜帶，特別是不便於商人從事長
途的大宗交易，因此商人多「沿元之舊習用鈔」（《明史》卷八一，《食貨
志》），不願使用新鑄的銅錢。這迫使朱元璋加緊謀劃紙鈔的發行。

　　紙鈔的印造成本較低，不過宋元發行紙鈔需要預先籌集一筆不菲的
儲備金。明朝剛建立之時，國庫空虛，而又百廢待興，根本無法籌措到巨
額的儲備金。朱元璋於是考慮依據政權的力量和信用，發行一種不需要金
銀做抵押，不需要銅錢做保證，也不依賴於任何實物的純信用鈔幣，這樣
既不需要國庫籌措儲備金，而且反過來可以藉助發行鈔幣讓國庫迅速充裕
起來。信用是貨幣流通的基礎，朱元璋對自己所建立的明政權是充滿信心
的。因此，儘管此前沒有人這樣做過，朱元璋還是決心嘗試一下。洪武七
年九月，他下令設立寶鈔提舉司，稽考宋元發行紙幣的辦法，進行印造鈔
幣的準備。翌年三月，下詔命中書省印造「大明通行寶鈔」。大明寶鈔以
桑穰為紙料，紙質青色，「高一尺，闊六寸許」，外為龍紋花欄，上頭橫
額有「大明通行寶鈔」六個字，其內上欄兩旁有篆文小字，右旁是「大明
通寶」，左旁是「天下通行」，其中圖繪錢貫形狀，以十貫為一串，下欄
是「中書省奏准印造大明寶鈔，與銅錢通行使用，偽造者斬，告捕者賞銀
二百五十兩，仍給犯人財產」（《明太祖實錄》卷九八）。背和面都加蓋朱
印。大明寶鈔分 1 貫、500 文、400 文、300 文、200 文、100 文六種。1 貫

準銅錢 1000 文或白銀 1 兩，4 貫準黃金 1 兩。十三年廢除中書省後，鑄錢歸工部，造鈔歸戶部，新發行的寶鈔將鈔面文中的「中書省」改為「戶部」，與舊鈔一併流通。二十二年，又下令印造小鈔，自 10 文至 50 文，以便民用。

大明寶鈔印行後，朱元璋曾令罷寶源局、寶泉局，停止鑄錢。洪武十年，復令各布政司恢復寶泉局，鑄造小錢，與鈔幣兼行，百文以下只使用銅錢。二十二年根據工部主事徐觀的建議，更定錢式，規定生銅一斤，鑄小錢 160 枚，或鑄「當二」錢 80 枚，鑄「當三」錢 54 枚，鑄「當五」錢 32 枚，鑄「當十」錢 16 枚。京師寶源局，大約在此時重新恢復。翌年，再次更定錢制，規定每小錢一枚用銅二分，其餘四等錢依小錢之制遞增。凡鈔一貫，準錢 1000 文。到二十六年七月，因鑄錢擾民，詔罷各布政司寶泉局，只保留京師寶源局一個機構繼續鑄錢。

為了保證鈔幣的流通，洪武八年三月，朱元璋在命令印造大明寶鈔的詔書裏規定：「禁民間不得以金銀物貨交易，違者治其罪。有告發者，就以其物給之。若有以金銀易鈔者，聽。凡商稅課程，錢鈔兼收，錢什三，鈔什七，一百文以下則止用銅錢。」（《明太祖實錄》卷九八）後來，紙鈔用久昏爛，立「倒鈔法」，令各布政司設行用庫，允許軍民商賈用昏爛舊鈔到行用庫換取新鈔，量收工墨費，「每昏爛鈔貫，收工墨價三十文，五百文以下遞減之」（《明太祖實錄》卷一〇七）。在外衛所軍士，每月食鹽皆發給鈔幣購買，各鹽場的工本費也改發工本鈔。洪武十八年，全國官員的祿米也全部改發鈔幣。

大明寶鈔不是根據國家的財力而是依據國家財政開支的需要來印造的。從洪武八年開始印造，除個別年份因國家財政需要已經滿足，如十七年因「國用既充，欲輕匠力」而下令停造之外，幾乎年復一年地進行。印造的數額史無明載，不過《大誥續編・鈔庫作弊第三十二》載明洪武十八年造鈔 6946599 錠的數字。明制以鈔五貫為一錠，這筆鈔款為 3400 多萬貫。從洪武八年到三十一年朱元璋去世共 23 年，假設其間有 3 年停造，則印鈔的時間長達 20 年，總計大約印造了 68000 萬貫。開頭幾年，由於鈔幣印造的數量有限，尚能和物價保持一定的比例，受到人民的歡迎。但

後來，鈔幣逐年印造，數量越來越多。而且鈔幣又基本上是只放不收。九年七月，明政府立「倒鈔法」，設立寶鈔行用庫，允許百姓以昏爛鈔幣換取新鈔，但到十三年五月，戶部報告「在外行用庫裁革已久，今宜復置」（《明太祖實錄》卷一三一），說明在外行用庫存在不到四年就廢除，收換舊鈔的工作已告停止。洪武十三年五月復置行用庫，只過了半年，又「罷在京行用庫」（《明太祖實錄》卷一三四），按照明代的慣例推測，京城之外的行用庫當在此前已經罷撤不存。二十五年二月，復開行用庫於京師東市，但「行之逾年而復罷」（《明太祖實錄》卷二一六）。此後，便不再見有收換舊鈔的記載。因此，當時人實際上難有以昏鈔換新鈔的機會，鈔幣基本上處於只放不收的狀態。加以當時鈔幣的印造很不精緻，缺乏防偽措施，容易仿製，偽鈔屢屢出現。如在兩浙和江東西，官府就曾破獲一起偽造寶鈔的大案，處決了以句容縣民楊饅頭為首的一大批案犯（《大誥·偽鈔第四十八》）。

由於寶鈔的印造沒有限額，基本上只放不收，加上大量偽鈔流入市場，導致鈔幣不斷貶值。二十三年，兩浙一帶，鈔一貫只折錢 250 文，幣值下降了四分之三，二十七年又降到折錢 160 文，竟跌了五分之四還多。在正常的狀態下，隨着經濟的發展，人民消費量的提高，貨幣會有小幅度貶值。但大明寶鈔如此大幅度的貶值就不是一種正常的現象。因此，一些地方便出現寶鈔阻滯不行的問題。朱元璋於是下令，限軍民商賈在半個月內將所有銅錢都送到官府更換鈔幣，以後只許流通鈔幣，禁用銅錢，「敢有私自行使及埋藏棄毀者罪之」（《明太祖實錄》卷二三四）。儘管如此，鈔幣還是繼續貶值。到三十年，杭州諸郡商賈不論貨物貴賤，一概以金銀定價，不用鈔幣。當年三月，朱元璋又再次下令：「禁民間無以金銀交易。」（《明太祖實錄》卷二五一）

儘管如此，由於朱元璋強化君主專制中央集權制度，整肅貪腐，打擊豪強，社會日趨安定，「下逮仁宣，撫循休息，民人安樂，吏治澄清者百餘年」，社會經濟向前發展，國庫充盈，在洪、永、熙、宣的整個明前期，呈現「百姓充實，府藏衍溢」的景象。大明寶鈔依靠王朝的信譽和專制權力，不僅在洪武朝，而且下逮永樂、洪熙、宣德都在流通使用。宣德

三年（1428年）六月，明宣宗下令停印寶鈔。此後明廷不再印造新鈔，但此前印造的鈔幣仍在繼續使用。直到明中期，大明寶鈔才退出商品流通領域，只使用於與國家財政有關的某些方面，如皇帝用鈔賞賜臣下或外國賓客，民間交易則使用白銀和銅錢。到隆慶元年（1567年），明穆宗正式下詔，「令買賣貨物、值銀一錢以上者，銀錢兼使；一錢以下者，止許用錢」（萬曆《明會典》卷三一，《戶部・錢法》），正式以法權形式承認白銀貨幣的合法地位。

朱元璋是世界歷史上發行純信用紙幣的第一人。由於沒有現成的經驗可供借鑒，大明寶鈔的印造和發行不可避免地存在許多弊病。但無可否認，鈔幣的發行，對明初的商業和整個社會經濟的恢復發展，還是發揮了一定的作用。

第十三章

個人愛好與家庭生活

第一節　勤奮好學，博覽經史

　　朱元璋小時候上過幾個月私塾，但因家貧而輟學，只得去給地主放牧牛羊。後來父母雙亡，入於皇寺當了小行童，尋又流浪淮西。淮西的遊歷，使他的眼界大開，重返寺院後，「始知立志勤學」，有空就跟幾個老和尚學習佛經，或者翻翻廟裏的幾本雜書。參加起義後，李善長、馮國用、陶安、夏煜、朱升、宋濂、劉基等文人儒士前來投奔，他們引經據典，談古論今，幫朱元璋分析形勢，出謀劃策，使他進一步領悟到讀書的重要性，原來中國傳統文化和古人治國平天下的計策及經驗教訓都寫在書本上，不讀書就無法吸收借鑒。於是他更加發奮學習，「時乃尋儒問道」，「日攻詢訪，博採志人」（《明太祖集》卷一五，《資世通訓序》）。每到一處，就設法招攬儒士，留置幕府，朝夕相處，講經論史。同時，「命有司訪求古今書籍，藏之祕府」（《明太祖實錄》卷二〇），每天早起晚睡，擠時間閱讀。登基後，還特在南京奉天門東邊設文淵閣，「盡貯古今載籍，置大學士員，而凡翰林之臣皆集焉」，處理完公務，便抽空前去，「命諸儒進經史，躬自批閱，終日忘倦」（黃瑜：《雙槐歲鈔》卷四，《文淵閣銘》）。由於長期的不懈努力，他的文化水平迅速提高，不僅具有獨立的閱讀欣賞能力，還能擺弄翰墨，為文作詩。他曾得意地對侍臣說：「朕本田家子，未嘗從師指授，然讀書成文，釋然開悟，豈非天生聖天子耶？」（《剪勝野聞》）

　　朱元璋是從戰場上衝殺出來的，為了戰勝眾多的對手，推翻元朝，統一全國，朱元璋非常重視兵書的學習與鑽研。對諸多古代兵書，他尤其看重兵聖孫武的《孫子兵法》，不僅經常披閱，銘記在心，且能熟練運用，收到了顯著的效果。在朱元璋的談話中，經常可以聽到他徵引《孫子兵

法》，在他策劃指揮的戰役中，也往往可以看到活用孫子兵法的許多實例。

如龍鳳元年（1355 年）六月渡江之後實行了五年之久的寨糧、檢刮，就是《孫子兵法‧作戰篇》「因糧於敵」的具體運用。龍鳳六年閏五月，陳友諒稱漢王後，率領十萬舟師順流而下攻佔太平，直撲應天。應天文武將官驚慌失措，有人主張先復太平以牽制之，有的甚至主張「勸上自將擊之」。他斷然加以拒絕，說：「敵知我出，以偏師綴我，我欲與戰，彼不交鋒，而以舟師順流直趨建康，半日可達，吾步騎亟回，非一日不至，縱能得達，百里趨戰，兵法所忌，皆非良策也。」所謂「百里趨戰，兵法所忌」，指的就是《孫子兵法‧軍爭篇》所說的「捲甲而趨，日夜不處，倍道兼行，百里而爭利，則擒三將軍」。龍鳳九年八月，鄱陽湖大戰，陳友諒被射殺，太師張定邊護友諒次子陳理逃奔武昌。諸將建議乘勝直搗武昌，但朱元璋只派一支小部隊跟蹤追擊，自己率諸將回師應天。事後他解釋這樣做的理由是，「兵法曰：『窮寇勿迫。』若乘勝急追，彼必死鬥，殺傷必多」（《明太祖實錄》卷一四）。「窮寇勿迫」即出於《孫子兵法‧軍爭篇》。吳元年（1367 年）五月，徐達正加緊圍攻平江張士誠時，諸將建議分兵攻取福建的陳友定，朱元璋認為不妥，曰：「方致力姑蘇，而張氏降卒新附，未可輕舉。且陳友定據閩已久，積糧負險，以逸待勞，若我師深入，主客勢殊，萬一不利，進退兩難。兵法貴知彼知己，用力不分，此萬全之策。」（《明太祖實錄》卷二三）「知彼知己」語出《孫子兵法‧謀攻篇》。

同年秋天，朱元璋與諸將謀議北伐計策，他否定劉基「長驅中原」與常遇春「直搗元都」的主張，提出一個先剪羽翼、再搗腹心的作戰指導方針，這是巧妙地運用《孫子兵法‧軍爭篇》「以迂為直」的思想。北伐大軍臨出發前，朱元璋又諭徐達曰：「我虛而彼實則避之，我實而彼虛則擊之。將者，三年之司命，立威者勝，任勢者強。威立則士用命，勢重則敵不敢犯。」（《明太祖實錄》卷二六）「避實而擊虛」出自《孫子兵法‧虛實篇》，「任勢」則出自《孫子兵法‧勢篇》。洪武六年十一月，朱元璋告諭在北方邊境屯兵防禦擴廓帖木兒的徐達等將領說，「兵法曰：『多算勝，少算不勝，況無算乎？』此確論也。……今王保保力勢雖微，然多詐謀，必

籌之萬全而後動，能不戰而屈之，乃為上智」（《明太祖實錄》卷八六）。所引之兵法語句「多算勝，少算不勝，況無算乎」出自《孫子兵法‧計篇》，而「能不戰而屈之，乃為上智」，則出於《孫子兵法‧謀攻篇》的「不戰而屈人之兵，善之善者也」。

為了尋找平定天下、治理國家的計策，朱元璋極其重視儒家經典的學習。早在起義期間，他在軍中已「甚喜閱經史」（《剪勝野聞》）。龍鳳四年（1358 年）攻佔婺州，他徵召儒士，范祖幹持《大學》進見。朱元璋問：「治道何先？」答曰：「不出乎此書。」他命范祖幹剖析其義，范祖幹「以為帝王之道，自修身齊家以至於治國平天下，必上下四旁均齊方正，使萬物各得其所，而後可以言治」。他聽後說道：「聖人之道，所以為萬世法。吾自起兵以來，號令賞罰一有不平，何以服眾？夫武定禍亂，文致太平，悉此道也。」（《明太祖寶訓》卷一，《論治道》）表明他對四書之一的《大學》已經相當熟悉，並有一定的領悟。接着，他又徵召儒士許存仁、葉瓚玉等 13 人，日令二人進講經史。龍鳳九年五月，又令徵召各地名儒，會集應天，向他和大臣講論經史。後來，又嘗召宋濂為之講解《春秋左氏傳》，命許存仁講《尚書‧洪範》休咎徵之說。

明朝建立後，雖未確立經筵制度，但仍繼續不定期地令儒臣為之講解經書，如宋濂、王禕等講《大學》，陳南賓講《尚書‧洪範》九疇，朱善講《周易》。除請儒臣講解外，朱元璋自己「每於宮中無事，輒取孔子之言觀之」（《明太祖實錄》卷二〇）。

經過長期的學習、研讀，朱元璋對四書、五經等儒家典籍不僅爛熟於心，而且還頗有獨到的見解。如洪武三年二月，當宋濂、王禕等進講《大學》，至傳之十章「有土有人」時，他就發揮道：「人者國之本，德者身之本，德厚則人懷，人安則國固，故人主有仁厚之德，則人歸之如就父母。人心既歸，有土有財，自然之理也。若德不足以懷眾，雖有財亦何用哉？」（《明太祖實錄》卷四九）因此，朱元璋在對臣民和諸子講話時，常脫口而出引用經書中的語句。如講到自己在宮中無事輒取孔子之書觀覽時，援引《論語》的「節用而愛人」「使民以時」，稱其為「治國之良規」（《明太祖實錄》卷二〇）。他要求國子監生讀書之餘要練習騎射，說：「《詩》曰：

『文武吉甫，萬邦為憲。』惟其有文武之才，則萬邦以之為法矣。」（《明太祖實錄》卷四三）他詔舉富民，對中書省臣曰：「古人立賢無方。孟子曰：『有恆產者，有恆心。』今郡縣多有素行端潔、通達時務者，其令有司審擇之，以名進。」（《明太祖實錄》卷一〇一）他要求羣臣勤於政務，說：「《書》云：『功崇惟志，業廣惟勤。』爾羣臣但能以此為勉，朕無憂矣。」（《明太祖實錄》卷一一五）他諭遼東守將潘敬、葉旺曰：「《春秋》有云：『毋納逋逃。』不然，則邊患將由此而啟矣。」（《明太祖實錄》卷一二五）

洪武九年，他對羣臣的一次講話，竟接連引用了好幾部經書的語錄，曰：「《書》云：『惟辟作福，惟辟作威，惟辟玉食，臣無有作福作威玉食。』君臣之分，如天尊地卑，不可逾越。故《春秋》有『謹始』之義，《詩》有『陵分』之譏。聖人著之於經，所以垂訓天下後世者至矣。爾在廷羣臣，以道事朕，當有鑒於彼，毋擅作威福，逾越禮分，庶幾上下相保，而身名垂於不朽也。」（《明太祖實錄》卷一一〇）

朱元璋特別愛讀史書。參加起義後，李善長對他講述漢高祖劉邦豁達大度、知人善任、不嗜殺人，五年平定天下、成就帝業的故事，深深地打動了朱元璋，使他對歷史產生濃厚的興趣。他開始注意蒐集各種史書，認真閱讀。朱元璋認為「夫水可以鑒形，古可以鑒今」，「前代得失，可為明鑒」（《明太祖寶訓》卷四，《警戒》；卷三，《節儉》）。他對漢高祖、唐太宗、宋太祖等幾個有作為的開國皇帝特別欽佩，有次同侍臣觀賞古帝王畫像，議論他們的賢否得失，見到漢高祖、唐太宗和宋太祖的畫像，展玩再三，諦視良久。看到隋煬帝、宋徽宗的畫像，瞥一眼就過去，說「亂亡之主，不足觀也」。見到後唐莊宗的畫像，又笑着說：「所謂李天下者，其斯人歟？上下之分瀆至於此，安得不亡？」（《明太祖寶訓》卷四，《評古》）因此，他常讀漢、唐、宋諸朝的歷史，尤其注意研究漢高祖、唐太宗、宋太祖等人的統治經驗。元朝的興亡特別是元末敗亡的教訓，對朱元璋更有直接的借鑒意義，他也注意研究總結。

由於注意學習，朱元璋對歷史非常熟悉，經常同臣僚評論古人的言行得失。他評論楚漢之爭楚敗漢勝的緣故說：「周室陵夷，天下分裂。秦能一

之，弗能守之。陳涉作難，豪傑蜂起。項羽矯詐，南面稱孤，仁義不施，而自矜功伐。高祖知其強忍，而承以柔遜，知其暴虐，而濟以寬仁，卒以勝之。及羽死東城，天下傳檄而定，故不勞而成帝業。譬猶墼犬逐兔，高祖則張置而坐獲之者。」（《明太祖實錄》卷一六）讀《漢書》，評論漢文帝說：「高祖創業之君，遭秦滅學之後，干戈戰爭之餘，斯民憔悴，甫就甦息，禮樂之事，固所未講。獨念孝文為漢令主，正當制禮作樂以復三代之舊，乃逡巡未遑，遂使漢家之業終於如是。夫賢如漢文而猶不為，將誰為之？帝王之道，貴不違時，有其時而不為與無其時而能為之者，皆非也。三代之王，蓋有其時而為之，漢文有其時而不為耳，周世宗則無其時而為之者也。」（《明太祖寶訓》卷四，《評古》）又說：「漢文恭儉玄默則有之矣，至於用人蓋未盡其道。」（《明太祖實錄》卷一七三）讀《宋史》，見宋太宗改封樁庫為內藏庫，批評宋太宗說：「人君以四海為家，因天下之財供天下之用，何有公私之別？太宗，宋之賢者，亦復如此！他如漢靈帝之西園，唐太宗之瓊林、大盈庫，不必深責也。」（《明太祖實錄》卷一七九）

朱元璋還常用歷史對比的方法，比較古人的得失。他曾和侍臣討論漢高祖與唐太宗孰優的問題，侍臣認為：「太宗雖才兼文武，而於為善未免少誠。高祖豁達大度，規摹弘遠。先儒嘗論漢大綱正，唐萬目舉，以此觀之，高祖為優。」他卻認為：「論漢高豁達大度，世咸知之，然其記丘嫂之怨，而封其子為羹頡侯，內多猜忌，誅夷功臣，顧度量亦未弘遠。太宗規摹雖不及高祖，然能駕馭羣臣，及大業既定，卒皆保全，此則太宗又為優矣。」（《明太祖寶訓》卷四，《評古》）後來，再次與侍臣談到這個問題時，他又指出：「太宗常有自矜自恕之心，此則不如漢高也。」（《明太祖實錄》卷二一一）朱元璋還比較石勒和苻堅兩人的作為說：「夫親履行陣，戰勝攻克，堅固不如勒；量能容物，不殺降附，勒亦不如堅。然堅聰察有餘而果斷不足，故馴致石季龍之禍。勒聰敏不足而寬厚有餘，故養成慕容氏父子之亂。俱未再世而族類夷滅，所謂匹夫之勇、婦人之仁也。」（《明太祖寶訓》卷四，《評古》）

隨着文化水平的不斷提高，朱元璋經常親自動筆，起草詔令文告或其

他文章。他才思敏捷，一口氣便可擬就一篇文稿。篇幅較大的著述，幾天工夫也可完稿。洪武七年十二月，他在政務繁忙之際，抽空撰寫《御註道德經》，從初三開筆，到十三日殺青定稿，前後僅用了十天時間。有時因公務繁忙，有些文告便自己口授，令文臣代為筆錄。宋濂曾描述他代朱元璋筆錄文告的情景說：「（皇上）使濂受辭榻下，不待凝注，沛然若長江大河，一瀉而千里。」（《國榷》卷五）

朱元璋主張文章應該寫得「明白顯易，通道術，達時務，無取浮薄」（《明史》卷一三六，《詹同傳》）。他自己起草的詔敕告示，全都使用通俗的口語，樸野自如，明白曉暢。當然，由於時間較緊，下筆千言而不事雕琢，再加上是自學成才而未經過系統的訓練，他的一些文章難免會出現錯別字或半通不通的句子，是完全可以理解的。除了語體文，朱元璋也能撰寫駢體文。如徐達初封信國公，他親作誥文賜之：「從予起兵於濠上，先存捧日之心。來茲定鼎於江南，遂作擎天之柱。」文末又說：「太公韜略，當弘一統之規。鄧禹功名，特立（列）諸侯之上。」儼然是個四六作家。

朱元璋還能作詩詞歌賦。現在所見他的早期詩作有二首，其一為描寫他流浪淮西在野地露宿的《野臥》：

> 天為羅賬地為氈，日月星辰伴我眠。
> 夜間不敢長伸腳，恐踏山河社稷穿。

> （《龍興慈記》）

其二為脫胎於黃巢《菊花》詩的《詠菊花》：

> 百花發時我不發，我若發時都嚇殺。
> 要與西風戰一場，遍身穿就黃金甲。

> （《明太祖集》卷二〇）

這兩首詩作都充滿着一股天不怕、地不怕，敢於沖決元朝統治羅網的狂放之氣，但顯得過於直白、淺露。後來，通過與一些文人學士的不斷切

礎，加上文化水平的提高，他的詩作技巧大有長進。有時詩興大發，思如泉湧，立馬成章。有一天，在深夜二更之時，和僧人文康的《託缽歌》，令兩個小太監跪在跟前捧着文康的詩稿，他「且讀且和，運筆如飛，食頃章成」（《國榷》卷五）。為了寫詩，他手頭備有一部元末陰氏編纂的《韻府》，隨時檢閱。後「以舊韻出江左，多失正」，又命樂韶鳳等參考中原正音訂正，編纂了一部新的韻書，名曰《洪武正韻》，便於人們查閱。保存在《明太祖集》的一百幾十首詩歌，除《詠菊花》外，都為渡江之後的詩作。這些詩作不僅保存了先前那種粗獷豪爽的氣概，而且用韻貼切自然，技巧也更加純熟。如《賜都督僉事楊文廣征南》一詩：

> 大將南征膽氣豪，腰懸秋水呂虔刀。
> 雷鳴甲冑乾坤靜，風動旌旗日月高。
> 世上麒麟真有種，穴中螻蟻竟何逃？
> 大標銅柱歸來日，庭院春深聽伯勞。

（《明太祖集》卷二〇）

詩中的「腰懸秋水呂虔刀」用的是杜甫「前年蘇武節，左將呂虔刀」之典，而「大標銅柱歸來日」則是借用《後漢書》所記馬援征交趾豎立銅柱以標漢界的典故，使詩作透出雄豪的氣象，加以音律和暢，酷似盛唐詩歌的格調。

除了詩作，《明太祖集》還收錄了他的多首賦和樂歌。此外，一些野史筆記還錄載了他寫的楚辭。如黃瑜的《雙槐歲鈔》就記載了這樣一個故事。洪武八年八月初七，朱元璋覽川流之不息，作《秋水賦》以抒懷。賦成，召翰林院官等大臣觀覽，讓他們也各寫一篇，並逐一加以品評。然後在江邊月下備酒一席，宴請這些儒臣。宋濂說自己不勝酒力，未肯深酌。朱元璋強灌他三盅，宋濂頓時臉紅耳赤，精神飄忽，若行浮雲之上。朱元璋笑着對他說：「卿宜自述一詩，朕亦為卿賦醉歌。」兩個奉御捧進黃綾案，朱元璋拿起毛筆，揮翰如飛，即刻草就《楚辭》一章，曰：

西風颯颯兮金張，特會儒臣兮舉觴。

目蒼柳兮裊娜，閱澄江兮水洋洋。

為斯悅而再酌，弄清波兮永光，

玉海盈而馨透，泛瓊甌兮銀漿。

宋生微飲兮早醉，忽周旋兮步驟蹌蹌。

美秋景兮共樂，但有益於彼兮何傷！

　　醉意蒙矓的宋濂勉強提筆，歪歪斜斜地綴成五韻。朱元璋命翰林院編修朱右重抄一遍，對宋濂說：「卿藏之以示子孫，非惟見朕寵愛卿，亦可見一時君臣道合共樂太平之盛也。」（《雙槐歲鈔》卷一，《醉學士詩歌》）

　　收入《明太祖集》中的詩文，有的可能經過周圍文臣的潤色加工，人們很難據以評判其實際的文化水準。好在朱元璋還有部分手稿留存至今，為人們提供了檢驗其文化水平的可靠依據。臺北故宮博物院編纂出版的《故宮書畫錄》卷七《明太祖御筆》，收錄該院所藏的朱元璋手稿 77 幅 73 篇，大多為朱筆諭旨，間有用墨筆書寫的。其中第二十五幅至二十八幅是朱元璋親筆寫的三首詩，都是描寫寺僧生活的作品。第二十八幅抄錄了一首詩作的初稿和修改稿。初稿為：「野人朝陽縫破納（按：應為『衲』），夜月吟風景自納。山深樹密未見人，浩氣九天光周匝。山人終歲棲巖谷，石徑苔深坐茅屋。身形似鶴槁灰如，心地一同淵水綠。」修改稿第一至第六句不動，第七、八句改為：「去來絕跡亦何宗，心地長同淵水綠。」詩風雖然質樸，卻寫出了寺僧穩居山林、心如止水的生活狀態，強過清高宗弘曆那些無病呻吟的詩作。在歷代的帝王詩人中，完全有資格列為二流。

　　由於喜歡寫詩，朱元璋對由詩歌形式演變而來的對聯也十分喜愛。龍鳳六年（1360 年）正月初一，他曾親書「六龍時遇千官觀，五虎功成上將封」，懸掛在自己的府門之上（《明興野記》卷上）。吳元年（1367 年），他與陶安論學術，曾親製對聯相贈，書曰：「國朝謀略無雙士，翰苑文章第一家。」（《明史》卷一三六，《陶安傳》）他還送過徐達兩副對聯，一副是前面提到過的從徐達初封信國公時他所賜誥文中摘出的句子，另一副是：「破虜平蠻，功貫古今，人第一。出將入相，才兼文武，世無雙。」

（周輝：《金陵瑣事》）定都南京後，朱元璋還在除夕之前傳旨公卿士庶，要求各家門前都要懸掛一副春聯。命令下達後，他興致勃勃地微服出觀，發現有戶人家門上未掛春聯，上前打聽，知是閹豬之戶，尚未請人書寫。他頓時詩興大發，親自提筆為之書寫了一副對聯，曰：「雙手劈開生死路，一刀割斷是非根。」（陳尚古：《簪雲樓雜說·對聯》）

傳說朱元璋有一天微服出行，跟着一個國子監生進了酒店，兩人在一神案兩旁坐下對飲。朱元璋問他是哪裏人，國子監生說是重慶府人。朱元璋便出了「千里為重，重水重山重慶府」的上聯，讓他對下聯。國子監生脫口就對出了下聯：「一人成大，大邦大國大明君。」朱元璋暗自高興，又撿起神案下的一塊小木頭，讓他賦詩「以喻己意」。國子監生不假思索，即刻吟出一首：「寸木元從斧削成，每於低處立功名。他時若得臺端用，要與人間治不平。」（《剪勝野聞》）朱元璋聽罷大喜，付了酒錢，相別而去。第二天，朱元璋即在宮中召見這個國子監生，任命他為按察使，以滿足他的「臺端用」「治不平」的願望。現今春節時貼春聯的習俗，就始於朱元璋的提倡。

第二節 「贊成大業、母儀天下」的馬皇后

馬皇后是郭子興老友、宿州富豪馬三的小女兒。馬三的妻子鄭氏，生下這個小女兒後去世。馬三因為殺了人，為躲避仇家的報復，他帶着小女兒逃到定遠郭子興家，與之結拜為異姓兄弟。郭子興將他的小女兒馬氏收為義女，視如己出，交給人稱小張夫人的第二夫人張氏撫養。至正十二年（1352 年）二月，郭子興起義時，馬三返回宿州，策劃起兵響應，不料不久死去。朱元璋投奔濠州起義軍後，郭子興見他有勇有謀，便把這個義女嫁給他，收其為心腹。

馬氏「知書精女紅」，又「善承人意」（《勝朝彤史拾遺記》卷一）。自嫁給朱元璋為妻，就與之患難與共，幫助他排憂解難，贊助他成就大業。郭子興一度受別人的挑撥，將朱元璋關禁閉，斷絕了他的飲食。馬夫

人偷偷給他送去水和食物，有次將剛烤熟的炊餅揣在懷裏送去，把胸口燙紅了一大塊。後來，遇到災荒缺糧，她常貯存一些乾糧醃肉，讓朱元璋隨時充飢，「而己不宿飽」（《明史》卷一一三，《高皇后傳》）。朱元璋行軍打仗的文書、軍令和隨手記下的札記、備忘錄，都交她保管，她整理得井井有條，朱元璋需要查詢，她即「於囊中出而進之，未嘗脫誤」。朱元璋率部渡過長江後，與陳友諒、張士誠接鄰，戰事頻繁，她「親緝將士衣至夜分不寐」。陳友諒奔襲應天，她「盡發宮中金帛賫至軍中，賞戰士」，鼓舞軍士鬥志。她還經常給朱元璋出謀劃策，告訴朱元璋「定天下在得人心」，「用兵焉能不殺人，但不嗜殺人，則殺亦罕也」（《勝朝彤史拾遺記》卷一）。

參軍郭景祥守和州，有人告發他的兒子拿着丈八長矛想刺殺父親，朱元璋大怒，準備殺掉這個不肖之子，她出面勸阻，說：「景祥止一子，人言或不實，殺之恐絕其後。」朱元璋派人調查，果然是冤枉的，郭景祥的兒子免於一死。李文忠守嚴州，楊憲告發他有不法行為，朱元璋立即將他調回，要他移守揚州。她又出面勸阻，曰：「嚴，敵境也，輕易將不宜。且文忠素賢，憲言詎可信？」朱元璋覺得她的話有道理，又令李文忠還守嚴州，「後卒有功」（《明史》卷一一三，《高皇后傳》）。

朱元璋稱帝後，冊封馬夫人為皇后，因朱元璋死後諡曰高皇帝，她被稱為高皇后。登基後，朱元璋對侍臣誇獎她的賢德，提起當年的炊餅，比之為漢光武帝危難之時馮異所獻的蕪蔞豆粥、滹沱麥飯。還把她比作唐太宗的長孫皇后，說：「家之良妻，猶國之良相。」回宮後，他把這番話說給馬皇后聽，馬皇后說：妾聞夫婦相保易，君臣相保難。陛下既不忘貧賤時與妾互相厮守的日子，也願無忘與羣臣、百姓在艱難時互相扶持的歲月。再說妾哪有長孫皇后賢惠呢，惟願陛下以堯、舜為榜樣，能善始善終，與臣民同甘苦，共患難！有一天，馬皇后和朱元璋同在乾清宮中，談及往昔的艱難困苦，朱元璋說：我和你跋涉艱難，備嘗辛苦。今天化家為國，無心得之，實賴天地之德，祖宗之恩，但也有你的一份內助之功呀！她回答說：這是陛下專一救民之心感動了上天，所以能得天命眷顧，祖宗庇祐，妾何功之有？但願陛下不忘窮困之時而警誡於治安之日，妾也不忘相從於

患難而能謹飭於朝夕，則天地、祖宗不但庇祐於今日，也將庇祐於將來，使子孫長享無窮之福！

朱元璋稱帝後，為了鞏固自己的統治，確保朱家江山萬世一系，即着手制定各種宮廷制度。洪武元年（1368 年）三月，他汲取漢、唐后妃擅權專政的教訓，命翰林儒臣纂修《女戒》，嚴禁后妃干政。他對翰林學士朱升等說：「治天下者，修身為本，正家為先。正家之道始於謹夫婦。后妃雖母儀天下，然不可使預政事。至於嬪嬙之屬，不過備執事侍巾櫛，若寵之太過，則驕恣犯分，上下失序。觀歷代宮閫，政由內出，鮮有不為禍亂者也。夫內嬖惑人甚於鴆毒，惟賢明之主能察之於未然，其他未有不為所惑者。卿等為我纂述《女戒》及古賢妃之事可為法者，使後世子孫知所持守。」（《明太祖實錄》卷三一）

三年五月，朱元璋又下詔嚴宮閫之政：「上以元末之君不能嚴宮閫之政，至宮嬪女謁私通外臣而納其賄，或施金帛於僧道或番僧，入宮中攝持受戒，而大臣命婦亦往來禁掖，淫瀆褻亂，禮法蕩然，以至於亡。遂深戒前代之失，著為令典，俾世守之。皇后之尊，止得治宮中嬪婦之事，即宮門之外，毫髮事不預焉。自后妃以下至嬪侍女使，小大衣食之費，金銀錢帛器用，百物之供，皆自尚宮奏之，而後發內使監官覆奏，方得赴所部關領。若尚宮不及奏而朦朧發內官監，監官不覆奏而輒擅領之部者，皆論以死。或以私書出外者，罪亦如之。宮嬪以下，遇有病，雖醫者不得入宮中，以其證（瘵）取藥而已。羣臣命婦於慶節朔望朝見中宮而止，無故即不得入宮中。人君亦無有見外命婦之禮。……至於外臣請謁，寺觀燒香、禳告星斗之類，其禁尤嚴。」（《明太祖實錄》卷五二）五年六月，還命工部「造紅牌鐫戒諭后妃之辭懸於宮中，其牌用鐵，飾字以金」（《明太祖實錄》卷七四）。此後，朱元璋敕撰的《祖訓錄》及《皇明祖訓》，即依照他的這些令旨，對天子后妃、嬪嬙、女使人等所應遵守的事項逐一做出嚴格的規定。這樣，嚴禁后妃干政便成為明朝皇室的一條家法而被確定下來。

馬皇后正位中宮後，即遵照朱元璋「嚴宮閫之政」的旨意，勤於內治，嚴格管束後宮的嬪嬙宮女。她特地召集女史清江范孺人等，問道：自漢唐以來，哪一位皇后最為賢惠？哪個朝代的家法最為嚴明？回答說，趙

宋王朝的皇后大多賢惠，家法也最正。馬皇后便令女史錄其家法賢行，有空就讓女史唸給她聽，說：「不徒為吾今日法，子孫帝王后妃當省覽，此可為萬世法也。」（《明太祖實錄》卷一四七）

在她的督促下，宮妾們不僅要熟讀朱升等儒臣編纂的《女戒》，還要學習女史輯錄的宋朝後宮的家法賢行。馬皇后還嚴厲督促嬪嬙、宮女「治女工，夙興夜寐，無時豫怠」（《明太祖實錄》卷一四七）。這既是為了在當時百業雕零、財政困難之際，減省宮廷的開支，也是為了防止她們閑得無聊，結交宮外的臣僚外戚，干預政事，而釀成大禍。

朱元璋嚴禁后妃干政，規定后妃不得干預宮門之外的一應事務。馬皇后深知此舉的用意，是為了朱家天下的長治久安，這也正是她自己追求的目標。朱元璋的這個規定，她只有率先垂範，才能令身邊的妃嬪、宮人乃至後世的后妃、嬪嬙、女使認真執行。因此，她對朱元璋的這條規定嚴格執行，堅決照辦，從不恃椒房之親萌生權勢之欲，也從不拋頭露面，直接參與宮外的政務，更不拉幫結派，結黨營私。

但是，作為天下之母，為朱家天下的長治久安着想，她又不能不關心臣民的疾苦、社稷的安危和朱元璋理政的得失。有一天，她問朱元璋：「今天下民安否？」朱元璋說：「此非爾所宜問也。」她即說：「陛下天下父，妾辱天下母，子之安否，何可不問？」（《明史》卷一一三，《高皇后傳》）朱元璋竟無言以對。所以，一旦發現問題，馬皇后就無法袖手旁觀，置若罔聞，聽之任之。既然不許出面干預，直接插手，聰穎賢惠的馬皇后便採用「隨事幾諫」（《明太祖實錄》卷一四七）的辦法，對朱元璋進行委婉的勸諫。所以，她常尋找適當的時機，藉助某個相關的事件，對朱元璋進獻一些治國的良策，或對他的一些錯誤決策提出善意的批評。

比如，北伐大軍攻克大都後，將元朝府庫的珍寶財貨解送京師，馬皇后就意味深長地問朱元璋：「得元府庫何物？」朱元璋答道：「寶貨耳！」她又問：「元氏有是寶，何以不能守而失之？蓋貨財非可寶，抑帝王自有寶也？」朱元璋領悟她的弦外之音，說：「皇后之意朕知之矣，但謂以得賢為寶耳！」她即拜謝：「誠如聖言。妾每見人家產業厚則驕，至時命順則逸生。家國不同，其理無二。人之常情，所當深戒。妾與陛下同處窮約，

今富貴至此，恆恐驕縱生於奢侈，危亡起於忽微。故世傳：『技巧為喪國斧斤，珠玉為喪心鴆毒。』誠哉是言！但得賢才，朝夕啟沃，共保天下，即大寶也，顯名萬世即大寶也，而豈在於物乎？」朱元璋聽了這番肺腑之言後，連連點頭稱「善」。有一次，朱元璋到太學祭祀先師孔子，回到宮中，馬皇后問：「太學生幾何？」答曰：「數千。」她又問：「悉有家否？」答曰：「亦多有之。」她又說：「善理天下者，以賢才為本。今人才眾多，深足為喜。但生員廩食於太學，而妻子無所仰給，彼寧無累於心乎？」朱元璋聽後，即下令設置紅板倉，按月給太學生家屬發放廩食，「太學生家糧自后始」（《明太祖實錄》卷一四七）。

明初經濟凋敝，老百姓生活非常艱難，引起馬皇后的極度憂慮。有一次，朱元璋對馬皇后說：「君者，百責所萃。一夫不得其所，君之責也。」她即起拜曰：「妾聞古人有云：『一夫失所，時予之辜；一民饑曰我饑之，一民寒曰我寒之。』今陛下之言即古人之心也。致謹於聖心，加惠於窮民，天下受其福，妾亦與有榮焉！」遇到災荒歲月，五穀歉收，她用餐必備麥飯野蔬。朱元璋見了，知道她的用意，就告訴她已下令賑濟災民。她又說：「妾聞水旱無時無之，賑恤之有方，不如蓄積之先備。卒不幸有九年之水，七年之旱，將何以賑之？」朱元璋「深以為然」（《明太祖實錄》卷一四七），後來便下令在各州縣設置預備倉，每個州縣各設東、西、南、北四所，「選耆民運鈔糴米，以備振濟」（《明史》卷七九，《食貨志》）。

馬皇后主張行仁厚之政。有人認為宋朝為政過於仁厚，她說：「過於仁厚，不猶愈於刻薄乎？吾子孫苟能以仁厚為本，至於三代不難矣。仁厚雖過，何害於人之國哉？」朱元璋為強化封建專制統治，運用法庭、監獄、檢校和錦衣衛震懾臣僚。馬皇后對這種做法非常反感，規勸他說：「人主雖有明聖之資，不能獨理天下，必擇賢以圖治。然世代愈降，人無全才。陛下於人才固能各隨其短長而用之，然尤宜赦小過以全其人。」（《明太祖實錄》卷一四七）還說：「法屢更必弊，法弊則必奸生；民數擾必困，民困則亂生。」

有時朱元璋在前殿決事，發火震怒，待其還宮，馬皇后就隨事加以規勸。「雖帝性嚴，然為緩刑戮者數矣。」（《明史》卷一一三，《高皇后

傳》）侍講學士宋濂，年老退休還鄉，由於長孫宋慎捲進胡惟庸黨案而受牽連，被逮到京師判處死刑。馬皇后想起宋濂教太子讀書的功勞，向朱元璋求情，說宋學士致仕家居，豈能知道孫子的罪情？民間私塾請個先生，尚且終身尊敬保護他，何況是太子的老師呢！朱元璋不答應，說這種事你不懂，也不該管。到吃飯的時候，馬皇后悶悶不樂，不飲酒，不吃肉，朱元璋覺得奇怪，問她為啥，她回答說：妾哀痛宋學士之刑，想代兒子服心喪！朱元璋很不高興，扔下筷子就走。但第二天還是下令赦免了宋濂，改判謫戍四川茂州。

李希顏教諸王讀經，非常嚴厲。諸王子年少頑皮，不聽管教，他常用體罰懲治他們。有一次，打了一個小王子的額角，小王子跑去向父親哭訴。朱元璋一邊為小王子搓揉額角一邊生氣，馬皇后見狀，忙勸解道：哪有老師以聖人之道管教孩子，孩子的父親卻對老師生氣呢？朱元璋覺得有理，不僅消了氣，還提升李希顏做左春坊右讚善。有時宮女對朱元璋伺候不周，遭到他的責罵，馬皇后怕朱元璋火氣上來加重懲罰，馬上裝作發脾氣，下令把宮女交給掌管糾察宮闈戒令、謫罰之事的宮正司論罪。朱元璋不明其故，問起這事，她解釋說：帝王不應以自己的喜怒隨意加重賞罰。我擔心陛下在盛怒之時，會加重定罪。把她交給宮正司依法處置，就不會出現偏差。陛下給臣民治罪，也應該下詔交給司法機構處置才對。

吳興富豪沈萬三的後裔拿出大筆錢財助築三分之一的南京都城，又請求犒勞官軍，朱元璋大怒，說匹夫犒賞天子軍士，是亂民，宜誅之。馬皇后勸諫道：妾聞法律是用來懲治不法者，而不是用來誅殺不祥者。民富敵國，民自不祥。不祥之民，天將降災於其身，哪用得着陛下誅殺呢？朱元璋聽後，將沈萬三後裔改謫雲南。修南京城時，朱元璋下令叫判處死刑的囚犯築城以贖刑，馬皇后又委婉勸說：用服役贖罪，免其一死，這是國家的大恩大德。但這些囚犯在牢裏關了好長時間，又受過重刑，身子已經疲憊不堪，再叫他們去服苦役，恐怕還是難免一死。雖說給了他們一條生路，其實還是死掉的佔大多數。朱元璋終於「罷其役，悉釋之」（《明史》卷一一三，《高皇后傳》）。

尤其值得注意的是，馬皇后不僅自己不干預宮外的政事，而且不私親

族，不讓娘家人做官，參與政事。朱元璋剛就帝位時，並未注意到漢、唐外戚干政的禍害。洪武元年正月，他登基僅十餘天，為感謝馬皇后與之患難與共、贊成大業的功績，派人尋訪其親人，準備給官做。但馬皇后之父馬公無後，派出去的人員只找到馬皇后的親族，朱元璋想授予官職。馬皇后記取歷史上外戚干政的慘痛教訓，堅決予以回絕，說：「國家官爵，當與賢能之士。妾家親屬，未必有可用之才。且聞前世外戚之家多驕淫奢縱，不守法度，致有覆敗者。陛下加恩妾族，厚其賜予，使得保守足矣。若其果賢，自當用之。若庸下非才而官之，必恃寵致敗，非妾之所願也。」朱元璋「聞言遂止」（《明太祖實錄》卷二九），只賜給他們一大堆金銀財寶，讓他們足以享用一輩子，而不予職事。

正是基於馬皇后的這番勸諫，朱元璋此後將嚴禁外戚干政作為一項重要內容載入《祖訓錄》之中。《祖訓錄》的《箴戒》篇明確規定：「凡外戚，不許掌國政，止許以禮待之，不可失親親之道。若創業之時，因功結親者，尤當加厚。其官品不可太高，雖高亦止授以優閑之職。」嚴禁外戚干政之所以成為明朝皇室的一條重要家法，馬皇后是立了首倡之功的。

所謂外戚，是指皇室的外姓親族、妻族和皇家公主的夫家。將嚴禁外戚干政列為家法之後，朱元璋便對外戚政策逐步進行調整。對馬皇后的親族，他僅賜金帛，對母親陳氏的家族，由於其父馬公已死，又無子嗣，更無可賞賜。朱元璋兩個姐姐均已去世，大姐夫王七一也已辭世，只有二姐夫李貞封以恩親侯、駙馬都尉，後以其子（即較早參加起義隊伍的李文忠）之戰功而晉封曹國公，但也是虛銜。至於太子、諸王及公主的婚配，起初並無嚴格的規定，朱元璋曾親選徐達之女為燕王妃，公主也多嫁給勛臣之子，藉以籠絡一批開國功臣，鞏固自己的統治地位。洪武三年五月起，他決定改變這種做法，下詔道：「天子及親王后妃、宮嬪等，必慎選良家子而聘焉。戒勿受大臣所進，恐其夤緣為奸，不利於國也。」（《明太祖實錄》卷五二）《祖訓錄》的《內令》篇據此規定：「凡天子及親王后妃、宮人等，必須選良家子女，以禮聘娶，不拘處所，勿受大臣進送，恐有奸計。但是倡妓，不許狎近。」《皇明祖訓》仍保留此條規定而不動。

儘管朱元璋自己並未執行這條規定，從洪武十五年起，又親自做主，先後為幾個親王聘娶了大臣的閨女為妃，並將幾個公主下嫁給大臣之子為妻，但《皇明祖訓》仍被後來的歷代嗣君和宗室奉為「祖宗成法」而嚴格遵守。故而明代后妃「自文皇后（即燕王妃，文皇后是明仁宗為她上的尊諡）而外，率由儒族單門入儷宸極」（《明史》卷一○七，《外戚恩澤侯表》）。公主駙馬也多求之市井，「歲祿各有差，皆不得與政事」，只有幾個駙馬都尉曾「典兵出鎮及掌府部事」，還有個別駙馬都尉以恩澤封侯」，這都屬於「非制」的特例（《明史》卷七六，《職官志》）。從而避免皇室的外姓親屬藉助皇太后、皇后或皇帝寵妃的裙帶關係形成強大的政治勢力，把持軍政大權，導致朱姓皇權旁落局勢的出現。

在生活上，馬皇后處處關心、體貼朱元璋，親自主管他的起居飲食。而自己在生活上則一直保持過去那種儉樸的作風。她同朱元璋一樣，不喜奢麗，平時衣裳破舊了，縫補洗淨再穿，從不輕易扔掉。左右有人對她說：「享天下至貴至富，何庸惜此？」她答道：「吾聞古之后妃，皆以富而能儉、貴而能勤見稱於載籍。蓋奢侈之心易萌，崇高之位難處，不可忘者勤儉，不可恃者富貴也。勤儉之心一移，禍福之應響至。每念及此，自不敢有忽易之心耳。」（《明太祖實錄》卷一四七）聽說元世祖皇后察必曾率宮女收集舊弓弦洗滌煮熟，織成衾綢，縫製衣裳穿用，她也叫宮女仿照這個辦法，織成衾綢，賜給無依無靠的孤寡老人。她還用裁衣剩下的零碎布帛、有疙瘩疵點的粗絲綢製成衣裳，賜給諸王妃、公主，讓她們懂得民間植桑養蠶、繅絲織綢之艱難。

馬皇后「無子」（《棗林雜俎》義集，《彤管篇》），只生了兩個女兒，即寧國公主和安慶公主。但她很喜歡男孩，曾撫養保兒（李文忠）、周舍（沐英）、保兒（平安）、道舍（何文輝）、柴舍（朱文剛）、馬兒（徐司馬）、金剛奴、也先、買驢、真童、潑兒、老兒、朱文遜、王駙馬等二十幾個義子，還撫養了李淑妃所生的懿文皇太子、秦王、晉王，妃所生的燕王、周王等。馬皇后不論對自己親生的女兒，還是對其他妃子生的子女，都非常疼愛，督促他們認真讀書，涵養德性，懇切地對他們說：「汝父尊臨萬國，身致太平，亦由學以聚之。爾小子亦當思繼繼繩繩以不辱所生。」

還說：「吾聞女史言，（漢）鄧禹為將不妄殺人，故其女為后。吾家世忠厚，至吾父，雖無禹之功，然平生急於義，今日為后非偶然也。汝輩異日有人民社稷之寄，尤必積累忠厚，乃可長世，切不可自恃而不務德，謂事有偶然也。汝切識之！」孩子有時在穿用的衣服、器皿上互相攀比，她把他們叫到一起，開導說：「唐堯、虞舜茅茨土階，夏禹、文王惡衣卑室。汝父儉樸，尤惡奢麗，日夜憂勤以治天下。汝輩無功，錦衣玉食，猶欲以服御相加，何志氣不同如是乎？惟當尊師取友，講論聖賢之學，開明心志，自無此氣習也。」（《明太祖實錄》卷一四七）

洪武十五年八月，馬皇后病逝，享年 51 歲。病重時，自知難以治癒，擔心服藥無效會連累醫生，不肯就醫。臨終囑咐朱元璋：「願陛下求賢納諫，慎終如始，子孫皆賢，臣民得所而已。」（《明太祖實錄》卷一四七）朱元璋連連點頭，失聲痛哭。九月，葬於南京孝陵，諡號「孝慈皇后」。馬皇后去世後，朱元璋晚年始終沒有再立皇后。

馬皇后在元末兵荒馬亂的歲月嫁與朱元璋，備歷艱險，贊成大業。正位中宮後，不僅勤於內治，嚴格管教太子、諸王，約束妃嬪女使，而且嚴格遵守朱元璋禁止后妃幹政的規定，從不直接參與宮外事務，而是採用隨事幾諫的方式，對朱元璋的過失提出委婉的勸諫，或對治國理政提出建議，供朱元璋參考，而且拒絕朱元璋為其親族授官，促使朱元璋做出嚴禁外戚幹政的規定，使其家法更趨完備。

她的這種表率作用，對後世的后妃產生了深遠的影響。如文皇后即極力仿照馬皇后的做法。靖難之役後，明成祖想給為他輸送情報而遭建文帝誅殺的小舅子徐增壽追授官爵，她「力言不可」。明成祖不聽，封其為定國公，她表示「非妾志也」，「終弗謝」。病逝之前，又特地囑咐明成祖曰：「毋驕畜外家。」（《明史》卷一一三，《徐皇后傳》）因此，有明一代，始終未曾出現后妃或外戚專權的弊政，這是漢、唐、宋、元和後來的清代所不及的。《明史·后妃傳》讚曰：「高后（馬皇后）從太祖備歷艱難，贊成大業，母儀天下，慈德昭彰。繼以文皇后仁孝寬和，化行宮壺，後世承其遺範，內治肅雍。論者稱有明家法，遠邁漢唐，信不誣矣。」

第三節　眾多的妃嬪和兒女

　　同所有封建君主一樣，朱元璋除馬皇后外，還擁有眾多的妃嬪宮女。據《明史》記載，他共有后妃 15 人。而據《國榷》記載，則有 20 人，除馬皇后外，還有胡充妃、孫貴妃、李淑妃、鄭安妃、崔惠妃、碵妃、達定妃、郭寧妃、郭惠妃、胡順妃、韓妃、余妃、楊妃、周妃、趙貴婦、李賢妃、劉惠妃、葛麗妃和沒有名號的郜氏。實際上他的妃嬪遠不止這些。據《萬曆野獲編》的記載，朱元璋死後「帝后以下附葬者，妃嬪共四十人」，可謂妻妾成羣。朱元璋的這羣后妃，先後共為他養育了 26 個兒子、16 個女兒，組成一個多妻多子的大家庭。

　　在朱元璋的眾多妃嬪中，有一位郭惠妃，是郭子興的小張夫人的親生女兒。她自小與馬皇后形影不離，後來也嫁給朱元璋，生了三個兒子和兩個女兒，即蜀王、谷王、代王、汝陽公主和永嘉公主。其他妃嬪，有的是從民間徵選的，如李淑妃、郭寧妃、胡妃等。胡妃是濠州人，守寡在家，朱元璋想娶她，她母親不同意。後來朱元璋聽說胡家遷到淮安，寫信請平章趙君用幫忙，趙派人將她母女送來。朱元璋還曾看中部下宣使熊義的妹妹，令都事張來釋（另一說為郎外郎張來碩）做媒往聘，熊家答應收到聘禮後，擇日將女兒送來完婚。不久，張來釋又報稱，熊氏女早已許配給楊憲之弟楊希聖。朱元璋大怒，說你既做媒，怎麼還給已許配他人的閨女下聘禮呢，這不等於向世人公佈我的罪過嗎？立即派人將張來釋押解到內橋，斫成肉泥，並到熊家追回聘禮，令其閨女仍與楊希聖為婚。楊希聖嚇破了膽，最終也未敢迎娶這個熊家閨女。

　　有的妃嬪是降將進獻的。如陳友諒的江西行省丞相胡廷瑞（後改名胡美）在龍興降附，將自己的長女獻給朱元璋。他因此留任原職，後累功被封為臨川侯。不料洪武十七年卻被列為胡黨，以「偕其子婿入亂宮禁」的罪名被賜自盡，子婿也被刑死。有的妃嬪原是陳友諒的妃子，武昌被攻佔後被朱元璋納為妃。有的妃嬪來自元宮，嚴從簡的《殊域周諮錄》載：「初元主嘗索女子於高麗，得（周）誼女，納之於宮中，後為我（明）朝中使

攜歸（時宮中美人有號高麗妃者疑即此女）。」朱元璋的妃嬪大多數為漢族女子，但也有高麗、蒙古女子，如上述的周妃和韓妃是高麗女子，燕王和周王的生母碽妃則是蒙古女子。

眾妃嬪中，孫貴妃最受朱元璋的寵愛。她是陳州人，因父親孫和卿仕元為常州府判，隨父住在常州。元末農民起義爆發後，父母雙亡，與大哥孫瑛、二哥孫蕃外出避難，大哥途中失散，她隨二哥孫蕃逃到揚州。青軍元帥馬世熊攻佔揚州，孫蕃死亡，她被馬元帥收為義女。18 歲時，被朱元璋納為姬妾。孫氏聰慧漂亮，且熟知禮法，被馬皇后誇為「古賢女」。朱元璋稱帝後，冊封她為貴妃，位居眾妃之上，「助馬皇后攝六宮事，後以慈，妃以法，相濟得治」（《勝朝彤史拾遺記》卷一）。由於她的關係，大哥孫瑛被授為行省參政。她在洪武七年病故，朱元璋非常悲傷，賜謚「成穆」。因為她只生了四個女兒，沒有兒子，朱元璋命周王為之服喪三年，皇太子及諸王服喪一年，並令儒臣作《孝慈錄》，規定庶子必須為生母服喪三年，眾子須為庶母服喪一年。

受到朱元璋寵愛的還有李淑妃和郭寧妃。李淑妃是壽州人，父親李傑在洪武初年以廣武衛指揮隨大軍北征，死於戰陣。她在龍鳳元年（1355年）為朱元璋生下長子朱標，即懿文皇太子，後來又生下秦王與晉王二子。因為馬皇后無子，她生育的三個皇子都交馬皇后撫養。由於皇太子為其所生，所以朱元璋對她倍加寵愛，封為貴妃。洪武十七年（1384年）九月馬皇后喪服期滿，又冊封其為淑妃，攝六宮事，並提拔她的兩個哥哥為金吾衛指揮，與錦衣衛同掌詔獄。李淑妃為人多智術，「事上有禮，撫下有恩，遇事有斷，內政悉委之」（《罪惟錄》列傳卷二，《馬皇后傳附諸妃美人》）。朱元璋常以難事問她，她分析得有條有理，朱元璋稱讚她是「班婕妤之流」。燕王為日後奪取帝位着想，曾收買一名宮女結納李淑妃，要她贊同易儲，她委婉謝絕：「妾備位嬪□，所任者，浣濯庖廚之責，儲位大事，非妾所知。」（張萱：《西園聞見錄》卷三，《閨苑·洪武三十年》）羣臣都讚揚她賢惠。

郭寧妃是濠州郭山甫的女兒。傳說郭山甫喜給人相命，曾給自己的兒子郭英和郭興看相，說他們來日皆可封侯。朱元璋路過他家，他一見

大驚，說其相貌貴不可言，叫夫人趕緊設宴招待，又對他的兩個兒子說：我給你們看相，看出你們將來皆可封侯，而能給你們封侯的人就是這位貴人！隨即叫他們收拾行裝投奔朱元璋，並將女兒打扮一番送給朱元璋做姬妾。後來，朱元璋封她為寧妃，李淑妃死後，令其攝六宮事。其兄郭興後以戰功封鞏昌侯，郭英封武定侯。郭寧妃生有一子，即魯王。

朱元璋對後宮管束極為嚴酷，妃嬪稍有不慎即遭重刑甚至處死。郭寧妃和唐王生母李賢妃、伊王生母葛麗妃，後來「俱得罪死」，被裝在一個大筐裏，埋在南京太平門外。事後朱元璋有些後悔，下令三棺分葬，刨開墳堆，三具屍體俱已朽爛，分不清那架屍骨是誰的，只好就地掩埋，在上面壘起三個墳頭，算作三個妃嬪的墳墓。楚王的生母是鳳陽人胡妃，她曾得到朱元璋的寵愛。有一年，宮廷的內河發現一具死胎，內侍懷疑是胡妃墮胎扔掉的。朱元璋聞訊就命人把胡妃殺死，將屍體拋到南京城外的野地裏。楚王從封地入京朝覲，哭求母屍不得，只找到一條白練帶子，迎葬於楚王府。封建時代有一句話，叫「伴君如伴虎」，這一點也不誇張。

朱元璋妻妾眾多，自然也是兒女成羣。鑒於元朝前期不立太子引發多起宮廷政變的教訓，他稱吳王後便立長子朱標為世子，稱帝後立為皇太子。同時鑒於前代太子的東宮臣僚自成系統，容易和朝廷大臣產生矛盾，甚至和朝廷發生對立，又任命朝廷重臣兼任東宮的臣僚。其餘諸子，除第二十六子朱楠出生一個月後夭折，另外 24 個兒子皆封王建國，以屏藩王室。

為了使自己的子孫能長久保持帝位，朱元璋非常重視皇太子和諸王的教育培養。洪武元年十一月，在宮中建大本堂，蒐集古今圖籍充實其中，徵聘四方名儒教授太子和諸王，並選派國子監學生十餘人伴讀。後來，皇太子的讀書之處改在文華後堂。翰林學士宋濂先後教太子讀書十餘年，一言一行皆以禮法諷勸，使之符合傳統的道德規範。講到有關政教與前代興亡之事，他必拱手道「當如是，不當如是」，辭極懇切。皇太子每次都認真聽講，言必稱其為「師父」。

洪武二年，朱元璋還命孔克仁等為諸王講授經書，功臣子弟也奉詔入學，並指示孔克仁說：「朕諸子將有天下國家之責，功臣子弟將有職任之

寄,教之之道當以正心為本,心正則萬事皆理矣。苟導之不以其正,為眾欲所攻,其害不可勝言。卿等宜輔以實學,毋徒效文士記誦詞章而已。」(《南雍記》卷一,《事紀》)除了選派儒士教讀經書,又用具有德行的端人正士做太子賓客、太子諭德和諸王相、傅,要求太子賓客和太子諭德輔導太子「必先養其德性,使進於高明。於帝王之道、禮義之教及往古成敗之跡、民間稼穡之事,朝夕與之論說」,要求諸王相、傅「務引王於當道,……待臣下則以謙和,撫民人則以仁恕,勸耕耨以省饋餉,禦外侮以藩帝室」(《明太祖寶訓》卷二,《教太子諸王》)。朱元璋還常令皇太子和諸王前往鳳陽謁祀祖宗陵墓,閱武練兵,「以知鞍馬之勤勞」,「衣食之艱難」,「風俗之美惡」,以及「吾創業之不易」。此外,還命東宮及王府官「採摭漢、唐以來藩王善惡可為勸戒者」輯為一書,賜名《昭鑒錄》,頒賜諸王,使知所警誡。

皇太子成年後,朱元璋便讓他練習處理政務,學習怎樣治國理政。洪武五年十二月,皇太子虛齡18歲,他即令省台府臣:「今後百司所奏之事,皆啟皇太子知之。」(《明太祖實錄》卷七七),翌年九月,鑒於太子還太年輕,又命諸司:「今後常事啟皇太子,重事乃許奏聞。」(《明太祖實錄》卷八五)十年六月,朱標虛齡23歲,又令「自今大小政事皆先啟皇太子處分,然後奏聞」,並面諭太子曰:「自古以來,惟創業之君歷涉勤勞,達於人情,周於物理,故處事之際鮮有過當。守成之君,生長富貴,若非平昔練達,臨事少有不謬者。故吾特命爾日臨羣臣,聽斷諸司啟事,以練習國政。惟仁則不失於躁暴,惟明則不惑於奸邪,惟勤則不溺於安逸,惟斷則不牽於文法,凡此皆以一心為之權度。」(《明太祖寶訓》卷二,《教太子諸王》)希望皇太子能繼承自己的思想和作風,成為一個能幹的接班人,維持和鞏固明王朝的統治。

朱元璋平時對皇太子和諸子管教很嚴,稍有過失,即痛加訓誡。次子秦王朱樉就藩西安後,見王府宮殿用碧瓦蓋頂,嫌不夠威風,以「異帝制」為由,對負責建造王宮的長興侯耿炳文發火。後又派人到浙江杭州市買人口,還在咸陽、興平、武功、扶風等縣牧馬數千匹,擾害百姓。並散鈔令護衛士卒和陝西屬縣里甲收購黃金,導致無籍之徒乘機搶劫過往官軍及士

庶婦女，「但有金首飾之類即攘奪之」。清明時節，還令內侍到城內外的鞦韆架下尋找美女，「訪其姓名，即娶入宮，如意則留之，否則殺之」（《明興野記》卷下）。他征討西番，「將番人七八歲幼女擄到一百五十名，又將七歲、八歲、九歲、十歲幼男，閹割一百五十五名」，擄入王府，又「非法刑諸宮人，有割去舌者，有綁縛身體埋於深雪內凍死者，有綁於樹上餓殺者，有用火燒死者」（《太祖皇帝欽錄》，臺北《故宮圖書季刊》第 1 卷第 4 期）。他甚至「僭造龍衣龍牀」（《明興野記》卷下），覬覦皇位。朱元璋聞訊嚴加切責，洪武二十四年把他召回京師，經皇太子朱標說情，第二年才放還封國。洪武二十八年病死，朱元璋因其「不良於德」，追謚為「潛」。

第三子晉王朱棡秉性驕縱，就藩太原時，途中鞭打廚子徐興祖。徐興祖過去曾長期侍奉朱元璋，朱元璋為此給晉王寫了一道敕書，告誡他說：「吾率羣雄平禍亂，不事姑息。姑息獨徐興祖——為吾膳夫二十三年矣，小子識哉！」（《罪惟錄》列傳卷四，《晉恭王棡》）後來，晉王在藩多不法，有人告他圖謀不軌，朱元璋大怒，要殺他，經皇太子朱標「為涕泣請」（《明史》卷一一五，《興宗孝廉皇帝傳》），才免於死。此後，他幡然悔悟，謹守法度，重新得到朱元璋的喜愛和器重。

第十子魯王朱檀好文禮士，但嗜服金石藥以求長生，毒發傷目，又曾在封地兗州城外修建一座苑圃，與妃入宿其中，生活放盪不羈。朱元璋很討厭他。洪武二十二年魯王死，為之定謚號為「荒」。洪武二十年，朱元璋曾將歷代藩王和自己的兒子及姪子封王者秦、周、齊、潭、魯並靖江諸王的不法行為，輯為《御製紀非錄》一書，頒賜諸王，令其「朝暮熟讀，以革前非，早回天意」（《御製紀非錄》序）。

由於注意教育，朱元璋有幾個兒子頗為能幹。第二子秦王朱樉、第三子晉王朱棡和四子燕王朱棣都有軍事才能。洪武二十六年後元勛宿將屠戮殆盡，北方的防務便由他們來承擔。其他幾個封在北方邊塞的小王也常領兵跟隨他們巡視斥候，校獵沙漠。第五子周王朱橚則愛好文學，能詞賦，又喜歡研究植物，曾選擇可以救荒的草類 400 餘種，畫成圖譜並加以疏解，名為《救荒本草》。第十七子寧王朱權對文史和音樂頗有研究，曾著

《通鑒博論》《漢唐祕史》《史斷》《文譜》《詩譜》《太古遺音》《琴阮啟蒙》
等著作，還有《茶譜》等著述數十種，「經、子、九流、星曆、醫卜、黃
冶諸術皆具」（《獻徵錄》卷一，《寧獻王權》），是個興趣廣泛、博學多才
的大雜家。其他如第八子潭王朱梓「英敏好學，善屬文」；第十子魯王朱檀
「善詩歌」；第十一子蜀王朱椿「博綜典籍」，被朱元璋呼為「蜀秀才」；第
十六子慶王朱㮵「好學有文」，在文學上也有相當的成就；第十二子湘王
朱柏既好文又喜武。他性喜學問，常讀書到深夜，就連領兵出征也隨帶大
批圖書抽空閱讀。曾開設景元閣招納文士，日夜校仇，志在經國。又喜談
兵，善使弓矢刀槊，馳馬若飛。

　　當然，也有幾個兒子很不成器。如第十三子代王朱桂，為人殘忍粗
暴，在建文朝被廢為庶人。永樂元年（1403 年）復爵，繼續胡作非為，
受到明成祖的警告。但他稟性難移，到晚年還常和幾個兒子穿着窄衣，戴
着禿帽，在街市中袖錘斧殺人。第十九子谷王朱橞，在永樂時居國橫甚，
奪民田，侵公稅，隨意殺人，長史虞廷綱幾次勸諫，被誣陷致死，後以謀
叛被廢。第二十五子伊王朱㰒，永樂時就藩洛陽，時常挾彈露劍，馳逐郊
外，百姓躲避不及，即被擊殺。他還常把男女市民的衣服剝個精光，藉以
取樂。

　　為了保證自己的子女能過上優裕的生活，朱元璋規定諸王、公主的
俸祿由朝廷支給。明制，親王嫡長子年及 10 歲，立為王世子，嫡長孫立
為世孫，其餘諸子年及 10 歲，封為郡王；郡王嫡長子立為郡世子，嫡長
孫立為長孫，其餘之子封鎮國將軍，孫封輔國將軍，曾孫封奉國將軍，四
世孫封鎮國中尉，五世孫封輔國中尉，六世以下皆封奉國中尉。皇女封郡
主，郡王女封縣主，孫女封郡君，曾孫女封縣君，玄孫女封鄉君，她們
的夫婿皆號儀賓。這些宗藩，「世世皆食歲祿，不授職任事」（《明史》卷
八二，《食貨志》）。洪武九年規定，親王歲支米 5 萬石，鈔 25000 貫；公
主已受封的賜莊田 1 所，歲收糧 1500 石，並給鈔 2000 貫；親王子已受封
郡王，米 6000 石、鈔 2800 貫，親王女已受封郡主及已嫁，米 1000 石、
鈔 1400 貫；郡王之子年及 15 歲，各賜田 60 頃，以為永業，並免除租稅，
「諸王所生之子，唯世守永業」（《明太祖實錄》卷一○四）。到二十八年，

因為「子孫眾盛」，「俸給彌廣」，朱元璋決定「量減各王歲給，以資軍國之用」，戶部重新規定：親王歲給祿米 10000 石，郡王 2000 石，鎮國將軍 1000 石，輔國將軍 800 石，奉國將軍 600 石，鎮國中尉 400 石，輔國中尉 300 石，奉國中尉 200 石，公主及駙馬 2000 石，郡主及儀賓 800 石，縣主及儀賓 600 石，郡君及儀賓 400 石，縣君及儀賓 300 石，鄉君及儀賓 200 石。並規定：「郡王嫡長子襲封郡王者，歲賜比始封郡王減半支給。」（《明太祖實錄》卷二四二）這一規定雖然將親王、郡王的祿米減少了大半，但仍遠遠高於大臣的歲俸，一個親王的歲祿就接近十個一品官員歲俸的總和，一個郡王的歲祿也相當於兩個正一品官員歲俸的總和。而且將原先規定郡王之子的鎮國將軍賜田 60 頃作為其子子孫孫（包括輔國、奉國將軍及鎮國、輔國、奉國中尉，縣主、郡君、縣君、鄉君及其儀賓）的「永業」，改為自鎮國將軍至鄉君及儀賓每年各支付 1000 石至 200 石的歲祿，也在無形中大大增加了國家的支出，因為郡王之子即鎮國將軍每人歲祿 1000 石，已大致相當於 60 頃賜田所收之租稅，可是郡王之下還有數不清的將軍、中尉、縣主和儀賓等人。

後來，宗室的人口不斷增加。特別是建文年間燕王的「靖難之役」和永樂年間的漢王「高煦之叛」以後，朝廷加強對諸藩的管束，就連親王出城掃墓都要經申請獲准後才許行動，甚至規定兩個藩王不得見面，簡直形同囚徒。宗室在政治上沒有發展機會，又不許從事士農工商諸業，卻有一份吃到老死的祿米，不必為生計發愁。特別是親王和某些郡王，在歲祿之外，還可通過即位之賞、之國之賞、生日之賞、有功之賞等名目，或請或賜，不斷擴增自己的莊田財富，日子過得更加優裕。他們飽食終日，無所事事，便把主要精力用來凌辱地方官府，欺凌百姓，兼併土地，搜刮錢財，成為社會公害。

宗藩本來就妻妾成羣，人口繁衍極快。將軍以下的宗室，特別是中尉，缺乏如親王、郡王那種請賞的門路以擴增財富，更是儘量多娶妻妾，多生子女，或者收養異姓，以增加祿米，從而更加速宗室人口的繁衍。弘治五年（1492 年）山西巡撫楊澄等人曾奏報，晉府的慶城王朱仲鎰，到當年八月就生育子女 94 人，孫 163 人。據王世貞推測，大約每隔 19 年，宗

室的人口就增加 50%。而徐光啟的推算，宗室的人口每 30 年左右即翻一番。洪武時宗室人口僅 58 人，永樂時增至 127 人，到萬曆三十二年（1604年）又增至 8 萬多人，估計到明亡之時當有 10 餘萬之眾。隨着宗室人口的激增，祿米的支出越來越多。

嘉靖三十二年（1553 年），禮部尚書歐陽德上書指出：「計天下歲供京師米四百萬石，而各處祿米凡八百五十三萬石，視輸京師之數，不啻倍之。」「即如山西一省，存留米麥一百五十二萬石，而宗室祿米該三百一十二萬石，河南一省存留八十四萬三千石，而宗室祿米一百九十二萬石。是二省之糧，即無水旱蠲免，升合俱完，猶不足以供祿米之半。」（《宗藩條例》；《明經世文編》卷二一二，《歐陽南野文集‧中尉女授宗女宗婿名號疏》）祿米數量增加如此之多，國家財政難以負擔。到明中後期，朝廷常因財政困難而拖欠宗室的祿米。萬曆三十四年（1606 年）明廷只得開「宗室之禁」，允許宗室子弟入學應試，除授官職。但這一改革為時過晚，對解決宗室的祿給和出路問題未能產生多大作用。許多將軍以下的宗室成員衣食無着，「數日之中，不曾一食，老幼嗷嗷，艱難萬狀。有年逾三十而不能婚配，有暴露十年而不得殯埋，有行乞市井，有傭作民間，有流移他鄉，有餓死道路」（《明世宗實錄》卷四九三），有的「不得不雜為賤役，或作為非辟」（王士性：《廣志繹》卷三，《江北四省》），有的甚至耍起無賴手段，故意輕斃人命，凌辱尊長，以便「發高牆（鳳陽宗室監獄）以邀口糧充飢寒」（張怡：《聞續筆》卷三）。

朱元璋利用國家財力厚待其「鳳子龍孫」，讓他們世世代代遠離四民之勞，而過着安養逸豫的生活。但安逸的寄生生活必然導致他們腐朽沒落，變成百無一用的「棄物」。結果，當明末農民大起義的風暴席捲而來時，這些「天枝玉葉」大都顯得卑怯無能，不是縱酒取樂，便是抱頭鼠竄，很快便被時代的洪流所埋葬。這大概是朱元璋始料不及的吧。

第十四章

喜憂交織的晚年

第一節　晚年的喜與憂

　　朱元璋在洪武元年（1368 年）登基稱帝、創建大明王朝時，是虛齡
41 歲的中年人。為了鞏固這個新生政權，他起早睡晚，運籌帷幄，事必
躬親，勵精圖治。歲月不知不覺地流逝，轉眼到了洪武後期，他已鬚髮斑
白，步入晚年了。

　　人到晚年，總喜歡回顧自己一生的往事。朱元璋也不例外。他回想
自己當初登基的情景，和現今面對的形勢，真有一種滄海桑田之慨。想
當初，他登基之時，面對的是危機四伏、險象環生的局勢。當時，元朝的
統治即將崩潰，但畢竟尚未被推翻，從遼東到晉秦尚在元朝勢力的掌控之
下，從閩廣到川滇一帶又為各種割據勢力所盤踞。推翻元朝、統一全國的
任務仍然十分艱巨。而在明朝內部，新王朝雖已建立，但各種制度尚待確
立與完善，衙門官吏承襲元朝官場的習氣，擅權枉法，貪汙受賄，豪強勢
族繼續狂斂財富，兼併土地，甚至不擇手段地逃避皇朝賦役，向農民轉嫁
負擔，激起農民的強烈不滿和反抗，導致社會的動盪不安。社會經濟更是
凋敝不堪，到處是田疇荒蕪，榛莽叢生，有些地方甚至渺無人煙。人民力
竭財盡，地主難以徵收到地租，國家稅源幾近枯竭。與這種政治、經濟狀
況相映襯的，是傳統文化的衰落，禮樂未興，教化不行。而今元朝的統治
早已被推翻，全國已基本實現統一，北元勢力已被壓縮到漠北草原，不
再對明朝構成嚴重威脅，而明朝則在北部邊陲和沿海地區構築了一套比
較完備的防禦體系，有力地抵禦北元的騷擾和倭寇的侵掠。明朝的各種
典章制度，此時也已大體完備，整肅吏治的鬥爭達到高潮，朱元璋心目
中的異己力量很大一部分已被清除，一批欺壓小民、武斷鄉曲的不法豪
強已被誅滅，社會秩序日趨穩定。尤其值得注意的是，社會經濟的恢復

與發展取得顯著的成績。新增加的耕地面積，僅戶部掌握的各布政司和直隸府州，洪武元年僅有 770 餘頃，四年增加到 106622 頃 42 畝，七年更躍增至 921124 頃，十二年也有 273104 頃 33 畝（《明太祖實錄》卷三七、七〇、九五、一二八）。國家稅糧和屯田子粒的收入也呈上升的趨勢。洪武十七年六月，戶部即奏稱：「潼關衛見儲軍餉可給三年，其餘米五十二萬四千二百二十七石……鳳翔縣見儲軍餉可給三年，其餘米一十四萬六十四石」（《明太祖實錄》卷一六二）。二十四年為大造黃冊之年，全國土地經過普遍丈量之後，戶部掌握的各布政司和直隸府州田土面積總計為 3874746 頃 73 畝（《明太祖實錄》卷二一四）。到二十六年，全國各布政司和直隸府州及各地衛所所轄田土總計達到 8507623 頃（《明史》卷七七，《食貨志》），比北宋最高的耕地數字多了 326 萬餘頃。當年全國的稅課收入，僅稅糧一項即多達 32789800 餘石，比元朝歲入增加了將近兩倍。

與此同時，元代被邊緣化的儒學重新被定於一尊，孔孟之道、理學思想獲得廣泛的傳播。禮樂制度重加釐定，去蒙古化，接續漢唐傳統。興學之風熾盛，從鄉村的社學到省府州縣的儒學再到京師的國子監都在蓬勃發展，洪武二十六年國子監的生員總數多達 8124 名，成為當時世界上規模最大的高等學府。教育的發達，已超過了唐宋時代，呈現「家有弦頌之聲，人有青雲之志」（《始豐稿》卷五，《送趙鄉貢序》）的喜人景象。科舉制度也在逐步完善，為國家選拔出了一批優異的人才。教化廣行，移風易俗的活動遍及鄉野民間。傳統文化正在實現全面的復興。

看到天下大治、財富充足、傳統文化復興的繁榮景象，朱元璋感到無限的驚喜和欣慰，覺得應該慶祝一番。洪武二十七年，他「以海內太平，思欲與民偕樂」（《明太祖實錄》卷二三四），命工部在京城內外的繁華街市修建了 10 座酒樓，令市民廣設酒肆穿插其間，在金秋八月的豐收季節舉行一場大規模的慶祝活動。酒樓動工興建後，他考慮消息一傳開，到時四面八方的賓客一齊擁向京城，10 座酒樓可能容納不下，又令工部再增修 6 座。到了八月，五穀豐登、瓜果飄香，16 座酒樓陸續完工。它們不僅建築雄偉，裝飾豪華，而且都取了富有文化韻味的優雅的名稱。據周吉父《金陵瑣事》記載，在城內，有南市樓、北市樓；在聚寶門外的西

邊有來賓樓，東邊有重譯樓；在瓦屑壩者，有集賢樓、樂民樓；在西關中街的北邊有鶴鳴樓，南邊有醉仙樓；在西關南街，有輕煙樓、淡粉樓；在西關北街，有柳翠樓、梅妍樓；在石城門外，有石城樓、謳歌樓；在清涼門外，有清江樓、鼓腹樓。各條市街，擺滿新登場的五穀和南北各地的瓜果，街上游人如織，不時盪起陣陣歡聲笑語。各座酒樓張燈結彩，喜迎各方賓客，穿插於酒樓之間的酒肆旌旗飄揚，熱鬧非凡。京城的文武百官和奉詔前來參與訂正蔡忱《書集傳》的老儒，齊集於醉仙樓寬敞的大廳。朱元璋身穿嶄新的袞服，站在廳堂的御座前宣佈詔令，賞賜百官和老儒大明寶鈔，大臣和老儒齊聲山呼萬歲。接着，舉行盛大的宴會，朱元璋頻頻舉杯，與大臣和老儒開懷暢飲。九月十六，《書集傳》的校訂工作宣告完成，朱元璋非常高興，特賞賜參與工作的老儒鈔幣，又在南市樓宴請他們。席間，諸儒先後獻詩。臨川老儒揭軌的《宴南市樓》二首留傳至今，可讓人回想當年宴飲的盛況：

> 帝城歌舞樂繁華，四海清平正一家。
> 龍虎關河環錦繡，鳳凰樓閣麗煙花。
> 金錢錫宴恩榮異，玉殿傳宣禮數加。
> 冠蓋登臨皆善賦，歌詞只許仲宣誇。
>
> 詔出金錢送酒壚，綺樓勝會集文儒。
> 江頭魚藻新開宴，苑外鶯花又賜酺。
> 趙女酒翻歌扇濕，燕姬香襲舞裙紆。
> 繡筵莫道知音少，司馬能琴絕代無。

（陳田輯撰：《明詩紀事》甲簽卷一四）

隨着經濟的發展，國庫的充盈，朱元璋於洪武二十八年九月下詔免除山東秋糧，宣稱：「今天下大定，已二十八年矣，民人供給煩勞。邇年以來，朝廷倉廩實，府庫充，而山東之民，供給遼東、山西、北平軍需，勞亦甚矣。今年應納官民秋糧，盡行蠲免。」同時蠲免應天等五府秋糧，詔

曰：「朕年二十八渡江，二十九入建業（南京），秣馬厲兵，與羣雄並驅，凡軍興所需，皆出我江東五郡之民，以此平定天下禍亂，海內康寧。朕今老矣，思民效力，無可撫勞。今特以洪武二十八年官民秋糧盡行蠲免，少報前勞。」（《明太祖實錄》卷二四一）當年十二月，又告諭戶部大臣：「方今天下太平，軍國之需皆已足用，其山東、河南人民，田地桑麻除已入額徵科，自二十六年以後栽種桑麻果樹，與二十七年以後新墾田地，不論多寡，俱不起科。若有司增科擾害者，罪之。」（《明太祖實錄》卷二四三）遼東地區地廣人稀，當地駐軍連年靠山東海運布鈔糧棉供應，自洪武十五年施行屯田，到三十年傳來已自給有餘的喜訊。朱元璋高興地說：「遼東海運連歲不絕，近聞彼處軍餉頗有贏餘。今後不須轉運，止令本處軍人屯田自給。其三十一年海運糧米可於太倉、鎮海、蘇州三衞倉收貯，仍令左軍都督府移文遼東都司知之。其沙嶺糧儲發軍護守，次第運至遼東城中海州衞倉儲之。」（《明太祖實錄》卷二五五）

不過，朱元璋並未為眼前一片天下大治、財富充足、傳統文化復興的景象所陶醉。出身貧苦、經歷坎坷的朱元璋，具有強烈的憂患意識。登基稱帝後，他即對臣僚尖銳地提出「居安慮危，處治思亂」的問題，提醒他們不要為一時的勝利而忘乎所以。他自己更將唐朝李山甫的《上元懷古詩》用大字抄在屏風上，暇則吟哦品味，用以警誡自己：

> 南朝天子愛風流，盡守江山不到頭。
> 總為戰爭收拾得，卻因歌舞破除休。
> 堯將道德終無敵，秦把金湯可自由？
> 試問繁華何處在，雨花煙草石城秋！

正是由於具有強烈的憂患意識，朱元璋清醒地認識到，所謂天下太平、倉廩充足，不過是與洪武初年社會動盪、田疇荒蕪的局勢相比較而言，而非絕對的安定與富足。洪武二十一年四月，江西才子、中書庶吉士解縉上《大庖西封事》，曾尖銳地指出：儘管明王朝已建立二十個年頭，但下農貧戶生活仍然十分困苦，「或賣產以供稅，產去而稅存，或裨辦以

當役，役重而民困」(《明經世文編》卷一一，《解學士文集・大庖西封事》)。明王朝建立之後，雖然大規模的元末農民戰爭已經結束，但由於「民窘於衣食，或迫於苛政」，逃亡甚至發動小規模起義的事件仍然不時發生。即使到明朝建立的第二個十年，也仍未止息。根據《明太祖實錄》的記載，這種小規模的農民起義，洪武二十一、二十二、二十三年各有六起，二十四年四起，二十五年一起，二十六、十二七年各四起，二十八、二十九年各十起，三十年五起，三十一年一起。所以，當禮部尚書門克新誇獎朱元璋「聖澤深廣，天下之民，各安生業，幸蒙至治」時，他即答道：「雖堯舜在上，不能保天下無窮民。若謂民皆安業，朕恐未然，何得遽言至治？」(《明太祖實錄》卷二四四)因此，晚年的朱元璋一直將民未皆安業視為一大憂患，不僅繼續兢兢業業，勤於理政，而且嚴厲督促各級官吏，繼續執行休養生息等各項政策，以期達到天下至治，民皆安業。

除了擔憂民未安業之外，朱元璋晚年的心中還有兩個揮之不去的憂慮。一個是都城選址問題。朱元璋是在應天登基稱帝的，但是否即以應天為都城，由於臣僚存在不同的意見，直到洪武元年八月才下詔以應天為南京，開封為北京，實行古已有之的兩京制度。不久，大都被攻克，北方地區也納入了明朝的版圖，都城的選址問題再度引起爭論。朱元璋經過一年的反覆考慮和斟酌，決定以他的家鄉臨濠即今安徽鳳陽為中都，於洪武二年九月下詔命有司在此建置城池宮闕如京師之制。但臨濠並不具備作為都城的條件，這一決定遭到儒士胡子祺等人的反對。八年四月，當中都的營建「功將告成」之時，又發生營建工匠的「厭鎮」事件，朱元璋遂「罷中都役作」，於當年九月下詔改建南京的大內宮殿。十年十月南京大內宮殿改建完工，十一年正月下詔改南京為京師，同時罷除北京，仍稱開封府。不過，朱元璋對定都南京並不感到滿意。因為南京畢竟遠離北方，不便於對付北元勢力的侵擾，儘管朱元璋後來分封諸王，將幾個兒子分封到長城內外，授予他們雄厚的護衛兵力和軍事指揮大權，多少彌補了都城遠離前線、朝廷指揮困難的缺陷，但仍不免有鞭長莫及之虞。同時，京師的大內宮城是由吳王新宮改建而成的。吳王新宮建在應天府城的東南隅，地當鍾山之陽，那裏原有一個湖泊，叫燕雀湖，先填湖後築城。湖填平後起蓋宮

殿，地基下陷，南高而北卑，整座宮城呈現前昂中窪的狀態，這在堪輿家看來是形勢不稱，風水不好的。當初吳王新宮是由熟知堪輿的劉基主持卜地選址的，但拿主意拍板的是朱元璋自己，正如王棠《知新錄》所說：「築大內，填燕尾湖（即燕雀湖）為之，雖決於劉基，實上內斷，基不敢言也。」這又使朱元璋深以為憾。晚年，他想起胡子祺曾建議定都關中，又動起遷都的念頭。二十四年八月，特命皇太子朱標巡視陝西，察看關、洛形勢。十一月，皇太子視察回來，進獻陝西地圖後，就一病不起，「病中上言經略建都事」（《明史》卷一一五，《興宗孝康皇帝傳》）。翌年四月，朱標便一命歸西。年富力強的皇太子一死，朱元璋感到自己年老體衰，精力不濟，加上天下新定，不欲勞民，只得打消遷都的打算。當年年底，在《祭光祿寺灶神文》裏，他傷感地哀歎道：「廢興有數，只得聽天！」（《天下郡國利病書》卷一三，《江南》）

　　既然放棄遷都的打算，朱元璋便決定對南京皇城中一些不符合禮制要求的建築佈局，按照明中都的佈局進行適當的調整。洪武二十五年八月，他諭廷臣曰：「南方為離（三十六卦之一），明之位，人君南面以聽天下之治，故殿廷皆南向，人臣則左文右武，北面而朝，禮也，五府六部官署，宜東西並列。」隨即下詔改建中央官署於皇城之前的御道兩側，並令「規摹宏壯」（《明太祖實錄》卷二二〇）。二十八年之前，改建工程陸續完工，在御道的左側建成宗人府，吏、戶、禮、兵、工五部及翰林院、詹事府、太醫院、東城兵馬司等衙署，在御道的右側建成五軍都督府以及通政司、錦衣衛、旗手衛、欽天監、儀禮司等衙署，而將含有殺氣的刑部、都察院、大理寺等三法司改建於太平門外。南京都城的規模與佈局至此基本定局。它以北安門、玄武門、奉天門、午門、端門、承天門、洪武門、正陽門為中軸線，奉天、華蓋、謹身三大殿與乾清、坤寧兩宮坐落在中軸線上，其他殿堂、壇廟和中央官署則左右對稱地配置在中軸線的兩旁，突顯皇權至高無上的權威。整個佈局非常嚴謹，既主次分明，又秩序井然。後來，永樂年間明成祖遷都北京，南京皇宮的規劃佈局就成為營建北京的藍本。

　　另一個使朱元璋晚年深感憂慮的是接班人問題。在我國古代，確定皇位繼續關係、詔立皇太子，被稱為國之根本，認為它關係到王朝的命運和

前途。明朝的皇位繼承制度實行嫡長子繼承制。朱標是朱元璋的長子,他在至正十五年(1355年)出生於太平陳迪家,生母為李淑妃,但出生後即交給馬皇后撫養長大,因而被視作嫡長子。朱元璋稱吳王時,立其為世子,從宋濂學習經書。自此,朱元璋就着意加以培養。

吳元年(1367年),他命年僅13歲的朱標及其弟朱樉回原籍臨濠省墓,諭之曰:「世稱商高宗、周成王為賢君者,汝知之乎?高宗舊勞於外,知民疾苦,成王早聞《無逸》之訓,知稼穡之艱難,故其在位不敢暇逸,能修勤儉之政,為商、周令主。今汝諸子,生於富貴,未涉艱難。人情習於宴安,必生驕惰,況汝他日皆有國有家,不可不戒。今使汝等於旁近郡縣,遊覽山川,經歷田野。因道途之險易,以知鞍馬之勤勞;觀小民之生業,以知衣食之艱難;察民情之好惡,以知風俗之美惡;即祖宗陵墓之所,訪求父老,問吾起兵渡江時事,識之於心,以知吾創業之不易也。」

當年十一月,朱元璋親攜朱標觀看郊祀的祭典,並命左右領着朱標到農家了解農民的居室飲食器用,回來後對他說:「汝知農之勞否?夫農勤四體,務五穀,身不離畎畝,手不釋耒耜,終歲勤動,不得休息,其所居不過茅茨草榻,所服不過練裳布衣,所飲食不過菜羹糲食,而國家經費,皆其所出,故令汝知之,凡一居處服用之間,必念農之勞,取之有製,用之有節,使之不至於飢寒,方盡為上之道。若復加之橫斂,則民不勝其苦矣。故為民上者,不可不體下情。」(《明太祖寶訓》卷二,《教太子諸王》)洪武元年(1368年)

朱元璋登基稱帝,立朱標為皇太子,又特置太子賓客、太子諭德等,以輔成太子德性。至洪武五年十二月,朱標虛齡18歲,朱元璋即令百司奏事皆通報給他,讓他熟習政務。第二年九月,考慮到朱標還太年輕,又令一般政務奏聞皇太子處理,軍國重事則奏報皇上處理。到洪武十年六月,朱標虛齡23歲,朱元璋才又令「自今大小政事皆先啟皇太子處分,然後奏聞」,讓他「練習國事」。

朱元璋苦心孤詣地培養皇太子朱標,自然是希望他繼承自己的思想與作風,成為一個能幹的接班人。但是,朱標「性仁厚」(《明史》卷四,

《恭閔帝紀》），自幼長深宮，由馬皇后撫養，又長期接受傳統的儒家教育，性格思想作風卻與老皇帝迥然。老皇帝主張制不宥之刑，權神變之法，使人知畏而莫測其端；皇太子卻主張以仁義治國，行仁政講友愛，務求治獄之仁恕。老皇帝想盡辦法誅滅異己，屠戮功臣，擴張皇權；皇太子卻要念及勳臣宿將的功勞，照顧親戚、兄弟、師生的情誼，寬大為懷。秦、晉、周諸王屢犯過失，皇太子每每出面調護解救。堂兄朱文正、表兄李文忠和義兄沐英等人因事受到老皇帝的督責，他就請馬皇后出面解慰。老皇帝錄囚，命御史袁凱送皇太子復訊，他「多所矜減」（《明史》卷二八五，《袁凱傳》）。

這樣，父子倆的分歧日漸擴大，有時不免發生爭吵。傳說宋濂獲罪，皇太子曾哭着向父親求情：臣愚戇，沒有別的老師，請求陛下哀矜，免其一死。朱元璋大怒，說：等你當皇帝赦他！皇太子惶恐無措，投水自殺，幸被左右救起。朱元璋且喜且罵道：這個癡心兒子，我殺人關你什麼事？又傳說馬皇后死後，朱元璋悶悶不樂，動輒殺人，皇太子勸諫說：陛下誅夷過濫，恐傷和氣。朱元璋不吭氣，第二天把一根大荊條扔在地上，叫皇太子去撿。皇太子見荊條上都是刺，不敢撿，朱元璋說：「汝弗能執歟？使我運琢以遺汝，豈不美哉！今所誅者皆天下之刑餘也，除之以安汝，福莫大焉！」意思是說，我殺人就好比替你將荊條上的刺除掉你才好拿，我把天下的奸險之徒清除乾淨，將來你的皇帝才好當。皇太子卻說：「上有堯舜之君，下有堯舜之民。」認為有什麼樣的皇帝，就有什麼樣的臣民，用不着你老多操這份心！朱元璋一聽火冒三丈，舉起椅子就砸過來，嚇得皇太子趕緊逃走。還傳說朱元璋嫌皇太子過於仁柔，有天故意叫人抬着屍骨從他面前經過來刺激他，皇太子不勝悲憐，連聲哀歎：「善哉！善哉！」（《剪勝野聞》）朱元璋的這些舉動，說明他擔憂皇太子過於仁厚，心慈手軟，將來繼位後，駕馭不了身邊的勳臣宿將，對付不了朝廷內外錯綜複雜的局勢，坐不穩寶座，保不住基業。

洪武二十四年八月，朱元璋又動起遷都的念頭，派皇太子朱標前往關中考察地理形勢。朱標回來後獻上關中地圖，供朱元璋定奪。朱元璋又命吏部尚書詹徽佐皇太子錄囚，朱標堅持一貫的主張，為囚犯減刑。

　　詹徽「性殘刻，執法過嚴」（《罪惟錄》列傳卷八下，《詹同附子徽》），「用法多希上旨，務為苛嚴」（《明通鑒》卷一〇），他加重囚犯的刑罰並搶先入奏。朱標隨後入奏，朱元璋說：「徽所執是法也。」他頓首道：「臣聞立國之道，仁厚為本，法者附也，非所以附。」朱元璋益怒，曰：「孺子乃教我！」意為你小子敢教訓我！朱標受到驚嚇，第二年就病倒了。臨終前，對世子朱允炆說：「死我者詹徽也！」（《罪惟錄》列傳卷三，《皇太子標》）當年四月，他一命歸西，虛齡僅 38 歲。

　　朱標有五個兒子，長子朱雄英 8 歲夭折。朱標死後，剩下的四個兒子都未成年。年齡最大的次子朱允炆虛齡 16 歲。而朱元璋此時年已 65 歲，在古代已算高齡，是否立這個年齡最大而又尚未成年的嫡孫為皇太孫，作為自己未來的接班人呢，讓他頗費躊躇。他在東閣門召集羣臣商議，翰林學士劉三吾進曰：「皇孫世嫡承統，禮也。」（《明史》卷一三七，《劉三吾傳》）朱元璋遂於洪武二十五年九月立朱允炆為皇太孫。他仍按培養皇太子的辦法進行培養，先請名儒教讀經書，再命其批閱奏章，平決政事，學習如何做皇帝。

　　但這位皇太孫性格酷似乃父，也是一個極為仁厚的儒雅書生。他同其父一樣反對朱元璋濫施刑戮，主張減省刑獄。朱元璋為此又是憂心忡忡，擔心自己存世時日無多，一旦撒手人寰，仁柔而又年輕的皇太孫繼承皇位，調動不了久經戰陣、老謀深算的開國元勛，控制不住局面，於是決定再斬荊棘，把僅存的幾個手握重兵的開國功臣全部清除乾淨。洪武二十六年便藉藍玉的謀反案再開殺戒，搞擴大化，連坐族誅大約 1.5 萬人。翌年，又將傅友德並王弼賜死。再過一年，又殺馮勝。至此，朱元璋才稍感放心，於二十八年宣佈廢除嚴刑，說他過去對奸頑刁詐之徒的法外加刑，是出於形勢需要的權宜處置，非守成之君所用常法。翌年，朱允炆乘機建議修改過於苛重的律條，朱元璋表示同意，於是改定畸重者 73 條，復諭之曰：「吾治亂世，刑不得不重。汝治平世，刑自當輕，所謂刑罰世輕世重也。」（《明史》卷九三，《刑法志》）

　　朱元璋就這樣在喜憂交織的境況下度過了他的晚年，而逐步接近生命的終點。

第二節　長眠於鍾山腳下

　　朱元璋出身貧苦，早年過的是飢寒交迫、顛沛流離的生活。25 歲投奔起義軍，在刀光劍影、血雨腥風中經歷了十餘年的戰鬥，到登基稱帝已經步入了中年。此後，他把全部精力都用來處理國事，夜以繼日，很少有娛樂和休息。

　　朱元璋原本喜歡平話、詞曲和戲曲，登基後曾命「樂人話平話」（《國初事跡》），聽說昆腔曲詞細膩宛轉，非常好聽，在接見崑山的百歲老人周壽誼時，就問會不會唱昆腔，周壽誼說不會唱昆腔，但善吳歌，隨即唱道：「月子彎彎照九州，幾人歡樂幾人愁，幾人夫婦同羅賬，幾人飄散在他州。」朱元璋聽得津津有味，鼓掌叫好，命「賞酒飯罷歸」（周玄：《涇林續記》）。溫州瑞安戲曲作家高明在元末創作傳奇《琵琶記》，得到廣泛的好評。朱元璋微賤時聽說過這齣戲，但不知道好在哪兒。登基後派人到溫州瑞安去召高明。高明推說身體有病沒有進京，但是呈進一部《琵琶記》。朱元璋讀後連連叫好，譽為「珍羞之屬」。但是，這種娛樂活動畢竟少之又少。由於公務纏身，他不僅「無優伶近之狎，無酣歌夜飲之娛」（《明太祖實錄》卷一三〇），就連睡眠時間都少得可憐，難得睡個安穩覺。據說，他曾寫過一首詩調侃道：

　　　　百僚未起朕先起，百僚已睡朕未睡。

　　　　不如江南富足翁，日高丈五猶擁被。

　　　　　　　　　　　　　　　　　　　（劉玉：《己瘧編》）

　　長期緊張的戰鬥生活和繁忙勞累的政務活動，使朱元璋的健康受到了損害。洪武初年，便「患心不寧」（《明史》卷一二八，《宋濂傳》），得了心跳過速的疾病。有時還發熱，「每心火炎上，喜怒不常」（姚福：《清溪暇筆》）。宋濂曾勸他寡欲清心，說：「養心莫善於寡欲，審能行之，則心清而身泰矣。」（《明史》卷一二八，《宋濂傳》）桂彥良也勸他「懲忿

窒欲」(《清溪暇筆》)。寡欲、窒欲這一條，朱元璋倒是踐行了，因為他歷來就主張處富貴者「正當抑奢侈，弘儉約，戒嗜欲」(《明太祖實錄》卷一四)，一貫過着儉樸的生活。

但要朱元璋清心、懲忿，他無法做到。面對當時經濟凋敝、社會動盪的局面和錯綜複雜的社會矛盾，為了國家的長治久安，他不得不竭盡心力，日夜操勞。而家庭之間、父子之間的矛盾，更在他心頭投下了一層陰影。朱元璋運用法庭、監獄、特務和酷刑強化封建專制，以求江山永固，並大力清除自己心目中的異己勢力，想為他的後繼者留下一個穩固的皇位，並未能得到馬皇后和皇太子的理解和支持，內心不免感到悲傷和寂寞。而幾個皇子、皇姪的胡作非為，更使他激憤異常，不時火冒三丈。所有這些，都嚴重地影響到他的身心健康。

洪武十五年八月，同朱元璋朝夕相處、相濡以沫的馬皇后病逝，更使他感到無限地傷心和孤獨，身體日漸虛弱。他不禁想念起家鄉的二十家親鄰，想起小時候同他們一起戲耍、勞作的種種情景。自洪武八年罷建中都後，他再也沒有回過鳳陽老家，不知道他們現在過得怎樣。為了排遣心中的憂傷和苦悶，洪武十六年春夏之交，朱元璋令內官張林前往鳳陽，將他們接到京師相見。八月初一，張林報告說，這二十家親鄰已經進京，但衣衫襤褸，不能入宮朝見。朱元璋令尚衣監賞給他們每人一套衣服、一雙靴子、一頂帽子。第二天早朝後，張林把他們引入謹身殿相見。朱元璋興奮異常，同他們共敘了一番故舊之情，然後在奉天殿的左廡設宴招待，並送給他們每人一個裝滿精美食品的黃龍包袱，讓他們到會同館休息。第二天，又興沖沖地領着他們遊覽宮殿，並帶入東宮見了李淑妃。臨別，還賜宴款待，賞給鈔幣，親自送出西安門。

但是，送走這些鄉鄰後，他內心的憂傷和苦悶不僅沒有排遣，反而加重了。因為一來，這些昔日的鄉鄰，儘管八年前安排他們守護皇陵時，他曾「賜朱戶」以示尊寵，「復其家」以減輕他們的負擔，在洪武八年第三次大規模修建皇陵後還為鳳陽的所有陵戶「每戶撥給田地一莊，供辦皇陵每歲時節祭祀，全免糧差」(《鳳陽新書》卷五，《帝語篇》)，可是他們的生活未見有多少改善，至今仍然貧困不堪，連一件像樣的衣服都沒有，這

不能不使他這個當今皇上感到尷尬和難堪。二來，這些小時候無話不說、親密無間的鄉鄰，如今已變成自己治下的子民，彼此之間隔着一道君民名分的鴻溝，他除去同他們敘敘故舊之情外，再也不能向他們訴說心中的憂傷與苦悶。所以，過了半個月，他便傳旨「說與鳳陽親鄰二十家，老的們路途遙遠，江河雨雪不便，今後不必來了」（《鳳陽新書》卷五，《帝語篇》），從此再也沒讓他們到京師朝見。

這樣，在馬皇后死後，朱元璋處在悲痛的孤寂之中，身體日漸虛弱。過了近十年，到洪武二十五年四月，他寄予厚望的皇太子、虛齡僅 38 歲的朱標又突然病死，使他再度陷入極度的悲哀和痛苦之中。65 歲的老皇帝承受不住這個沉重的打擊，第二年便「患熱癥」病倒了。這一次病得很重，「幾將去世」（《周顛山人傳》）。經過太醫的精心治療，總算從死神手裏奪回了性命，但仍「病纏在身」（《逆臣錄》卷一），身體更加虛弱，頭髮鬍鬚全都花白了。

由於長期「憂危積心，日勤不怠」，積勞成疾，洪武三十年十二月，朱元璋又得了一場大病。他以為自己將不久人世，想起皇太孫的親祖母、皇太子和秦、晉二王的母親李淑妃非常能幹，擔心自己死後，她會仿效武則天做女皇帝，導致江山易姓，決心除掉她。朱元璋派人把李淑妃的兩個哥哥叫到便殿賜宴，又把李淑妃叫到病榻前，對她說：你跟隨我超過了一紀（12 年，指她被冊封為淑妃、攝六宮事以來的時間），朝夕在左右伺候，費心用力。你去見見兩位兄長，盡盡同胞兄妹之情吧！李淑妃明白，這是準備叫她以死殉葬，泣拜道：臣妾知道了，死就死吧，何必見兄長呢！隨後上吊自殺。朱元璋撫屍大哭，對她哥哥說：朕並非不知道你們的妹子賢明，只是擔心她日後會演出武后之禍，只得抑制自己的情感叫她這樣做，千萬不要以為朕是個寡情薄德之人。後來朱元璋死，便以李淑妃陪葬。

但經過治療，朱元璋僥倖地活過來了。洪武三十一年五月初八，他再度病倒。開始，他還勉強撐着病體，每日臨朝決事，不倦如無病之時。後來，服過許多藥，病情始終未見好轉，反而逐漸加重。他焚香禱告，祈求皇天保佑，說：「壽年久近，國祚短長，子孫賢否，惟簡在帝心，為生民

福。」(《明太祖實錄》卷二五七)閏五月初十(陽曆 6 月 24 日),71 歲的老皇帝在西宮的臥榻上停止呼吸,離開了他親手創造的皇朝。臨終之前,他「責殉諸妃」,命令所有的妃嬪都為他殉葬,只留下張美人撫養她 4 歲的女兒寶慶公主。又立下遺詔,對自己一生的經歷及是非功過做了簡要的總結,並就皇太孫繼位及自己的喪事做了簡單的交代。詔曰:

> 朕受皇天之命,膺大任於世,定禍亂而偃兵,妥生民於市野。謹撫馭以膺天命,今三十有一年,憂危積心,日勤不怠,專志有益於民。奈何起自寒微,無古人之博智,好善惡惡,不及多矣。今年七十有一,筋力衰微,朝夕危懼,慮恐不終。今得萬物自然之理,其奚哀念之有?皇太孫允炆,仁明孝友,天下歸心,宜登大位,以勤民政。中外文武臣僚,同心輔佐,以福吾民。葬祭之儀,一如漢文勿異。佈告天下,使知朕意。孝陵山川,因其故,毋所改。(《皇明詔令》卷三,《遺詔》)

朱元璋遺詔中所說的孝陵,位於「金陵王氣所鍾」的鍾山南麓獨龍阜玩珠峰下,在堪輿家眼中,它具有「左青龍,右白虎,前朱雀,後玄武」的獨特優勢,是一塊風水絕佳的「吉囊」。洪武初年,朱元璋和諳熟風水的謀士劉基,同鄉好友徐達、湯和一起勘察鍾山,就擇定此地作為自己和馬皇后將來的陵寢之地。洪武九年開始籌建陵墓,命中軍都督府僉事李新負責主持規劃設計和督建。陵區之內原有 70 餘所南朝所建的寺院,李新將其悉數遷出。獨龍阜南邊的梅花山有座孫權墓,李新也想將其遷出,朱元璋說:「孫權亦是好漢子,留他守門。」(張岱:《陶庵夢憶》卷一,《鍾山》)因而只遷走孫權墓前的石麒麟,孫權墓仍然未動。

為了保留孫權墓,李新未再沿用前代帝王陵前神道那種筆直的設計方案,而是將朱元璋陵前的神道按照地形設計成 S 形,呈現一種曲折幽深、一眼望不到頭的獨特景觀。整個陵區,在繼承明皇陵前朝後寢制度的基礎上加以創新,改皇陵的三城環套為三進院落佈局。第一進院落是以具服殿為中心的祭祀準備區,第二進院落是以享殿為中心的祭祀區,這是前朝部

分。第三進院落為陵寢區，是後寢部分，前有高 16 米多的方城，上建明樓，後有帝后合葬的地宮，其上為直徑 325 米至 400 米的圓形大土丘，周圍繞以約一公里的磚牆，稱為寶城，又稱寶頂。陵區完全按中軸對稱形式設計，從第一進院落之前的金水橋起到第三進院落的寶城，包括文武方門、具服殿、孝陵門、享殿、升仙橋、方城、明樓等，都排列在南北中軸線上，層層遞升，以突顯皇權的至高無上。陵園內封山涸水，將寢宮的威武雄壯與山水園林的明麗秀美有機地結合起來。朱元璋陵墓的這種佈局形式，後來為明十三陵和清東陵、西陵所沿用，成為明清 500 多年帝王陵墓的佈局模式。洪武十五年陵墓已基本建成，當年八月馬皇后病逝，九月即下葬於此。因為馬皇后諡曰「孝慈皇后」，此陵便稱為孝陵。

由於擔心年長的諸王起而奪位，加上已有現成的陵寢，朱允炆在朱元璋逝世後的第七天即閏五月十六，遵照朱元璋的遺詔登基繼位，詔以第二年為建文元年。同日，葬朱元璋於孝陵，諡曰「高皇帝」，廟號「太祖」。永樂元年（1403 年）明成祖奪位後又諡之曰「聖神文武欽明啟運俊德成功統天大孝高皇帝」。嘉靖十七年（1538 年），明世宗再增諡「開天行道肇紀立極大聖至神仁文義武俊德成功高皇帝」。

朱元璋死後，世上流傳着兩種不同的畫像。據說朱元璋當上皇帝後，曾召集一批畫工為他畫像。畫工們都拿出自己的真本事，像一張畫得比一張逼真，以為畫得越是逼真，越能得到皇上的賞識。但是，朱元璋的相貌實在長得不甚雅觀，畫得越是逼真，他越不滿意。後來，有個畫工揣摩皇上的心思，「稍於形似之外，加穆穆之容」（陸容：《蓬軒類記》三），就是畫個基本相似的相貌輪廓，而將臉容儘量畫得沉靜仁慈一些。朱元璋看了非常高興，下令照原樣臨摹許多張，分賜給諸王。這樣，便有兩種不同的朱元璋畫像流傳了下來。

朱元璋一心想為皇太孫留下一個穩固的皇位，然而他的計劃徹底失敗了。這倒不是因為他對勛臣宿將清除得不夠徹底，而是由於他實行的分封制度導致藩王日漸坐大，不僅沒能起到屏藩王室的作用，反而對朱允炆的皇位構成嚴重威脅。洪武九年，朱元璋剛實行分封時，山西平遙訓導葉伯巨曾上書指出封建諸王的弊病，預言數世之後，「尾大不掉」，必將釀成大

禍。朱元璋拒不接受，把葉伯巨抓來囚死獄中。後來，朱元璋雖然對分封制度進行某些改革，縮小藩王的政治權力，但仍繼續保留甚至擴大他們的軍事權力。開國功臣相繼被清除後，守邊和出征的任務都交給鎮守邊地的藩王。但藩王所代替的並不僅僅是功臣宿將的征戰，同時也代替這些功臣宿將成為朱元璋選定的繼承人的威脅。其中，尤以肩負邊防重任的寧王、晉王、燕王實力最為雄厚，寧王有「帶甲八萬、革車六千」，「晉、燕二王，尤被重寄」，「大將如宋國公馮勝、潁國公傅友德皆受節制。又詔二王，軍中事大者方以聞」（《明史》卷一一六，《晉王傳》）。特別是燕王，因屢次帶兵打敗北元的軍隊，朱元璋更是寄予厚望，曰「肅清沙漠者，燕王也」，聲威日漸超越秦、晉兩位兄長，野心也更加膨脹。皇太孫朱允炆對這種局面憂心忡忡，洪武二十五年受命批閱奏章、平決政事後，曾在東角門對他的伴讀黃子澄說：「爺爺萬歲後，我新立，諸王年長，各擁重兵，必思有以制之。」（《奉天靖難記》卷一）並私下商量了對付的計策。他還曾直率地對朱元璋談到過自己的這種憂慮。有一次，朱元璋對他說：「朕以禦虜付諸王，可令邊塵不動，貽汝以安。」他反問：「虜不靖，諸王禦之；諸王不靖，孰禦之？」朱元璋未曾考慮這個問題，沉默良久，反問道：「汝意如何？」他答曰：「以德懷之，以禮制之，不可則削其地，又不可則廢置其人，又其甚則舉兵伐之。」朱元璋也想不出更好的辦法，只得說：「是也，無以易此矣。」（尹守衡：《明史竊》卷三，《革除記》）不過，朱元璋對藩王奪位的問題仍然估計不足，除密令駙馬都尉梅殷輔佐皇太孫外，並沒有採取其他措施。後來，與燕王朱棣互相牽制的秦王朱樉和晉王朱棡分別於洪武二十八年三月、三十一年三月病死，燕藩獨強。但是，從朱棡病死到朱元璋去世僅有三個月的時間，朱元璋又大病初愈，已無力也來不及做更多的安排，只能在洪武三十一年五月十二，抱病給新嗣立的晉王朱濟熺下了一道聖旨，令其「教陳用、張傑、莊德，預先選下好人好馬，堤（提）備臨陣時，領着在燕王右手裏行」（《太祖皇帝欽錄》），防止朱棣發動政變，並在臨終前的《遺詔》裏規定「諸王各於本國哭臨，不必赴京」，「王國所在文武衙門吏士，今後一聽（朝廷）節制，護衛官軍王自分處」（《皇明詔令》卷三，《遺詔》），以保證皇太孫能順利繼位。

　　早有覬覦皇位野心的燕王朱棣聽聞父皇去世，立即從北平趕往京師，想藉奔喪之機打探朝中虛實。行至淮安，被朝廷的使臣攔住，向他傳達朱元璋「諸王各於本國哭臨，不必赴京」的遺詔，他只得悻悻地返回北平。消息一傳出，諸王也因不能入京奔喪而憤憤不平，一時流言四起，互相煽惑。

　　朱允炆與太常卿兼翰林院學士黃子澄、兵部尚書齊泰密議對策，決定實行削藩。不到一年時間，先後削廢多行不法的周、齊、湘、代、岷等五個藩王。同時，派工部侍郎張昺為北平布政使、謝貴為都指揮使，控制北平的軍政大權，並在北平周圍部署兵力，加緊對燕國的圍困。接着，又削減燕王府的護衛兵，僅留下護衛指揮張玉、朱能等 800 人。建文元年（1399 年）六月，朝廷命令謝貴、張昺派兵監視燕王府及北平九門，並暗中密囑燕王府長史葛誠和燕王貼身護衛盧振待機應變，協助謝、張擒拿燕王；密令北平都指揮張信在抓到燕王後親自將其押送京師。到七月初，朝廷的軍隊已控制北平城內的各個要地，連燕王府也被包圍，斷絕與外界的往來。

　　燕王朱棣自淮安返回北平後，即在心腹謀士道衍和尚（姚廣孝）和術士袁珙的支持下，「練兵後苑中」，「日夜鑄造兵器」（《明史》卷一四五，《姚廣孝傳》），準備起兵奪位。後又得到其親信張信的密報，知悉朝廷擒拿自己的密謀以及北平周圍的兵力部署。於是，他便在七月初四用計誘騙謝貴、張昺進入王府，以伏兵擒斬謝貴、張昺和盧振等人，然後命張玉、朱能等率兵乘夜攻奪九門，佔領北平。隨即指齊泰、黃子澄為奸臣，援引《皇明祖訓》中關於親王有權移文朝廷索取奸臣的規定，以清君側為名，舉兵「靖難」。朱元璋親手制訂的《皇明祖訓》規定：「凡朝廷新天子繼位，……如朝無正臣，內有奸惡，則親王訓兵待命，天子密詔諸王統領鎮兵討平之。」親王起兵除奸的前提是要有「天子密詔」。朱棣自然不會有天子密詔，為了師出有名，他對將吏軍民說：「予已上書陳情，請誅奸臣。今少主為奸臣所蔽，恐不見答，則惟應以爾等往清君側之惡，扶國家於既壞，安宗社於垂亡。」（《明太宗實錄》卷二），號召他們「克恭予命，以綏定大難，載清朝廷，永固基圖」（《奉天靖難記》卷一）。

　　未經歷練的朱允炆，畢竟缺少經國治軍的才幹。他在剛剛登基、權柄尚未操穩之時，就輕信齊泰、黃子澄之言，急速削藩，先就失去民心的支持。接着，決定用武力討伐燕王，既犯了輕敵的錯誤，沒有進行長期作戰的準備，又因勛臣宿將已被朱元璋誅戮殆盡，無將可用，只能起用有勇無謀的老邁之將耿炳文和寡謀而驕的「官二代」李景隆，並迂腐地下達不得傷害燕王、「毋使朕有殺叔之名」的命令（《明史記事本末》卷一六，《燕王起兵》），自縛手腳，從而埋下了失敗的禍根。

　　燕王朱棣發揮其優異的軍事指揮才能，根據雙方的實力和軍事形勢，運用正確的謀略和靈活多變的戰術，經過三年多的戰鬥，於建文四年（1402 年）六月率軍攻入京師。朱允炆自焚而死。迎降的翰林院編修楊榮問朱棣：「殿下謁陵（孝陵）乎？」（《明史》卷一四八，《楊榮傳》）這一句話提醒了急於登上寶座的朱棣，他趕緊前往鍾山腳下拜謁孝陵，然後再回城至奉天殿即皇帝位，是為明成祖，改元永樂。接着，為了表明自己即位的合法性與正統性，他繼續進行孝陵未完的工程，並於永樂十一年（1413 年）在陵前的神道旁建立《大明孝陵神功聖德碑》，記述朱元璋一生的功績。明孝陵的修建到此竣工。與此同時，朱棣則繼續實行削藩，使明朝封建專制的中央集權制度得到了進一步的鞏固。

第三節　一生的功過評價

　　朱元璋一生的經歷曲折複雜，大體可以劃分為三個時期八個階段。第一個時期是青少年時期（1328–1351 年），包括兩個階段：從天曆元年到至正三年（1328–1343 年），在鳳陽農村跟隨父母過着貧困的生活；從至正四年到十一年（1344–1351 年），入於皇寺為僧，其間曾在淮西流浪三年多的時間。第二個時期是參加元末農民大起義時期（1352–1367 年），包括三個階段：從至正十二年到龍鳳元年（1352–1355 年），參加郭子興起義隊伍，由一名普通士卒成長為統率全軍的將領；從龍鳳二年到九年（1356–1363 年），渡江營建江南根據地，進而擊滅陳友諒，逐步走上封建

化的道路；從龍鳳十年到吳元年（1364-1367年），擊滅張士誠，進而開展南征北伐，完成封建化過程，轉化為地主階級的代表人物。第三個時期是創建大明王朝時期（1368-1398年），包括三個階段：從洪武元年到八年（1368-1375年），推翻元朝統治，奠定明朝開國規模；從洪武九年到二十二年（1376-1389年），加強封建專制中央集權制度，基本完成統一大業，恢復社會經濟；從洪武二十三年到三十一年（1390-1398年），誅戮功臣，進一步鞏固帝業，發展社會經濟。

朱元璋的一生，經歷了從貧苦農民到農民起義領袖再到封建君主的曲折過程。有人便因為他由農民起義領袖轉化為封建君主，而徹底否定他在元末農民戰爭期間的歷史功績。這種做法是把農民起義領袖的轉化看作一種歷史的偶然現象，因而過多地追究個人的品質問題，顯然並不妥當。其實，在封建社會，農民起義領袖轉化為封建帝王，乃是一種歷史的必然。這是因為，封建社會的農民是一個具有兩面性的階級。一方面，農民是被剝削被壓迫的勞動者，這種階級地位決定了他們具有反抗地主階級剝削與壓迫的革命性。另一方面，農民又是小生產者和小私有者，不是同新的生產力和新的生產關係相聯繫的階級。這種階級地位，又決定他們不可能提出超越個體小生產者和小私有者範疇的經濟要求，即使是在封建社會的後期，提出了土地要求的農民起義和農民戰爭，往往也只限於要求恢復和發展擁有小塊土地的實行農業和家庭手工業相結合的小自耕農經濟。小農經濟在封建社會不過是地主經濟的附庸和補充，並不是獨立的經濟形態，而且它本身極其脆弱，不可能保持長期的穩定，終究會出現兩極分化，產生新的封建地主和赤貧的農民。因此，起義農民儘管可以用暴力手段沉重地打擊地主階級，改變土地配置，卻不可能帶來高於封建形態的生產關係。由這種階級地位所決定，農民在政治上也無法提出一個建立比較進步的社會形態的鬥爭綱領。相反，以一家一戶為生產單位的、分散的個體小生產，不需要在耕作時進行任何分工，也不需要進行較多的產品交換，他們生產的東西基本上是供自己消費，生活資料的取得多半是靠與自然交換，而不是靠與社會交換。這種生產過程在原有規模和基礎上的往返重複，造成了農民的分散性、保守性和狹隘性，使他們習於順從，不能由自己來代

表自己，而需要一個最高的主宰來代表他們，保護他們。這就為封建主義的影響和專制主義統治的建立準備了土壤。因此，按照小農的世界觀來改造社會，其結果依然是封建社會，不可能建立一個更高的社會形態。同時，由於歷史條件的限制，那種高於封建社會的社會形態在當時也無從實現。因為即使晚明之時出現了社會轉型的曙光，但我國資本主義生產關係還處於微弱萌芽的狀態，建立新的社會形態的物質條件尚不具備。農民的這種階級的和歷史的局限性，決定了農民起義和農民戰爭的結局，不是遭到地主階級的鎮壓，就是成為地主階級改朝換代的工具，不可能推翻封建制度；也決定了起義領袖不可能徹底擺脫封建主義思想的影響，他們在起義之後必然要走上封建化的道路，最後不是犧牲於地主階級的屠刀之下，就是充當地主階級改朝換代策略的執行者，轉化為封建帝王。

封建社會農民起義領袖的轉化，既然是一種歷史的必然現象，個人品質的好壞只能起到延緩或加速的作用。我們用階級分析的方法來評價朱元璋的活動，自然應該嚴肅地指出，這種轉化意味着階級立場及其所代表的階級利益的根本變化，並指出這種轉化的嚴重後果，即導致元末農民戰爭在政治上的徹底失敗，成為地主階級改朝換代的工具，但不應該據此而抹殺他的歷史功績。

其實，我們如果堅持實事求是的態度，具體地分析元末的歷史狀況，便不難看到，作為一個農民起義領袖，朱元璋還是對元末農民戰爭做出了一定貢獻，有着不可磨滅的歷史功績。

第一，率領起義隊伍，沉重地打擊江南地區的豪強地主勢力。眾所周知，元朝末年的江南，是豪強地主勢力盤根錯節、階級矛盾極其尖銳的地區。元末農民大起義爆發後，劉福通率領北方紅巾軍從淮北攻入河南，此後一直戰鬥在中原地區。在江南一帶活動的，主要是張士誠、方國珍、郭子興等幾支隊伍。張士誠、方國珍的隊伍曾在起義初期對元朝官軍和地主武裝作戰，但後來都投降元朝，停止了反封建鬥爭。彭瑩玉領導的一支南方紅巾軍，曾連陷湖廣、江西等地，破昱嶺關，進入浙閩等地，並以「摧富益貧」相號召，一時造成「江南無地不紅巾」（《南村輟耕錄》卷一四，《張翰林詩》）的大好局面。可惜為時不久，彭瑩玉在元軍的鎮壓

下犧牲，這支隊伍也陷於失敗。長期在江南地區堅持鬥爭的是朱元璋的隊伍。他在至正十五年（1355 年）執掌郭子興部的實際領導權後，揮師南渡長江，於次年攻佔應天，營建江南根據地，幾年之間即據有皖南、浙東地區，消滅大批元朝官軍和地主武裝。朱元璋的隊伍所到之處，嚴厲鎮壓豪強地主，無償徵用地主土地，並積極支持農民奪佔地主土地和官田，發給「戶由」，承認他們的土地所有權。經過朱元璋起義軍和其他起義隊伍的打擊，江南豪強地主階級的勢力大大削弱了，北宋以來長期積累起來的土地集中狀況有所改變，湧現了不少擁有小塊土地的自耕農，大批「驅口」獲得了人身自由。這為此後江南地區恢復發展生產，繼續保持全國經濟重心的地位，創造了必要的條件。

第二，實現了推翻元朝黑暗統治的任務。元朝的建立並進而統一全國，奠定我國的疆域，促進各民族的經濟文化交流與融合，為我國統一多民族國家的發展和鞏固做出了貢獻。但是，元朝在統一全國的過程中，實行野蠻的民族壓迫和歧視的政策，並把蒙古原來落後的勞動力佔有形式和剝削方式強行推行到中原和江南地區，如擄掠大量人口，抑為「驅口」「驅丁」即奴隸，搜刮大批民間工匠，抑為「繫官匠戶」即工奴，大大強化了底層勞動人民的人身依附關係。此外，為了適應蒙古人遊牧生活的需要，元朝初期還曾在中原地區大批圈佔良田為牧場。後來在中原地區發達的農業經濟的影響下，他們雖然被迫放棄遊牧經濟，但對土地的掠奪有增無減。元廷還奪佔大量耕地作為官田，賞給貴族、大臣和寺觀。蒙古、色目貴族和漢族地主也用各種手段，拚命兼併土地，「索債徵租，驅迫農民」（《元史》卷二三，《武宗紀》），甚至干預佃客男女婚姻，將佃客隨田轉賣。所有這些，相對於宋代而言，無疑是經濟領域的一種倒退。與此同時，忽必烈雖施行漢法，卻堅持蒙古本位政策，形成蒙漢雜糅、外漢內蒙的制度，儒學和儒士被邊緣化，一些落後的蒙古舊制仍然延續下來，如諸王分封制度、以職業劃分的諸色戶籍制度、世襲的軍戶制和以軍戶為基礎的軍事制度以及君臣關係的主奴化等。這些蒙古舊制的延續，相對於宋代來說，又是政治經濟文化的一種倒退。這種倒退逆轉，不能不使宋代發展起來的封建經濟受到嚴重的損害，其發展歷程也就呈現出特別曲折和緩慢

的狀態。到了元末，由於朝政的腐敗，土地的集中，賦役和地租剝削的沉重，天災的頻發，「貧者愈貧，富者愈富」，廣大農民連簡單再生產都難以維持，社會經濟更是衰敗不堪。元朝的腐朽統治，已成為生產發展、社會前進的嚴重障礙，推翻它的統治已成為刻不容緩的歷史任務。

元末農民戰爭就是順應時代的這種需要而爆發的。經過艱苦的戰鬥，各支起義軍相繼殲滅了大量元朝官軍和地主武裝，給予元朝統治以有力的打擊，特別是北方紅巾軍三路北伐，橫掃元朝統治的腹地，更從根本上動搖了元朝的統治基礎。但是後來，全國的鬥爭形勢發生了新的變化。至正十七年（1357年），張士誠、方國珍投降元朝。至正十九年，宋政權的都城汴梁為察罕帖木兒攻破，劉福通奉小明王退守安豐，北方紅巾軍已基本陷於失敗。翌年，陳友諒殺徐壽輝，雖然他仍堅持反元的立場，但因居功自傲，弒主自立，導致眾叛親離，民心喪盡。至正二十三年，張士誠遣呂珍助元破安豐，劉福通被迫護小明王退入山區，北方紅巾軍徹底陷於失敗。面對這種嚴峻的形勢，朱元璋大力營建以應天為中心的根據地，同時根據鬥爭形勢的變化，制定相應的政策和策略，努力爭取各種反元力量，孤立分化瓦解敵人，不斷發展自己的勢力，在擊敗陳友諒和張士誠之後，不失時機地揮師北上，逐鹿中原。最後在洪武元年（1368年）八月攻克大都，推翻腐朽的元朝政權，從而為生產的發展、社會的進步掃除了一大障礙。

當然，肯定朱元璋在元末農民戰爭中的歷史功績，並不等於他的所作所為都值得肯定。例如，在元末農民戰爭的後期，隨着由農民起義領袖向地主階級政治代表的轉化，他逐步轉移鬥爭方向，突出強調民族鬥爭，以取代階級鬥爭，逐漸削弱乃至完全停止了反封建鬥爭。因此，那些較晚被他攻佔的地方，如原先為陳友諒、張士誠、方國珍等人佔據而後才歸他控制的大部分地區，地主階級豪強勢族便很少受到打擊，有的甚至未曾受到觸動。以至於在新王朝建立之後，他們的勢力很快又恢復起來，兼併土地，役使小民，與皇朝的經濟利益發生尖銳的衝突，迫使朱元璋不得不採取措施，予以限制和打擊。

對朱元璋在明朝開國時期的活動，也曾有過一種全盤否定的觀點，

認為朱元璋登上明朝的皇位，是農民戰爭完全失敗的標誌，他作為封建帝王的活動應該全部予以否定。這樣評價朱元璋在明朝開國時期的活動，並不符合歷史唯物主義的觀點。歷史唯物主義要求我們用發展的眼光看待歷史人物的活動。任何一個歷史人物都有一個發展變化的過程，在他的一生中，條件、地點和時間隨時都在發生變化，他的政治主張和歷史作用也很有可能有所不同。評價歷史人物，不能用一個固定的框框去硬套，置條件、地點、時間於不顧，而應該把其各個階段的活動放到當時的階級鬥爭環境和時代範圍之內，結合人物所處的歷史大勢及具體條件、地點和時間進行分析，逐段評價其是非功過。既不能用他這個時期的功掩飾他那個時期的過，也不因他這個時期的過抹殺他那個時期的功。這樣，才有可能揭示歷史人物的本來面目，反映其歷史功過的全貌。朱元璋在元末農民戰爭期間是一個起義領袖，他面臨的任務是發動和組織農民，打擊地主階級和腐朽的封建生產關係，我們應該根據他在這方面的作用來判斷他的歷史功過。但是，當朱元璋做了封建皇帝之後，作為地主階級的政治代表，他只能想地主階級之所想，做地主階級之所做，我們就不能再用農民起義領袖的標準而只能用封建帝王的標準來衡量他的活動。這時候，大規模的階級鬥爭風暴已經過去，他所面臨的任務是調整階級關係和生產關係，安定社會，發展生產，振興文化，我們只能根據他這方面的作用來判斷其歷史功過。

那麼，朱元璋登上帝位之後，究竟有些什麼歷史功績呢？結合明初具體的歷史條件來分析，他的功績主要有以下四個方面。

首先，進一步統一全國，鞏固我國統一的多民族國家。明朝建立之後，面臨着進一步統一全國的任務。朱元璋首先集中兵力繼續向元朝的殘餘勢力展開鬥爭。克復大都的當年，他揮師西向，先後攻佔山西、陝西和甘肅，並北征蒙古，迫使北元勢力步步後撤。洪武十四年又派兵攻入雲南，掃平梁王和大理段氏的割據勢力。洪武二十年再出兵平定遼東，迫降納哈出。尋又進軍漠北，擊潰北元勢力，招降兀良哈部。至此元朝殘餘勢力已被壓縮到漠北草原，從而基本解除了它們對明朝的威脅。在與北元勢力做鬥爭的同時，朱元璋還用武力消滅四川明升，並成功招撫了西北的一

些少數民族，包括西藏、青海和川西的藏族、撒裏畏兀爾等族，東北部分地區的女真族，以及南方的少數民族土司，洪武二十四年又出兵攻克哈密，作為統一西域的前進基地。這樣，經過 20 多年的鬥爭，除東北、西北的部分地區和北元勢力控制的蒙古地區外，全國基本上實現了統一。

在統一全國的過程中，朱元璋推行一套比較開明的民族政策，盡力爭取和安撫各地的少數民族，進一步鞏固全國的統一。朱元璋的民族歧視思想比較淡薄，一再聲明「朕既為天下主，華夷無間，姓氏雖異，撫字如一」，宣佈對全國的少數民族都一視同仁地加以安撫。根據這一政策，明朝在北方地區，在集中兵力與北元做鬥爭時，很注意用懷柔手段爭取北元的宗戚、官吏和蒙古百姓。在其他地區，也區別不同情況，採取相應的懷柔措施，來安撫當地的少數民族。朱元璋施行的這套民族政策，在一定程度上使元朝以來極為尖銳的民族矛盾得到緩和。再加上明初中央集權制度的強化，使我國眾多的民族都處在強有力的中央政權的管轄之下，大大加強各族之間政治、經濟和文化的交融，我國統一的多民族國家得到了進一步的鞏固。

其次，加強中央集權，嚴懲貪官汙吏，打擊不法豪強，穩定社會局勢。元末農民戰爭結束後，地主階級在明王朝的扶植下迅速地恢復勢力，繼續聚斂財富，擴佔土地，甚至不擇手段逃避皇朝的課役，向農民轉嫁負擔。衙門官吏承襲元末官場的習氣，擅權枉法，貪贓受賄。地主階級這種竭澤而漁的榨取，使得剛剛緩和下來的階級矛盾又趨激化，引起了農民的強烈不滿和反抗。同時，地主階級還從經濟上聚斂財富發展到在政治上追逐權力，又釀成統治階級內部的矛盾和爭鬥。再加上北元勢力的威脅和騷擾，沿海地區不時遭到倭寇的侵掠，明初的政治局勢一直處於動盪不安的狀態。

面對這種局勢，朱元璋按照「躬覽庶政」「權不專於一司」「事皆朝廷總之」的總原則，對國家機構進行大刀闊斧的改革，強化君主專制的中央集權制度，使全國行政、軍事和司法監察三大系統的機構彼此分立又互相制約，最後都由皇帝直接指揮和控制，皇權空前地提高，中央對地方的管轄、朝廷對官吏的控制和對人民的統治也大大加強。並採取「鋤強扶弱」

之策，禮法並行，大力整肅吏治。他在改革國家機構的基礎上，建立了一套官吏的考核和監督制度。對官吏違法亂紀的行為則採取隨時懲辦和集中打擊的辦法，用重典嚴加懲處，即使是皇親國戚、勛臣宿將也不稍寬假，從而扭轉了官場的風氣，「吏治澄清者百餘年」。對貪得無厭、橫行不法的豪強地主，也嚴厲加以懲治。經過二三十年的鬥爭，明朝封建專制中央集權統治高度強化，動盪不安的政治局勢逐步穩定下來。不僅如此，隨着封建專制中央集權的加強，明代文官武將和地方勢力的力量遭到削弱，朝廷集中了更多的人力、物力和財力，特別是牢牢地控制了一支強大的軍事力量，因此對內得以迅速平定統治階級內部的叛亂和少數民族的分裂活動，制止蒙古貴族的捲土重來，對外得以有力地抵禦倭寇和外來勢力的侵擾，從而保障社會秩序的穩定，維護國家的主權，加強了我國多民族國家的統一。

再次，調整生產關係，減輕百姓負擔，恢復和發展社會生產。由於元代生產關係的某些逆轉、統治階級的殘酷剝削和蒙漢地主對元末農民戰爭的血腥鎮壓，社會經濟遭到嚴重破壞。明朝初建之時，田園荒蕪，人煙稀少，人民力竭財盡，生活極端困苦，封建政府的稅源也瀕臨枯竭。面對這種狀況，朱元璋提出「安民為本」「藏富於民」的主張，實行休養生息政策。我國自古以農立國，朱元璋的休養生息政策，重點就放在農業上。根據元末農民戰爭已經打亂土地配置的現實情況，朱元璋對土地關係進行調整。他規定凡是地主在戰爭中逃亡後荒廢的土地，被農民耕墾成熟的，歸農民所有，並計民授田，將無主荒地分給無田鄉民，在荒地多的地方，還鼓勵鄉民多墾多種，「永不起科」。直到洪武二十八年下令：「凡民間開墾荒田，從其首實，首實一年後官為收科。」也就是說，農民開墾的土地在官府登記後，要向國家繳納賦稅，而官府則承認農民的土地所有權。這些法令的施行，使許多無地、少地的農民獲得小塊耕地，成為自耕農。自耕農經濟擁有擴大再生產的能力，也比佃農經濟具有更大適應性和靈活性，有利於農業生產的恢復和發展。同時，實行全國大移民，將「狹鄉」之民移至「寬鄉」，屯田耕墾。計民授田與全國大移民的實行，就將農業社會兩個最重要的生產要素即勞動力和土地資源重新進行配置，促使兩者更加

緊密地結合在一起，從而有力地推動了生產的恢復和發展。加上勞動者人身依附關係的鬆弛，賦役負擔的減輕，並實行獎勵農桑、興修水利等多項舉措，農業生產逐步得到恢復和發展，到洪武二十六年，全國的耕地面積、人口數量和國家財政收入均遠超宋元時期。在農業生產恢復和發展的基礎上，經濟作物廣泛種植，手工業和商業也日趨繁興。這就為明中後期商品貨幣經濟的繁榮、經濟結構的變化以及中國傳統社會向近代轉型，奠定了一個堅實的基礎。

最後，尊孔崇儒，振興文教，施行教化，全面復興傳統文化。元世祖忽必烈建立元朝後，雖然採用漢法，但他對漢法並非全部接受，而是擇取其能接受的部分，同時繼續採用色目人的「回回法」和蒙古法，形成蒙漢雜糅、外漢內蒙的文化模式，藉以保持蒙古文化的本位。因此，他只興辦儒學和半官方的書院，卻不開科舉。儒學自此失去其獨尊的地位，儒士也被邊緣化。元仁宗延祐年間重開科舉，明經考試的內容以程朱注疏為主，《四書章句集注》被定為官本，使理學完成了官學化的過程。但仍堅持蒙古文化本位的原則，儒學和儒士邊緣化的處境並未改變。

朱元璋登基後，重拾華夏文化的傳統，尊孔崇儒，倡導理學，重新確立儒學的獨尊地位，並依照儒家的禮樂思想，制禮作樂，去蒙古化。同時，廣開學路，在中央辦國學，在郡縣辦儒學，在基層辦社學，在衛所辦衛學，在少數民族地區辦土司儒學，教育的發展遠超於唐宋。與辦學相銜接，還進一步發展和完善唐宋以來的科舉制度，使之走上標準化、規範化的軌道。並在民間普施教化，移風易俗，醇厚人情。傳統文化開始全面走向復興。

朱元璋的這一系列活動及其建立的一套典章制度，廢除或改革元朝遺留的許多弊政，有力地促進了國家的統一、社會的安定、經濟的發展、文化的復興，彌成了「洪武之治」，促進明前期洪、永、熙、宣盛世的出現，從而為明朝後來的發展奠定了堅實的基礎，使明朝因而得以享祚近三百年，成為中國封建社會歷史上統治時間僅次於唐朝的王朝，成為當時亞洲乃至世界首屈一指的強國。朱元璋所建立的典章制度，還對清代產生了重大影響。史載：「（清）世祖福臨入關，因明遺制。」（趙爾巽等：《清

史稿》卷一一四，《職官志》序）清聖祖玄燁也承認：「我朝現行事例，因之而行者甚多。」（蔣良騏：《東華錄》卷一七）清末時人也說：「我朝設官，大半沿前明數百年舊制。」（《清史列傳》卷六一，《張百熙傳》）這就是所謂的「清承明制」。只不過清朝的繼承明制，是取其「形」而去其「神」，糟粕多於精華。

當然，作為封建帝王的朱元璋，他不可能擺脫階級和歷史的局限性。封建社會後期地主階級所固有的腐朽性在他身上同樣明顯地顯露出來，從而導致其某些政策措施出現嚴重的失誤。例如，他拚命擴張皇權，實行殘暴的專制統治，並制定《皇明祖訓》，要求子孫永遠遵守，固定不變，這就不利於政治的進一步穩定。又如，他始終固守傳統的厚本抑末政策，「使農不廢耕，女不廢織」，這就阻礙了商品貨幣經濟的更大發展，不利於新的經濟因素的孕育與滋長。

再如在文化領域實行專制統治，不僅規定士大夫必須絕對服從君主，為君所用，而且在科舉考試中排斥被視為「奇技淫巧」的自然科學內容，只考四書、五經，只能以程朱的注疏為準，只能寫死板的八股文，這就極大地束縛了人們的思想，扼殺人們的聰明才智，導致自然科學發展的落後。

列寧指出：「判斷歷史的功績，不是根據歷史活動家沒有提供現代所要求的東西，而是根據他們比他們前輩提供了新的東西。」（《列寧全集》第2卷，人民出版社1963年版，第150頁）在中國封建社會，在農民戰爭摧毀舊王朝的廢墟上重建新的統一王朝，共有西漢、東漢和唐朝的開國皇帝漢高祖、漢光武帝和唐高祖，他們雖然都藉助農民起義的力量推翻了舊王朝的統治，統一了全國，但在創建本朝的典章制度、穩定社會秩序、恢復和發展生產力等方面成績並不顯著。

如漢高祖劉邦在位期間，在剪滅異姓諸侯王的同時代之以同姓諸侯王，從而導致地方割據勢力的膨脹，埋下後來七國之亂的禍根。而社會經濟逐步從凋敝狀態恢復過來並走向發展，則是經過文景之治以後才實現的。為加強中央集權而對各種制度進行改革，更是遲至漢武帝即位之後才大規模展開，那時距西漢王朝的建立已整整過了70年的時間。漢光武帝劉秀在位34年，基本沿襲西漢典章制度，並採取各種措施來恢復生產，

但他針對田宅逾制而實行的「度田」，遭到豪強地主的反對半途而廢，使豪強地主的勢力在日後空前地膨脹起來，導致東漢國家的貧弱和政治的不穩。所謂「光武中興」，成就其實也很有限，僅以光武帝末年的戶口數字而言，尚不及西漢極盛時期的一半。唐高祖李淵在位九年，典章制度基本襲自隋朝，而社會經濟的殘破凋敝也未見有多少修復，載籍戶口「比於隋時，才十分之一」（吳兢：《貞觀政要》卷六，《論奢縱》）。將隋朝的典章制度結合唐朝的社會實際加以補充、發展而形成一套更加完備的制度，則奠定於唐太宗貞觀年間，唐朝社會經濟的逐漸恢復也是唐太宗在位時才逐步實現的。

與西漢、東漢和唐朝三個開國君主相比，朱元璋提供了新的東西，他的歷史功績遠遠超過這幾個前輩。

即使將朱元璋同後來的清朝開國皇帝相比，其歷史功績也要高出許多。清王朝的開創者是皇太極，但當時其統治範圍僅局限於東北和蒙古地區，還只是一個地方少數民族政權。及至明朝的統治被大順農民軍推翻，清軍入關定鼎北京，才逐步發展成為一個統一王朝。此時的清朝皇帝是順治帝福臨。他雖用武力鎮壓了大順軍和大西軍的餘部，消滅南明諸王建立的政權，但其推行的殘暴民族征服和民族壓迫政策，大大激化民族矛盾，造成長期的社會動盪，使社會生產遭到嚴重的摧殘，特別是經濟比較發達的江蘇、浙江、安徽、江西、福建和廣東沿海地區更是遭到慘重的破壞，明中後期剛剛滋生的資本主義萌芽被蹂躪殆盡。清政府儘管也採取措施招民墾荒，但因為支付龐大的軍費而急於起科，效果並不理想。直至順治十八年（1661 年），全國的耕地面積僅有 5265028 頃 29 畝（《清聖祖實錄》卷五），不僅與萬曆三十年（1602 年）明朝耕地的最高數字 11618948 頃 81 畝（《明神宗實錄》卷三七九）相比相差甚遠，而且不及洪武二十六年的耕地面積。清朝民族矛盾的緩和、政局的穩定和經濟的恢復發展，那是在康熙帝玄燁親政特別是「三藩」之亂平息之後的康雍乾時期，此時距清軍入關已有百年之久了。可見，不論是皇太極還是福臨，其功績都無法同朱元璋相比。

總而言之，朱元璋推翻元朝統治，開創大明王朝，不僅促成「洪武之

治」，奠定明前期盛世的基礎，而且對此後明清歷史的發展都產生了重大的影響，是一位傑出的軍事家、政治家，有作為的封建君主，在我國封建社會後期的歷史上佔有重要的地位。清康熙帝玄燁說：「朕觀明史，洪武、永樂所行之事，遠邁前王。」（蔣良騏：《東華錄》卷一七）並為明孝陵題詞曰：「治隆唐宋。」客觀地說，以歷史功績而論，朱元璋與秦皇、漢武、唐宗、宋祖相比較，確實是難分軒輊的。

後記

　　這部《洪武大帝朱元璋》，是筆者撰寫的第三部朱元璋傳記。與前兩部專業性的學術著作不同，這是一部供普通大眾閱讀的普及性讀物。開筆之前，我曾反覆琢磨，覺得既然是一部通俗讀物，就應當寫得生動活潑，通俗易懂，趣味盎然，引人入勝，這樣才能受到普通大眾歡迎，「飛入尋常百姓家」。

　　但它又不是一般的通俗讀物，而是通俗歷史讀物，這就應該遵循史學的寫作規範，所有歷史人物、歷史事件和歷史現象的描述，都要建立在扎實、可靠的史料基礎上，符合客觀的歷史事實，做到言之有據，不能信馬由韁地胡亂編造與虛構，而且還必須由表及裏，從紛繁複雜的歷史鏡像中揭示出歷史規律，讓人受到啟迪，這樣才能獲得史學界的首肯。

　　也就是說，本書的寫作，既要注意可讀性，又需注意科學性，把兩者有機地結合來，真正做到雅俗共賞，這就是我追求的目標。當然，雖心嚮往之卻又學力不逮，這個目標究竟實現了多少，只能由讀者來評判了。

　　古人有言：「世人著述，不能無病。」（曹植：《與楊德修書》）拙著自然也不例外，因此我熱切祈盼能得到廣大讀者的批評指正。

陳梧桐

洪武大帝朱元璋

陳梧桐　著

責任編輯　王春永
裝幀設計　鄭喆儀
排　　版　黎　浪
印　　務　劉漢舉

出版　　中華書局（香港）有限公司
　　　　香港北角英皇道 499 號北角工業大廈一樓 B
　　　　電話：（852）2137 2338　　傳真：（852）2713 8202
　　　　電子郵件：info@chunghwabook.com.hk
　　　　網址：http://www.chunghwabook.com.hk

發行　　香港聯合書刊物流有限公司
　　　　香港新界荃灣德士古道 220-248 號
　　　　荃灣工業中心 16 樓
　　　　電話：（852）2150 2100　　傳真：（852）2407 3062
　　　　電子郵件：info@suplogistics.com.hk

印刷　　美雅印刷製本有限公司
　　　　香港觀塘榮業街 6 號 海濱工業大廈 4 樓 A 室

版次　　2023 年 9 月初版
　　　　© 2023 中華書局（香港）有限公司

規格　　16 開（240mm×160mm）

ISBN　　978-988-8860-58-6

本書由河南文藝出版社授權中華書局（香港）有限公司以 中文繁體版
在中國大陸以外地區使用並出版發行